Fotobearbeitung und Bildgestaltung mit GIMP 2

Klaus Martin Gölker entdeckte bereits in seiner Jugend die Liebe zum Zeichnen, Malen, Gestalten – und zur Fotografie. Heute lebt und arbeitet er als freiberuflicher Dozent und Webdesigner, Autor und Fotograf in München. Das Buch zur digitalen Bildbearbeitung entstand aus seinen Kursen zu diesem Thema heraus und wurde mittlerweile auch ins Englische übersetzt. Sein Bestreben geht auch dahin, den GIMP bekannt zu machen. Das Programm ist kostenlos, jedoch umfangreich und mächtig, aber auch komfortabel genug, um selbst schwierige Aufgaben der Bildgestaltung damit zu bewältigen.

»Wenn ich kann, möchte ich etwas von dem, was uns die Massenmedien und vor allem die Werbung vorgaukeln, um neue Produkte abzusetzen, wieder in die Kunst und damit ins Leben zurückholen – mit deren Mitteln.«

Klaus Gölker

Fotobearbeitung und Bildgestaltung mit GIMP 2

Arbeitsschritte, Techniken, Werkzeuge

2., erweiterte und aktualisierte Auflage

dpunkt.verlag

Klaus Gölker
Klaus.Goelker@goelker-online.de

Lektorat: Barbara Lauer, Bonn
Copy-Editing: Sandra Gottmann, Münster
Umschlaggestaltung: Helmut Kraus, www.exclam.de
Satz und Herstellung: Josef Hegele, Heiligkreuzsteinach
Druck und Bindung: Stürtz GmbH, Würzburg

Bibliografische Information Der Deutschen Bibliothek
Die Deutsche Bibliothek verzeichnet diese Publikation in der Deutschen Nationalbibliografie; detaillierte bibliografische Daten sind im Internet über http://dnb.ddb.de abrufbar.

ISBN 978-3-89864-479-2

2. Auflage 2007

Ringstraße 19 B
D-69115 Heidelberg

5 4 3 2 1

Inhalt

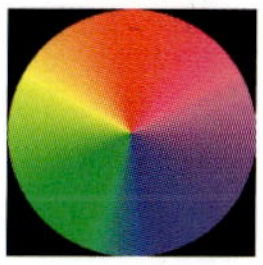

Frohe Ostern!

5 Ausblick auf GIMP 2.4 239

6 Anhang 261

Der GIMP-Index 267

1 Grundlegendes

1.1 Vorwort zur zweiten, erweiterten Auflage

Seit dem ersten Erscheinen meines Buches Fotobearbeitung und Bildgestaltung mit GIMP 2 sind nun bald zwei Jahre vergangen. Der kostenlose GIMP, inzwischen in der Version 2.2, hat sich von der Handhabung und vom Aussehen, von der Benutzeroberfläche her, kaum verändert, doch wurde einiges an Detailarbeit geleistet. So wurde unter anderem die Hilfe zum Programm wesentlich erweitert und vervollständigt. Entsprechend finden Sie nun auch ein Buchkapitel, das den Einsatz der verschiedenen Hilfefunktionen des GIMP erläutert. Eine neue, erweiterte Version des GIMP, Version 2.4, ist in Arbeit. Neben neuen Werkzeugen sind Neuerungen wie z. B. skalierbare Pinsel in Vorbereitung. Noch ist nicht abzusehen, wann diese neue Version erscheinen wird. Aber anhand der bereits verfügbaren Entwicklerversion 2.3 des GIMP bietet das Buch eine Vorschau auf die neuen Funktionen.

Wesentlich für diese neue Auflage ist die Ergänzung von inhaltlichen Aufgabenstellungen und Arbeitstechniken rund um den Arbeitsbereich digitale Foto- und Bildbearbeitung. Kritik, Anregungen und Wünsche, die ich von meinen Lesern erfuhr, habe ich aufgegriffen und in neue Kapitel umgesetzt. Neue, zusätzliche Themen im Buch sind: Hinweise zum GIMP unter Windows Vista, die Hilfe zum Programm, RAW-Bilder von der Kamera entwickeln, Prinzipielles zum Ändern der Bildgröße in Abhängigkeit zur Auflösung, Fotoretusche: stürzende Linien korrigieren (Perspektivkorrektur), Fotografien und Bilder mit Filtern nachträglich schärfen, verrauschte Aufnahmen glätten, Bildfehler mit Filtern verbergen (Bilder verpixeln und künstlerisch verfremden), Rahmen und Vignetten anlegen, HDR-Fotografie – Bilder mit hohem Kontrastumfang herstellen. Dies alles wird wiederum ausführlich in Workshops erläutert, wobei auch die entsprechenden Programme und Plug-ins vorgestellt werden.

Durch die inhaltlichen Ergänzungen und Aktualisierungen bietet Ihnen das Buch nun noch besser Gelegenheit, sich mit den Aufgabenstellungen und Möglichkeiten der digitalen Bildbearbeitung vertraut zu machen. Als Autor wünsche ich Ihnen viel Freude beim Kennenlernen der Techniken und dann beim Umsetzen Ihrer eigenen Vorstellungen und Ideen.

Klaus Gölker

1.2 Einleitung

1.2.1 Mit dem GIMP 2 arbeiten – über dieses Tutorial

Sie haben eine digitale Kamera, einen Scanner – und jetzt möchten Sie wissen, wie Sie Ihre Aufnahmen auffrischen und verbessern oder wie Sie eigene Bilder komponieren können? Sie möchten vielleicht erst einmal schauen, ob das wirklich etwas für Sie ist, ohne viel Geld für Programme auszugeben? Oder aber: Sie haben vom kostenlosen, digitalen Bildbearbeitungsprogramm »The GIMP 2« gehört und möchten nun einfach wissen, wie Sie damit arbeiten und was Sie damit machen können?

Diese Arbeitsanleitungen sollen Ihnen den Einstieg in die digitale Bildbearbeitung mit einem geeigneten Programm – dem GIMP – ermöglichen. Es zeigt Ihnen die Lösung der häufigsten Probleme und Aufgabenstellungen, die bei der digitalen Bildbearbeitung anfallen, anhand von Beispielen. Diese Anleitung führt Sie dabei schrittweise in das Arbeiten mit digitalen Bildern ein. Immer dann, wenn Sie zur Bearbeitung ein neues Werkzeug, eine neue Funktion des Programms benötigen, wird diese gezeigt und erläutert. Sie lernen einfache, aber effiziente Bearbeitungsmöglichkeiten für Bilder kennen – und dabei grundlegende Techniken und die prinzipielle Funktionsweise von Bildbearbeitungsprogrammen.

Dieses Buch ist kein Nachschlagewerk zum Programm – obwohl die Arbeitsweise und die wichtigsten Funktionen erläutert und auch über das Register schnell gefunden werden. Es ist eine Anleitung zum »learning by doing«.

Da der GIMP aus der Linux-Welt stammt und kostenlos verteilt werden darf, finden Sie dieses Programm – sowie einige andere kostenlose Hilfsprogramme – mit auf der beigefügten CD, ebenso die Beispielbilder zum Arbeiten.

Das Arbeiten mit Programmen zur digitalen Bildbearbeitung unterscheidet sich wesentlich von der Funktionsweise oder Handhabung z. B. einer Textverarbeitung. In Bildbearbeitungsprogrammen müssen oft viele vorbereitende Arbeitsschritte ausgeführt werden, bevor Sie ein sichtbares Ergebnis auf dem Bildschirm erhalten. Und doch werden Sie auch gleiche, aus anderen Programmen bekannte Befehle und Verhaltensweisen wiederfinden.

Was das Arbeiten mit dem GIMP anbelangt, ist es gleichgültig, ob Sie dies unter Windows, Linux oder Mac OS beginnen. Die Handhabung ist im Wesentlichen gleich. Bei der Installation gibt es Unterschiede. Der GIMP ist fester Bestandteil vieler Linux-Distributionen. Unter Windows z. B. muss er neu installiert werden. In diesem Tutorial finden Sie die Anleitung dazu.

Wenn Sie sich mit dem GIMP auseinander gesetzt, wenn Sie ihn kennengelernt haben, werden Sie vielleicht kein anderes Bildbearbeitungsprogramm mehr wollen – oder brauchen. Aber Sie können sich durchaus an den Umstieg auf ein anderes Grafikprogramm wagen. Zwar werden Sie sich an die neue Menüstruktur eines anderen Programms erst gewöhnen müssen, sie werden sich erst einarbeiten müssen. Aber die prinzipiellen Befehle, Arbeitsweisen sind gleich, sogar die meisten Werkzeuge.

Wer sich beim Arbeiten noch weiter mit dem Programm vertraut machen möchte, der sei zunächst einmal auf die Hilfe zum Programm hingewiesen. Darüber hinaus gibt es – als Online-Versionen auch kostenlose – Bücher zum Programm, die im Anhang genannt werden.

1.2.2 Steckbrief – über den GIMP 2

Der **GIMP**, das **GNU Image Manipulation Program**, stammt aus der Linux-Welt, in der Software kostenlos ist. Dabei steht **GNU** synonym für **GPL**, General Public License (öffentlich frei zugängliche, kostenlose Programme), was von den Schöpfern der Software – jenen, welche die Programmierarbeit leisten – mit dem Bild eines philosophischen Gnus gleichgesetzt wird.

In dieser Welt ist der GIMP »der Photoshop der Linux-Welt« – *das* kostenlose Bildbearbeitungsprogramm. Mit dem GIMP 2 erschien 2004 eine überarbeitete und erweiterte Fassung, die sowohl vom Funktionsumfang als auch von der Handhabung her nahezu keine Wünsche offen lässt.

Das Buch wurde mit den Versionen 2.2.3 (Januar 2005) und neuer erstellt. Auch in der derzeit aktuellen Version 2.2.14 (Stand April 2007) ist das Layout der Programmfenster und Oberflächen im Wesentlichen gleich geblieben. Das Buch entspricht dem aktuellen Stand des Programms zum Erscheinungsdatum.

Bildbearbeitung

Hauptanwendung des GIMP ist der Einsatz zur Bearbeitung und Herstellung von Pixelbildern oder Bitmaps. Das reicht von der Überarbeitung digitaler Fotografien bis hin zur Erschaffung von digitaler Kunst oder Grafik wie zum Beispiel Firmenlogos oder Grafiken für Webseiten.

Eine andere übliche Methode zur Bilderstellung ist das Arbeiten mit Vektorgrafikprogrammen. Der GIMP bietet Möglichkeiten zur Herstellung von vektorbasierten Formelementen wie das Gfig-Plug-in und das Pfad-Werkzeug, doch bieten diese nur begrenzt eine Arbeitsumgebung zur Herstellung komplexer Vektorformen.

Videobearbeitung

Der GIMP bietet mit dem GIMP-Animationspaket GAP auch einige Werkzeuge zur Erstellung einfacher Animationen, die Bild für Bild hergestellt werden. So kann der GIMP mit dem GAP Videos und Animationen im GIF-Format lesen und schreiben, außerdem kann er, auch aus Bildern mit Layern, Videos im MPEG- und AVI-Format erzeugen.

1.3 Grundbegriffe der digitalen Bildbearbeitung

1.3.1 Eigenschaften von Pixelbildern

Der GIMP ist ein Bildbearbeitungsprogramm für **Pixelgrafik** bzw. **Bitmaps.** Pixelbilder sind Bilder, die in einzelne Bildpunkte (Pixel) aufgelöst (gerastert) werden. Alle Bilder, die von einer digitalen Kamera oder vom Scanner kommen, sind automatisch Pixelbilder. Dies ist also die Standardbildart für fotografische und fotorealistische Bilder.

Abb. 1.1: Bei starker Ansichtsvergrößerung eines Pixelbildes werden die einzelnen Bildpunkte (Pixel, dots) sichtbar. Am Beispiel der Schrift wird hier der Treppcheneffekt deutlich – man spricht dabei auch von Aliasing.

Wesentliche Merkmale von Pixelbildern sind die Bildgröße und die Auflösung des Bildes, ihre mosaikartige Struktur. Aufgrund des Aufbaus aus einzelnen Bildpunkten sind Pixelbilder auch nur begrenzt zu vergrößern – grob gesprochen so weit, bis die einzelnen Bildpunkte sichtbar werden.

Bildgröße und Auflösung bestimmen die Dateigröße eines Bildes (Speichervolumen der Bilddatei, angegeben in Kilobyte KB oder Megabyte MB). Unkomprimierte Pixelbilder haben in der Regel eine große Dateigröße.

Die Struktur von Pixelbildern bestimmt die Möglichkeiten der Bearbeitung. Prinzipiell kann jeder Bildpunkt einzeln in Helligkeit und Farbe bearbeitet werden. Entsprechend feine Werkzeuge stehen zur Verfügung.

Aber allgemeine Änderungen wirken zunächst immer auf das ganze Bild. Um Teilbereiche zu verändern, werden die gewünschten Bildbereiche in der Regel mit so genannten Auswahl-Werkzeugen markiert oder sogar ausgeschnitten und als separate Ebenen (transparente »Folien« mit einzelnen Bildobjekten) eingefügt.

Auswahlen, Masken und Ebenen: Das sind fortgeschrittene Arbeitstechniken und Hilfsmittel, die wesentlich sind für das Arbeiten mit Bildbearbeitungsprogrammen für Pixelbilder wie dem GIMP. Im Aufgabenteil des Buches gehen wir ausführlich darauf ein.

Im Gegensatz zu den Pixelbilden stehen die Vektorgrafiken. Diese werden dann eingesetzt, wenn es darum geht, neue, »echte« Grafiken und Logos herzustellen. Dabei werden keine gerasterten Bilder hergestellt bzw. bearbeitet, sondern es werden neue Bildelemente als in der Größe veränderbare (skalierbare) Vektorformen, Umrisse mit Füllungseigenschaften der Flächen (z. B. Farbfüllung) erstellt. Für Grafiken ist das weniger datenintensiv. Solche Vektor- oder Umrissformen lassen sich auch nachträglich einzeln wählen und nachbearbeiten, z. B. verformen oder mit einer anderen Farbe füllen. Und: Vektorgrafiken sind nahezu beliebig skalierbar.

Aber: Die Bearbeitung von Vektorformen erfordert auch vom Programm ganz andere Techniken und Vorgaben als die Bearbeitung von Pixelbildern.

Es gilt: Fotos oder allgemein Pixelbilder lassen sich nicht oder nur sehr stark vereinfacht in Vektorgrafiken umwandeln.

Abb. 1.2: Vergleich Pixel- und Vektorgrafik

1.3.2 Auflösung

Es gibt nur rechteckige Pixelbilder. Diese bestehen aus kleinen Quadraten, den Bildpunkten oder Pixeln. Die Dichte dieser Bildpunkte kann variieren. Sie wird als Auflösung bezeichnet. Gemessen wird die Auflösung üblicherweise in **dpi** (engl.: dots per inch, d. h. Bildpunkte pro 2,54 cm) bzw. der in der digitalen Fotografie häufiger verwendeten Maßeinheit **ppi** (pixel per inch). Auch Pixel/cm (Linien) wird verwendet, in Deutschland vor allem im Vierfarbdruck. Diese Maße beziehen sich zwar nur auf ein Längenmaß, die Breite des Bildes, tatsächlich wirkt die Auflösung aber auch auf die Höhe. Eine Verdoppelung des Wertes für die Auflösung bedeutet also eine Vervierfachung der Pixelzahl – und damit der Dateigröße.

Dabei ist die Bildgröße (die Abmessungen eines Bildes in Millimetern oder Pixeln) direkt abhängig von der Auflösung. Wird ein Bild mit einer Auflösung von 300 dpi im GIMP auf 72 dpi Auflösung umgerechnet, steigt dabei die Bildgröße (Abmessungen Breite × Höhe) um mehr als das Dreifache, die Anzahl an Bildpunkten bleibt aber gleich.

Eine qualitativ gute Arbeitsauflösung sind 300 dpi. Dies ist auch eine gute Scan-Auflösung, wenn das Bild 1 : 1 weiterverarbeitet und z. B. ausgedruckt werden soll.

Soll ein Bild vergrößert werden, muss es mit entsprechend höherer Auflösung gescannt werden. Als Faustformel gilt: Soll die Bildgröße (Breite oder Höhe) verdoppelt werden, muss mit der doppelten Auflösung gescannt werden, als für das endgültige Bild gewünscht ist. Umgekehrt kann bei gleich bleibender Qualität die Auflösung vergrößert werden, wenn das Bild entsprechend in den Abmessungen verkleinert wird.

Für den **Vierfarbdruck** gelten verschiedene Standardauflösungen, etwa 150/300/600/1200 dpi. Das sind Richtwerte.

Im **Internet** sind wesentlich geringere Auflösungen erforderlich. Standardwert ist hier 72 dpi, alternativ 96 dpi. Dies sind die Standardauflösungen von PC-Monitoren. Andererseits hilft eine geringe Auflösung, die Dateigröße der Bilder klein und damit die Übertragungszeiten im Internet kurz zu halten. Auch Bilder in solch geringer Auflösung lassen sich mit Tintenstrahldruckern noch in akzeptabler Qualität ausdrucken.

Allgemein gilt: Je höher die Auflösung eines Bildes (d. h., je feiner gerastert ein Bild ist), umso höher die Qualität der Wiedergabe, umso besser lässt sich das Bild vergrößern, und umso größer ist die Datei. Wird die Auflösung eines Bildes reduziert, ohne dass das Bild in den Abmessungen ebenfalls verkleinert wird, dann wird die Qualität des Bildes herabgesenkt. Eine Umkehrung des Vorganges ist nachträglich nicht mehr möglich.

1.3.3 Farben am Bildschirm – Farbmodelle, Farbtiefe, Zahlenwerte von Farben

Der GIMP in der Version 2.2.X kennt drei Farbmodelle: RGB-Farben, Graustufen und indizierte Farben.

Von vorneherein arbeitet der GIMP mit dem **RGB-Farbmodell**. Das sind die **Lichtfarben** bzw. das **additive Farbmodell,** wobei aus den drei Grundfarben Rot, Grün, Blau ein Farbspektrum vom etwa 16,78 Millionen Farben erzeugt werden kann. Dies entspricht »TrueColor« und ist die maximale Farbanzahl, die ein PC-Monitor oder ein Farbfernseher anzeigen können.

Das RGB-Farbmodell arbeitet mit den Grundfarben Rot, Grün und Blau. Diese erzeugen die primären Mischfarben Gelb, Cyan und Magenta. Keine Farbe = kein Licht = Schwarz, die Summe aller Farben ist Weiß.

Manchmal wird zur Angabe der Farbanzahl eines Bildes oder Farbmodells auch der Begriff **Farbtiefe** verwendet, angegeben in Bit. Das **RGB-Farbmodell** hat eine **Farbtiefe** von **24 Bit** (24 Bit = 2^{24} Farben = 16,78 Mio. Farben).

Abb. 1.3: Das RGB-Farbmodell

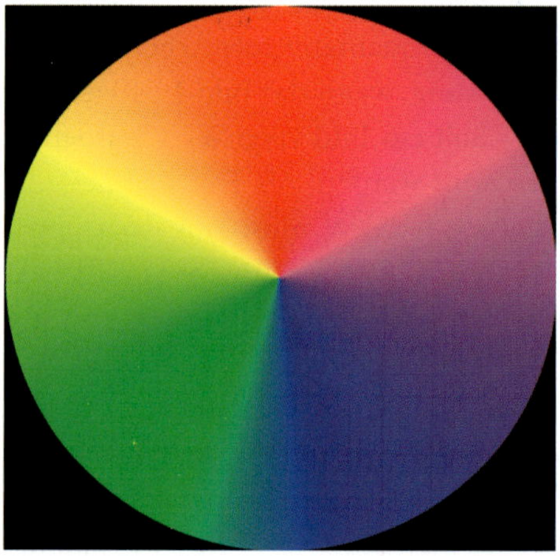

Abb. 1.4: Das lineare Farbspektrum des RGB-Farbmodells. Etwa 16,78 Millionen Farben entstehen daraus, wenn die Farben einerseits nach Schwarz und andererseits nach Weiß auslaufen.

Abb. 1.5: Angenäherte Darstellung des Farbumfangs im RGB-Farbmodell

Abb. 1.6: 256 Graustufen im RGB-Farbmodell

Wenn Sie eine Farbe einem Drucker angeben sollen oder wenn Sie eine Farbe als Hintergrundfarbe Ihrer Webseiten verwenden möchten, hilft Ihnen Folgendes: Farben können auch eindeutig in Zahlenwerten angegeben werden. Im RGB-Farbmodell kann jede der Grundfarben Rot, Grün und Blau einen dezimalen Farbwert von 0 bis 255 haben, von Schwarz nach Weiß. Je Farbe ergeben sich somit 256 Farbwerte. Die Gesamtzahl der daraus möglichen Farben ergibt sich aus der Multiplikation

256 × 256 × 256 = 16.777.216 Farben

Aber es gibt nicht nur farbige Bilder. Bei Schwarz-Weiß-Fotografien spricht man in der digitalen Bildbearbeitung korrekterweise von **Graustufenbildern**. Solche Bilder haben nicht nur die »Farben« Schwarz und Weiß, sondern enthalten sind alle möglichen Abstufungen, Grauwerte dazwischen.

Da für reine Graustufen die Farbwerte aller drei Grundfarben jeweils gleich sein müssen, bleiben 256 Stufen als mögliche Anzahl für Grauwerte, einschließlich Schwarz und Weiß.

Dementsprechend haben **Graustufenbilder** eine **Farbtiefe** von **8 Bit**.

Im RGB-Farbmodell werden die Farben in der Regel mit **dezimalen Zahlenwerten** angegeben. Wie bereits erwähnt, kann jede einzelne Farbe einen Wert zwischen 0 und 255 haben. Sie können so z. B. an Ihrem PC eine Farbe im Bildbearbeitungsprogramm mit dem Werkzeug *Farben aus dem Bild wählen (Pipette)* ausmessen. Im Farbwähler wird Ihnen daraufhin der genaue Farbwert in Zahlen angezeigt, und Sie können ihn an eine andere Person zur weiteren Verwendung übermitteln.

Farbe			
Schwarz	0	0	0
Rot	255	0	0
Grün	0	255	0
Blau	0	0	255
Gelb	255	255	0
Cyan	0	255	255
Magenta	255	0	255
mittleres Grau	128	128	128
Weiß	255	255	255

Die Grund- und Mischfarben in dezimaler Schreibweise

Möchten Sie eine Farbe aus einem Bild als Hintergrundfarbe einer Webseite im Internet verwenden, benötigen Sie dazu **hexadezimale Zahlenangaben** (Basiszahl 16). Dazu werden die dezimalen Zahlen (s. o.) z. B. mit Hilfe des Windows-Taschenrechners (*Start – Programme – Zubehör – Rechner – Ansicht – wissenschaftlich*) in hexadezimale Zahlenangaben umgerechnet und dann einfach mit einem vorangestellten #-Zeichen ohne Trennzeichen hintereinander geschrieben.

Der GIMP nimmt Ihnen die Arbeit des Umrechnens ab: Im Farbmischer können Sie den hexadezimalen Zahlenwert einer Farbe einfach ablesen.

Indizierte Farben

Einige Bilddateiformate für das Internet arbeiten mit indizierten Farben. Als Bilder mit indizierten Farben werden solche Bilder bezeichnet, die über eine definierte Farbpalette verfügen und bei denen die Farbanzahl auf 256 Farben oder weniger begrenzt ist. Solche Bilder haben eine Farbtiefe von 8 Bit. Bei der Konvertierung in »indizierte Farben« wird dem Bild entweder eine gewählte, vordefinierte Farbpalette oder (automatisch) eine aus bildeigenen Farben angefügt, die maximal 256 Farben enthalten kann. Ein Dateiformat, das automatisch Bilder mit eigener Farbpalette anlegt, ist das komprimierte GIF-Format oder das PNG-Format mit 8 Bit Farbtiefe. Auch Graustufenbilder (mit maximal 256 Grautönen) gehören dazu.

Eine indizierte Palette ist jedoch für die Bearbeitung der Bilder meist hinderlich, da dann nicht alle Bearbeitungsmöglichkeiten des GIMP zur Verfügung stehen. Bearbeitet werden Bilder also in aller Regel im RGB-Modus. Erst beim Speichern, beim Export für das Internet im entsprechenden Dateiformat wird die indizierte Palette gewählt und angefügt.

Das CMYK-Farbmodell – Cyan, Magenta, Yellow, Key (Schwarz)

Die digitale Druckvorstufe für den **Vierfarbdruck** verwendet das **CMYK-Farbmodell**. Dieses Modell verhält sich umgekehrt zum RGB-Modell und unterscheidet sich wesentlich davon. Die nominelle Farbanzahl ist größer, da ein Farbkanal mehr vorhanden ist. Trotzdem ist der tatsächliche Farbumfang kleiner. Wird ein Bild vom RGB-Modell nach CMYK konvertiert, wirkt es oft blasser oder dunkler, da Bildinformationen verloren gehen bzw. zusätzlich Schwarz eingefügt wird. Deshalb sollte ein Bild zunächst im RGB-Modus fertig bearbeitet werden, bevor es in den CMYK-Modus konvertiert wird. Auch sollten Sie wegen der möglichen Farbverschiebungen vermeiden, ein Bild mehrfach vom RGB- in den CMYK-Modus und zurück umzuwandeln.

Aufgrund seiner vier Farbkanäle hat das **CMYK-Farbmodell** eine gesamte Farbanzahl von ca. 4,3 Milliarden möglichen Farben bzw. eine **Farbtiefe** von **32 Bit**.

Bei den Farben dieses Modells handelt es sich um subtraktive Primärfarben. Dabei verhält es sich genau umgekehrt zum RGB-Modell: 255 Anteile Cyan, 255 Anteile Magenta und 255 Anteile Yellow sollten die Farbe Schwarz ergeben. Tatsächlich entsteht dabei ein schmutziges Braun. Um echte Grau- und Schwarztöne zu erhalten, muss noch die Farbe Schwarz hinzugefügt werden. Aus diesem Grund spricht man vom CMYK-Modell (Cyan, Magenta, Yellow, Key = Black/Schwarz).

Bislang bietet der GIMP noch keine Möglichkeit, ein Bild direkt in den CMYK-Modus umzuwandeln und zu bearbeiten. Aber über die Funktion Menü *Bild – Modus – Zerlegen* lässt sich ein Bild in die vier Farbkanäle des CMYK-Farbmodells zerlegen. Die einzelnen Kanäle können dann als Bilder gespeichert, einzeln nachbearbeitet und weitergegeben werden. Somit kann der GIMP zumindest die Farbauszüge für den Vierfarbdruck als Graustufenbilder aus einem Bild herstellen.

1.3.4 Die wichtigsten Dateiformate zum Arbeiten

Wenn Sie ein Bild speichern möchten, sollten Sie ein Dateiformat wählen, das den Anforderungen des Bildes und Ihren Absichten entspricht. Einige der häufig verwendeten Dateiformate werden im Folgenden vorgestellt.

XCF: Das programmeigene Dateiformat des GIMP

Wenn Sie Bilder speichern möchten, die noch nicht fertig gestellt sind, vor allem wenn Sie **Bilder mit Ebenen speichern** möchten, steht Ihnen das **XCF-Format des GIMP** zur Verfügung. Dieses Format nimmt Teilbilder, Ebenen, auf und hält die Dateigröße dabei geringer als andere Dateiformate, dank verlustfreier Kompression.

Obwohl das XCF-Format im GIMP deshalb die beste Wahl als Dateiformat für Bilder mit Ebenen ist, kann es leider bislang in kaum einem anderen Bildbearbeitungsprogramm geöffnet werden. Soll ein Bild also in einem anderen Programm zur Verfügung gestellt werden, bleibt der Export einer Kopie im JPEG-,

PNG- oder TIFF-Format. Für Bilder, die Ebenen enthalten, steht neben dem XCF- auch das PSD-Format bereit.

XCF	Eigenschaften
	• 16,78 Millionen Farben – 24 Bit Farbtiefe • Alphatransparenz (Farbverläufe von transparent nach deckend) • verlustfreie Kompression • ebenenfähig

PSD: das ebenenfähige Photoshop-Document

Das Dateiformat PSD des marktführenden Bildbearbeitungsprogramms Photoshop von Adobe steht auch im GIMP zur Verfügung. Dieses Dateiformat ist ein De-facto-Standard und kann von nahezu allen anderen Bildbearbeitungsprogrammen weiter verwendet werden. Damit ist es das Dateiformat für den Export von Bildern in höchster Qualität mit Ebenen. Einschränkend muss hier angemerkt werden, dass der GIMP nicht in der Lage ist, alle Eigenschaften wiederzugeben oder anzuwenden, über die das PSD-Format im Programm Photoshop verfügt.

Da in diesem Dateiformat keine Kompressionsmöglichkeiten zur Verfügung stehen, erzeugt es allerdings auch die Dateien mit der vergleichsweise größten Dateigröße. Diese steigt mit jeder zusätzlich eingefügten Ebene noch weiter an.

PSD	Eigenschaften
	• 16,78 Millionen Farben – 24 Bit Farbtiefe • Alphatransparenz (Farbverläufe von transparent nach deckend) • ebenenfähig

PNG: Portable Network Graphics

Das PNG-Format kann die Transparenzen eines Bildes bei voller Farbtiefe von 24 Bit bewahren. Außerdem verfügt es über eine hohe, verlustlose Kompression, welche die Dateigröße eines Bildes deutlich reduziert.

Dieses Format kann für Webseiten im Internet verwendet werden.

PNG	Eigenschaften
	• 265 oder 16,78 Millionen Farben – 8 bzw. 24 Bit Farbtiefe • Alphatransparenz (Farbverläufe von transparent nach deckend) • verlustfreie, einstellbare Kompression • internetfähig • »Interlaced« (sofortige Anzeige, schichtweiser Aufbau in Webseiten)

JPG/JPEG: Joint Photographic Experts Group

Fotografien und fotorealistische Abbildungen mit 24 Bit Farbtiefe lassen sich mit dem JPEG-Format sehr effizient komprimieren, die Dateigröße kann dabei auf Bruchteile des ursprünglichen Wertes reduziert werden. Allerdings ist die Kompression des JPEG-Formates verlustbehaftet, d.h., die Qualität des Bildes leidet mit zunehmender Kompression. Dieses Format wurde für Fotografien in Webseiten im Internet entwickelt. Wird das Format zur Archivierung von digitalen Fotografien verwendet, sollte das wiederholte Speichern ein und desselben Bildes im JPEG-Format unterbleiben, da sich bei jedem Speichervorgang die Qualität des Bildes verschlechtert. Um die Qualität eines Bildes zu erhalten, bietet sich zum Archivieren nach der Bearbeitung das Format PNG an.

Der GIMP bietet beim JPEG-Export eine einstellbare Kompression mit Vorschaufunktion. Außerdem wird die kompressionsabhängige Dateigröße angezeigt.

JPG	Eigenschaften
	• 16,78 Millionen Farben – 24 Bit Farbtiefe • hohe, einstellbare, verlustbehaftete Kompression • internetfähig • »Progressive« (schnellere Anzeige in Webseiten, schichtweiser Bildaufbau, vergleichbar mit »Interlaced«)

GIF: Graphics Interchange Format

Anders als alle übrigen Dateiformate erfordert das GIF-Format eine Farbpalette. Dies bedeutet, dass maximal 256 Farben zusammen mit dem Bild gespeichert werden können. Der GIMP kann diese Farbpaletten automatisch erstellen, jedoch wird das Ergebnis bei Bildern mit ursprünglich 24 Bit Farbtiefe meist unbefriedigend sein.

Wird allerdings ein Bild mit 256 Farben oder weniger (z. B. ein Logo, eine Grafik) als GIF abgespeichert, so ist die Kompression des GIF verlustfrei. Außerdem kann bei GIF-Dateien eine Farbe als transparent gespeichert werden, und es gibt die Möglichkeit, einfache Animationen im GIF-Format (»Animated GIF«) zu speichern.

Dieses Format wird für farbreduzierte Grafiken, Zeichnungen und Logos im Internet verwendet.

GIF	Eigenschaften
	• 2–256 Farben – 8 Bit Farbtiefe • verlustfreie Kompression bei bis zu 256 Farben • internetfähig • eine Farbe transparent • »Interlaced« (sofortige Anzeige, schichtweiser Aufbau in Webseiten) • »Animated GIF«

BMP: Windows Bitmap

Dieses Format wird von den meisten Bildbearbeitungsprogrammen unter Windows erkannt und eignet sich so gesehen zum Austausch von Bildern zwischen verschiedenen Programmen. Es besitzt eine Farbtiefe von 24 Bit, die Auflösung des Bildes bleibt erhalten. Allerdings haben die erzeugten Dateien meist eine große Dateigröße.

Dieses Dateiformat ist bedingt internettauglich.

BMP	Eigenschaften
	• 16,78 Millionen Farben – 24 Bit Farbtiefe • bedingt internetfähig (nur Microsoft Internet Explorer)

TIF/TIFF: Tagged Image File Format

Eines der ältesten Bilddateiformate, aber immer noch in Gebrauch. TIFF ist ein Dateiformat, das nahezu alle Bildbearbeitungsprogramme öffnen und speichern können, sogar auf unterschiedlichen Betriebssystemen. Deshalb ist es das Dateiformat schlechthin für den Austausch von qualitativ hochwertigen Bildern ohne Ebenen.

Das TIFF-Format bewahrt alle Transparenzen eines Bildes bei voller Farbtiefe von 24 Bit. Es verfügt über eine verlustfreie, wenn auch nicht hohe Kompressionsmöglichkeit. Allerdings nimmt es keine Ebenen auf (Ausnahme: Adobe Photoshop).

TIF	Eigenschaften
	• 16,78 Millionen Farben – 24 Bit Farbtiefe • Alphatransparenz (Farbverläufe von transparent nach deckend) • verlustfreie LZW-Kompression • Unterschiede beim Speichern auf IBM- und Macintosh-Rechnern

1.4 Digitale Fotografien auf den PC laden und verwalten

Bevor Sie ein Bild korrigieren bzw. bearbeiten können, müssen Sie es von der Kamera oder der Speicherkarte auf den Computer importieren. Dies und die Archivierung auf dem Rechner sollte im Aufnahmeformat geschehen, vor allem wenn Ihre Kamera RAW-Formate, so genannte »digitale Negative« liefert. Auch wenn Ihre Kamera JPEG-Formate speichert, sollten Sie die Originaldateien archivieren, um die ursprüngliche Aufnahmequalität zu erhalten und immer wieder darauf zurückgreifen zu können.

1.4.1 Bilder von der Kamera importieren mit der Dateiverwaltung des Betriebssystems

Den Bildimport von der Kamera auf den Rechner können Sie in der Regel mit Hilfe der Möglichkeiten des Betriebssystems alleine durchführen.

Voraussetzung unter Windows ist dabei, dass auf dem Betriebssystem ein entsprechender USB-Treiber installiert ist. Diesen haben Sie entweder vom Kamerahersteller auf CD erhalten, oder Sie können ihn von der Website des Herstellers herunterladen. In Windows XP und Vista sind diese Treiber zumeist bereits vorinstalliert.

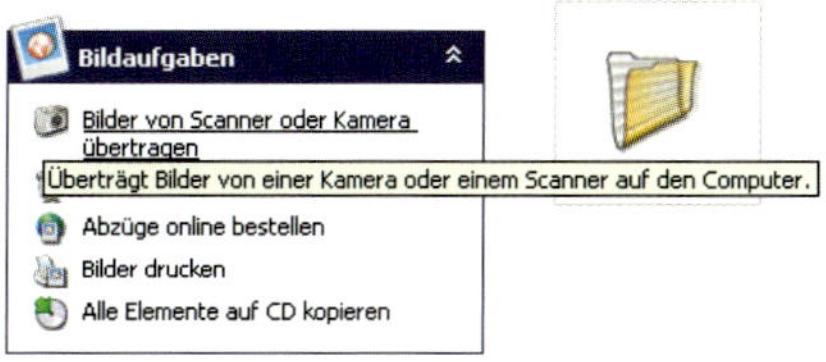

Abb. 1.7: Windows XP und Vista bieten Assistenten zum Import der Bilder von der Kamera.

Wenn die Kamera per USB angeschlossen ist, wird sie vom Betriebssystem als Wechseldatenträger, als zusätzliches Laufwerk erkannt. Dann können Sie die Bilder bzw. ganze Bildverzeichnisse einfach per Drag & Drop auf Ihren Rechner kopieren. Dabei stehen Ihnen alle Möglichkeiten der Ansicht, Auswahl und Bearbeitung zur Verfügung, die Ihnen Ihr Betriebssystem bietet.

Windows ME, XP und Vista stellen darüber hinaus ein Assistenzprogramm zur Verfügung, das Ihnen die Auswahl, die Vergabe von Dateinamen, die Drehung von Bildern und das Kopieren in ein beliebiges Verzeichnis auf Ihrem Rechner erleichtert. Nach dem Umkopieren können damit die Bilder auf der Speicherkarte der Kamera gelöscht werden.

Voraussetzung für die Verwendung des Assistenzprogramms ist, dass die Kamera mit einem speziellen Treiber als Bildbearbeitungsgerät auf dem Betriebssystem installiert ist. Entsprechende Treiber stehen nicht für alle Kameramodelle zur Verfügung.

Auch dann, wenn die Kamera »nur« als Wechseldatenträger am USB-Anschluss erkannt wird, haben Sie im Arbeitsplatz bzw. in der Dateiverwaltung die Möglichkeit, Bilder oder ganze Bildverzeichnisse wie im folgenden Beispielbild zu markieren und in ein beliebiges anderes Verzeichnis auf Ihrem Rechner zu kopieren.

Unter Windows ME oder XP besteht dabei im Windows Explorer, unter *Ansicht – Filmstreifen* die Möglichkeit, eine Vorschau der Bilder zu betrachten und die Bilder aufzurichten bzw. um 90 ° zu drehen. Windows Vista bietet hier die Windows-Fotogalerie, die die Aufgaben des Bildimports und der Dateiverwaltung in sich vereint. Hier können Sie Ihre Bilder in unterschiedlich großen Vorschaubildern sehen.

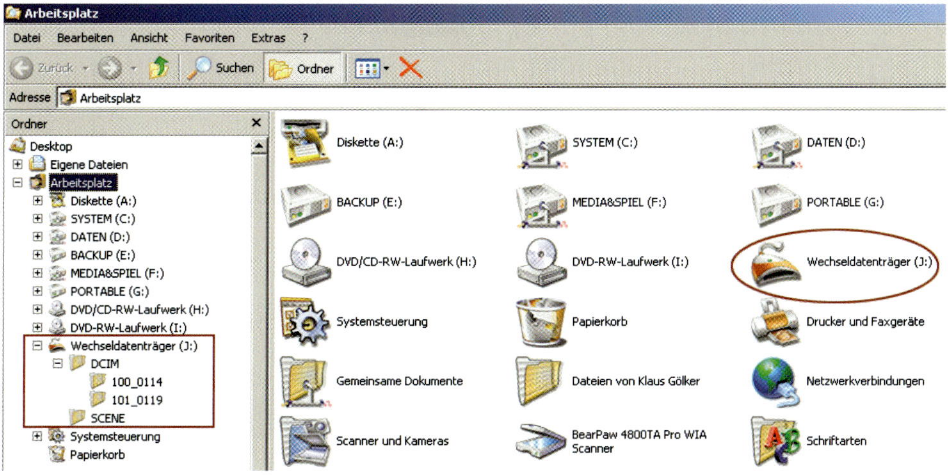

Abb. 1.8: Windows erkennt die Kamera am USB-Anschluss als Wechseldatenträger und zeigt sie wie ein normales Laufwerk im Arbeitsplatz an.

Allerdings: Die Vorschaufunktion unter Windows erstreckt sich auf die gängigen Dateiformate: JPEG, GIF, PNG und TIFF werden unterstützt, jedoch normalerweise keine kameraeigenen RAW-Formate.

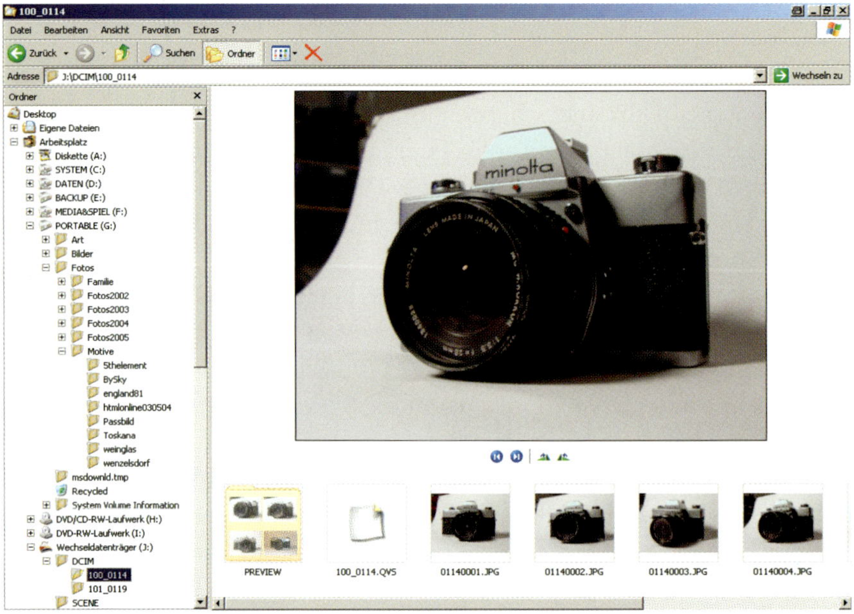

Abb. 1.9: Explorer-Fenster und Ansicht des Ordnerinhaltes auf der Speicherkarte (Windows XP). Wie in einem normalen Verzeichnis können Sie sich den Ordnerinhalt anzeigen lassen, entweder einzelne Bilddateien auswählen oder gleich den ganzen Ordner in ein Verzeichnis auf Ihrer Festplatte kopieren.

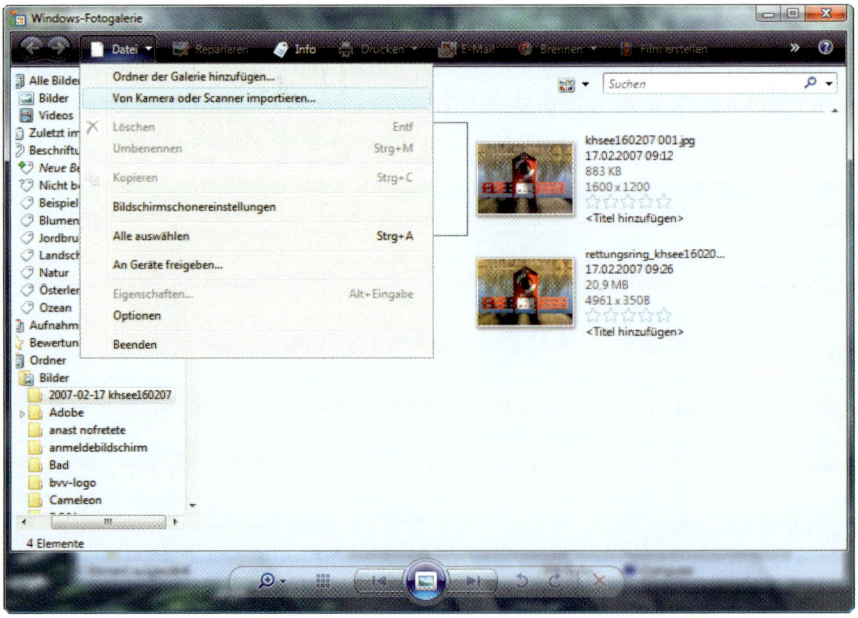

Abb. 1.10: Die Fotogalerie von Windows Vista mit dem Aufruf des Importassistenten, der beim Anschluss einer Digitalkamera allerdings auch automatisch gestartet wird

Zum Bildimport unter Linux stehen z. B. die Programme Digikam und gPhoto zur Verfügung.

Auch wenn Ihre Digitalkamera nicht direkt von den oben aufgeführten Programmen unterstützt wird, können Sie die Bilder direkt von der Speicherkarte laden, falls Sie über einen USB-Kartenleser verfügen. Linux unterstützt normalerweise per USB-Storage die gängigen USB-Kartenleser zum Auslesen der von der Kamera verwendeten Speicherkarte. Statt die Kamera über ein Verbindungskabel anzuschließen, legen Sie einfach die Speicherkarte der Kamera in einen solchen Card-Reader ein und kopieren die Daten auf Ihre Festplatte, vergleichbar so wie für Windows beschrieben.

Weitere Informationen zu den Programmen finden Sie unter:
http://www.ebv4linux.de/
http://www.tuxfutter.de/wiki/Linux:Digitalfotografie

Englische Websites:
http://www.digicam.org
http://www.gphoto.org
http://wiki.linuxquestions.org/wiki/Digital_Cameras_And_Linux
http://www.gagme.com/greg/linux/usbcamera.php

1.4.2 Bildimport mit Hilfe von Assistenzprogrammen

Viele Hersteller von Digitalkameras liefern mit der Kamera zusammen ein Programm, das den Import der Bilder und Aufgaben der Bildverwaltung und Organisation wie z. B. das Zusammenstellen von Fotoalben ermöglicht. Zudem bieten solche Programme meist einfache Möglichkeiten der Bildbearbeitung und zum Ausdrucken der Bilder.

Dabei werden die Bilder in der Regel in Verzeichnissen gespeichert, die zunächst das Programm anlegt und organisiert. Wer die Ordnerstruktur selbst anlegen und pflegen möchte, kann auf die Möglichkeiten des Betriebssystems allein zurückgreifen und auf diese Programme verzichten. Sobald installiert, blockieren diese unter Umständen sogar den in Windows vorgesehenen Import-Assistenten.

1.4.3 Fotosammlungen mit der Dateiverwaltung des Betriebssystems organisieren

Zum Anlegen einer Sammlung und zum Verwalten, Sortieren und Umbenennen von Bildern genügen unter Windows die Möglichkeiten, die das Betriebssystem bietet. Wichtig ist, sich vorher eine Ordnung, Verzeichnisstruktur für die Sammlung zu überlegen. Folgende Kriterien bieten sich an:

- Themenkreis, z. B. Familie, Urlaub, Feste
- Motiv, z. B. Blumen, Städteansichten, Landschaften, Stillleben
- Datum, Jahr der Aufnahme

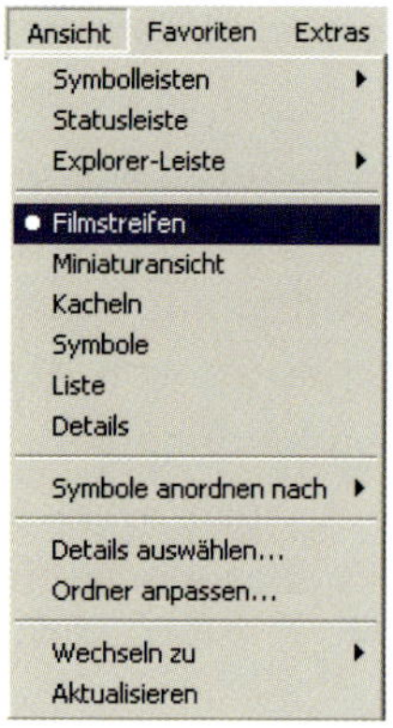

Abb. 1.11: Menü Ansicht im Arbeitsplatz – Windows Explorer

Die Dateiverwaltung bietet Ihnen die Möglichkeit, in einem Verzeichnisfenster, z. B. aus dem Windows Explorer heraus, die entsprechenden Verzeichnisse vorab anzulegen und die Bilder zu betrachten, umzubenennen und zu verschieben oder zu kopieren.

Dabei helfen Ihnen unter Windows die verschiedenen **Ansichtsoptionen** zur Darstellung der Bilddateien im jeweiligen Verzeichnis: Sie können sich die Bilder als *Filmstreifen* mit Voransicht anzeigen lassen, als so genannte Thumbnails in der *Miniaturansicht* oder auch kompakt als Symbol mit Beschreibung unter *Details*.

1.4.4 Hilfen bei der Bildverwaltung: Bildverwaltungsprogramme unter Windows und Linux

Wer große Bildersammlungen verwalten muss oder wer es auch nur etwas komfortabler möchte, der kann unter Windows auf Bildbetrachter und Bildverwaltungsprogramme zurückgreifen wie:

- **ACDsee** (http://www.acdsystems.com/)
- **ThumbsPlus** (http://www.thumbsplus.de/)
- **CompuPic** (http://www.photodex.com/)
- **IrfanViewer** (kostenlos) (http://www.irfanview.com/)

Aus der Linux-Welt selbst steht inzwischen auch für den GIMP unter Windows das **Plug-in smartprint (auch GUASH)** bereit, das als **Dateibrowser GUASH** in das Menü Datei im Bildfenster integriert wird. Im Internet zu finden unter:
http://jlhamel.club.fr/FILES/smartprint_20050119.zip

Unter Windows und Mac OS arbeitet das Programm

- **Adobe Photoshop Album** (http://www.adobe.de/)

Um Bilder zu betrachten und zu sortieren, stehen unter Linux die folgend genannten Programme bereit:

- **ImgSeek, KuickShow, KView, XnView, gThumb, pornview**

Weitere Informationen zu den Linux-Programmen finden Sie unter:
http://www.ebv4linux.de/ und http://www.tuxfutter.de/wiki/Linux:Digitalfotografie

Diese Programme bieten die Möglichkeit, **Vorschaubilder** zu betrachten und Dateiverwaltung wie Umbenennen zu betreiben. Einige der Programme haben einen **Dateibrowser** ähnlich dem Windows Explorer mit an Bord, der das Anlegen neuer

Verzeichnisse und das Umkopieren von Bildern erleichtert. Manche bieten auch **Stapelverarbeitung**, z. B. das Umbenennen ganzer Bilderserien oder das Erstellen von **Bildschirm-Diashows**.

Die meisten dieser Programme bieten auch Möglichkeiten der **Bildkorrektur** wie Orientierung und Helligkeit, Kontrast einrichten oder Bildgröße und Auflösung einstellen.

Zusätzlich werden oft auch **Druckfunktionen** geboten, Bilder als Kontaktabzüge oder als Bildpakete, mehrere Bilder auf einer Seite, auszudrucken. Diese Möglichkeit bietet übrigens auch die Dateiverwaltung unter Windows (Arbeitsplatz) mit dem Fotodruck-Assistenten (linke Spalte im Fenster: *Bildaufgaben – Bilder drucken*, allerdings nur bei Ordnern, die Bilddateien enthalten; falls Sie stattdessen links die Ordnerstruktur sehen, können Sie durch Klicken auf das Symbol *Ordner* in diese Ansicht wechseln).

Allgemein können mit diesen Programmen auch **Dateien in andere Formate konvertiert** werden. Die neueren Versionen dieser Programme können auch Kamera-RAW-Formate lesen und bei Bedarf in anderen Dateiformaten abspeichern.

Besonders interessant ist hier der kostenlose IrfanViewer, der, wenn auch nicht immer besonders komfortabel, die meisten der oben genannten Möglichkeiten bietet. Unter Windows ist er *der* Bildbetrachter, der wirklich so gut wie alle aktuellen Bilddatei- und Kameraformate zu öffnen und anzuzeigen vermag.

Zu dem, was die genannten Programme im Einzelnen vermögen, finden Sie Informationen auf den Websites unter den genannten Internetadressen.

1.4.5 Kamera-RAW-Bildformate konvertieren unter Windows und Linux: Freeware-Hilfen und Plug-ins

Wenn Ihre Digitalkamera ein proprietäres, eigenes Dateiformat bzw. ein RAW-Dateiformat bei der Aufnahme bietet, sollten Sie dieses auch nutzen. Als digitale Rohdaten gespeicherte Aufnahmen bieten eine höhere Qualität und bessere Möglichkeiten zur nachträglichen Bildkorrektur als Aufnahmen mit höchster Qualität im JPEG-Format.

Sie sollten dann auch die Bilder in diesem Format auf Ihrem Rechner als Originale speichern, um diese hohe Qualität zu sichern.

Seit der Version 2.2.6 des GIMP unterstützt das Programm RAW-Formate, so dass diese direkt geöffnet und bearbeitet werden können. Leider funktioniert diese Formatunterstützung bislang nicht bei allen herstellereigenen Kamera-RAW-Formaten bzw. nicht alle Kameras werden unterstützt.

Soweit das RAW-Format mit dem GIMP ausgelesen werden kann, stehen die Bilder anschließend mit 24 Bit Farbtiefe (8 Bit je Farbkanal) zur Verfügung und lassen sich mit dem Programm weiter bearbeiten. Das Speichern des fertigen Bildes sollte dann allerdings in einem qualitativ hochwertigen Standardformat wie TIFF oder PNG erfolgen.

RAW-Formate bieten nicht nur die Sicherung der Aufnahmedaten mit höchster Qualität. Sie ermöglichen zudem Korrekturen der Farb- und Helligkeitseinstellungen, mit den Plug-ins RawPhoto und UFRaw in einer Farbtiefe von 16 Bit je Farbkanal. Ist eines dieser Plug-ins installiert, werden Ihre Bilder im RAW-Format damit geöffnet anstatt mit den Standardmöglichkeiten des GIMP.

Wird ein RAW-Foto mit solch einem Plug-in das erste Mal geöffnet, können die Belichtung und die Farbwerte bei 16 Bit Farbtiefe je Kanal korrigiert werden. Damit können z. B. auch unterbelichtete Aufnahmen aufbereitet werden, mit besseren Möglichkeiten, als sie der GIMP bietet. Abschließend wird das Bild im gewünschten Dateiformat (mit 8 oder 16 Bit Farbtiefe je Kanal) gespeichert oder direkt an das Bildbearbeitungsprogramm zur weiteren Bearbeitung übergeben.

Dieser Vorgang wird in Anlehnung an die analoge Fotografie als »Entwickeln« bezeichnet, RAW-Formate nennt man auch »digitale Negative«.

Unter Windows oder Mac OS können Sie alternativ für das »Entwickeln« Ihrer Aufnahmen im RAW-Format auch auf die kameraeigene Software des Herstellers zurückgreifen.

Wenn Sie Ihre RAW-Bilder im GIMP weiter bearbeiten möchten, ist es wegen der direkten Importmöglichkeit jedoch komfortabler, die genannten Plug-ins für die Entwicklung Ihrer digitalen Negative einzusetzen.

Für das Arbeiten unter Linux hat Pawel Jochym mit **RawPhoto** ein spezielles Plug-in als RAW-Datei-Importfilter für den GIMP geschrieben, welches das **Kommandozeilenprogramm DCRaw** von Dave Coffin nutzt. Beide Programme stehen auch für den GIMP unter Windows zur Verfügung.

Von der Homepage von Dave Coffin unter http://www.cybercom.net/~dcoffin/index.html führen Links zum Download der Programmdatei für **dcraw.c**, das als Erstes unter Linux installiert werden muss. Die Installationsdateien zu **DCRaw** für den GIMP **unter Windows** finden Sie unter http://home.arcor.de/benjamin_lebsanft/. Beachten Sie, dass für verschiedene Rechnerplattformen verschiedene optimierte Dateien zum Download angeboten werden. Nach dieser Installation muss das Frontend (die Arbeitsoberfläche) **RAWPhoto** installiert werden. Den Download **für Linux** finden Sie unter http://ptj.rozeta.com.pl/Soft/RawPhoto, den **für Windows** unter http://www.princeton.edu/~mplough/rawphoto.html.

Auf den Webseiten von http://www.ebv4linux.de/ finden Sie unter *Anleitungen/Schritt-für-Schritt-Anleitungen für GIMP – Rohbilddatenverarbeitung mit RawPhoto* eine Anleitung zur Installation der Programme unter Linux und vor allem Hinweise zum Arbeiten mit dem Programm.

Aber auch diese Plug-ins unterstützen nicht alle kameraeigenen RAW-Formate. Eine Liste, welche Kameras von DCRaw unterstützt werden, finden Sie im Internet unter http://www.raw-converter.com/ über die Suchbegriffe *RAW-Software* und *dcraw*.

Hier eine kurze Zusammenfassung der **Installation der Plug-ins unter Windows**:

- Kopieren Sie die entpackte (entzippte) Datei *cdraw.exe* in das Unterverzeichnis *\bin* in Ihrem GIMP-2.x-Programmordner.
- Die entpackte Datei *rawphoto.exe* kopieren Sie ins Unterverzeichnis *\lib\gimp\2.0\plug-ins* in Ihrem GIMP-2.x-Programmordner.

Danach können Sie RAW-Dateien im GIMP öffnen. Dabei wird zunächst das Plug-in aufgerufen. Das Bild wird im Fenster des Plug-ins geöffnet, und Sie können die Korrektureinstellungen vornehmen.

Sollten diese Plug-ins das RAW-Format Ihrer Kamera nicht unterstützen, bietet sich noch das Plug-in **UFRaw** von Udi Fuchs an. Wie RawPhoto unterstützt es die Entwicklung digitaler Negative mit 16 Bit Farbtiefe je Kanal, also in einer besseren Farbqualität als der GIMP mit »nur« 8 Bit Farbtiefe je Farbkanal. Auch UFRaw bietet ein eigenes Programmfenster (auch als GIMP-Plug-in), in dem Sie die Farbkorrekturen wie Belichtungseinstellungen und den Weißabgleich vornehmen können, bevor das Bild zur weiteren Bearbeitung und zum Speichern an den GIMP übergeben wird. Dabei kann UFRaw nach der Installation auf drei verschiedene Weisen eingesetzt werden, einmal als eigenes Programm, mit dem Sie Ihre digitalen Negative überarbeiten und wieder speichern können. Dann, und das ist wohl die interessantere Anwendungsweise, funktioniert UFRaw direkt aus dem GIMP heraus, wenn Sie mit ihm eine RAW-Datei öffnen. Zuletzt bietet es mit **ufraw-batch** eine Stapelverarbeitung für die Konvertierung von mehreren RAW-Dateien. Den Download von UFRaw finden Sie unter http://ufraw.sourceforge.net/Install.html. Das Programm steht dort als Installationsdatei für Windows und verschiedene Linux-Distributionen zum Download bereit. Die Installation unter Windows ist denkbar einfach: ein Doppelklick auf die heruntergeladene Installationsdatei genügt, Sie müssen nur noch den Anweisungen des Installationsprogramms folgen. Weitere Downloads bzw. die Installation von **dcraw** sind nicht erforderlich, da dieses Programm bereits in UFRaw integriert ist. Nach der Installation steht UFRaw sowohl als selbstständiges Programm als auch als Plug-in für den GIMP bereit. Voraussetzung, um UFRaw zumindest als eigenständiges Programm nutzen zu können, ist, dass zumindest das **GTK** vorher installiert wurde. Wenn Sie UFRaw als GIMP-Plug-in nutzen möchten, muss dieser vorher vollständig installiert worden sein.

Eine ausführliche Beschreibung, wie Sie UFRaw einsetzen können, finden Sie (auf Englisch) im Internet unter http://ufraw.sourceforge.net/Guide.html.

Hier im Buch finden Sie in Kapitel 2.1 eine kurze Einführung, wie Sie ein digitales Negativ, eine RAW-Datei mit UFRaw als GIMP-Plug-in öffnen und an den GIMP übergeben können.

Sollte der GIMP bzw. die genannten Plug-ins das RAW-Format Ihrer Kamera nicht direkt auslesen können, bleibt Ihnen, die Bilder vorher entweder mit einer

Software des Herstellers oder speziellen Anwendungen von Drittanbietern in ein »lesbares« Dateiformat wie TIFF oder PNG zu konvertieren.

Steht Ihnen die erst genannte Software nicht zur Verfügung, so bietet sich das Programm **IrfanViewer** an, ein universeller Bildbetrachter, der in der aktuellen Version einiges mehr kann, als nur Bilder anzuzeigen. Zusätzlich zum Hauptprogramm wird auch eine Datei mit Plug-ins zum Download angeboten, welche die Unterstützung für viele proprietäre Kameraformate enthält. Beide Dateien sollten Sie installieren.

Mit installierten Plug-ins kann der IrfanViewer folgende Dateiformate öffnen:

- **CAM** – Casio Camera File (nur JPEG-Version)
- **CRW/CR2** – Canon CRW-Dateien
- **DCR/DNG/EFF/MRW/NEF/ORF/PEF/RAF/SRF/X3F** – Kameraformate
- **KDC** – Kodak Digital-Camera-Dateien
- **PCD** – Kodak Photo-CD
- **RAW** – RAW-Bilddaten

Danach können Sie die Bilder entweder Stück für Stück umbenennen und in einem geeigneten Dateiformat wie TIFF oder PNG über das Menü *Datei – Speichern unter* speichern. Der IrfanViewer stellt aber auch eine so genannte **Stapelverarbeitung** zum Konvertieren einer größeren Anzahl von Bildern zur Verfügung. Sie finden diese im Menü *Datei* unter *Batch-Konvertierung/Umbenennung*.

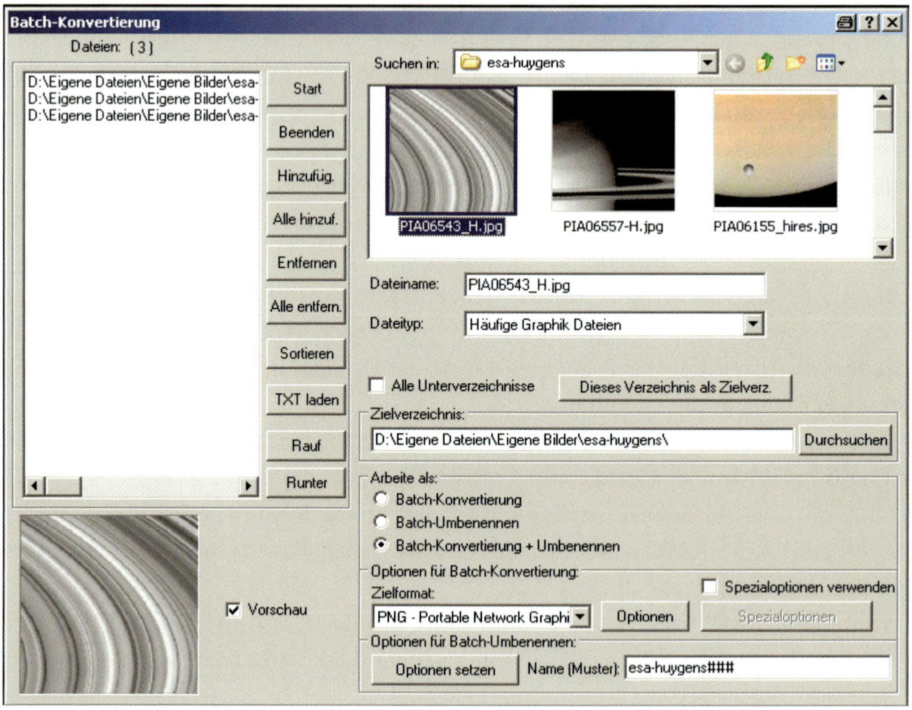

Abb. 1.12: Fenster des IrfanViewers zur Stapelkonvertierung und Umbenennung

1.5 Den GIMP zum Laufen bringen

1.5.1 Wo bekomme ich den GIMP?

Der GIMP wurde als Bildbearbeitungsprogramm für das ebenfalls (im Wesentlichen) kostenlose Betriebssystem Linux entwickelt. Aber auch Computer-Nutzer mit dem Betriebssystem Microsoft Windows waren sehr an diesem Programm interessiert. Seit einigen Jahren steht deswegen auch eine Version für Windows bereit. Diese – und weitere Hilfsprogramme – können von den hier gelisteten Internetadressen kostenlos heruntergeladen werden.

- Die Heimat des GIMP: http://www.gimp.org/ mit Links zu verfügbaren Versionen für die Betriebssysteme Linux/Unix, Windows und Mac OS X u.v. a. m.
- Wo Sie den GIMP, das GTK+ und zusätzliche Pakete für Windows finden: http://www.gimp.org/~tml/gimp/win32/ bzw. http://gimp-win.sourceforge.net/stable.html
- GhostScript und GhostScriptViewer, das PostScript-(PDF-)Programm der Linux-Gemeinde, auch für Windows: http://www.ghostscript.com/ bzw. http://www.cs.wisc.edu/~ghost/
- Ein kostenloses, englischsprachiges Handbuch zum GIMP: http://gimp-savvy.com/BOOK/index.html bzw. http://www.gimp.org/books/

Inzwischen ist auch eine überarbeitete Version, ein so genannter »Hack« des GIMP unter dem Namen **GIMPshop** von Scott Moschella verfügbar. Diese Ausgabe des GIMP wendet sich speziell an die Umsteiger, die von Adobe Photoshop kommend nun auch den GIMP nutzen wollen. Die Menüstruktur und die Menüeinträge des GIMP wurde hier der Menüstruktur des Photoshop angepasst (weicht also von der hier im Buch beschriebenen, auf den »originalen« GIMP bezogenen Menüstruktur ab).

Informationen zum GIMPshop bietet die Internetseite von Scott Moschella: http://plasticbugs.com/?page_id=294. Das Programm ist als Installationsdatei für Windows und Mac OS X verfügbar, für Linux steht es als Sourcecode zum Kompilieren bereit.

Es gibt ein weiteres, kostenloses Bildbearbeitungsprogramm, das aus dem GIMP abgeleitet wurde: **CinePaint**, früher bekannt als **FilmGimp**. Als Programm wurde es entwickelt, um Bildfolgen aus digitalen Filmproduktionen nachbearbeiten zu können. CinePaint unterstützt neben 8 Bit auch die Bearbeitung von Bildern mit 16 und 32 Bit Farbtiefe je Kanal. Anders als der GIMP kann CinePaint auch CMYK-Bilder öffnen und bearbeiten. Besonders interessant für Fotografen ist die Tatsache, dass das Programm auch in der Lage ist, **HDR**-Bilder (**High Dynamic Range**) aus normalen Belichtungsreihen zu berechnen.

Mehr Informationen zu CinePaint finden Sie in Wikipedia im Internet unter http://de.wikipedia.org/wiki/CinePaint oder auf der Projekt-Homepage http://www.cinepaint.org. Dort finden Sie auch die Links zum kostenlosen Download des Programms für verschiedene Betriebssysteme. Inzwischen ist die Weiterentwicklung »Glasgow« des Programms für Windows verfügbar, allerdings nur in einer frühen Version, die noch nicht voll einsatzfähig ist.

An dieser Stelle sei auch auf einen Konkurrenten zum GIMP aus den eigenen Reihen hingewiesen: **Krita** (Kreide). Als Teil des Office-Pakets KOffice für das K Desktop Environment (KDE) steht es als weiteres Mal- und Fotobearbeitungsprogramm unter Linux und Mac OS bereit. Krita unterstützt die Farbmodelle RGB (8 Bit, 16 Bit und 32 Bit), LAB (16 Bit), Graustufen (8 Bit und 16 Bit) und auch **CMYK** (8 Bit und 16 Bit). Da das Programm das **OpenEXR-Format** nativ unterstützt, kann es von interessierten Fotografen für die Bearbeitung von **HDR-Bildern** in diesem Format eingesetzt werden. Informationen zu **Krita** finden Sie im Internet unter:

http://de.wikipedia.org/wiki/Krita und
http://koffice.org/krita/

1.5.2 Hinweise zur Installation und zu den Hilfsprogrammen

Der GIMP steht kostenlos für die drei großen Betriebssysteme Windows, Mac OS und Linux zur Verfügung sowie auch für einige weniger verbreitete wie BSD und Sun Solaris. Was Sie bei der Installation beachten müssen, erfahren Sie in den folgenden Kapiteln.

Hinweis: Für die Betriebssysteme Linux, Windows und Mac OS X finden Sie die Dateien zur Installation des GIMP auf der CD zum Buch.

Den GIMP unter Windows installieren

Der **GIMP** kommt unter Windows nicht allein aus, er benötigt zur Darstellung der Programmoberfläche das so genannte **GTK+ (GIMP Tool Kit)**, das als separate Datei zur Installation erhältlich ist. Außerdem ist es vorteilhaft bzw. erforderlich, um die PostScript-Fähigkeiten des Programms zu nutzen, auch **GhostScript (GS)** und eventuell den GhostScriptViewer (GSView) für Windows vorab zu installieren. Dann erst folgt die Installation des GTK und des GIMP. Und erst danach werden ggf. das GAP (GIMP-Animationspaket) und die Hilfe installiert.

Hinweis: Die Standardsprache des GIMP ist Englisch. Die Installationsdatei verfügt jedoch auch über eine deutsche Version mit entsprechenden Menüs und Benutzerführung. Die Hilfe zum Programm ist ab GIMP 2 auch in Deutsch verfügbar. Achten Sie bei der Installation darauf, dass Sie bei allen entsprechenden Einstellungen Deutsch als Sprache anhaken.

Hier die vorgeschlagene Installationsreihenfolge unter Windows:

1. **GhostScript GS** (z. B. *gs85Xw32.exe*)
2. **Optional: GSView** (GhostScriptViewer, z. B. *gsvXw32.exe*)
   Dieses Programm ist Freeware und funktioniert auch ohne Registrierung. (Diese kostet 40 AU$, bei registrierten Versionen wird das Erinnerungsfenster beim Programmstart nicht angezeigt.) Nicht unbedingt für den GIMP erforderlich, ist es eine Benutzeroberfläche (Programm zusammen mit dem wirklich kostenlosen GhostScript) zum Betrachten von PostScript-, EPS- und PDF-Dateien (vergleichbar dem bekannteren Adobe Acrobat Reader).
3. **GTK+** (z. B. *gtk+-2.XX.X-setup.exe*)
4. **GIMP** (z. B. *gimp-2.2.X-i586-setup.exe*)
5. **GAP** (GIMP-Animationspaket: *gimp-gap-2.X.X-setup.exe*)
6. **GIMP-Hilfe** (*gimp-help-2-X.X-setup.exe*)

Beachten Sie, dass für die neueren Versionen (ab GIMP 2.2.10) zwei Versionen des GTK bereitstehen: *gtk+-2.10.6-1-setup.exe* für Windows 2000/XP/Vista und *gtk+-2.6.10-20050823-setup.exe* für Windows 98/ME/NT.

Für den Download aus dem Internet sind die Dateien, zur Reduzierung der Datenmenge, komprimiert. Das heißt, diese müssen erst mit Hilfe eines Packprogramms wie WinZip oder dem kostenlosen 7ZIP ausgepackt werden – am besten in ein neues Verzeichnis auf Ihrem Rechner.

Dort finden Sie nach dem Auspacken eine Datei mit der Endung *.exe* bzw. eine Datei mit der Bezeichnung *setup* im Namen. Diese müssen Sie dann nur noch mit Doppelklick starten. Folgen Sie den Anweisungen des Installationsprogramms, bestätigen Sie die GNU-Lizenzvereinbarungen mit *Accept*, bzw. bestätigen Sie einfach die Fragen des Programms mit *Weiter* bzw. *Next*. Verändern Sie die Voreinstellungen der Installation nur dann, wenn Sie genau wissen, was Sie tun. Die bei der Installation vorgeschlagenen Einstellungen sind für eine Standardinstallation völlig in Ordnung. Achten Sie darauf, dass Sie bei der Installation auch, soweit angeboten, die zusätzlichen **Sprachpakete für Deutsch** auswählen.

Den GIMP unter Mac OS X installieren

Bislang steht der GIMP 2.2 für Apple-Rechner unter **Mac OS** erst ab der Version X 10.2 zur Verfügung. Allgemeine Hinweise zum GIMP unter Mac OS, zu den bereits erschienenen Installationspaketen sowie den Systemvoraussetzungen zur Installation finden Sie im Internet unter: http://www.gimp.org/macintosh/.

Für die Installation benötigen Sie **X11** als XWindow-Anwendung für alle Mac OS X-Versionen. Diese Konfiguration zusammen mit GIMP wird empfohlen und ist als funktionsfähig bekannt.

Dabei erfordert **Mac OS X 10.2** die Installationsdatei *X11UserForMac OSX.dmg.bin*. Für **Mac OS X 10.3** und **10.4** benötigen Sie die Installationsdatei *X11User.dmg*. Diese ist auf der Installations-CD des Betriebssystems enthalten.

Sollten Sie im Internet danach suchen wollen, die offizielle Download-Adresse ist http://www.apple.com/downloads/macosx/apple/x11formacosx.html. Alternativ hilft eine Suche bei einem FTP-Download-Dienst wie http://www.zdnet.de/. Suchen Sie dort nach *Downloads – X11 – Betriebssystem Mac OS*.

Wenn die XWindow-Anwendung installiert ist, erfolgt die eigentliche Installation des GIMP mit dem Installations-Paket *GIMP-2.2.11.dmg*. Download-Adresse:

http://gimp-app.sourceforge.net/

Zusätzlich zum GIMP empfiehlt sich die Installation einiger Programme. Wie unter Windows sollten Sie **Ghostscript** (ESP Ghostscript – ESPGS) installiert haben. Dann können Sie die Möglichkeit des GIMP nutzen, Postscript-Dateien zu öffnen. (Download-Adresse: http://gimp-print.sourceforge.net/MacOSX.php3). Dies ist allerdings nur für Mac OS X V 10.2 »Jaguar« erforderlich. Spätere Versionen von Mac OS benötigen diese Installationsdatei nicht mehr.

Mit **Gutenprint 5.0.0** ist die neueste stabile Ausgabe der Druckertreiber für den GIMP unter Mac OS X verfügbar. Sie umfasst Hunderte von Treibern, die über 600 Drucker unterstützen. Die dmg-Datei enthält ein OS X Installations-Paket, ein Uninstaller-Paket sowie eine illustrierte Dokumentation, die Sie einfach durch die Drucker-Einrichtung führt. Die Download-Adresse ist:

http://gimp-print.sourceforge.net/MacOSX.php3.

GIMP und Linux

Unter **Linux** wird der GIMP am einfachsten aus dem mitgelieferten Softwarepaket der jeweiligen Distribution (SUSE, Mandrake, Fedora etc.) heraus installiert. Dies funktioniert z. B. über die Installationsoberfläche des YAST bei SUSE-Linux. Allerdings handelt es sich dabei meist um etwas ältere Versionen.

Linux-User können unter http://www.gimp.org/unix/ aktuelle GIMP-Versionen für verschiedene Distributionen herunterladen. Dort finden Sie auch Hinweise und Anleitungen zur Installation.

Alternativ können Sie die Installation unter Linux aus dem Sourcecode bewerkstelligen. Dies empfiehlt sich jedoch nur für erfahrene Linux-User. Die Download-Adresse für den Sourcecode ist dieselbe wie oben angegeben.

1.5.3 Der erste Programmstart

Beim ersten Programmstart (Doppelklick auf das GIMP-Symbol auf dem Desktop oder über *Start – Programme – GIMP – GIMP2*) erscheint ein Fenster, in dem Sie nach verschiedenen Einstellungen gefragt werden. Sie können hierbei die meisten Einstellungen mit *Weiter* bestätigen. Sollten Sie nach einem temporären Verzeichnis für den GIMP gefragt werden, geben Sie z. B. *C:\Windows\Temp* an. Dies ist das Standardverzeichnis für temporäre Dateien unter Windows, das leicht mit den entsprechenden Werkzeugen aus Windows (*Start – Programme – Zubehör – Datenträgerbereinigung*) gesäubert werden kann. Sie können jedoch auch ein eigenes, neues Verzeichnis anlegen oder den vorgeschlagenen Pfad übernehmen. Auch unter Linux (und Mac OS X) begegnen Ihnen dieselben Fenster mit Einstellungen, für die jeweils Standardwerte vorgeschlagen werden. Wie für Windows gilt, dass Sie diese einfach übernehmen können, ebenso das vorgeschlagene temporäre Arbeitsvolume. Hier können Sie jedoch auch ein anderes Verzeichnis, am besten auf einer zweiten Festplatte, wählen.

Was passieren kann

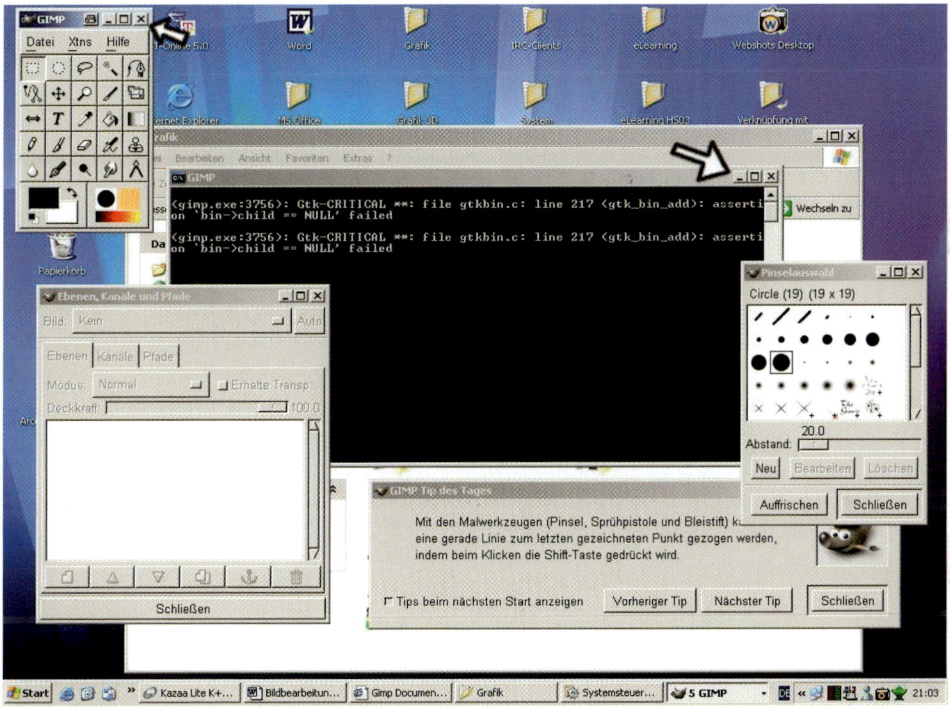

Abb. 1.13: Konsolenmeldung (Eingabeaufforderung) bei Fehlern im Programmablauf (GIMP 1.2.5)

So weit sieht das schon mal gut aus. Sollte der GIMP beim ersten Programmstart mit solch einem zusätzlichen schwarzen Konsolenfenster und einer Fehlermeldung starten – was bei mir allerdings nur bei älteren Versionen vor GIMP 2 aufgetreten ist –, minimieren Sie dieses nur (siehe Pfeil nach rechts im Bild).

Schließen Sie das Programm durch linken Mausklick auf das X im Fenster *GIMP (Werkzeugkasten*, siehe Pfeil nach links). Beim nächsten Programmstart sollte das Programm normal ohne Warnhinweise starten.

Wenn beim laufenden Gebrauch des Programms weitere (schwarze) Konsolenfenster erscheinen, ignorieren Sie diese nach Möglichkeit – minimieren Sie die

Fenster zum Beispiel. Sichern Sie sofort Ihr aktuelles Bild *(Speichern)*. Sie können dann in der Regel ganz normal weiter arbeiten. Eine weitere Möglichkeit: Sie schließen das Programm und starten es erneut. Sollten Konsolenfenster häufiger erscheinen, schafft unter Umständen eine Neuinstallation des Programms Abhilfe.

Abb. 1.14: Das Startfenster des GIMP unter Windows Vista. Es kann vorkommen, dass der GIMP beim Start hier minutenlang nicht mehr reagiert. Bei Ausgabe eines Nachrichtenfensters wählen Sie die Angabe: Auf Antwort des Programms warten.

Ein **Support** steht in Form von englischsprachigen Benutzerforen zur Verfügung (z. B. die GIMP User Group http://gug.sunsite.dk/, die Fragen zu GIMP-Versionen auf verschiedenen Betriebssystemen beantwortet bzw. die GIMPWIN User Group speziell für GIMP unter Windows: http://groups.yahoo.com/group/gimpwin-users/). Mac-User finden z. B. auf der Website http://www.macgimp.org/ Hilfe.

Bei einer Neuinstallation der aktuellen Programmversion des GIMP unter Windows Vista sollte es keine Probleme geben. Der GIMP in der aktuellen stabilen Version 2.2.14 läuft unter Vista. Allerdings kann es vorkommen, dass beim Start die Nachricht *gimp-2.2exe reagiert nicht* ausgegeben wird. Tatsächlich scheint der GIMP aber nur länger dafür zu brauchen, die Schriftarten auf einem Rechner unter Windows Vista zu finden. Lassen Sie ihm einfach Zeit – es kann mitunter fünf Minuten dauern, bis das Programm gestartet ist. Ist der GIMP installiert, tritt beim Arbeiten mit der aktuellen Version 2.2.14 unter Windows Vista u.U. ein Bug, ein Programmfehler auf: Beim Klicken bzw. Zeigen auf einen Menüeintrag wird dieser nicht farblich hervorgehoben, sondern weiß ausgeblendet.

Worst Case – im schlimmsten Fall

Sollte das Programm beim Start immer wieder abstürzen (»sich aufhängen«), bleibt nichts anderes, als den GIMP und das GTK (unter Windows über das Menü *Start – Einstellungen – Systemsteuerung – Software*) zu deinstallieren. Zusätzlich sollten Sie alle Dateien des GIMP und GTK von Ihrem Rechner löschen. (Wohlgemerkt: nur Programmdateien, keine Bilddateien, die Sie mit dem GIMP erstellt haben!)

Unter Windows finden Sie diese in der Regel unter Laufwerk *C:\Programme\Gimp, C:\Programme\GTK und C:\Programme\Gemeinsame Dateien\GTK*. Löschen Sie die ganzen Verzeichnisse. In kritischen Fällen hilft die Suche unter Windows nach Dateien mit Namensteil *gimp* über das Menü *Start – Suchen – Nach Dateien* *oder Ordnern* in Windows. Danach müssen das GTK und der GIMP komplett neu installiert werden. Gleiches gilt, wenn der GIMP nach einem Upgrade auf Windows Vista ein fehlerhaftes Verhalten zeigt.

1.5.4 Ist der GIMP gefährlich? – Hinweise und Anmerkungen

Ein Programm kann manchmal unerwarteterweise abstürzen oder sich anderweitig seltsam verhalten. Aber die neuen Versionen des GIMP laufen auf den Rechnern des Autors ausnahmslos stabil, abgesehen von den oben erwähnten »Bugs«. Wie auch immer: Da es sich um GNU-Software handelt, werden keinerlei Garantien übernommen – aber lesen Sie einmal den Endbenutzer-Lizenzvertrag mancher kommerziellen Programme für Windows!

Die Stabilität des Programms hängt in mancher Hinsicht von den technischen Voraussetzungen des Computers, der Treiber und anderer installierter Software ab.

Nach bisherigen Erfahrungen ist die Stabilität des GIMP unter Windows NT, Windows 2000, Windows XP und Windows Vista wesentlich besser als unter Windows 98/98 SE/ME. Prinzipiell gilt für die digitale Bildbearbeitung: Je mehr Arbeitsspeicher, desto stabiler laufen Programme. Richtwerte sind hier mindestens 128 MB RAM für Windows 98 und 256 MB RAM für Windows XP, 1024 MB für Windows Vista.

Wenn Sie auf Ihrem Rechner Adobe Photoshop parallel zum GIMP installiert haben, kann es sein, dass der GIMP beim Start eine fehlende Datei namens *Plug-ins.dll* meldet und sich nicht starten lässt. Suchen Sie dann in Ihrem Installationsordner von Adobe Photoshop nach der gleichnamigen Datei (*Plug-ins.dll*), und kopieren Sie diese. Fügen Sie die *Plug-ins.dll* in den Ordner *system32* Ihrer Windows-Installation ein.

Viele Menschen finden den GIMP sehr hilfreich. Aber trotz seines Spitznamens (übersetzt: die Borte; im Slang: der Krüppel, auch: der Pfundskerl): Noch kann er den Photoshop von Adobe nicht ersetzen – zumindest nicht für professionelle Photoshop-Anwender. Der große Photoshop bietet weitere Möglichkeiten, die der GIMP (noch) nicht aufweist. Aber für die Menschen, die einfach ein Foto digital überarbeiten möchten, und auch für den semiprofessionellen Einsatz ist sein Preis-Leistungs-Verhältnis unschlagbar. Und mit der Version GIMP 2 hat er sich definitiv auf den Weg gemacht!

Eine Anmerkung noch zum Aussehen, zur Benutzeroberfläche des GIMP: Der GIMP hat mit seinen vielen einzelnen Fenstern beim ersten Start ein für Nutzer von Windows-Programmen ungewöhnliches Aussehen. GIMP 2 schafft hier eine Angleichung, weil nun auch im Bildfenster eine Menüleiste integriert ist.

Trotzdem stört es manche Nutzer, dass der GIMP für jedes geöffnete Programmfenster eine eigene Schaltfläche in der Windows-Taskleiste ablegt. Abhilfe schafft hier ein kleines Plug-in, das im Folgenden kurz vorgestellt wird.

1.5.5 Viele Fenster oder ein Hauptfenster

Das Plug-in BackgroundWindow (GIMP Deweirdifyer = GIMP-Entwirrer)

Dieses kleine Programm sorgt unter Windows dafür, dass sich der GIMP ähnlich verhält wie z. B. Adobe Photoshop. Das heißt, dass nicht mehr jedes Fenster eine eigene Instanz unter Windows erzeugt und z. B. eine eigene Schaltfläche in der Taskleiste unten ablegt, sondern dass alle Fenster des GIMP unter einem Hauptfenster auf einer Programmoberfläche gesammelt werden. Sie können dann auch wie gewohnt mit *Alt* und *Tab* (Tabulator-Taste) zwischen Ihren geöffneten Windows-Programmen wechseln (und müssen dabei nicht alle geöffneten GIMP-Fenster einzeln »durchsteppen«).

Den Download des kleinen Programms von **Joe Marshall** finden Sie im Internet direkt unter http://registry.gimp.org/plugin?id=3892 oder über Suchmaschinen unter »Gimp Deweirdifyer«.

Wenn sich beim Doppelklicken auf die ausgepackte .exe-Datei der Installer nicht automatisch öffnet, kopieren Sie einfach die .exe-Datei und die .dll-Datei des ausgepackten, entzippten Installationspaketes in Ihr GIMP-Plug-ins-Verzeichnis. Für gewöhnlich ist das *C:\Programme\GIMP-2.0\lib\gimp\2.0\plug-ins* oder das Unterverzeichnis *lib/gimp/<versionsnummer>/Plug-ins* in Ihrem GIMP-Installationsverzeichnis.

Dabei sind für die GIMP-Versionsnummern 1.X und 2.X unterschiedliche Installationsdateien verfügbar.

Bei GIMP-Versionen neuer als 2.0 (z. B. 2.2.X) wird beim nächsten Programmstart des GIMP zwar das Hintergrundfenster mit starten, jedoch werden nach wie vor die einzelnen GIMP-Fenster in der Taskleiste erscheinen. Sie müssen dem Hintergrundfenster noch mitteilen, für welche GIMP-Version es zuständig ist. Dies erledigen Sie, indem Sie im Hintergrundfenster das Menü *Edit* aufrufen und dort unter *Setup – GIMP Application* die richtige Versionsnummer angeben. Für Versionen aktueller als GIMP 2.0, z. B. GIMP 2.2.14, ist das *gimp-2.2.exe.*

Unter *GIMP Window Name* können Sie außerdem dem Hauptfenster einen eigenen Namen geben, der in der Titelleiste erscheint.

Wenn es Ihnen nicht gefällt: Deinstallieren Sie es, indem Sie die Dateien *backgroundwindow.exe* und *backgroundwindowhook.dll* im entsprechenden Verzeichnis (s. o.) einfach löschen.

1.5.6 Der GIMP zeigt sich – die Arbeitsoberfläche des GIMP

Die Arbeitsoberfläche des GIMP ist auf mehrere Fenster verteilt, die frei auf dem Desktop liegen. So weit ähnelt das Programm noch manchen Windows-Anwendungen wie Adobe Photoshop, der auch mit solchen Paletten arbeitet, jedoch in einem übergeordneten Programmfenster.

Abb. 1.15: Ladeanzeige beim Start des GIMP

Ab dem GIMP 2 steht wie aus anderen Programmen gewohnt ein Menü für die üblichen Arbeitsbefehle wie *Datei – Speichern* oder *Bearbeiten – Kopieren* an »gewohnter« Stelle oben im Bildfenster zur Verfügung.

Ein besonderes Merkmal des GIMP ist, das Menü als Kontextmenü anzubieten (rechter Mausklick auf das Bildfenster). Sie erhalten auch dann die gewohnten Menübefehle. Dies ist auch schon die größte »Andersartigkeit« in der Handhabung des GIMP. Allerdings fehlt beim Programmstart das **Bildfenster**. Dieses erhalten Sie, wenn Sie im Menü *Datei* der Werkzeug-Palette eine der Optionen zum Neuanlegen oder Öffnen eines vorhandenen Bildes wählen bzw. wenn Sie ein Bild aus der Zwischenablage oder vom Scanner holen.

In der Abbildung sehen Sie den **Werkzeugkasten** (oder Werkzeug-Palette) mit dem Menü *Datei – Xtns – Hilfe*. Dies ist das eigentliche Hauptfenster des GIMP.

Darunter öffnet GIMP 2 die Werkzeugeinstellungen des jeweils in der Palette gewählten Werkzeugs: Was zunächst zusammen mit der Werkzeug-Palette wie ein Fenster wirkt, sind eigentlich zwei, die aneinander »angedockt« sind.

Sie können das angedockte Fenster *Werkzeugeinstellungen* über das X rechts schließen, um auf dem Desktop Platz zu haben. Beim nächsten Mal, wenn Sie ein Werkzeugsymbol doppelklicken, erscheinen die jeweiligen Werkzeugeinstellungen in einem separaten Fenster. Dieses können Sie auch wieder an die Palette andocken, indem Sie mit gedrückter linker Maustaste auf die Benennung der Eigenschaften klicken (nicht auf die blaue Titelleiste, sondern darunter). Dann können Sie ein Symbol des Fensters mit gedrückter linker Maustaste ziehen (Drag & Drop) und wieder an einer der blauen Linien der Werkzeug-Palette andocken.

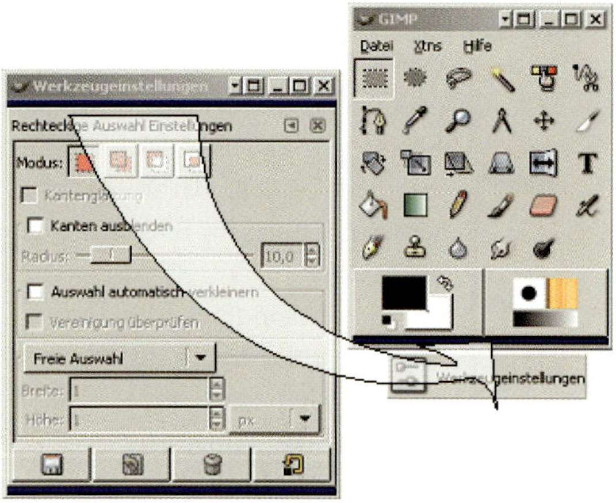

Abb. 1.16: Fenster »andocken«

Abb. 1.17: Menü Datei

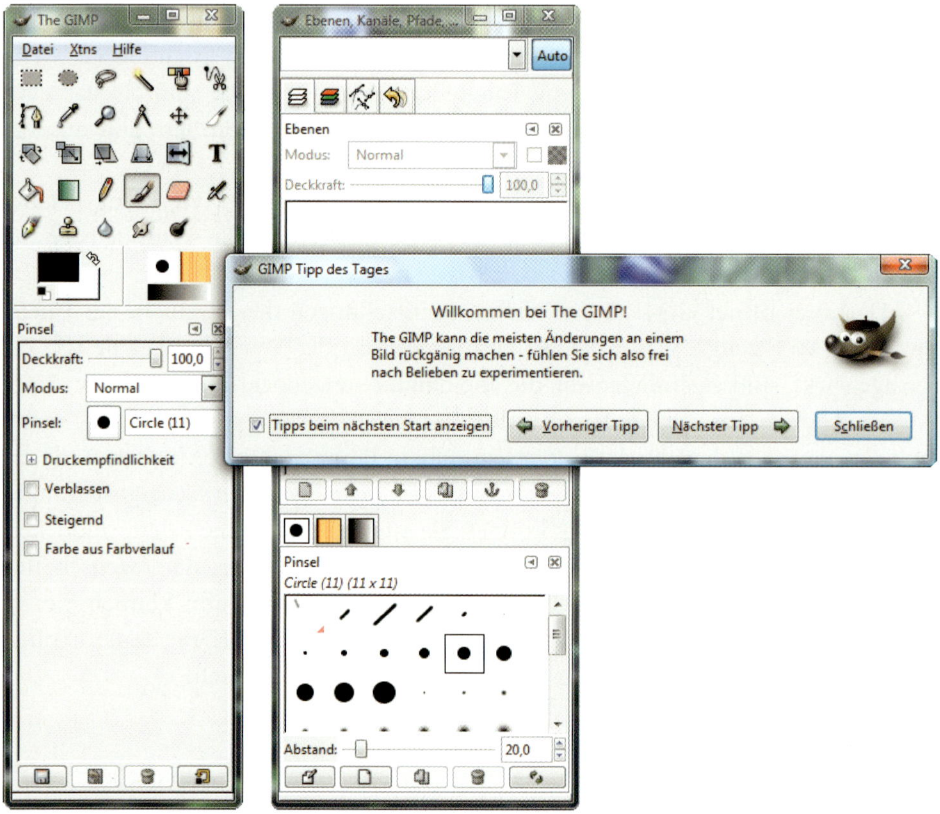

Abb. 1.18: Nach dem Programmstart unter Windows Vista. In der aktuellen GIMP-Version 2.2.14 wird neben dem Werkzeugkasten mit den Werkzeugeinstellungen auch noch das Dock Ebenen, Kanäle, Pfade, Rückgängig und, darunter angehängt, das Dock Pinsel, Muster, Farbverläufe in einem separaten Fenster automatisch angezeigt.

1.5.7 Der Werkzeugkasten (Werkzeug-Palette)

Der »Werkzeugkasten« (die Werkzeug-Palette) ist das eigentliche, zentrale Fenster des GIMP. Von hier aus können Sie das Aussehen und die Eigenschaften des GIMP einstellen, z. B. über das Menü *Datei – Dialoge* die Fenster, die beim Programmstart geöffnet werden. Wird dieses Fenster über das X rechts oben geschlossen, wird die Arbeitssitzung beendet, das Programm geschlossen.

Im Menü des Werkzeugkastens stehen Ihnen die wichtigsten Möglichkeiten bereit, um das Arbeiten zu beginnen, das Programm Ihren Bedürfnissen entsprechend zu konfigurieren oder einfach Hilfe bei der Arbeit zu finden. Das Menü *Datei* bietet die grundlegenden Möglichkeiten zum Neuerstellen, Öffnen bzw. Holen von Bildern von der Festplatte, aus der Zwischenablage oder vom Scanner. Untermenü *Einstellungen* bietet Zugriff auf die wichtigsten Eigenschaften verschiedener Programmfenster.

Über das Untermenü *Dialoge* können zusätzliche Fenster, wie z. B. das für *Ebenen, Kanäle und Pfade (und Journal)* geöffnet werden.

Beenden schließt das Programm mit allen Fenstern.

Xtns (Extensions) liefert Einstellmöglichkeiten von Voreinstellungen, Optionen, mit denen das Programm arbeiten soll.

Hilfe letztlich bietet den Zugriff auf die Hilfefunktionen des Programms.

Beim nächsten Programmstart zeigt sich der GIMP mit den Fenstern, die zuletzt vor dem Schließen geöffnet waren.

Programmeinstellungen am Beispiel Bearbeitungsschritte rückgängig machen (Journal)

Wie alle Bildbearbeitungsprogramme bietet auch der GIMP die Möglichkeit, Bearbeitungsschritte in einem Bild rückgängig zu machen, z. B. bei Fehlern in der Bearbeitung. Voreinstellung sind mindestens fünf Schritte zurück. Je nachdem, über wie viel Arbeitsspeicher Ihr Rechner verfügt, können Sie diesen Wert auch höher setzen. Dies bewerkstelligen Sie im Menü *Datei – Einstellungen*. In dem sich öffnenden Fenster können Sie unter der Kategorie *Umgebung* die Werte für die Größe des reservierten Arbeitsspeichers und für die minimale Anzahl der rückgängig zu machenden Bearbeitungsschritte einstellen. Eine Zahl zwischen 25 und 50 ist hier angebracht. Das ermöglicht es Ihnen, auch komplexere Arbeitsvorgänge auf jeden Fall rückgängig zu machen.

Je nach installiertem Arbeitsspeicher sollten Sie dem GIMP für das Journal – die Anzahl der rückgängig zu machenden Arbeitsschritte – und zum Arbeiten selbst mehr Arbeitsspeicher zusichern, als voreingestellt ist. Als Anhaltspunkt können Sie für das Journal etwa 10 % und für den gesamten Speicher etwa 25 % des verfügbaren Arbeitsspeichers vorsehen. Sollte das Programm bzw. Ihr Rechner dann »hängen« bleiben, senken Sie die Werte wieder.

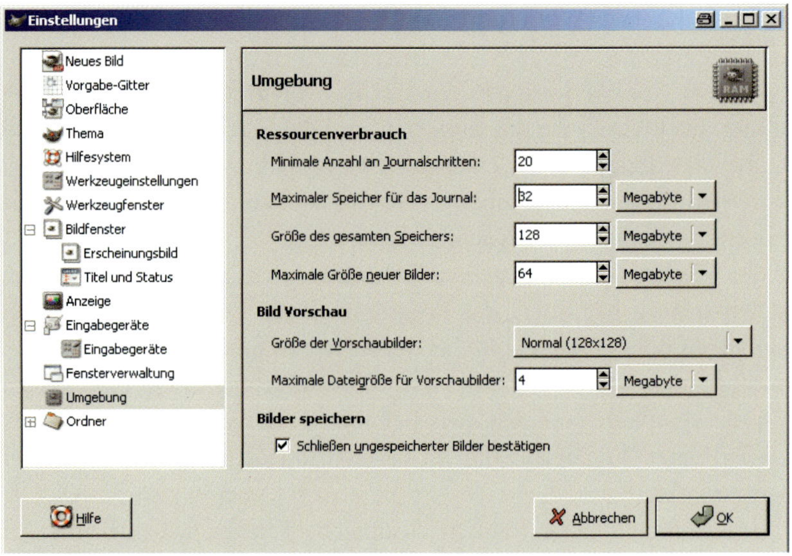

Abb. 1.19: Das Fenster (Arbeits-)Einstellungen – Umgebung mit der Zahl der rückgängig zu machenden Arbeitsschritte und dem zugewiesenen Arbeitsspeicher

Wenn Sie einen neuen Wert gesetzt haben, müssen Sie die Einstellungen noch mit *OK* übernehmen.

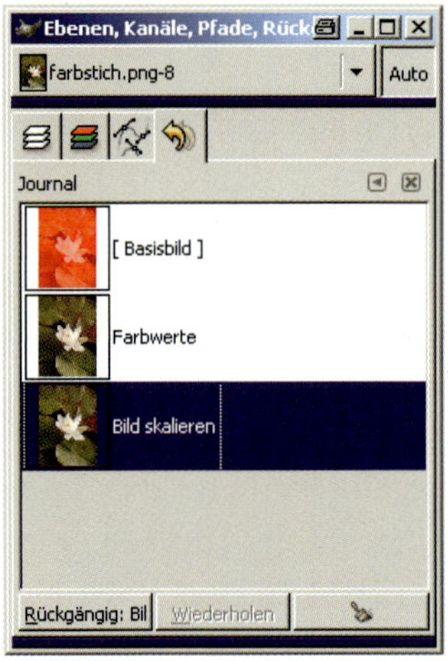

Abb. 1.20: Das Journal – (Rückgängig-Protokoll)

Wenn Sie an einem Bild arbeiten und einen oder mehrere Bearbeitungsschritte rückgängig machen möchten, genügt dazu die (wiederholte) Tastatureingabe *Strg + Z*. Alternativ wählen Sie im Menü *Bearbeiten – Rückgängig*.

Komfortabler ist dafür allerdings das **Rückgängig-Protokoll oder Journal**, das Sie im Fenster des Docks *Ebenen/Kanäle/Pfade/Rückgängig* finden. Hier können Sie in einer Vorschau wählen, bis zu welchem Bearbeitungsschritt Sie zurückgehen möchten. Sie können prüfen, ob der letzte Bearbeitungsschritt eine echte Verbesserung brachte, da Sie je nach gewähltem Bearbeitungsschritt eine Ansicht im Bildfenster erhalten. Sie können das Journal auch aus dem Bildfenster des GIMP heraus aufrufen, über das Menü *Bearbeiten – Journal*.

Die Werkzeuge im Werkzeugkasten (Werkzeug-Palette)

Der Werkzeugkasten beinhaltet neben grundlegenden Programmfunktionen auch und vor allem die Hilfsmittel, die Sie bei der Bearbeitung von Bildern zur Verfügung haben:

- Auswahl-Werkzeuge zum Wählen von Bildbereichen zur weiteren Bearbeitung oder als Formwerkzeuge für neue Bildelemente
- Werkzeuge zum Wählen von Farben, zur Ansichtsvergrößerung, zum Messen und Positionieren von Bildelementen
- Werkzeuge zur Größen- und Formänderung (Transformation) von Bildobjekten
- Text- und Malwerkzeuge, Retusche-Werkzeuge
- Werkzeuge, die auf Schärfe, Helligkeit und Kontrast von Bildelementen oder Bereichen einwirken
- Werkzeuge zum Bestimmen von Farben, Füllungen, Füllmustern
- Werkzeuge zur Auswahl und Herstellung und Bearbeitung von Werkzeugspitzen

Im Folgenden eine **Übersicht der Werkzeuge**, die über die verschiedenen Schaltflächen aufgerufen werden können. Genannt werden auch die Kapitel, in denen die jeweiligen Werkzeuge behandelt werden.

Abb. 1.21: Der Werkzeugkasten – das zentrale Fenster des

Erste Reihe, von links nach rechts:			
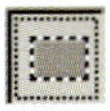	***Rechteckigen Bereich wählen*** *erstellt eine rechteckige oder quadratische Auswahl (Markierung) in einem Bild* Kap. 3.1.2, 5.1.2		***Elliptischen Bereich wählen*** erstellt eine elliptische oder kreisförmige Auswahl in einem Bild Kap. 3.1.2, 5.1.2, vgl. 3.9.3
	***Bereich frei Hand wählen*** (»Lasso-Auswahl«): wählt einen Bereich im Bild durch Umfahren frei Hand aus – nicht sehr präzise, aber schnell und einfach Kap. 3.1.2		***Zusammenhängenden Bereich wählen*** (Zauberstab): wählt einen Bildbereich nach ähnlicher Farbe aus Kap. 3.1.2, 3.1.3, vgl. 3.5.2, 3.13.3, 4.3
	***Bereiche nach Farbe wählen*** ähnlich wie »Zauberstab« Kap. 3.1.2, vgl. 3.5.2		***Umrisse des Bildes wählen*** (»Magnet-Lasso«, »Schere« (Freihand-Auswahl)): Heftet sich, je nach Werkzeugeinstellungen, an Konturen, Kontrastgrenzen im Bild und erstellt aus dem umfahrenen Bereich eine Auswahl – nicht sehr präzise Kap. 3.1.2

Zweite Reihe, von links nach rechts:	
Pfade erstellen und bearbeiten (Pfad-Werkzeug): erstellt Vektorformen und wählt komplexe Formen genau Kap. 3.1.3, 3.9.6, 3.10	***Farben aus dem Bild wählen*** (Pipette): wählt per Anklicken im Bild eine Bildfarbe als Vordergrundfarbe (Mal-, Füll- oder Textfarbe) Kap. 1.3.3, 2.1.1, 3.5.2
(Ansicht) ***Vergrößern/Verkleinern*** (Lupe/Zoom-Werkzeug): vergrößert oder verkleinert den sichtbaren Bildausschnitt Kap. 2.1.1, 2.2.7	***Abstände und Winkel messen*** (Mess-Werkzeug): misst Abstände und Winkel Kap. 2.4.4
Ebenen und Auswahlen verschieben (Verschieben-Werkzeug): verschiebt Bildobjekte (Ebenen), Pfade oder Auswahlen Kap. 3.5.3, 3.13.1, 5.1.4	***Bildgröße ändern/Bild zuschneiden*** (Freistellen-Werkzeug): schneidet das Bild auf einen gewählten Ausschnitt zu Kap. 2.2.8, 2.4.6, 5.1.2
Dritte Reihe, von links nach rechts:	
Ebene oder Auswahl drehen Kap. 2.4.5	***Ebene oder Auswahl skalieren*** Kap. 3.5.5, vgl. 3.9.1, 3.9.3
Ebene oder Auswahl scheren (neigen) Kap. 3.10.5	***Perspektive der Ebene oder Auswahl verändern (perspektivisch verzerren)*** Kap. 3.4.3, 3.4.4
Ebene oder Auswahl spiegeln	***Text zum Bild hinzufügen*** (Textwerkzeug) Kap. 3.6.2 ff., 5.1.2
Vierte Reihe, von links nach rechts:	
Mit einer Farbe oder einem Muster füllen (Farbeimer, Füllwerkzeug) Kap. 3.5.2	***Mit einem Farbverlauf füllen*** (Verlaufsfüllung) Kap. 3.5.4
Pixel mit harten Kanten zeichnen (Zeichenstift-Werkzeug)	***Weiche Pinselstriche zeichnen*** (Pinsel-Werkzeug) vgl. Kap. 3.9.4
Bis zum Hintergrund oder zur Transparenz löschen (Radiergummi) Kap. 3.9.4, vgl. 3.10.1, 3.13.3	***Mit variablem Druck sprühen*** (Sprühpistole, Airbrush)
Fünfte Reihe, von links nach rechts:	
Mit Tinte zeichnen (»Kalligraphie-Feder«)	***Mit Mustern oder Bildteilen zeichnen*** (Klon-, Kopier-, Musterstempel) Kap. 2.6, 5.1.6
Weichzeichnen/Schärfen Je nach Werkzeugeinstellungen lässt sich ein Bildbereich damit konturierter oder verschwommen darstellen; Schärfen hilft bei hochaufgelösten Bildern nur mit mehrmaligem Einsatz. Kap. 3.7.1	***Bild verschmieren*** (»Wischfinger«): Werkzeug zum Verwischen von Übergängen und Farben Kap. 3.7.1

	***Abwedeln/Nachbelichten*** (Bildbereiche aufhellen oder abdunkeln) Kap. 3.5.2	 Doppelklick auf eines der Farbfelder **Vordergrundfarbe** bzw. **Hintergrundfarbe** ruft den eigentlichen Farbwähler auf (Kap. 3.5.2, 5.1.1) Die zweite Schaltfläche enthält Auswahlmöglichkeiten für drei Werkzeugeinstellungen: ***Pinsel*** (Kap. 2.6.2), ***Muster*** und ***Farbverläufe*** (Kap. 3.5.2, 3.5.4).

Hinweis: Doppelklicken Sie mit links auf ein Symbol, erhalten Sie Fenster mit den jeweiligen Werkzeugeinstellungen, entweder als angedocktes oder auch als separates, freies Fenster. Hier können Sie die Wirkungs- bzw. Arbeitsweise des Werkzeugs einstellen.

1.5.8 Eine echte Hilfe – die Hilfefunktion im GIMP

Dieses Buch erhebt durchaus den Anspruch, dass Sie sich mit ihm im Programm GIMP zurechtfinden können. Wer sich jedoch tiefer in das Programm einarbeiten möchte oder sich genauer für die Funktionsweise einzelner Einstellmöglichkeiten interessiert, der wird sich neben einem Arbeitshandbuch ein Referenzwerk wünschen. Nun liegt mit Jürgen Osterbergs Buch GIMP 2 ein solches Nachschlagewerk zum Programm vor. Aber näherliegend ist es, erst einmal aus dem Programm heraus die eingebaute Hilfefunktion zu nutzen.

Für Programmierer ist das Erstellen von Hilfen und Dokumentationen zu einem Programm trockenes Brot. Deswegen werden sie gerne zuletzt verfasst – oder nachgereicht. Nicht anders ist es beim GIMP. Manchmal kann es vorkommen, dass Sie auf die Hilfe zugreifen möchten, und es öffnet sich ein Fenster, das sagt: Eeek! Hier fehlt die Hilfe. Aber dieser Fall tritt nur noch selten ein. Die Hilfe des GIMP ist seit Erscheinen der Version 2.0 stetig erweitert worden und ist beim jetzigen Entwicklungsstand weitgehend umfassend. Bei Fragen ist sie allemal einen Blick (und Klick) wert.

Wie kann ich die Hilfe aufrufen?

Die Hilfe des GIMP finden Sie im Menü *Hilfe* im Werkzeugkasten. Hier stehen verschiedene Hilfefunktionen zur Verfügung.

Zunächst einmal ist da die eigentliche **Hilfe**, die Dokumentation zum Programm. Dieses Benutzerhandbuch können Sie von den angegebenen Quellen im Internet als Installationsdatei herunterladen. (siehe Kapitel 1.5.1, *Wo bekomme ich den GIMP?*). Sie wird nachträglich installiert und steht dann sofort zur Verfügung. Da sie in HTML-Dateien (Webseiten) lokal auf Ihrem Rechner abge-

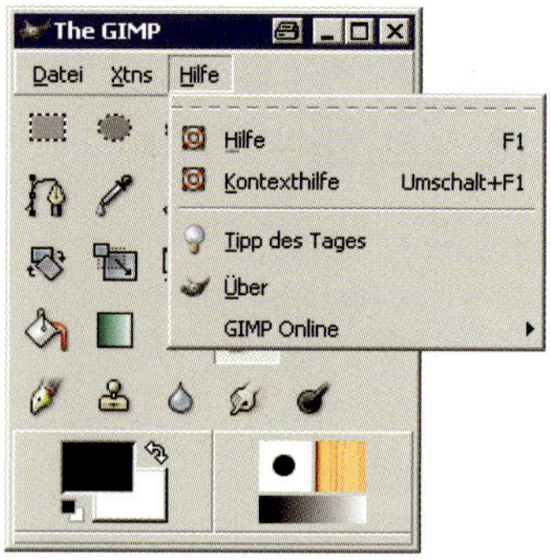

Abb. 1.22: Das Menü Hilfe im Werkzeugkasten

legt wird, benötigen Sie zur Anzeige der Hilfeseiten einen Internet-Browser (z.B. den Internet Explorer von Microsoft oder den Mozilla Firefox). Ein Klick auf den Menüeintrag *Hilfe – Hilfe* öffnet diese im Browser. Die erste angezeigte Seite enthält die komplette Inhaltsangabe. Über einen Klick auf einen der Einträge gelangen Sie zur Seite mit dem gewünschten Thema.

Wählen Sie im Menü *Hilfe* den zweiten Eintrag *Kontexthilfe*,verwandelt sich der Mauszeiger in ein Fragezeigen. Klicken Sie nun mit dem Fragezeichen (linker Mausklick) auf ein Element des Werkzeugkastens – sei es ein Menü, ein Werkzeug oder eine Werkzeugeinstellung. Daraufhin öffnet sich die Hilfe in einem Browserfenster und liefert Ihnen die Informationen zu dem gewählten Element – Werkzeug oder Menü. Dies funktioniert sehr gut im Werkzeugkasten und im Fenster der Werkzeugeinstellungen, allerdings noch nicht in den Menüs des Bildfensters.

Der *Tipp des Tages* wird Ihnen bereits beim Programmstart angezeigt, soweit Sie diese Funktion nicht deaktiviert haben. Hier im Menü *Hilfe* können Sie nochmals nachblättern. Diese Tipps sind allemal einen Moment der Aufmerksamkeit wert. Sie erhalten kurze Hinweise und Tipps zum Arbeiten mit dem Programm und zu seinen besonderen Eigenschaften und Einstellungen.

Werfen Sie auch einmal einen Blick auf den Menüeintrag *Über*. Hier begegnen Ihnen namentlich die Personen in einem animierten Bild, die für den GIMP verantwortlich zeichnen.

Zuunterst finden Sie den Eintrag *GIMP Online*, mit Links zur Website der Entwicklergemeinschaft und zur Projekthomepage. Besonders interessant ist hier der Link zu den GIMP-Plug-ins, die als zusätzliche kleine Programme die Fähigkeiten des GIMP erweitern können. Wenn Sie etwas Besonderes machen möchten, stöbern Sie hier einmal.

Dieses Menü im Werkzeugkasten ist jedoch nicht die einzige Möglichkeit, auf die Hilfe des GIMP zuzugreifen. Aus den Fenstern von Funktionen und Filtern heraus, die Sie über das Hauptmenü im Bildfenster aufrufen, können Sie jeweils zur gewählten Funktion direkt über eine Schaltfläche zum entsprechenden Hilfeeintrag gelangen. Dort finden Sie Informationen zur Arbeitsweise und zu den erforderlichen Einstellungen für die gewählte Funktion.

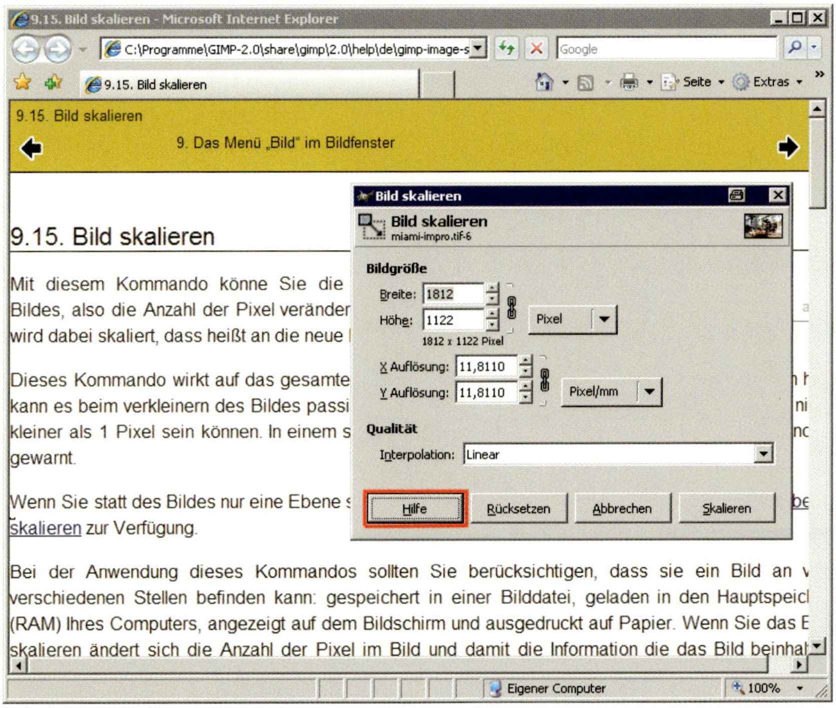

Abb. 1.23: Das Fenster Bild skalieren, das über das Menü Bild – Bild skalieren im Bildfenster aufgerufen wurde. Ein Klick auf die markierte Schaltfläche Hilfe ruft die entsprechende Seite zu der Funktion in der Hilfe auf.

Sie haben nun wirklich alles erfahren, was Sie vorab über digitale Bildbearbeitung und das Programm GIMP selbst wissen sollten. Nun kann es endlich losgehen – in den nächsten Kapiteln beginnen Sie mit dem Arbeiten an den Bildern und mit dem Programm.

2 Arbeiten mit dem GIMP: Bildkorrekturen und Retuschearbeiten

2.1 Erste Schritte

2.1.1 Ein RAW-Format, ein »digitales Negativ« entwickeln und im GIMP öffnen

Bevor wir uns dem Bildbearbeitungsprogramm GIMP selbst zuwenden und seine Möglichkeiten, Bilder zu öffnen und zu bearbeiten, betrachten, hier ein einleitendes Kapitel über das Öffnen von RAW-Dateien, digitalen Negativen. Der GIMP allein bietet bereits die Möglichkeiten, RAW-Formate vieler, wenn auch nicht aller digitalen Kameras zu öffnen. Doch stehen dann auch »nur« die Möglichkeiten des GIMP zur Nachbearbeitung zur Verfügung.

Wenn Sie jedoch Ihre digitalen Negative mit 16 Bit statt 8 Bit Farbtiefe je Kanal entwickeln wollen, um feinste Korrekturen und höchste Qualität zu erzielen, dann sind Sie auf eines der beiden Plug-ins **RawPhoto** oder **UFRaw** angewiesen. Sie lassen sich, wie in Kapitel 1.4.5 bereits gezeigt, in den GIMP integrieren und starten automatisch, wenn Sie über die Arbeitsoberfläche des GIMP eine RAW-Datei öffnen. In diesem Kapitel werden die Möglichkeiten von Udi Fuchs UFRaw näher betrachtet.

UFRaw kann auf drei verschiedene Arten eingesetzt werden. Mit UFRaw als GIMP-Plug-in öffnen Sie einfach Ihre RAW-Datei im GIMP und das UFRaw-Vorschaufenster öffnet sich. Dort können Sie dann direkt die Korrektureinstellungen für die Farb- und Helligkeitswerte des Bildes vornehmen. Sie können ein geöffnetes Bild aber auch einfach mit *OK* an den GIMP übergeben und die entsprechenden Korrekturen dann mit den Werkzeugen und Einstellungen des GIMP vornehmen – eine durchaus legitime Praxis. Dabei ist anzumerken, dass nur UFRaw eine Farbtiefe von 16 Bit je Farbkanal bei der Bearbeitung bietet, beim GIMP selbst sind es nur 8 Bit.

UFRaw kann auch als so genanntes Stand-alone-Programm unabhängig vom GIMP bei der Entwicklung von digitalen Negativen eingesetzt werden. Das Programm legt bei der Installation auf Wunsch einen eigenen Startmenü-Eintrag bzw. ein Desktop-Icon an. Mit der Stand-alone-Version können Sie dann auch Bilder im Dateiformat TIFF oder PPM mit 16 Bit Farbtiefe/Kanal speichern. Die Beispielbilder für dieses Kapitel wurden mit der Stand-alone-Version hergestellt.

UFRaw als GIMP-Plug-in übergibt die entwickelten Bilder mit 8 Bit Farbtiefe je Kanal an den GIMP. Außerdem bietet UFRaw (unter Linux) einen Batch-Modus, eine Stapelverarbeitung. Um mehr Informationen dazu zu erhalten, geben Sie unter Linux (in der Konsole) *man ufraw* oder *ufraw --help* ein.

Das Fenster von UFRaw ist bei beiden Programmversionen so angelegt, dass die verschiedenen Arbeitsbefehle in der Reihenfolge angezeigt werden, in der sie auf das Bild angewandt werden sollten. Sie können ein Bild einfach in UFRaw öffnen und mit den Einstellungen experimentieren, um zu sehen, wie sie auf das Bild wirken.

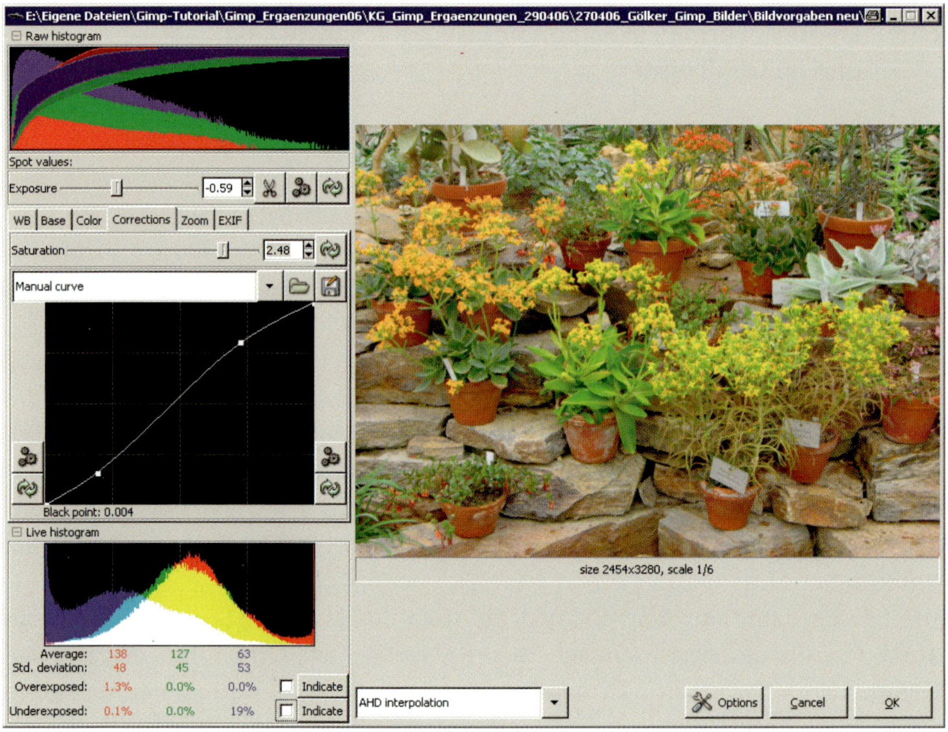

Abb. 2.1: Das eben neu geöffnete, noch unbearbeitete digitale Negativ im Vorschaufenster. Links die Farbhistogramme und alle Einstellmöglichkeiten

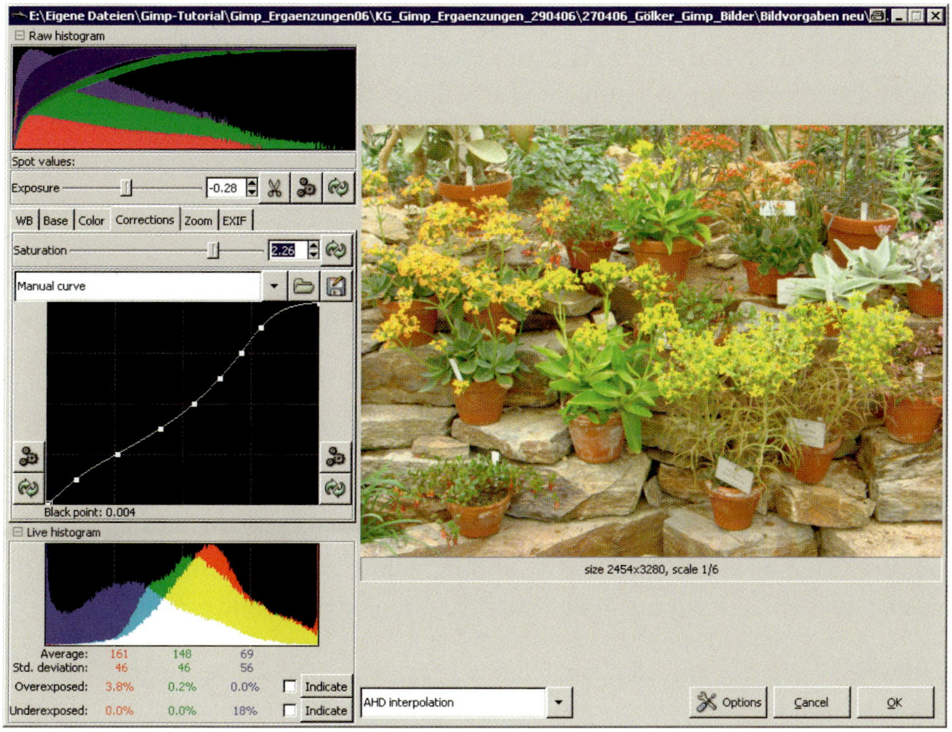

Abb. 2.2: Das fertig entwickelte Bild mit farblichen Korrekturen. Links sind die Änderungen bei der Kurve zu Corrections zu sehen.

Das RAW-Farbhistogramm

Die zackige, farbige Kurve, die Sie links oben im Fenster sehen, ist das Farbhistogramm Ihres RAW-Bildes. Es zeigt auch die Luminosität, die Bildhelligkeit oder Brillanz des Bildes. Die farbigen Kurven darüber geben an, wie die RAW-Daten später im fertigen Bild konvertiert werden. Ein rechter Mausklick auf dieses Histogramm öffnet ein Menü, in dem Sie die Skalierung und die Ansichtsgröße des Histogramms anpassen können.

Exposure (Belichtung)

Die Belichtung eines Bildes lässt sich nachträglich digital verändern. Im Wesentlichen wählen Sie die Helligkeit des Bildes über den Schieberegler bei *Exposure* (*Belichtung*) nach eigenen Vorstellungen selbst. Ein Bild nachzubelichten und dabei aufzuhellen, ist damit einfach. Kritisch ist nur, dass dabei auch das Rauschen im Bild gesteigert wird (Rauschen nennt man unterschiedlich gefärbte Pixel, die wahllos eingestreut im Bild erscheinen). Die Belichtung zu reduzieren ist ein bisschen problematisch, denn dabei können Lichter (sehr helle Bereiche) beschnitten werden – ein Vorgang, der nicht rückgängig zu machen ist. Auch die hier vorgesehene automatische Funktion *Unclip Highlights* (*Lichter nicht beschneiden*) bringt keine zuverlässige Abhilfe.

Die Eigenschaften der Funktion *Unclip Highlights (Lichter nicht beschneiden)* sind etwas diffizil. Die Wahl dieser Einstellung kann dazu führen, dass in hellen Bildbereichen eine unerwünschte Farbe eingefügt wird, z. B. ein sehr heller Rot- oder Blauton anstelle von Weiß.

Über das Symbol *Auto Adjust Exposure (Automatische Belichtungseinstellung)* lässt sich wahlweise eine automatische Korrektur der Belichtungseinstellungen (Helligkeit des Bildes) ausführen. Da dies vor den eigentlichen Farbeinstellungen geschieht, ist diese Funktion nicht sehr genau. Die Helligkeit ändert sich wieder mit den Farbeinstellungen. Auch andere Funktionen in UFRaw bieten automatische Einstellungen an.

Reset Exposure to Default (Belichtung auf Standard zurücksetzen) setzt die Belichtung auf die Ausgangswerte des Programms zurück. Solche Reset-Schaltflächen finden Sie bei jeder Einstellmöglichkeit, um Ihre Einstellungen auf die Ausgangswerte von UFRaw zurückzusetzen.

Nur beim automatischen Weißabgleich (*Spot White Balance – Weißpunkt setzen*) werden die Einstellungen nicht auf programmeigene Voreinstellungen zurückgesetzt, sondern auf den ursprünglichen Wert, mit dem das Bild geladen wurde.

Hinweis: Wenn Sie ein Bild mit UFRaw bearbeiten und Einstellungen festlegen, »merkt« sich UFRaw diese Einstellungen und wendet sie automatisch auf das nächste Bild an. Sie können diese Einstellungen über die Schaltflächen *Reset* jedes Mal auf den Programmstandard zurücksetzen.

WB White Balance (Weißabgleich)

Die Einstellungen des Weißabgleichs bestimmen das Verhältnis zwischen den drei Farbkanälen. Hier können Sie zum einen die **Farbtemperatur** Ihres Bildes einstellen – einfacher gesagt können Sie hier bestimmen, ob Ihr Bild in den Farbtönen wärmer oder kühler erscheint. Die **Farbtemperatur** wirkt hauptsächlich auf den roten und den blauen Farbkanal, so dass selbstverständlich eine zweite Einstellmöglichkeit *Green* für den grünen Farbkanal vorgesehen ist.

Zusätzlich gibt es die Möglichkeit, den Weißabgleich auf die Einstellungen Ihrer Kamera zu setzen (*Camera WB*), einen automatischen Weißabgleich (*Auto WB*) oder einen manuellen Weißabgleich durchzuführen (*Manual WB*). Des Weiteren finden sich Voreinstellungen für Tageslicht (*Daylight*), Kunstlicht/Glühlampen (*Incandescent*), Kunstlicht/Leuchtstoffröhren (*Fluorescent*), bewölkter Himmel (*Cloudy*), Blitzlicht (*Flash*) und Schatten (*Shade*).

Beim Weißabgleich helfen die genannten Schieberegler oder die Schaltfläche mit der Pipette (*Spot White Balance – Weißpunkt setzen*). Klicken Sie darauf und anschließend auf einen Bereich im Bild, der weiß, neutral grau oder schwarz sein sollte (durch Ziehen mit gedrückter linker Maustaste können Sie den Auswahlbereich vergrößern). Klicken Sie wieder auf das Symbol der Pipette. Die Farben im Bild werden so neu berechnet, dass der angegebene Punkt im Bild entsprechend weiß, schwarz oder grau ist.

Durch Ihre Wahl eines Weißpunktes (oder neutral grauen Punktes) geben Sie dem Programm vor, welche Farbe als Weiß zu sehen ist. Damit lässt sich auch ein Farbstich im Bild beseitigen. Voraussetzung ist, dass das Bild Bereiche aufweist, die Sie als Betrachter als weiß, schwarz oder neutral grau erkennen.

Base Curve (Gradationskurve)

Base Curve bietet zunächst zwei Auswahlen – *Linear curve* oder *Manual curve*. *Linear curve* entspricht den Voreinstellungen im Bild. *Manual Curve* bietet die Möglichkeit, die Helligkeits- und Kontrasteinstellungen in verschiedenen Helligkeitsbereichen unterschiedlich nachzubearbeiten (vgl. Kapitel 2.4.9, Gradationskurven). Klicken Sie auf die Kurve im unteren Bereich der zunächst geradlinigen, linearen Kurve, und ziehen Sie sie mit gedrückter linker Maustaste nach unten. Die dunklen Farbtöne im Bild werden noch dunkler, kontrastreicher. Verfahren Sie entsprechend im oberen Bereich der Kurve und schieben den Punkt nach oben. Helle Farben werden noch heller, strahlender. Sie können so jeden Helligkeitsbereich nachbearbeiten oder auch völlig kreativ arbeiten und experimentieren. Oder die Farbumkehr eines echten, abfotografierten Negatives herstellen, indem Sie einfach die Endpunkte der Kurve senkrecht verschieben. Sie können Ihre Tonwertkurve auch speichern, um sie nacheinander auf mehrere Bilder anzuwenden (Symbol Diskette). Verschiedene Kamerahersteller und andere Quellen bieten zudem Tonwertkurven auf ihren Websites an. Eine auf Ihrem Rechner gespeicherte Kurve öffnen Sie über das Ordner-Symbol. Einen Anhaltspunkt, solche vorbereitete Kurven zu finden, haben Sie auf Udi Fuchs´ (englischsprachiger) Website unter http://ufraw.sourceforge.net/Contribute.html.

Color Management (Farbmanagement, Farbprofile)

Farbmanagement bzw. Farbprofile beziehen Sich auf den Arbeitsfarbraum der verwendeten Geräte – für uns ist zunächst sRGB maßgeblich. Mehr dazu auf http://ufraw.sourceforge.net/Colors.html.

Das Kontrollkästchen bei *Use color matrix* steigert zwar die Farbintensität, wenn geklickt. Doch tendieren dann einzelne Farben stärker zur Über- bzw. Unterbelichtung.

Corrections (Korrekturen)

Saturation, die Sättigung: Der Schieberegler steigert die Farbsättigung im Bild, wenn Sie ihn nach rechts schieben. Farbton und Helligkeit bleiben dabei erhalten. Wenn Sie den Regler nach links ziehen, desaturieren Sie das Bild, d. h., Sie verringern die Farbanteile bis hin zum reinen Schwarz-Weiß-Bild.

Die Kurve in den Einstellungen bei **Corrections** wirkt auf die Helligkeit des Bildes. Im Wesentlichen können Sie die Kurve hier wie bei *Base Curve* beschrieben bearbeiten und dabei nochmals die Kontraste im Bild wesentlich steigern. *Base Curve* ist eher dafür vorgesehen, vorgefertigte Kurven auf das Bild anzuwenden. Hier bei *Corrections* sollten Sie dann die Nachbearbeitung der Kontrasteinstellungen vornehmen.

Zoom (Ansicht vergrößern/verkleinern)

Zoom, Vergrößern/Verkleinern, bietet Ihnen die Möglichkeit, die Darstellung des Bildes, das Sie bearbeiten wollen, zu vergrößern oder zu verkleinern. Sie können dann leichter Details betrachten oder sich einen Überblick schaffen. Eine Änderung der Zoom-Einstellungen ist jederzeit möglich, da sie nur eine Änderung der Ansichtsgröße bietet und die Einstellungen am Bild nicht beeinflusst.

EXIF (Kameradaten)

Das Exchangeable Image File Format (EXIF) ist ein Standard, in dem moderne Digitalkameras Daten im Header der Bilddatei speichern. Sie enthalten zusätzliche Informationen wie Kameramodell, Aufnahmedatum und Zeit, Belichtungszeit, Blende und Brennweite. Mehr dazu unter http://de.wikipedia.org/wiki/Exif. Wenn Sie daran interessiert sind, die EXIF-Informationen Ihrer Bilddateien nach dem Speichern auf Ihrem Rechner zu bearbeiten und zu ergänzen, sollten Sie sich einmal das eigenständige Programm **ExifTool** von Phil Harvey ansehen. Mehr dazu im Internet unter http://www.sno.phy.queensu.ca/~phil/exiftool/ (einschließlich Programm-Download für alle drei großen Betriebssysteme).

Live Histogramm

Dieses Histogramm, links unten im Programmfenster, zeigt die Farbhelligkeitsverteilung im bearbeiteten Vorschaubild. Sie sehen, dass es sein Aussehen ändert, je nachdem, welche Einstellungen Sie am Bild vornehmen. Auch hier erhalten Sie mit rechtem Mausklick auf das Histogramm Einstellmöglichkeiten für die Größe und die Darstellung der Kurve.

Hier können Sie Ihre Belichtungseinstellungen auf zwei Arten kontrollieren. Die Kontrollkästchen bzw. Schaltflächen unter dem Live Histogramm zeigen im geklickten Zustand überbelichtete (*Overexposed*) bzw. unterbelichtete (*Underexposed*) Pixel im Bild. Die Zahlenwerte geben zusätzlich den Anteil an Über- bzw. Unterbelichtung je Kanal in Prozent an. Somit haben Sie objektive Anhaltspunkte und können die Belichtung und die Farbeinstellungen so nachkorrigieren, dass keine entsprechende Fehlbelichtung erscheint – immer in Abwägung gegen die gewünschte sichtbare Farbstellung und Stimmung im Bild.

Interpolation

In dem Auswahlmenü am unteren Fensterrand können Sie Einstellungen bezüglich der **Interpolation** vornehmen. Die Interpolation legt die Art der Neuberechnung der Bildpunkte beim Speichern für das endgültige Bild fest.

- **AHD interpolation (Adaptive Homogeneity-Directed interpolation):** die voreingestellte Standardoption für beste Bildqualität. AHD Interpolation kann aber das Bildrauschen verstärken.
- **VNG interpolation (Variable Number of Gradients interpolation):** sehr gute Qualität.
- **VNG four color interpolation:** wenn Bayer-Muster-Artefakte im Foto sichtbar werden (störende Muster, vgl. Kapitel 2.3.3, Moiré-Effekt)

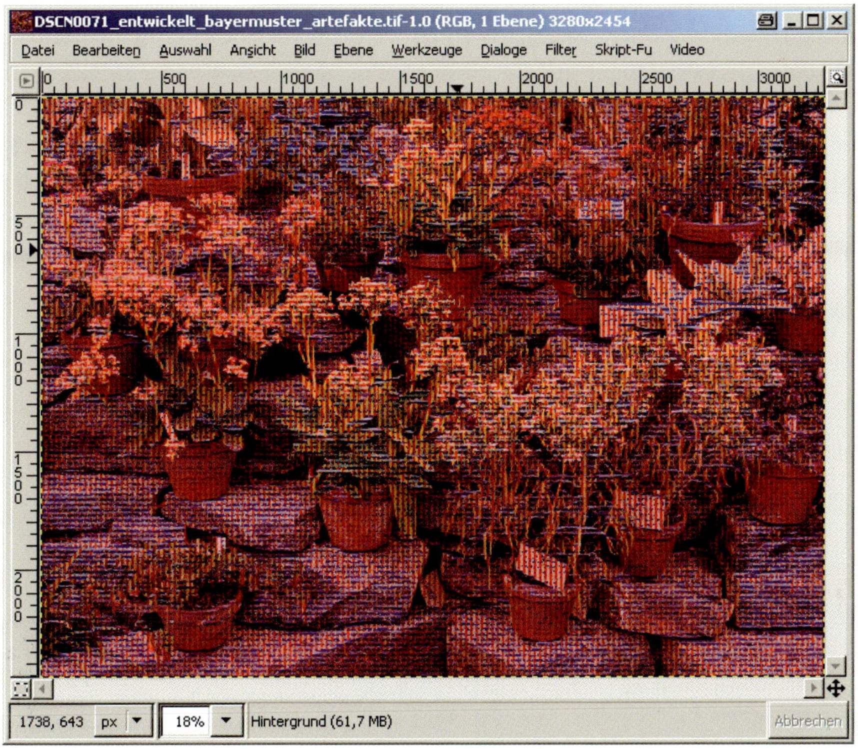

Abb. 2.3: Ein Bild, in dem nach dem Speichern und erneuten Öffnen ein störendes farbiges Gittermuster zu sehen ist, die so genannten Bayer-Muster-Artefakte.

- **Bilinear interpolation:** einfach, aber schnell
- **Half-size interpolation:** sehr schnell. Je vier Originalpixel werden zu einem Bildpixel umgerechnet. Diese Option steht nur im GIMP-Plug-in zur Verfügung. In der Stand-alone-Version erhalten Sie das gleiche Ergebnis, wenn Sie im Dialog *Save-As (Speichern unter)* den Verkleinerungsfaktor (*Shrink Factor*) auf 2 setzen.

Options

Einstellungen, die sich nicht direkt auf das Bild beziehen. Weitere Informationen hierzu auf Udi Fuchs´ Website http://ufraw.sourceforge.net/Guide.html.

Das Bild speichern

Wenn Sie UFRaw als Plug-in zum GIMP einsetzen, übergeben Sie einfach das Bild zur weiteren Bearbeitung an den GIMP, indem Sie auf die Schaltfläche *OK* klicken. Ein sofortiges Speichern des Bildes ist hier nicht vorgesehen, erst in der Arbeitsoberfläche des GIMP haben Sie dann dazu die Möglichkeit.

In der Stand-alone-Version bietet Ihnen das Programm zwei Möglichkeiten: *Speichern* oder *Speichern unter*. Mit der Schaltfläche *Speichern* wird das Bild als TIFF-Datei einfach in dem Ordner abgespeichert, aus dem es als RAW-Format geöffnet wurde. Dateiname oder Dateiart können Sie bei dieser Option nicht wählen. Deuten Sie einmal etwas länger auf die Schaltfläche, Sie sehen dann ein Kästchen mit Speicherort und den übrigen Speicheroptionen.

Mit *Speichern unter* wählen Sie die übliche Möglichkeit, bei der Sie auch Speicherort, Dateiname und Dateiart auswählen können. Der Dateibrowser, die Möglichkeit, den Speicherort auszuwählen, sieht für Windows-Nutzer etwas ungewohnt aus. Er gleicht dem des GIMP und wird in Kapitel 2.2.9 näher erläutert.

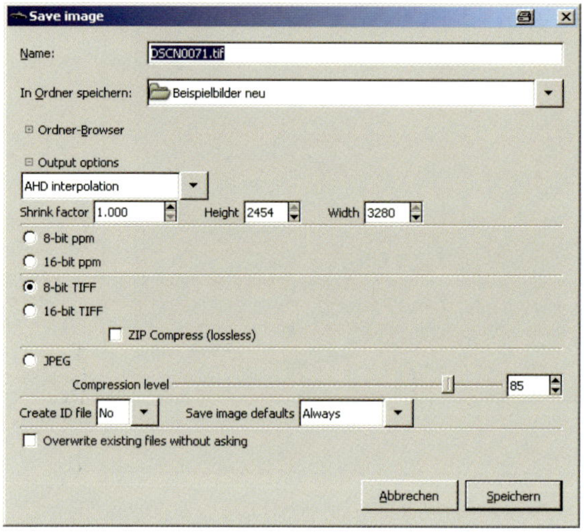

Abb. 2.4: Das Fenster Save image (Speichern unter) von UFRaw. Der eigentliche Ordner-Browser zur Auswahl des Speicherortes erscheint, wenn Sie auf das Kästchen vor der Bezeichnung Browse for other folders klicken.

Beim Speichern werden nur drei Dateiformate zur Auswahl angeboten: PPM, TIFF und JPEG. Die ersten beiden stehen für höchste Qualität. Zwar kann der GIMP all diese Dateiformate lesen, doch ist TIFF wohl das weiter verbreitete qualitativ hochwertige Format, wenn es darum geht, ein Bild in ein anderes Programm zu importieren. Sie können Bilder im PPM- und im TIFF-Format sowohl mit 8 Bit als auch mit 16 Bit Farbtiefe je Farbkanal abspeichern. Wenn Sie 16 Bit wählen, sollten Sie sich sicher sein, dass das Programm, mit dem Sie die Bilder anschließend weiterbearbeiten oder auch nur darstellen wollen, 16 Bit Farbtiefe je Kanal verarbeiten kann. Der GIMP kann bisher nur mit Bildern mit 8 Bit Farbtiefe je Kanal umgehen. Für eine Weiterverarbeitung im GIMP kommt diese Option daher nicht in Frage.

Die Arbeitsschritte

Wenn Sie die hier im Kapitel vorgestellten Möglichkeiten nachvollziehen möchten, hier eine Zusammenfassung der wichtigsten Arbeitsschritte:

- Installieren Sie nach der Installation des GIMP das Plug-in UFRaw.
- Legen Sie die CD zu diesem Buch in das CD-ROM-Laufwerk Ihres Rechners ein.
- Starten Sie den GIMP. Im Hauptfenster, dem Werkzeugkasten, wählen Sie das Menü *Datei – Öffnen*. Hilfe dabei bietet das nachfolgende Kapitel 2.2.2.
- Suchen Sie im Datei-Browser nach der CD, dort nach dem Verzeichnis *Bildvorgaben*. Sie finden darin ein Bild *DSCN0071.NEF* (Nikkon-RAW-Format).
- Öffnen Sie das Bild durch Doppelklick. Jetzt startet das Plug-in UFRaw, und Sie können die gezeigten Einstellungen ausprobieren und mit dem Bild experimentieren.

2.2 Bilder im GIMP bearbeiten

2.2.1 Ein Bild öffnen, einrichten und speichern – die Arbeitsschritte

Sie haben ein Bild auf Ihrem Rechner gespeichert

- und möchten dieses nun im GIMP öffnen und
- die Größe und Auflösung einrichten.
- Dabei muss das Bild auch gedreht werden.
- Sie möchten die Ansichtsgröße des Bildes verändern (zoomen).
- Das Bild soll mit hoher Qualität gespeichert werden.
- Anschließend möchten Sie es ausdrucken.

2.2.2 Ein Bild öffnen

Wählen Sie im Menü *Datei* der **Werkzeug-Palette** den Menüpunkt *Öffnen*. Es erscheint der **Dateibrowser des Programms.**

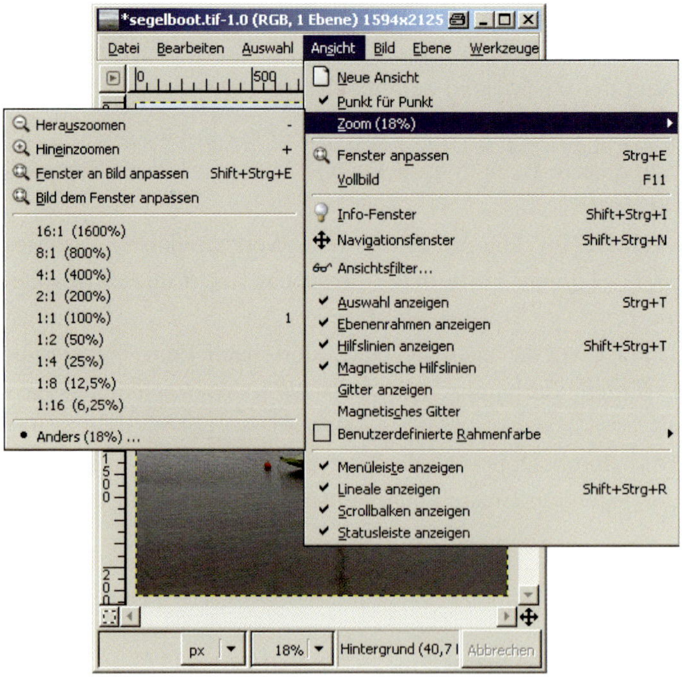

Abb. 2.5: Fenster Bild öffnen

Im linken Fenster wählen Sie mit Doppelklick zunächst das Laufwerk oder Hauptverzeichnis, in dem Sie suchen wollen.

Im mittleren Fenster erscheinen nun die Unterverzeichnisse, die Sie wiederum mit Doppelklick öffnen, bis Sie in dem Verzeichnis angelangt sind, in dem das gesuchte Bild liegt.

Über den Suchfenstern werden Schaltflächen eingefügt, die den angegebenen Verzeichnispfad wiedergeben. Sollten Sie in ein falsches Verzeichnis geraten sein, gelangen Sie über diese Schaltflächen zurück in die übergeordneten Verzeichnisse.

Im mittleren Fenster sehen Sie nun die Dateien, die im gewählten Verzeichnis liegen, alphabetisch nach Namen sortiert (hier: *segelboot.tif*).

Jeweils rechts neben den Fenstern finden Sie einen Rollbalken, der Ihnen das Durchsuchen der Verzeichnisstrukturen ermöglicht.

Klicken Sie im mittleren Fenster auf den Namen des gesuchten Bildes. Sie erhalten eine Vorschau des gewählten Bildes im rechten Fenster.

Falls kein Vorschaubild erscheint bzw. wenn Sie eine Nachricht angezeigt bekommen, dass keine Vorschau erstellt werden kann, doppelklicken Sie auf das Vorschaufenster, um eine Voransicht des Bildes zu erhalten.

Wenn Sie das gesuchte Bild über die Vorschau gefunden haben oder wenn Sie vom Dateinamen her sicher sind, dass es das gewünschte Bild ist, markieren Sie das Bild durch Anklicken und klicken dann zum Öffnen auf die Schaltfläche *Öffnen*. Es genügt auch ein Doppelklick auf den Dateinamen.

Dem Fenster sind einige Hilfen beigegeben, die das Arbeiten erleichtern:

- Wenn Sie ein Verzeichnis geöffnet haben, das Sie häufiger zum Arbeiten aufrufen möchten, können Sie dieses zum schnellen Aufrufen als »Lesezeichen« im linken Fenster ablegen, indem Sie auf die Schaltfläche *Hinzufügen* klicken.
- Unter der Schaltfläche *Alle Dateien* finden Sie eine Liste von Dateiformaten, die der GIMP öffnen kann. Wählen Sie hier ein bestimmtes Format, werden Ihnen im Fenster des Dateibrowsers nur Dateien in diesem Format zum Öffnen angeboten.
- Unten im Fenster sehen Sie ein +-Zeichen und den Text: *Dateityp – Automatisch bestimmt*. Wenn Sie hier auf das + klicken, öffnet sich ein Fenster mit einer Liste von Dateiformaten. Falls der GIMP das Format des gewählten Bildes nicht automatisch erkennt, können Sie hier vorgeben, in welchem Dateiformat das Bild vorliegt.

2.2.3 Das Bildfenster – die eigentliche Arbeitsfläche

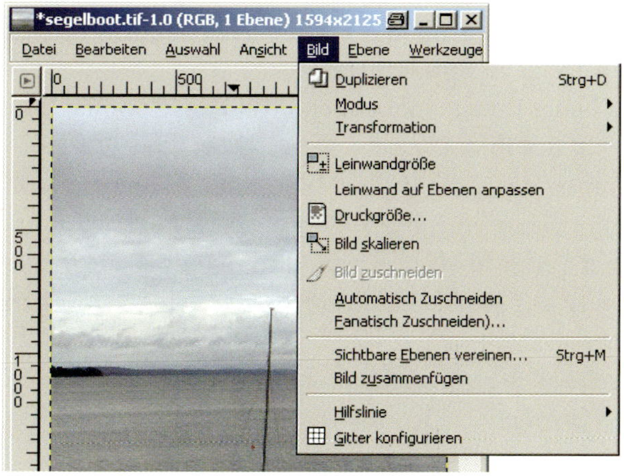

Abb. 2.6: Bildfenster

Mit dem Öffnen der Datei wurde ein neues Programmfenster erzeugt, das **Bildfenster**, die eigentliche Arbeitsfläche. Darin wird, zunächst fensterfüllend, als Ganzes das gewählte Bild angezeigt.

In der **blauen Titelleiste** werden der Dateiname, der Farbmodus des Bildes, die Anzahl der enthaltenen Ebenen und die Originalgröße des Bildes in Pixeln angezeigt.

GIMP 2 hat im Bildfenster eine **Menüleiste**, in der Sie wie aus anderen Programmen gewohnt die Menübefehle zu Datei, Bearbeiten, Ansicht etc. finden. Wir werden nach und nach darauf eingehen. Ansonsten finden Sie die Menübefehle auch im **Kontextmenü** des Bildfensters (rechter Mausklick auf das Bildfenster). Beim Arbeiten mit der Maus können Sie so schneller auf die Menüs zugreifen.

Links und oberhalb des Bildes sehen Sie **Lineale**. Deren Standardeinheit sind Pixel. Wenn Sie mit dem Mauszeiger auf die Lineale deuten, links klicken, die Maustaste gedrückt halten und ziehen, können Sie sich **Hilfslinien** ins Bild ziehen, z. B. um einen Winkel zu prüfen oder um den Bereich zu markieren, auf den Sie das Bild zuschneiden möchten.

Wenn Sie die Schaltfläche *Bild zoomen, wenn die Fenstergröße sich ändert* anklicken, wird das Bild im Fenster an die Fenstergröße angepasst, wenn Sie diese ändern.

Die beiden kleinen Schaltflächen bzw. unten links am Bildfenster wechseln die Ansicht zwischen Auswahl- und Maskenmodus (dazu später mehr).

Die Schaltfläche rechts unten zeigt Ihnen ein kleines Übersichtsbild der geöffneten Datei, wenn Sie darauf klicken. Dies ist besonders dann hilfreich, wenn Sie sich in das Bild hineingezoomt haben und sehen möchten, wie sich die Änderungen auf das ganze Bild auswirken. Klicken Sie dann auf dieses Vorschaubild: Nun können Sie mit gedrückter Maustaste darin umherfahren. Dabei verschiebt sich auch das große Bild im Hauptfenster und zeigt Ihnen den entsprechenden Ausschnitt. Dieser bleibt im Hauptfenster auch dann erhalten, wenn Sie das Vorschaubild wieder verlassen.

Zuletzt die **Statuszeile** unten:

- Das Feld ganz links unten zeigt die momentane Cursor-Position, bezogen auf die linke, obere Bildecke in Pixelkoordinaten.
- Die Auswahlliste rechts daneben, zunächst mit der Aufschrift px (Pixel), bietet Ihnen die Auswahl der Maßeinheit für die Lineale. Hier können Sie für die Lineale auch z. B. eine Anzeige in mm wählen.
- Das nächste Auswahlmenü bietet Ihnen eine schnelle Wahl des Zoomfaktors, der Vergrößerung der Ansicht des Bildes.
- Daneben sehen Sie den Namen der aktiven Ebene und die unkomprimierte Dateigröße der Darstellung. Wenn eine Bildänderung berechnet wird, erscheint in der Statuszeile ein Verlaufsbalken. Dazu wird dann ggf. auch eine Schaltfläche *Abbrechen* angezeigt, falls Sie einen solchen Vorgang abbrechen möchten.
- Allgemein wird die Statuszeile auch zur Ausgabe von Werten verwendet, zum Beispiel für das Werkzeug *Messen*.

Das Bildfenster (Gleiches gilt für alle übrigen Fenster des GIMP) verhält sich wie ein normales Windows-Fenster. Das heißt, wenn Sie mit dem Mauszeiger über einen Seitenrand oder einen Eckpunkt des Fensters fahren, wird der Mauszeiger zum Doppelpfeil, und Sie können die Größe des Fensters durch Ziehen oder Schieben mit gedrückter linker Maustaste verändern.

Durch Klicken auf die blaue Titelleiste oben und Ziehen mit gedrückter linker Maustaste lassen sich die Fenster auf dem Desktop verschieben.

Ebenso stehen Ihnen in allen Fenstern des Programms oben rechts die bekannten drei Schaltflächen zum Minimieren, Maximieren bzw. Verkleinern und zum Schließen des Fensters zur Verfügung.

2.2.4 Ein Bild um feste Werte drehen

Das Bild ist um 90 ° im Uhrzeigersinn verdreht. Um es aufzurichten, klicken Sie mit rechtem Mausklick auf das Bild. Es erscheint das Arbeitsmenü des Programms. Wählen Sie Menü *Bild – Transformation – 90 ° drehen (links).*

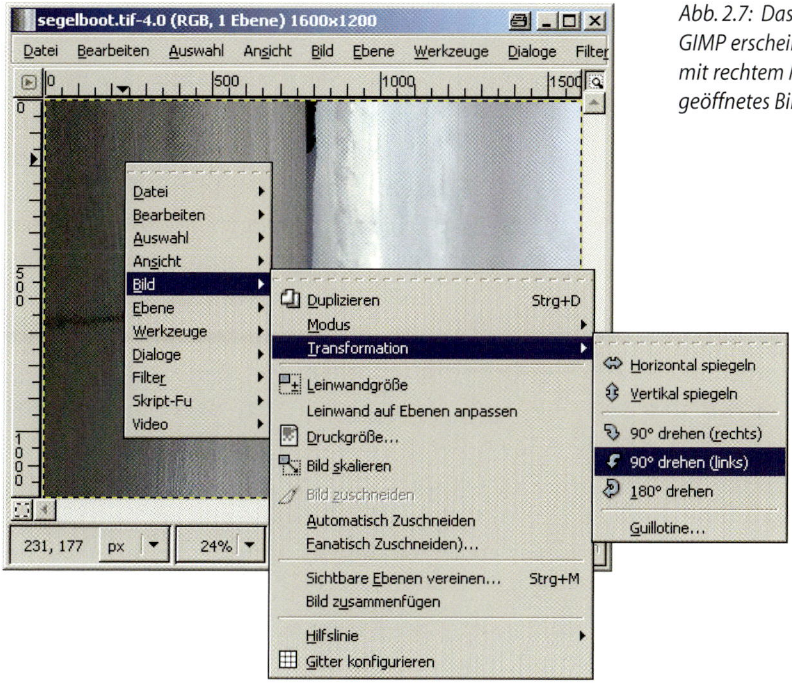

Abb. 2.7: Das Arbeitsmenü des GIMP erscheint auch, wenn Sie mit rechtem Mausklick auf ein geöffnetes Bild klicken.

2.2.5 Bildgröße und Auflösung einrichten

Nun sollte das Bild aufrecht stehen. Als Nächstes sollen die Bildgröße des Bildes und die Auflösung eingestellt werden. Bringen Sie das Bild auf die Größe eines Fotoabzuges von 13,5 cm × 18 cm, von dem sich auch gut zwei auf einem Blatt DIN A4 ausdrucken lassen. Zielauflösung des Bildes sind 300 ppi.

Hinweis: Wie bereits erwähnt, finden Sie alle wesentlichen Arbeitsbefehle sowohl in den Punkten des Arbeitsmenüs in der Menüleiste über dem Bild als auch im Kontextmenü, das Sie mit rechtem Mausklick auf das Bild aufrufen können. Das Arbeiten mit dem Kontextmenü dürfte für das Arbeiten mit der Maus der »kürzere Weg« sein. Für andere Anwender, die mehr mit der Tastatur arbeiten, gibt es auch die Möglichkeit, Arbeitsbefehle über Tastenkombinationen aufzurufen. Soweit es eine Tastenkombination zu einem Menübefehl gibt, finden Sie diese bei den entsprechenden Einträgen. Die Einstellmöglichkeiten für die Bildgröße und Auflösung finden Sie im Bildfenster im Menü *Bild – Bild skalieren.*

In dem sich öffnenden Fenster *Bild skalieren* stellen Sie zunächst das Maß für die *Auflösung* X auf 300 *Pixel/in* (= ppi). Überschreiben Sie dazu den vorgegebenen Wert im entsprechenden Textfeld. Bestätigen Sie die Eingabe mit der Enter-Taste. Nun sollten beide Werte für die Auflösung 300 *Pixel/in* anzeigen.

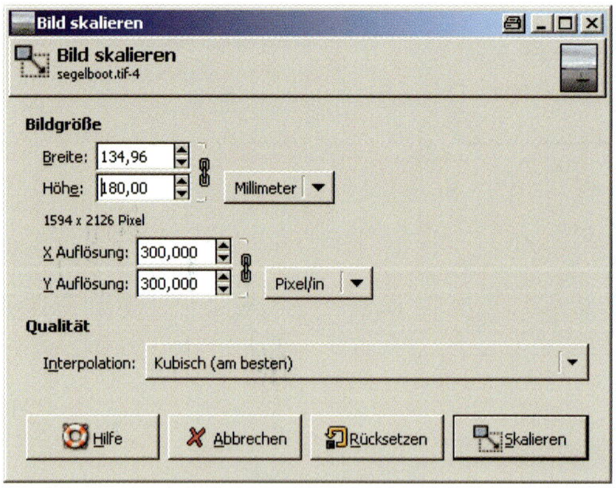

Abb. 2.8: Fenster Bild skalieren

Achten Sie darauf, dass das Kettensymbol bei der Auflösung geschlossen ist, d. h., dass X- und Y-Auflösung gleich gesetzt sind (siehe Abb. 2.8).

Nun zur *Bildgröße* (Abmessungen in Pixeln oder mm). Weiter oben finden Sie zwei Angaben: *Breite* und *Höhe*. Sie möchten Millimeter als Einheit für die Größenangabe. Dazu klicken Sie auf das Auswahl-Menü (Pfeil nach unten neben der Angabe *Pixel/in*) rechts neben *Höhe* und wählen durch Anklicken die Einheit *Millimeter*. Setzen Sie den Wert für *Höhe* per Zahleneingabe auf 180. Drücken Sie wiederum die Taste *Enter* auf Ihrer Tastatur. Der Wert für die Breite sollte nun auf ca. 135 umspringen. (Achtung: GIMP 2.2. ist hier etwas hakelig, ggf. müssen Sie den Vorgang mehrfach wiederholen.)

Wählen Sie nun noch die Qualität der Pixel-Neuberechnung *Kubisch (am besten)* über das Aufklappmenü, das zunächst die Aufschrift *Linear* trägt. Bestätigen Sie die Eingaben, indem Sie unten auf die Schaltfläche *Skalieren* klicken. Das Programm berechnet nun die neue Bildgröße. Dabei ändert sich auch die Ansichtsgröße. Damit Sie das Bild wieder ganz im Arbeitsfenster sehen, stehen verschiedene Werkzeuge zur Auswahl. Doch zuvor noch etwas zum Verhältnis von Auflösung und Größe.

2.2.6 Ein Beispiel für die Umrechnung der Pixelzahl und Größe in Abhängigkeit von der Auflösung

Wenn Sie ein Bild von Ihrer Digitalkamera öffnen, so zeigt Ihnen der GIMP im Menü *Bild – Bild skalieren* die Abmessungen des Bildes, z. B. 1200 px × 1600 px = 423,33 mm × 564,44 mm bei 72 ppi (Pixel/Inch; 2-Megapixel-Bild). Wollen Sie das Bild auf eine Druckgröße von ca. 13 cm × 18 cm verkleinern, müssen Sie die Auflösung mit dem Faktor 564,44 : 180 = 3,1358 (ursprüngliche Bildbreite : neue Bildbreite) multiplizieren. Der errechnete Wert ist ca. 226 ppi. Setzen Sie also die Auflösung im Menü *Bild – Bild skalieren* auf 226 ppi, und bestätigen Sie mit Klick auf die Schaltfläche *Skalieren*. Das Bild wird in der Größe umgerechnet auf ca. 135 mm × 180 mm. Dabei bleiben die Pixelzahl und damit die Dateigröße/

der Informationsgehalt ungefähr gleich. Die Abmessungen werden verändert. Das Bild ist nun für den Druck bei hoher Qualität vorbereitet, die Leinwand muss noch auf die gewünschte Bildgröße gebracht, also zugeschnitten werden (Menü *Bild – Leinwandgröße*, siehe Kapitel 2.2.8).

Wenn Sie das Bild und seine Größe für eine Wiedergabe im Internet, per Mail oder auf Webseiten vorbereiten möchten, müssen Sie einfach nur die Auflösung von 72 ppi (alternativ 96 ppi) belassen und die Abmessungen in Millimeter ändern. Bei dieser Umrechnung wird die Pixelzahl verringert und damit die Pixelzahl des Bildes: 383 px × 510 px = 135,11 mm × 180,27 mm bei 72 ppi. Hierbei muss das Bild neu berechnet werden. Wählen Sie dazu im Menü *Bild – Bild skalieren – Interpolation: Kubisch (am besten)* für die beste Qualität.

Die folgende Darstellung verdeutlicht die Zusammenhänge von Auflösung, Bildgröße und Pixelzahl:

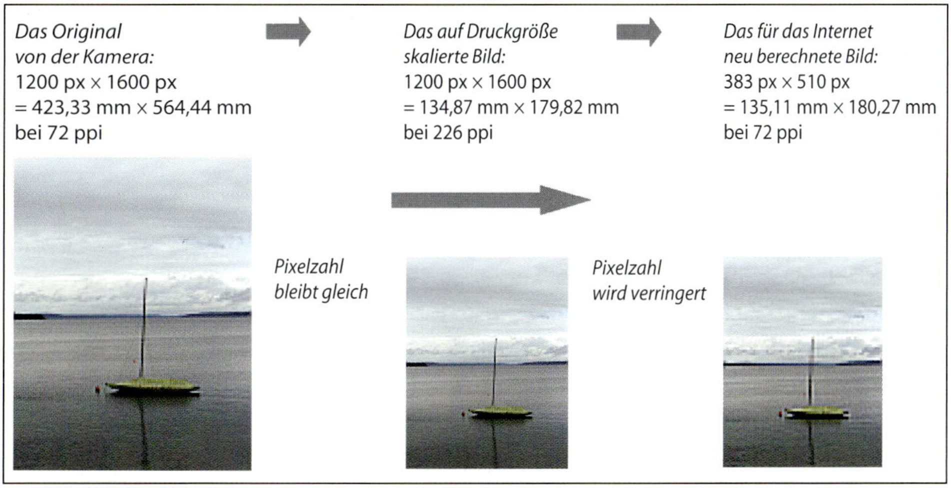

Wenn Sie ein Bild vergrößern möchten, muss die Auflösung also folglich um den Faktor verringert werden, um den Sie das Bild vergrößern möchten. Auch dabei bleibt die gesamte Anzahl der Pixel gleich, die Auflösung und damit die Druckqualität werden allerdings verringert. Beachten Sie dabei, dass Auflösungen unter 150 ppi auch auf modernen Tintenstrahldruckern nur noch eine bestenfalls befriedigende Qualität liefern. Man kann ein Bild auch künstlich vergrößern, indem man die Bildgröße und die Auflösung durch Interpolation heraufsetzt. Dabei werden neue Bildpunkte errechnet und hinzugefügt. Ab einem gewissen Vergrößerungsfaktor wird das Bild dabei schwammig und unscharf.

2.2.7 Die Ansichtsgröße eines Bildes ändern (Zoomen)

Hinweis: Die Ansichtsgröße (Zoom) hat nichts mit der Bild- bzw. Dateigröße zu tun und dient nur dazu, Ihnen bei der Bearbeitung des Bildes verschiedene Ansichten und Ausschnittsvergrößerungen des Bildes zu bieten.

Sie können die Ansichtsgröße, den Bildausschnitt mit dem Werkzeug *Lupe (Hinein- und herauszoomen)* der Werkzeug-Palette frei wählen. Klicken Sie dazu auf das Symbol *Lupe* in der Werkzeug-Palette und anschließend mit dem veränderten Mauszeiger auf das Bild. Der sichtbare Bildausschnitt wird vergrößert mit dem Punkt als Mittelpunkt, auf den Sie geklickt haben. Halten Sie nun die Strg-Taste (Ctrl) gedrückt, und klicken Sie wieder auf das Bild: Der Bildausschnitt wird verkleinert. Sie können diese Vorgänge so oft wiederholen, bis die gewünschte Vergrößerung oder Verkleinerung erreicht ist.

Sie können mit diesem Werkzeug auch mit gedrückter linker Maustaste ein Rechteck über dem Bildbereich aufziehen, den Sie vergrößert haben möchten. Wenn Sie die Maustaste wieder loslassen, wird Ihnen der gewählte Bereich im Bildfenster angezeigt.

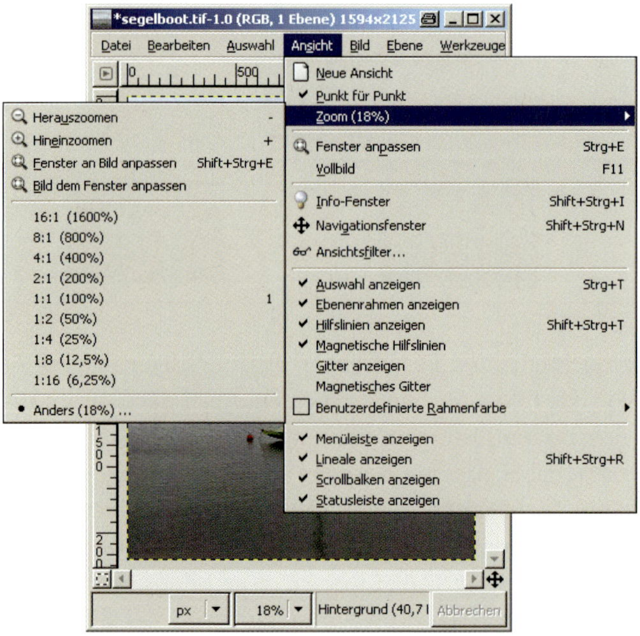

Abb. 2.9: Menü Ansicht – Zoom

Das Menü *Ansicht – Zoom* bietet Optionen, die Ansichtsgröße des Bildes selbst zu wählen:

- **Herauszoomen** (schrittweise verkleinern)
- **Hineinzoomen** (schrittweise vergrößern)
- **Fenster an Bild anpassen** (tatsächlich: Bild in bestehendes Fenster einpassen)

- **Bild dem Fenster anpassen** (tatsächlich: Bild nur an Fensterbreite bzw. -höhe anpassen)
- **Neun feste Skalierungsstufen**
- **Anders** (die Skalierung frei wählen)

Im Menü *Ansicht* können Sie die Elemente (und deren Eigenschaften) wählen oder ausblenden, die im Arbeitsfenster angezeigt werden. Außerdem können Sie für die Hilfslinien und das Raster bestimmen, ob sich Werkzeuge und Bildobjekte daran ausrichten sollen oder nicht (magnetisch). Für die Ansicht wichtig sind hier zwei Menüpunkte:

- **Fenster anpassen** (Fenster auf Bildhöhe bzw. -breite einstellen)
- **Vollbild** (nur Bild ohne Fenster auf dem Bildschirm anzeigen; zurück mit Esc-Taste)

2.2.8 Ein Bild zuschneiden (Freistellen)

Da wir das Bild vorhin proportional, d. h. im gleichen Seitenverhältnis, verkleinert haben, haben wir als neue Breite 135 mm statt der gewünschten 130 mm erhalten. Um die Bildbreite von 130 mm zu erhalten, müssen wir nun also das Bild um 5 mm beschneiden.

Aus der Werkzeug-Palette steht hierzu das Werkzeug *Freistellen (Bild zuschneiden oder Größe ändern)* zur Verfügung. Damit können Sie ein Bild auf eine neue gewünschte Bildgröße zuschneiden, in unserem Fall also rechts und links je 2,5 mm Rand abschneiden. Dazu klicken Sie mit dem Werkzeug auf die linke obere Ecke des Rechtecks im Bild, auf das dieses zugeschnitten werden soll, ziehen mit gedrückter linker Maustaste zum rechten unteren Eckpunkt und bestätigen dann im Fenster *Zuschneiden/Größe ändern* durch Klick auf die Schaltfläche *Zuschneiden.* Wenn Sie alternativ die Schaltfläche *Größe ändern* wählen, werden die Ränder nicht tatsächlich entfernt, sondern nur verdeckt. Aus der Sicht des Programms wird in diesem Fall nur die Bildgröße verändert, nicht die Arbeitsfläche (Leinwand). Stellen Sie sich das einfach so vor, als würden Sie ein Passepartout auf ein Bild legen.

In diesem Fall allerdings möchten Sie das Bild auf ein Zahlenmaß hin zuschneiden. Dafür steht im Bildfenster der Menüpunkt *Bild – Leinwandgröße* bereit.

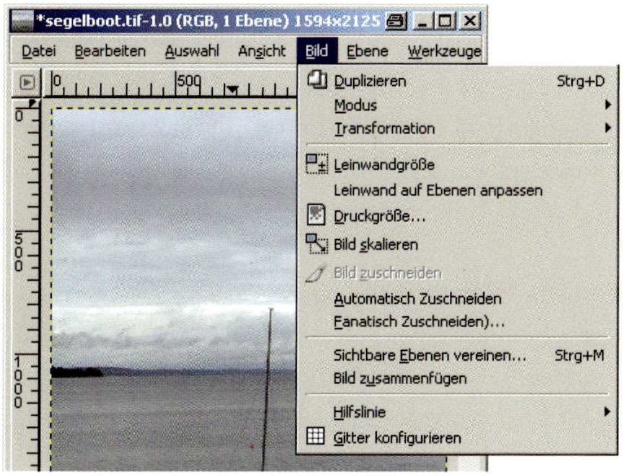

Abb. 2.10: Menü Bild

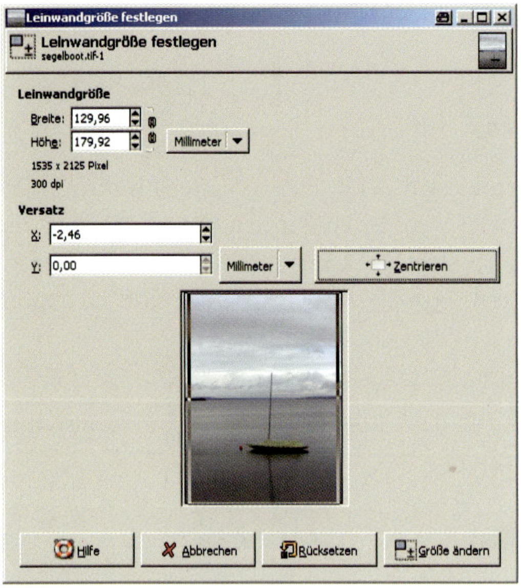

Abb. 2.11: Die Einstellmöglichkeiten des Fensters Leinwandgröße festlegen

Es erscheint das Fenster *Leinwandgröße festlegen* (Abb. 2.11).

Als »Leinwand« (engl.: Canvas) wird bei Bildbearbeitungsprogrammen die Arbeitsfläche bezeichnet, auf der das Bild liegt. Diese kann größer als der sichtbare Bildinhalt sein. Zunächst ist die Leinwandgröße gleich der Bildgröße.

Wird die Leinwandgröße vergrößert, entsteht um das Bild herum zusätzliche Bildfläche, z. B. um weitere Bildelemente oder Text einzufügen. Das eigentliche Bild bleibt jedoch gleich groß. Ein praktisches Beispiel, bei dem Sie die Leinwandgröße eines Bildes erweitern müssen, um weitere Bilder einzufügen, zeigt Ihnen Kapitel 3.12.2.

Wird die Leinwandgröße verkleinert, wird das Bild beschnitten. Die Bildgröße ändert sich dabei auf die neuen Abmessungen. Mit Hilfe des hier beschriebenen Menüs lässt sich der Zuschnitt pixelgenau bestimmen.

Vorgehensweise:

- Stellen Sie die Maßeinheiten (in diesem Fall) auf Millimeter.
- Sie möchten das Bild diesmal nur in der Breite zuschneiden. Deshalb müssen Sie zuerst im oberen Teil des Fensters bei *Leinwandgröße* auf das Kettensymbol klicken und die Verknüpfung von Breite und Höhe dadurch aufheben.
- Stellen Sie den Wert für die Breite auf 130.
- Nun muss noch der Versatz eingestellt werden, sonst würde vom Bild nur von der linken Seite etwas abgeschnitten werden. Sie beschneiden das Bild um 5 mm. Um den Zuschnitt links und rechts gleich breit zu machen, stellen Sie den Versatz auf X: –2,5 mm. In diesem Fall würde es auch genügen, auf die Schaltfläche *Zentrieren* zu klicken, um das Bild mittig auszurichten und zu beschneiden. Sie können den Bildausschnitt auch frei wählen, indem Sie auf das Vorschaubild klicken und es mit gedrückter linker Maustaste im Zuschneiderahmen verschieben.
- Dann nur noch mit Klick auf die Schaltfläche *Größe ändern* bestätigen, und das Bild wird zugeschnitten (freigestellt). Auch hier wird zunächst nur der sichtbare Bildausschnitt verkleinert. Erst wenn Sie in einem weiteren Arbeitsschritt über das Menü *Bild – Leinwand auf Ebenen anpassen* die bislang nur verdeckte Bildinformation entfernen, ist sie tatsächlich nicht mehr vorhanden.

2.2.9 Bilder speichern

Das Bild ist so weit fertig. Nun sollten Sie es endlich speichern. Tatsächlich sollten Sie sich angewöhnen, ein Bild, an dem Sie Veränderungen vornehmen möchten, sofort nach dem Öffnen als neue Datei mit eigenem Dateinamen wieder zu speichern. Das hat folgende Vorteile:

- Ihr Original bleibt unverändert erhalten.
- Sie können nicht aus Versehen Ihr Original überschreiben.
- Sie können jede gewünschte Änderung am neuen Bild sofort speichern.

Als Dateiformat für das Arbeitsbild sollten Sie ein Dateiformat wie XCF, TIFF oder PNG wählen, das eine hohe Bildqualität gewährleistet. Soll das Bild Ebenen enthalten, bleiben im GIMP nur die Formate XCF oder PSD. Komprimierte Dateien im JPEG- oder GIF-Format sollten nur als Kopien des Originals oder Arbeitsbildes angelegt werden.

Die Untermenüs zum Speichern finden Sie wiederum im Menü des Bildfensters. Im Menü *Datei* stehen zwei Möglichkeiten zur Auswahl.

Abb. 2.12: Menü Datei im Bildfenster

Speichern speichert einfach das – veränderte – Bild auf sich selbst zurück. Die bestehende Version wird dabei überschrieben. Dieser Vorgang lässt sich nicht rückgängig machen, wird das Bild nach dem Speichern geschlossen. Dennoch ist es empfehlenswert, das veränderte Bild nach jedem erfolgreichen Arbeitsabschnitt zu sichern. Damit ist gewährleistet, dass bei Programmabstürzen nicht alle Arbeit vergeblich war.

Speichern unter: Wenn Sie ein Bild neu oder unter anderem Dateinamen und/oder in einem anderen Dateiformat speichern möchten, wählen Sie das Untermenü *Speichern unter.*

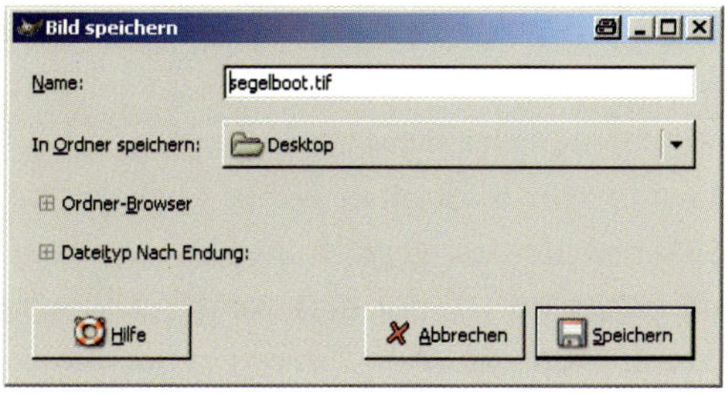

Abb. 2.13: Die einfache Version des Fensters Bild speichern. Im Aufklappmenü In Ordner speichern können Sie einen Speicherort aus den Hauptverzeichnissen oder den »Favoriten« wählen.

Unter *Name* können Sie einen Namen und eine Dateiendung für das zu speichernde Bild eingeben, unter *In Ordner speichern* wird Ihnen zunächst der zuletzt gewählte Speicherort zum Speichern angeboten. Über das Aufklappmenü können Sie eines der Hauptverzeichnisse oder eines Ihrer bevorzugten Verzeichnisse zum

Speichern wählen. Klicken Sie auf das + vor *Ordner-Browser*, öffnet sich ein neues Fenster, ähnlich wie bei *Bild öffnen*. Sie erhalten auch hier die Möglichkeit, das Verzeichnis zu suchen und zu wählen, in dem Sie speichern möchten. Hier können Sie auch ein neues Verzeichnis über die Schaltfläche *Ordner anlegen* im gewünschten Hauptverzeichnis anlegen. Wenn Sie auf das + vor *Dateityp nach Endung* klicken, öffnet sich ein weiteres Fenster, in dem Sie eine (andere) Dateiart für das zu speichernde Bild wählen können.

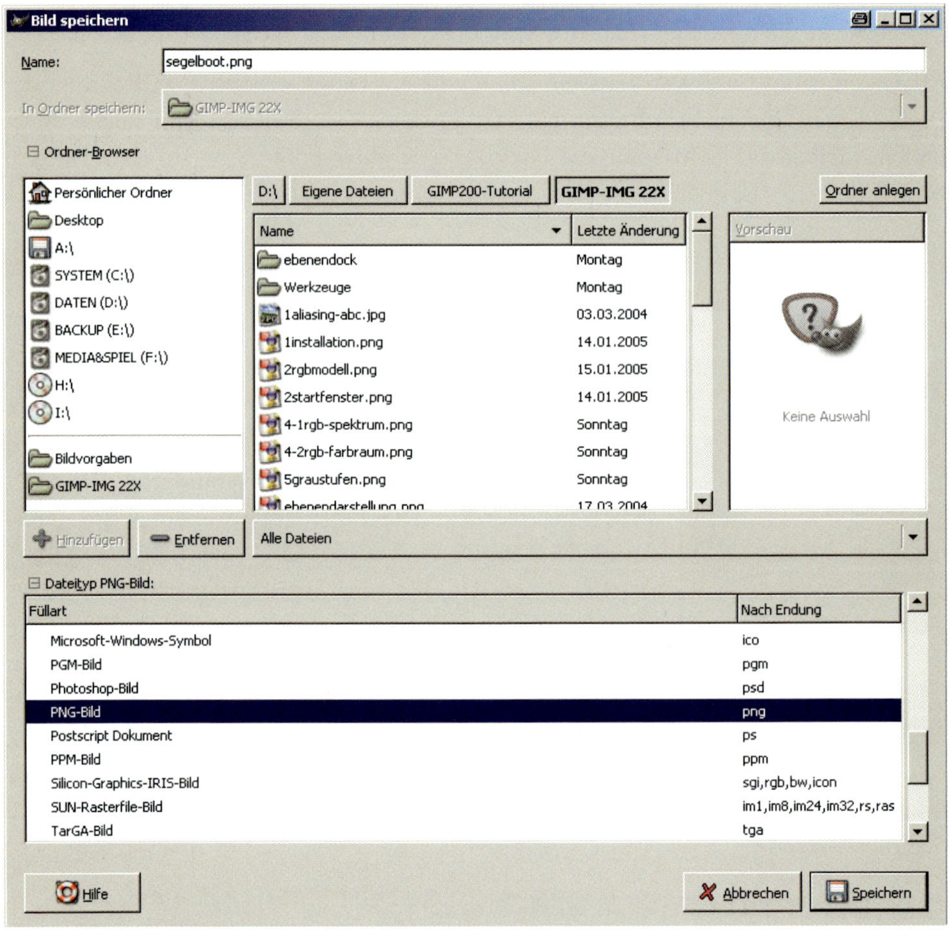

Abb. 2.14: Das Fenster Bild speichern mit allen geöffneten Unterfenstern

Wählen Sie für das Speichern und Archivieren von Bildern in hoher Qualität ein geeignetes Dateiformat. Dazu schreiben Sie entweder die gewünschte Dateiendung einfach dahinter, oder Sie wählen die Dateiart, in der gespeichert werden soll, aus der Auswahl des Fensters *Bild speichern* unter *Dateityp nach Endung*. Hier bieten sich die Formate XCF, TIFF und PNG an, alle mit (verlustfreier) Kompression. Am besten legen Sie sich für die Übungen ein eigenes Verzeichnis an (Schaltfläche *Ordner anlegen* links oben im Fenster *Bild speichern*).

Beim Speichern wird Ihnen je nach gewähltem Dateiformat in einem neuen Fenster die Option angeboten, das Bild in das gewünschte Dateiformat zu exportieren. Bestätigen Sie auch dies mit *OK*.

In einem weiteren Fenster werden nun noch die gewünschten Eigenschaften der Bilddatei abgefragt. Beim *Format TIFF* wählen Sie hier z. B. das Speichern mit *LZW-Kompression*. Diese ist verlustfrei, reduziert aber die Dateigröße. Wiederum bestätigen Sie mit *OK* – das Bild ist »im Kasten«.

Beim Exportieren werden im Bild vorhandene Ebenen eventuell zu einer Hintergrundebene zusammengefügt, je nach gewählter Dateiart (*tif*, *jpg*, *png* etc.), sofern diese keine Ebenen speichern können. Beachten Sie dabei auch, dass nach dem Exportieren das soeben in einem anderen Dateiformat gespeicherte Bild im Bildfenster geöffnet ist.

Ihr originales Bild wird dabei jedoch nicht überschrieben, wenn es bereits gespeichert war. Sie können es über den Menüpunkt *Datei – Zuletzt geöffnet* im Fenster *Werkzeugkasten* schnell wieder öffnen. Deshalb: Bilder mit Ebenen zunächst immer in einem ebenenfähigen Format speichern (*xcf* oder *psd*).

Etwas anders verhält sich der Menüpunkt *Kopie speichern unter*: Zwar funktioniert er genau wie das zuvor beschriebene *Speichern unter*, das geöffnete Bild wird als Kopie im gewünschten Dateiformat am gewählten Speicherort angelegt, jedoch bleibt im Bildfenster das Original geöffnet.

Bleibt noch zu erwähnen, dass Sie sich selbst Formatvorlagen anlegen können als Größenvorgaben für neue Bilder. Wenn Sie z. B. mehrere Grafiken gleicher Abmessungen und Auflösung mit gleichen Hintergrundeigenschaften im selben Dateiformat herstellen wollen, legen Sie sich nur einmal eine entsprechende leere Datei an und speichern diese über das Menü *Datei – Als Vorlage speichern*. Wenn Sie später über *Datei – Neu* ein neues Bild gleichen Formats anlegen möchten, finden Sie im sich öffnenden Fenster ein Aufklappmenü *Vorlagen*, aus dem Sie wählen können und in dem Sie auch Ihre eigenen Vorlagen wieder finden.

2.2.10 Bilder ausdrucken

Um das Bild aus dem GIMP heraus ausdrucken zu können, muss der Drucker korrekt angeschlossen sein. Außerdem sollten die neuesten Treiber für Ihren Drucker unter Windows installiert sein. Ob der Drucker an einem Parallelport (bzw. -anschluss) oder einem USB-Anschluss betrieben wird, kann dabei von Bedeutung sein. Manche Drucker erkennt der GIMP nur am Parallelport, obwohl der Drucker aus anderen Programmen heraus einwandfrei am USB-Anschluss arbeitet. Schließen Sie Ihren Drucker, soweit möglich, zusätzlich über den Parallelanschluss (unter Windows normalerweise LPT1) an. Das Betriebssystem erkennt Ihren Drucker dort, als wäre er ein weiteres Gerät, das Sie dann ebenfalls über das Fenster der Druckfunktion aufrufen. Sollten weitere Schwierigkeiten auftreten, können Sie Hilfe finden im Forum der GIMP User Group (http://gug.sunsite.dk/), für Fragen zu GIMP unter Windows z. B. unter Forum-WinGIMP.

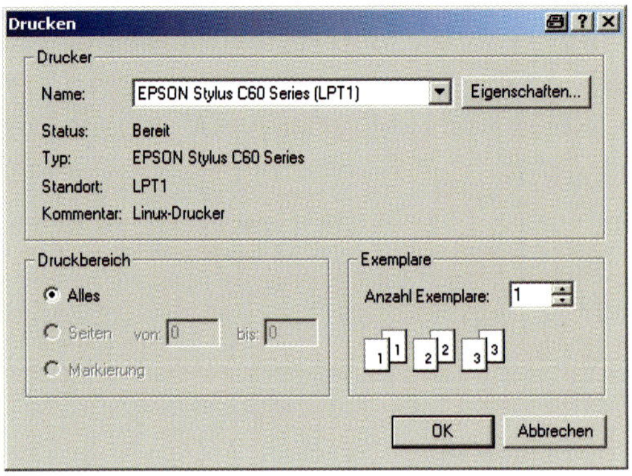

Abb. 2.15: Fenster Drucken des GIMP. Über die Schaltfläche Eigenschaften können Sie die Einstellungen Ihres Druckers aufrufen und einstellen.

Trotzdem kann es zu Treiberproblemen kommen, die das Drucken aus dem GIMP heraus verhindern. Als Alternative bietet sich dann an, das gewünschte Bild aus einem anderen Programm, z. B. dem **IrfanViewer,** heraus zu drucken.

Anwender, die unter Unix-Betriebssystemen arbeiten, Linux oder Mac OS, sollten die neueste Version von Gutenprint installieren. Gutenprint fasst insgesamt über 700 Druckertreiber zusammen, die beispielsweise mit CUPS, LPR, LPRng und anderen unter Unix eingesetzten Drucksystemen zusammenarbeiten. So lassen sich die unter der GNU General Public License (GPL) veröffentlichten Treiber nicht nur unter Linux, sondern beispielsweise auch unter Mac OS × einsetzen. Die Anbieter versprechen eine höhere Druckqualität, als mit vielen Herstellertreibern zu erreichen wäre – sofern es überhaupt welche gibt. Gutenprint hieß früher Gimpprint. Der Name wurde geändert, um klarzustellen, dass es sich nicht mehr nur um ein Plug-in zu GIMP handelt. Dieses ist jedoch nach wie vor in der Treibersammlung enthalten. Zusätzlich umfasst Gutenprint CUPS und Ghostscript, und auch **Foomatic** wird unterstützt. Hier die Internetadresse zu Gutenprint mit einem Download-Link: http://gimp-print.sourceforge.net/.

Den Aufruf der **Druckfunktion** finden Sie im Menü des Bildfensters unter *Datei – Drucken*. Sie werden sehen, dass es hier ähnlich ist wie bei den Scannern – falls mit dem Drucker ein eigenes Druckprogramm installiert wurde, öffnet dieses ein geräteabhängiges Programm, in dem Sie die erforderlichen Einstellungen machen können. Ansonsten öffnet sich das Standard-Druckfenster des GIMP.

Folgende Einstellungen stehen im Druckfenster zur Verfügung:

- Drucker (Auswahl, falls mehrere Geräte installiert sind – ggf. den Drucker am Parallelanschluss (LPT1) wählen)
- Druckbereich (welche Seite(n) bei mehrseitigen Dokumenten wie EPS- oder PS(PostScript)-Dateien)
- Anzahl Exemplare (Anzahl der zu druckenden Kopien)

Über die Schaltfläche *Einstellungen* finden Sie die geräteabhängigen Einstellmöglichkeiten des gewählten Druckers:

- Seitenausrichtung (Hoch- oder Querformat)
- Wahl der Papierart
- Wahl der Druckart (Farb-, Graustufen oder Schwarz-Weiß-Druck)
- Wahl der Druckauflösung (eventuell auch indirekt über Papierart)
- Je nach Gerät werden zusätzliche Einstellungen zur Ausgabegröße und anderem angeboten.

Denken Sie daran, dass es auch möglich ist, Bilder zu sammeln, auf CD zu brennen und dann im Fotolabor als Fotoabzüge, als Papierabzüge ausbelichten zu lassen.

Hinweis: Die meisten Großlabore arbeiten beim Ausbelichten mit einer Auflösung von 300 dpi und akzeptieren nur das Dateiformat JPEG. Es ist demnach sinnvoll, dass Sie Ihre Bilder vor dem Brennen der CD auf die gewünschte Größe bei dieser Auflösung bringen, als Kopien im JPEG-Format speichern und dann auf CD brennen.

2.3 Bilder vom Scanner

Natürlich können Sie nicht nur Bilder von Ihrer Digitalkamera für die Bearbeitung mit dem GIMP verwenden, sondern auch eingescannte Bilder. Grundlegende Informationen und eine genaue Anleitung dazu finden Sie in den folgenden Kapiteln.

2.3.1 Voraussetzungen zum Scannen

Voraussetzung, um ein Bild unter Windows über ein Bildbearbeitungsprogramm vom Scanner einlesen zu können, ist, dass der Scanner richtig angeschlossen ist und dass das geräteeigene, mitgelieferte Scan-Programm installiert wurde. Unter Linux steht anstelle dessen dafür z. B. die XSANE-Oberfläche zur Verfügung.

Die Bildbearbeitungsprogramme stellen in der Regel nur die Verbindung zum Scannen (der so genannten Twainquelle unter Windows und über SANE unter Linux bzw. Mac OS) her. Für den eigentlichen Scan-Vorgang ist daher das eigenständige Scan-Programm bzw. XSANE erforderlich, das vom Bildbearbeitungsprogramm aus aufgerufen wird. Stellvertretend für alle Betriebssysteme wird das Scannen unter Windows in Kapitel 2.4.2 beschrieben.

Wie bereits genannt, wird das Scannen unter Linux durch die SANE-Bibliothek unterstützt (»Scanner Access Now Easy«). Diese finden Sie auch in Linux-Distributionen wie SUSE-Linux, über deren Installationsoberfläche sie installiert werden kann. Als grafische Oberflächen zum Scannen stehen xscanimage bzw. XSANE zur Verfügung. Sind z. B. SANE und XSANE installiert, finden Sie im Menü

Datei des Werkzeugkastens den Eintrag *Datei – Holen – XSANE: Geräteauswahl* bzw. direkt den Eintrag Ihres Scanners.

XSANE bietet eine grafische Oberfläche, in der Sie die Einstellungen für den aktuellen Scan vornehmen können. Dies geschieht vergleichbar wie in Kapitel 2.4.2 für Windows beschrieben.

Weitere Informationen zu SANE und XSANE finden Sie im Internet unter:

- http://www.sane-project.org
- http://www.xsane.org

Auch unter Mac OS X hilft die oben genannte SANE-Bibliothek. Der Zugriff über das Programm GIMP erfolgt dabei über eine TWAIN-SANE-Schnittstelle. Mattias Ellert bietet die erforderlichen Installationsdateien (Mac OS X Binärpakete) unter http://www.ellert.se/twain-sane zum Download.

Nach der Installation müssen, abhängig vom Scanner, einige Einstellungen vorgenommen werden. Informationen dazu finden Sie auf der vorgenannten Internetadresse und auf der Website des SANE-Projekts: http://www.sane-project.org.

2.3.2 Wie funktioniert der Scanner?

Scannertypen: Flachbett- (Flatbed-), Trommel-, Diascanner

Flachbett- und Diascanner stehen vielen Benutzern zu Hause zur Verfügung. Deren Funktionsweise und wichtige technische Eigenschaften werden hier kurz beschrieben. Entsprechende Geräte finden sich auch im professionellen Einsatz. Dazu kommen die hochauflösenden Trommelscanner.

Flachbettscanner: physikalische Auflösung 300/600/1200/2400/4800 dpi und höher

Ausschlaggebend für den Scanvorgang ist die »physische Auflösung« des Scanners (Werte siehe oben). So genannte interpolierte Auflösungen mit Angabe wesentlich höherer Werte sind durch »dazwischen gerechnete« Bildpunkte hochgerechnet. Diese Interpolation (Hochrechnung) lässt sich jedoch auch nachträglich im Bildbearbeitungsprogramm bewerkstelligen. Aber sie bringt keinen Gewinn an Genauigkeit bzw. Qualität.

Funktionsprinzip eines Flachbettscanners

Beim Scannen mit dem Flachbettscanner wird die Vorlage »mit dem Gesicht nach unten« auf die Glasauflage gelegt. Darunter befindet sich ein Schlitten mit der CCD-Zeile auf zwei Schienen. Die CCD-Zeile (Charge-Coupled Devices) besteht aus Licht aussendenden Bauteilen und Sensoren, welche die von der Vorlage reflektierten Lichtwerte messen und als Bilddaten an den Computer weitergeben. Dabei ist die Anzahl der Lichtelemente und Sensoren sowie die Geschwindigkeit des Schlittens maßgeblich für die Feinheit der erzielten Auflösung (physische Auflösung).

Bei Flachbettscannern unterscheidet man zwei Typen: Single-Pass und Triple-Pass.

Beim Single-Pass-Scan fährt der Schlitten nur einmal unter der Vorlage durch und misst dabei gleichzeitig die Farbwerte für alle drei Grundfarben Rot, Grün und Blau, beim Triple-Pass-Scanner erfolgt für jede der drei Grundfarben ein separater Scandurchgang.

Manche Flachbettscanner bieten auch die Möglichkeit, mittels eines Durchlicht-Aufsatzes oder einer so genannten Durchlichteinheit im Scannerdeckel Kleinbild-Fotonegative und Dias einzuscannen. Der eigentliche Scanvorgang geschieht dabei wie bei einer normalen Scanvorlage mittels der CCD-Zeile auf dem Schlitten. Allerdings erfolgt die Beleuchtung dabei durch eine externe Lichtquelle.

CCD-Zeile (Charge-Coupled Devices)

Auflösung abhängig von:

- Anzahl Lichtelemente } waagrecht angeordnet
- Anzahl Sensoren
- Geschwindigkeit der CCD-Zeile (senkrecht)

= physische Auflösung

Diascanner: Diese Geräte arbeiten mit einem Sensorchip vergleichbar dem Aufnahmechip einer Digitalkamera. Entsprechend ist hier die zu erreichende Auflösung abhängig von der Anordnung und Dichte der Sensoren auf dem Chip. Die Chips erreichen bis zu 4800 dpi, Profi-Geräte mehr. Viele dieser Geräte können nur (gerahmte) Dia- oder Negativvorlagen von Kleinbild- oder Mittenformat-Kameras verarbeiten.

2.3.3 Probleme beim Scannen von gedruckten Vorlagen: der Moiré-Effekt

Gedruckte Vorlagen sind mitunter schlecht geeignet als Scanvorlagen. Druckraster und Druckwinkel führen beim Scannen zu einem Interferenz-(Überlagerungs-) Muster, dem Moiré-Effekt.

Manche Bildbearbeitungsprogramme bieten eigene Assistenten an, um diesen Effekt zu beseitigen, sehr viele Programme haben unter ihren Effekt-Filtern den Gaußschen Weichzeichner, mit dem Sie den Moiré-Effekt abschwächen oder beseitigen können. Die genaue Vorgehensweise wird in Kapitel 2.4.7 gezeigt.

Neuere Scan-Programme bieten einen entsprechenden Filter, der direkt zum Einsatz kommt, bevor das Bild an das Bildbearbeitungsprogramm übertragen wird.

2.3.4 Vor dem Scannen – Überlegungen und Berechnungen

Vor dem Scannen sollten Sie folgende Überlegungen anstellen:
1. Wie groß ist das Bild? (Größe der Vorlage bestimmen)
2. Wie groß wird mein Bild? (Abmessungen für Ausgabe) Der aus 1. und 2. resultierende Vergrößerungs- bzw. Verkleinerungsfaktor ist wesentlich für die Auflösung, mit der gescannt wird.
3. Für welches Ausgabemedium ist das Bild bestimmt – Internet = Bildschirm oder Druck? Auch diese Überlegung beeinflusst die Wahl der Auflösung für das fertige Bild.
4. Farbtiefe bestimmen (Text = Schwarz-Weiß, Schwarz-Weiß-Bild (Graustufen), Vollfarbe)

Farbtiefe				
	Strichzeichnung, Text (einfarbig; Bitmap)	**Graustufen** (SW-Foto)	**Sonderfall GIF** (indizierte Farben)	**Farbe** (Farbfoto)
Farbtiefe	1 Bit	8 Bit	8 Bit	24 Bit (TrueColor)
2er-Potenz	2^1	2^8	2^8	$2^8 \times 2^8 \times 2^8$
Anzahl Farbwerte	2	256	256	ca. 16,78 Mio.

Die gewählte Auflösung

Kurz noch einmal das Wichtigste zum Thema Auflösung: Die Auflösung gibt an, aus wie vielen Bildpunkten (Pixel, dots) pro Längeneinheit (Inch = Zoll; Zentimeter) ein Bild aufgebaut ist. Gemessen wird die Auflösung am Bildschirm zumeist in Pixel/Zoll = dpi (»dots per inch« – 1 Inch = 1 Zoll = 2,54 cm). Im Druckbereich rechnet man in Deutschland mit einem Raster bzw. mit Linien, die sich als Zahl auf einen Zentimeter beziehen (»60er-Raster« = 60 Pixel/cm)

Prinzipiell sollten Sie am Flachbettscanner beim Scannen von Vorlagen zum Drucken eine möglichst hohe Auflösung wählen. Wenn das Bild später in Originalgröße im Druck ausgegeben werden soll, sind 300 dpi ein guter Richtwert.

Auch beim Scannen von Bildern für eine Veröffentlichung im Web ist es kein Fehler, zur Bearbeitung des Bildes zunächst eine höhere Auflösung zu wählen. Die Bildschärfe und der Kontrast sind dann einfach höher, auch wenn die Auflösung des Bildes später reduziert wird, am besten in einer Kopie des Originals.

Formel für die zu scannende Auflösung

Vor allem für das Scannen von Vorlagen für die Druckausgabe lässt sich die zu scannende Auflösung berechnen. (Professionelle Scanner erzielen eine wesentlich höhere Auflösung als Flachbettscanner für den Heim- und Bürogebrauch.)

**Auflösung (gewünscht) × Skalierungsfaktor × Scan-Faktor =
zu scannende Auflösung**

(Der Scan-Faktor zwischen 1,4 und 2,0 ist in diesem Bereich frei wählbar.)

Beispiel

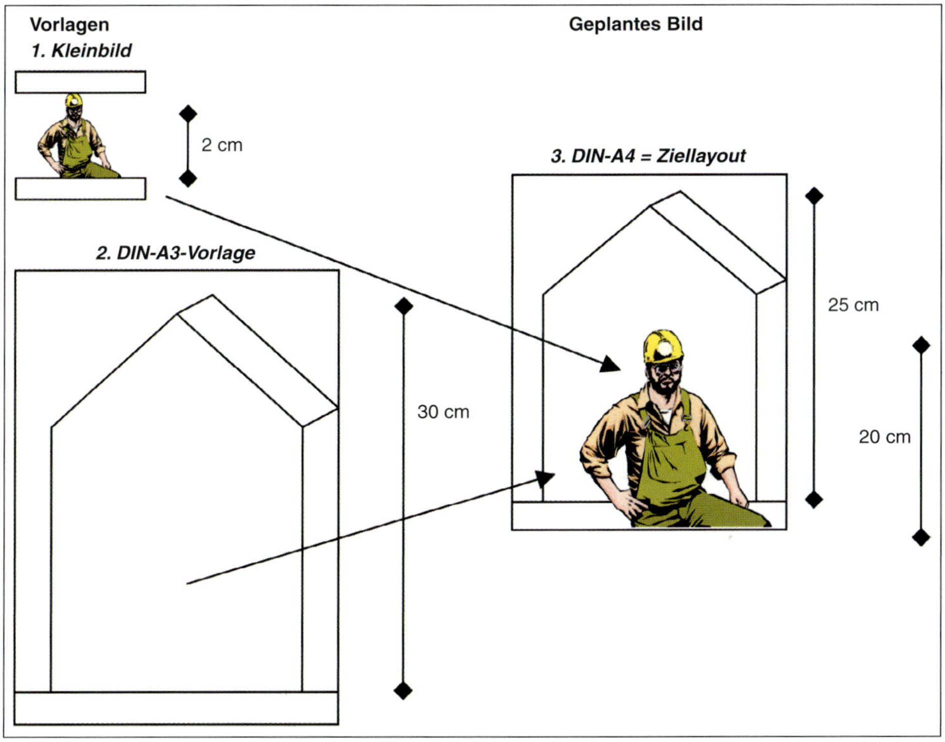

Skalierungsfaktor = Gewünschte Größe/Originalgröße

Für die **Bildschirmausgabe:**
Hier wird zunächst eine Zielauflösung von 100 dpi angesetzt (gerundet aus 96 dpi):

1. Der Arbeiter in der Vorlage des Kleinbilddias misst 2 cm im Originalbild. Er soll in der Ausgabe am Bildschirm 20 cm groß erscheinen. Damit ergibt sich für ihn der Skalierungsfaktor 10. Als Scan-Faktor wird 2 gewählt.
2. Das Haus misst in der Vorlage 30 cm und soll im fertigen neuen Bild noch 25 cm groß sein. Es wird also verkleinert, als Skalierungsfaktor ergibt sich 0,833. Auch hier wird als Scan-Faktor 2 gewählt.

Berechnung nach Formel:

Auflösung (gewünscht):	zu 1: 100 dpi	zu 2: 100 dpi
Skalierungsfaktor:	zu 1: 20 cm : 2 cm = 10	zu 2: 25 cm : 30 cm = 0,833
Scan-Faktor (gewählt):	zu 1: 2	zu 2: 2

Zu scannende Auflösung: zu 1: 100 dpi × 10 × 2 = 2000 dpi
Zu scannende Auflösung: zu 2: 100 dpi × 0,833 × 2 = 166,6 dpi

Für die **Druckausgabe** wird eine Zielauflösung von 60 Punkten pro Zentimeter gewählt (60er-Raster). Durch Multiplikation mit 2,54 wird dieses auf die Einheit dpi umgerechnet. Die übrigen Vorgaben bleiben gleich.

Berechnung nach Formel:

Druckerraster (gewählt):	zu 1: 60er Raster	zu 2: 60er Raster (60 Pkt/cm)
Auflösung (errechnet):	zu 1: 60 × 2,54 = 150 dpi	zu 2: 60 × 2,54 = 150 dpi
Skalierungsfaktor:	zu 1: 20 cm : 2 cm = 10	zu 2: 25 cm : 30 cm = 0,833
Scan-Faktor (gewählt):	zu 1: 2	zu 2: 2
Zu scannende Auflösung:	zu 1: 150 dpi × 10 × 2 = 3000 dpi	
Zu scannende Auflösung:	zu 2: 150 dpi × 0,833 × 2 = 250 dpi	

2.4 Bild einscannen und bearbeiten

2.4.1 Die Arbeitsschritte

- Sie möchten ein Bild im GIMP einscannen.
- Das verkantete Bild muss danach eingerichtet und gerade gestellt werden.
- Danach möchten Sie qualitative Verbesserungen vornehmen: den **Moiré-Effekt** entfernen (Filter *Gaußscher Weichzeichner*), Kontrast und Helligkeit korrigieren (Tonwertkorrektur und Gradationskurven)
- Das Bild soll unter dem Namen *miami-impro* in hoher Qualität gespeichert werden.
- **Exkurs:** Übersicht der Funktionalitäten im Menü *Bild – Farben*
- Zuletzt soll eine Kopie des Bildes für den Versand per E-Mail im Internet bereitgestellt werden (Auflösung einstellen, im komprimierten Dateiformat JPEG speichern).

2.4.2 Ein Bild einscannen

Wie schon erwähnt, wird der Scan-Vorgang, mit dem ein Bild ausgelesen wird, zwar über das Bildbearbeitungsprogramm gestartet, jedoch ist für die eigentliche Arbeit ein anderes Programm, das mit dem Scanner gelieferte Scan-Programm, zuständig. Da diese je nach Scannerhersteller und von Modell zu Modell variieren können, ist es möglich, dass die im Folgenden gezeigten Fenster von dem abweichen, was Sie nach dem Aufruf der Scan-Funktion im GIMP zu sehen bekommen.

Abb. 2.16: Menü Datei – Holen im Werkzeugkasten des GIMP

Wenn Sie im GIMP ein Bild einscannen möchten, wählen Sie in der Werkzeug-Palette das Menü *Datei* und dort den Menüpunkt *Holen.*

Ihnen wird angeboten,

- ein Bild, das Sie vorher mit dem Menübefehl *Kopieren* in der Zwischenablage abgelegt haben, als neues Bild in den GIMP zu laden (*Als neues Bild einfügen*).
- Sie können den Inhalt der Zwischenablage auch aus einer anderen Anwendung heraus als Bild einfügen (*Aus der Zwischenablage*).
- Sie können von hier aus auch mit dem GIMP einen Screenshot machen – ein Abbild dessen, was Sie momentan auf dem Bildschirm sehen. Dies wird sofort als neues Bild eingefügt (*Screen Shot*).
- Sie möchten lieber ein Bild einscannen und wählen deshalb den Menüpunkt *TWAIN.* Es erscheint ein Fenster, in dem Sie Ihren Scanner (oder jede andere am Rechner angeschlossene Twain-Quelle) auswählen können.

Abb. 2.17: (Twain-)Quelle wählen

»TWAIN« steht als Abkürzung für »Technology Without an Interesting Name«, bezeichnet aber tatsächlich den Standard für Bildbearbeitungsgeräte unter Windows.

Markieren Sie durch Anklicken Ihren Scanner. Anschließend bestätigen Sie Ihre Wahl durch Klick auf die Schaltfläche *Wählen.*

Bei korrekter Installation des Gerätes und des zugehörigen Programms öffnet sich nun ein Fenster, das nicht mehr aus dem GIMP stammt, sondern vom Scan-Programm des Scanners. Entsprechend sind diese Fenster je nach Hersteller und Modell unterschiedlich. Unter Linux öffnen Sie hier z. B. das Programm XSANE.

Zunächst müssen Sie die Einstellungen angeben, mit denen das gewünschte Bild eingelesen werden soll. Selbstverständlich müssen Sie dazu das Bild vorher, Bildseite nach unten, in den Scanner eingelegt haben.

Folgende Einstellmöglichkeiten werden in der Regel angeboten:

- Zu scannende Farbanzahl – Farbtiefe (Schwarz-Weiß – Graustufen – Farbe)
- Vorlagentyp (Text – Bild – Film (bei Scannern mit einer so genannten Durchlichteinheit, mit denen Sie auch Fotonegative und Dias einscannen können))
- Zu scannende Auflösung (meist in vorgegebenen Schritten)

Außerdem finden Sie normalerweise zwei Schaltflächen:

- Preview – Vorschau
- Scan – Scannen – Einlesen

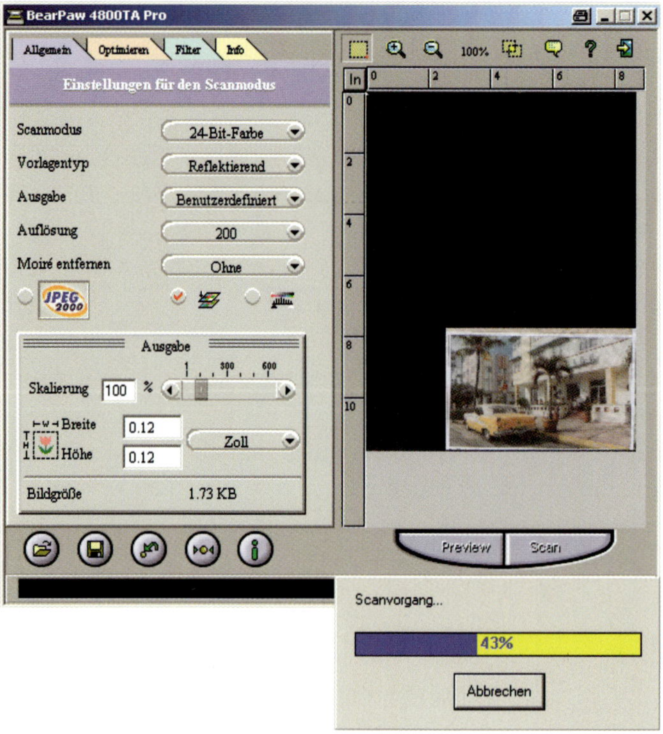

Abb. 2.18:
Fenster eines Scan-Programms

Wenn Sie das Bild eingelegt haben und über die entsprechende Schaltfläche eine **Vorschau** machen lassen, scannt das Gerät kurz das Bild und zeigt Ihnen eine Vorschau davon im Fenster rechts. Dabei findet das Scan-Programm automatisch die Bildränder und zeigt Ihnen diese in Form einer gestrichelten Linie an. Sie können diese nun mit der Maus verschieben und somit einen bestimmten Bildbereich auswählen. Klicken Sie nun auf die Schaltfläche *Scannen,* und der eigentliche Scan-Vorgang wird ausgeführt.

Wenn das Bild eingelesen ist, öffnet sich im Bildbearbeitungsprogramm ein neues Bilddokument mit dem gescannten Bild, und Sie können das Scan-Programm schließen. Denken Sie daran, das neue Bild sofort auf Ihrem Rechner zu speichern.

Übung: Scannen Sie zunächst ein beliebiges Bild aus dem GIMP heraus.

2.4.3 Die Bearbeitung eines eingescannten Bildes

Damit Sie die weiteren Bearbeitungsschritte dieser Aufgabenstellung nachvollziehen können, finden Sie auf der CD zum Tutorial ein Bild namens *miami.tif* im Verzeichnis *Bildvorgaben.* Öffnen Sie dieses von der CD (Menü *Datei – Öffnen* der Werkzeug-Palette), und speichern Sie es unter dem Namen *miami-impro* in Ihrem Übungsordner auf der Festplatte. Wählen Sie ein qualitativ hochwertiges Dateiformat wie XCF oder TIFF.

Wie Sie erkennen können, weist das geöffnete Bild einige Mängel auf. Zum Ersten ist es nach rechts aus der Waagerechten heraus verdreht (verkantet), weil es nicht genau rechtwinklig in den Scanner eingelegt wurde.

Zum Zweiten wurde das Bild nicht genau ausgeschnitten und hat überstehende Ränder, die abgeschnitten werden müssen.

Zum Dritten zeigt das Bild den so genannten **Moiré-Effekt**, der durch die Überlagerung des Druckerrasters (das Bild wurde einer Tageszeitung entnommen) mit dem Scannerraster entsteht – ein so genanntes Interferenz-Muster. Bei gescannten Fotos tritt dieser Effekt nicht auf.

Abb. 2.19: Arbeitsfenster des GIMP mit dem geöffneten Bild miami.tif (Foto: Claudius Seidl)

2.4.4 Bild einrichten und Winkel messen

Das Bild ist offensichtlich nach rechts verdreht. Um den Drehwinkel abschätzen zu können, ziehen Sie eine Hilfslinie ins Bild: Klicken Sie auf das Lineal oben, und ziehen Sie mit gedrückter linker Maustaste die Maus nach unten. Legen Sie die Hilfslinie auf die obere linke Bildecke. Damit haben Sie eine Markierung der Waagerechten im Bild.

Mit dem Werkzeug *Abstände und Winkel messen* können Sie z. B. ausmessen, wie groß der Winkel ist, um den das Bild verkantet ist und um den Sie es zurückdrehen müssen. Dazu wählen Sie das Werkzeug im Werkzeugkasten. Haken Sie gegebenenfalls in den Werkzeugeinstellungen darunter *Info-Fenster verwenden* ab. Die gemessenen Werte werden Ihnen allerdings auch unten in der Statuszeile des Bildfensters angezeigt.

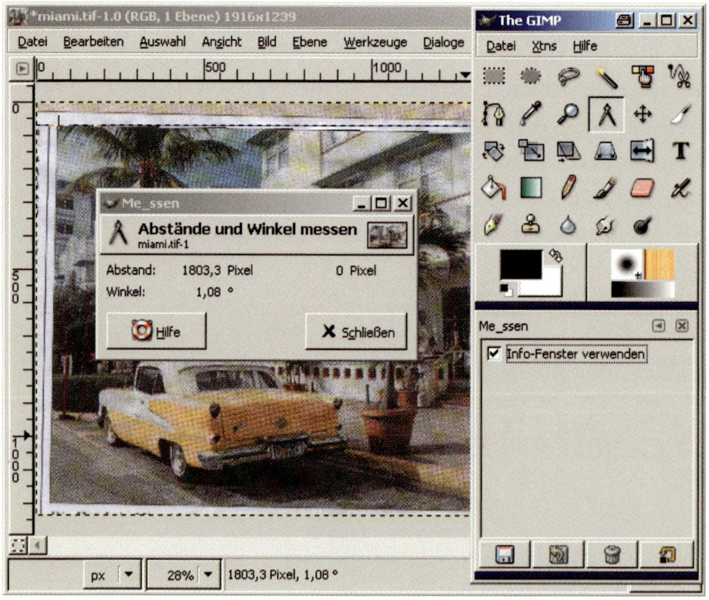

Abb. 2.20: Winkel messen mit dem Mess-Werkzeug

Der Mauszeiger ist nun ein Fadenkreuz. Klicken Sie damit auf die linke obere Ecke des Fotos im Bild, und ziehen Sie mit gedrückter linker Maustaste bis zur rechten oberen Ecke des Fotos. In der Statusleiste bzw. im Info-Fenster wird nun ein Winkel von ca. 1 Grad angegeben. Um diesen muss das Bild zurückgedreht werden.

2.4.5 Bild gerade richten – das Werkzeug Ebene oder Auswahl drehen

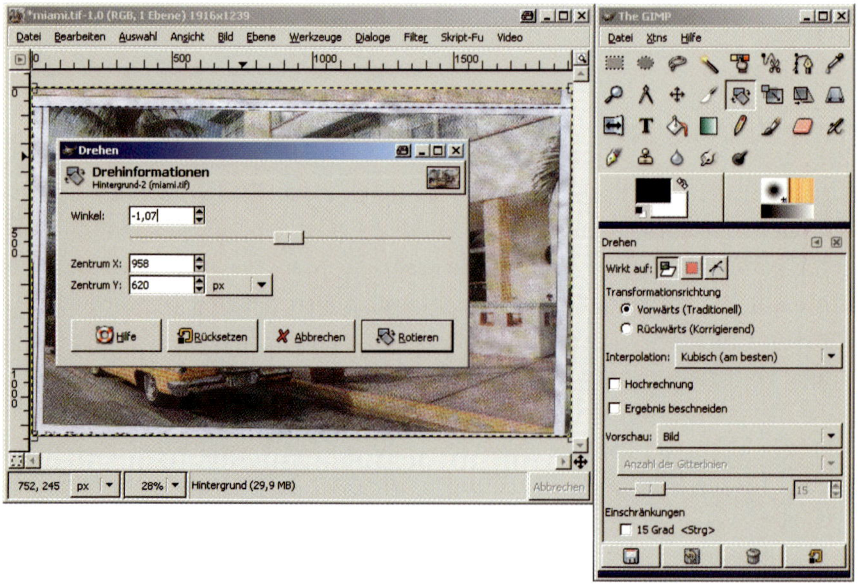

Abb. 2.21: Das Fenster Drehen und die Werkzeugeinstellungen von Ebene oder Auswahl drehen. Der Winkel wurde vom Werkzeug Messen automatisch übernommen.

Wählen Sie nun aus dem Werkzeugkasten das Werkzeug *Ebene oder Auswahl drehen*. Sie finden dieses Werkzeug auch im Menü unter *Werkzeuge – Transformation – Drehen*.

Sehen Sie sich die Werkzeugeinstellungen an.

- **Wirkt auf:** Hier können Sie einstellen, ob die Transformation auf eine Ebene, eine Auswahl oder einen Pfad wirkt. Wählen Sie die erste Schaltfläche *Ebene transformieren*.
- **Transformationsrichtung:** *Vorwärts* dreht zunächst im Uhrzeigersinn, *Rückwärts* entgegen. Die jeweils andere Drehrichtung können Sie aber auch durch Eingabe eines – (negativen Drehwinkels) erreichen.
- **Interpolation:** Wählen Sie im Aufklappmenü hier *Kubisch (am besten)*. Die Interpolation gibt die Methode zur Neuberechnung von Pixeln in einem Bild an.
- **Hochrechnung:** Für höchste Qualität (und längste Rechenzeit) klicken Sie hier einen Haken ein. Nun werden die Farbwerte umliegender Pixel bei der Interpolation zur Neuberechnung mit hinzugezogen.
- **Ergebnis beschneiden:** Die transformierte Ebene wird auf die Abmessungen der ursprünglichen Ebene beschnitten.
- **Vorschau:** In diesem Aufklappmenü können Sie wählen, ob Ihnen beim Rotieren mit der Maus das gedrehte Bild, ein Umriss, ein Gitter oder beides angezeigt wird.
- **Einschränkungen:** Hier können Sie wählen, dass die Drehung nur in Schritten zu 15 ° erfolgt.

Nun also zur Drehung des Bildes, nachdem die Werkzeugeinstellungen eingestellt sind: Klicken Sie mit dem Werkzeug auf das Bild. Das Fenster *Drehen* wird angezeigt. Hier können Sie einen Drehwinkel durch Überschreiben des angezeigten Zahlenwertes eingeben. Wenn Sie die Transformationsrichtung *Vorwärts* gewählt haben, muss dieser Wert mit – als negativ angegeben werden.

Sie könnten den Drehwinkel auch über die Pfeiltasten oder den Schieberegler eingeben. Indem Sie mit dem Mauszeiger aufs Bild klicken, können Sie »per Hand drehen«.

Im Fenster *Drehen* können Sie über *Zentrum* × und *Zentrum y* auch einen anderen **Drehpunkt** als den Bildmittelpunkt (Voreinstellung) wählen.

Bestätigen Sie den Vorgang, indem Sie auf die Schaltfläche *Rotieren* klicken. Das Bild wird nun automatisch gerade gerichtet.

Hinweis: Alle Werkzeuge der Werkzeug-Palette können Sie auch über das Menü *Werkzeuge* des jeweiligen Bildfensters aufrufen.

2.4.6 Bild zuschneiden – das Freistellen-Werkzeug

Die überstehenden Ränder des inzwischen gedrehten Bildes sollen abgeschnitten werden. Um die Ränder, auf die das Bild zugeschnitten wird, deutlicher hervorzuheben, können Sie diese nun mit Hilfslinien markieren.

Wählen Sie das Werkzeug *Bildgröße ändern/Bild zuschneiden* aus der Werkzeug-Palette des GIMP. Der Mauszeiger wechselt nun sein Aussehen von einem Pfeil in ein Fadenkreuz.

Deuten Sie mit dem Mauszeiger auf die linke obere Ecke des gewünschten Ausschnittes im Bild. Klicken Sie, und ziehen Sie mit gedrückter linker Maustaste über das Bild bis zur unteren rechten Bildecke. Lassen Sie die Maustaste los. Die Bereiche, die abgeschnitten werden, sind nun dunkel maskiert.

Sie können die Ränder mit dem Mauszeiger noch korrigieren, indem Sie mit dem Mauszeiger auf die obere linke oder untere rechte Ecke des entstandenen Rechtecks deuten und ziehen oder schieben.

Wenn die Ränder entsprechend eingestellt sind, bestätigen Sie die Aktion über die Schaltfläche *Zuschneiden*. Das Bild wird freigestellt.

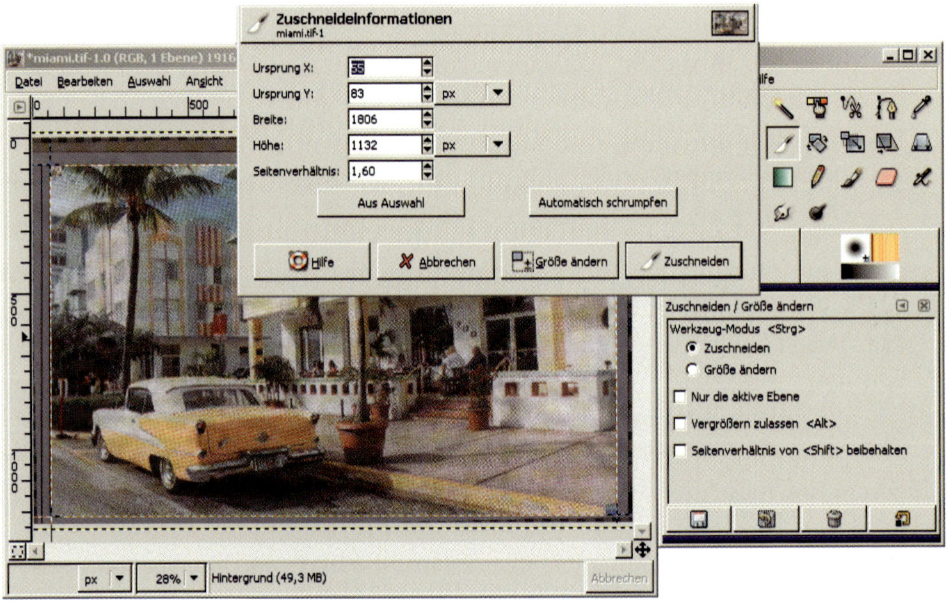

Abb. 2.22: Fenster Zuschneideinformationen und Werkzeugeinstellungen

Die Option *Größe ändern* würde zwar auch den sichtbaren Bildausschnitt auf die gewünschte Ansichtsfläche reduzieren, die umgebende Bildinformation bliebe aber im Verborgenen erhalten.

Solche Aktionen können auch über die Bildkoordinaten und entsprechende Zahleneingaben bewerkstelligt werden.

2.4.7 Moiré-Effekt beseitigen – der Filter Gaußscher Weichzeichner

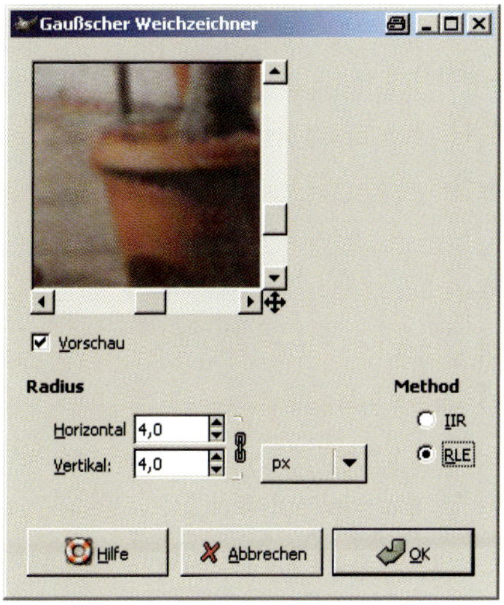

Abb. 2.23: Das Fenster des Gaußschen Weichzeichners

Als Nächstes soll der Moiré-Effekt im Bild beseitigt werden. Dazu werden Sie einen Filter, den Gaußschen Weichzeichner, verwenden. Sie finden ihn im Menü des Bildes unter *Filter – Weichzeichnen.*

Hinweis: Filter zur grafischen Verfremdung eines gesamten Bildes sollten erst nach Beendigung aller übrigen Arbeiten am Bild und nach dem Speichern auf eine Kopie des Bildes angewendet werden. Der Gaußsche Weichzeichner stellt hier eine Ausnahme dar, wenn damit der Moiré-Effekt beseitigt werden soll – als Maßnahme zur qualitativen Verbesserung eines Bildes.

Es wird ein Fenster geöffnet, in dem Sie den Wirkungsradius der Filterfunktion einstellen können. Je höher Sie den Wert hier setzen, umso unschärfer, verschwommener wird das Bild.

Der Filter wird zum Beispiel auch dazu eingesetzt, den Hintergrund eines Bildes verschwommen darzustellen. Wird dann ein neues Objekt scharf gezeichnet in den Vordergrund gestellt, erscheint dieses umso deutlicher vor dem Hintergrund – es wird optisch hervorgehoben.

Sie jedoch möchten nur den Moiré-Effekt entfernen, ohne dass das Bild (zu sehr) an Konturenschärfe verlieren soll.

Wählen Sie im Fenster des Gaußschen Weichzeichners die Einstellung *RLE* (**R**un **L**ength **E**ncoding: RLE ist ein Algorithmus zur verlustfreien Komprimierung von Daten. Sich wiederholende Werte werden durch eine Angabe des Wertes und einen Zähler ersetzt).

Geben Sie in beide Felder *Radius* einen Wert zwischen 2 px und 4 px ein. Im Beispiel wurden 4 px gewählt. Zwischenwerte können Sie mittels Zahleneingabe wählen.

Sie erhalten im Fenster des Filters eine Vorschau, die Ihnen die Wirkung der gewählten Einstellungen zeigt. Unten rechts an diesem Vorschaufenster finden Sie wieder den gekreuzten Doppelpfeil. Klicken Sie darauf, und Sie können den Bildausschnitt der Vorschau leichter wählen. Bestätigen Sie dann den Vorgang mit *OK*. Das Bild wird vom Programm neu berechnet (gerendert).

Damit haben Sie einige wichtige Arbeitsschritte am Bild ausgeführt. Spätestens jetzt ist es angebracht, die Veränderungen am Bild zu speichern – über das Menü *Datei – Speichern.* Dies genügt, da das Bild ja schon eingangs angelegt wurde.

Betrachten Sie das Bild: Welche qualitativen Verbesserungen wären noch wünschenswert?

Abb. 2.24: Nach den Bearbeitungsschritten Drehen – Zuschneiden – Moiré entfernen

Der Moiré-Effekt ist verschwunden. Bei genauerem Hinsehen ist noch etwas vom Druckerraster zu sehen. Auf der Fassade der Gebäude zeigen sich Wellen mit Schatten – eine Aufgabe für die Bildretusche (das Papier des Bildes war feucht geworden, nicht plan, eben beim Scannen).

Das Bild an sich ist etwas matt, in den Farben flau. Hier helfen Maßnahmen wie:

- Tonwertkorrektur
- Helligkeit – Kontrast einstellen
- Farbton – Sättigung einstellen

Viele verschiedene Einstellmöglichkeiten für Farbtiefe, Helligkeit, Kontrast und Farbe finden Sie im Menü *Werkzeuge – Farben.*

Zunächst werden die wichtigsten beiden Untermenüs näher erläutert:

- **Werte** (Tonwertkorrektur) und
- **Farbabgleich** (Farbkorrektur).

2.4.8 Kontrast und Farbumfang einstellen – Werte (Tonwertkorrektur)

Die Tonwertkorrektur ist eine der Maßnahmen zur qualitativen Verbesserung eines Bildes, die bei nahezu allen Bildern zu einer besseren Bildqualität führen. Dabei bietet sie differenzierte Einstellmöglichkeiten.

Sie finden die Einstellmöglichkeiten für die **Werte** (Tonwertkorrektur) im Menü *Werkzeuge – Farben – Werte* oder auch unter Menü *Ebene – Farben – Werte.*

Hinweis: Das Fenster des Untermenüs *Bild – Farben – Werte* besitzt eine Schaltfläche *Automatisch*, die eine automatisch aus den Bildwerten berechnete Tonwertkorrektur auf das Bild anwendet. Bei vielen Bildern wird dies genügen, um die Bildqualität zu optimieren.

Das Auffälligste am Fenster *Farbwerte* ist die schwarze Kurve, das so genannte **Farbhistogramm** des Bildes. Zunächst wird dieses Farbhistogramm aus dem RGB-Farbkanal des Bildes erstellt *(Kanal: Wert)*.

Die Kurve zeigt die Verteilung der Farbhelligkeitswerte im Bild. Im vorliegenden Beispiel des veränderten Bildes *miami.tif* ist zu erkennen, dass die Kurve mit Abstand vom linken Rand beginnt und vor dem rechten Rand endet. Grob gesprochen bedeutet dies, dass das Bild keine echten Schwarzwerte (Tiefen) aufweist und kaum wirkliches Weiß (Lichter).

Unter dem Histogramm sehen Sie die numerischen Werte für die Helligkeit des Bildes (*Zielwerte*), darunter einen Verlauf von Schwarz nach Weiß, der diesen Werten entspricht. Durch Verschieben der Dreiecke unter diesem Verlauf können Sie die Helligkeit des Bildes verändern. Im Prinzip wirkt dieses Werkzeug wie die Einstellmöglichkeiten unter dem Menüpunkt *Helligkeit-Kontrast*. Dort sind die Einstellmöglichkeiten allerdings komfortabler.

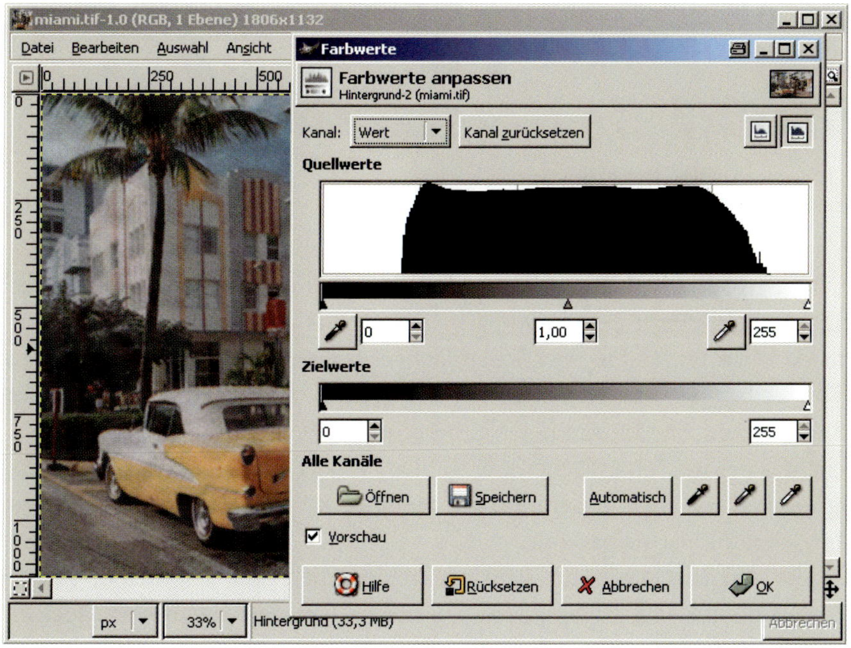

Abb. 2.25: Fenster Farbwerte (Tonwertkorrektur)

Solch einen Verlauf sehen Sie auch direkt unter dem Histogramm, darunter je ein schwarzes, graues und weißes Dreieck für die Tiefen, Mitten und Höhen im Bild. Diese stehen zunächst an den Rändern des Histogramm-Fensters bzw. in dessen Mitte.

Durch Verschieben dieser Dreiecke vom Rand in den Bereich der Histogramm-Kurve werden die Farbhelligkeitswerte des Bildes auf die Zielwerte hin verschoben. Wenn Sie das schwarze Dreieck nach rechts unter das Histogramm schieben, werden die dunklen Farben im Bild dunkler, entsprechend die hellen Farben heller beim Verschieben des weißen Dreiecks. Außerdem können Sie die Helligkeit der Mitteltöne im Bild durch Verschieben des grauen Dreiecks korrigieren. Dabei steigen der Farbumfang und der Kontrast des Bildes.

Achten Sie darauf, dass im Menüfenster *Farbwerte* ein Häkchen bei *Vorschau* steht. Wenn nicht, klicken Sie einfach in dieses Feld, ein Häkchen erscheint. Dann erhalten Sie während des Arbeitens eine Vorschau im Bild und können Ihre Veränderungen direkt überprüfen.

Wenn Sie mit dem Ergebnis zufrieden sind, klicken Sie die Schaltfläche *OK* und sichern die Veränderungen.

Abb. 2.26, 2.27: Vergleich vorher – nachher

Über die Schaltfläche *Kanal: Wert* (links oben in Abb. 2.25) können auch die Farbwerte der Farbkanäle für Rot, Grün und Blau gezielt einzeln bearbeitet werden. Das macht Sinn bei Bildern mit einem Farbstich – mehr dazu später.

Rechts daneben finden Sie zwei Schaltflächen. Deuten Sie mit dem Mauszeiger darauf, heißt es bei der linken *Linear*, bei der rechten *Logarithmisch*. Mit diesen Schaltflächen können Sie die Art der Neuberechnung des Bildes wählen. Je nachdem, welche der beiden Schaltflächen Sie wählen, ändert sich auch die Darstellung der Histogramm-Kurve. Die logarithmische Methode ist datenintensiver, aber auch genauer. Im Schaubild ist sie gewählt.

Außerdem werden Ihnen im Fenster Schaltflächen mit schwarzen, grauen bzw. weißen Symbolen von Farbpipetten angeboten. Wählen Sie zum Beispiel die schwarze Pipette, und klicken Sie dann ins Bild an eine Stelle, deren Farbe Sie als reines Schwarz setzen möchten: Das Programm rechnet die Farbhelligkeitswerte im Bild daraufhin um. Entsprechendes gilt für die weiße Pipette. Oft wird das Arbeiten mit der schwarzen und weißen Pipette allein schon genügen, um eine gute Tonwertkorrektur durchzuführen. Es gibt auch eine graue Pipette für die Mitteltöne, mit der Sie im Bild die »Mitten« einstellen können. Dies kann auch bei farbstichigen Bildern helfen, indem Sie dem Programm mitteilen, welchen Farbton Sie für einen reinen Grauton halten (z. B. einen Schatten auf einer weißen Fläche). Leider führt diese Funktion jedoch in den vorliegenden Versionen des GIMP zu fehlerhaften Ergebnissen – ein »Bug« (Programmfehler), der sicher bald behoben wird.

2.4.9 Kontrast und Farbumfang, Helligkeit und Farbwerte einstellen – Kurven (Gradationskurven)

Das Werkzeug *Kurven* ist eigentlich die umfassende Einstellmöglichkeit für die genannten Bildeinstellungen Farben, Kontraste und Helligkeit. Allerdings benötigt dieses Werkzeug auch die umfassendste Eingewöhnung – die Handhabung der Werkzeuge *Werte* (Tonwertkorrektur), *Helligkeit-Kontrast* und *Farbabgleich* bzw. *Farbton-Sättigung* ist komfortabler.

Das Fenster der Gradationskurve finden Sie über das Menü *Werkzeuge – Farben – Kurven* bzw. *Ebene – Farben – Kurven*.

Hier soll anhand von Beispielbildern nur kurz die prinzipielle Funktionsweise dieses Werkzeugs erläutert und dargestellt werden.

Die Einstellmöglichkeiten des Werkzeugs Kurven

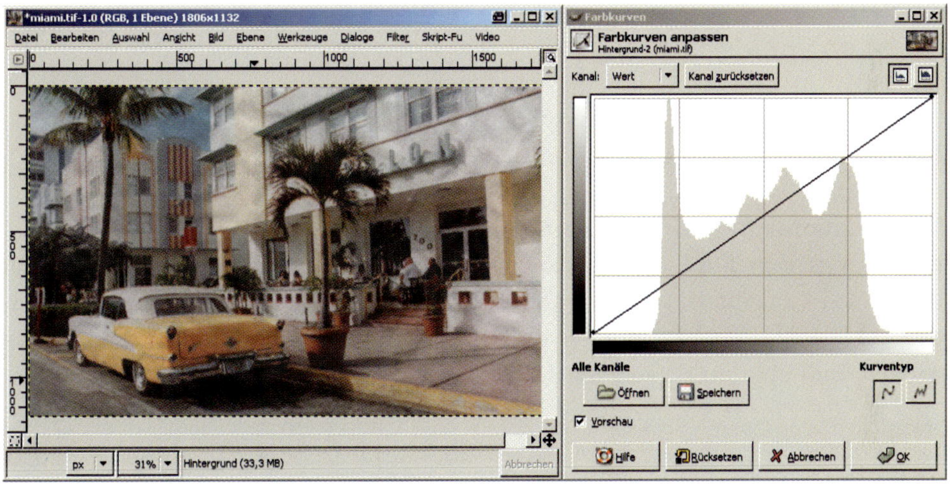

Abb. 2.28: Das Werkzeug Kurven beim ersten Aufruf

Über die Schaltfläche bei *Kanal* (links oben) können Sie wählen, ob Sie das Bild über seinen RGB-Farbkanal (*Wert*) oder über die einzelnen Farbkanäle Rot-Grün-Blau bearbeiten und korrigieren möchten.

Die beiden Schaltflächen rechts oben bestimmen zwei Berechnungsarten des Farbhistogramms, auf die Ihre Einstellungen entsprechend angewandt werden: *Linear* und *Logarithmisch*. Das lineare Farbhistogramm ist voreingestellt.

Das große Fenster darunter zeigt zunächst das *Histogramm des Bildes* (die Farb- bzw. Hell-Dunkel-Verteilung im Bild). Über diesem Histogramm liegt eine diagonale Gerade mit einem unteren und oberen Endpunkt. Dieses ist die neutrale Gradationskurve des Bildes im Istzustand.

Links vom Histogramm und darunter sehen Sie zwei Verlaufsbalken von Schwarz nach Weiß, welche die Helligkeitsverteilung im Histogramm wiedergeben.

Mit den beiden Schaltflächen bei *Kurventyp* können Sie wählen, ob Sie eine Kurve mit ausgleichenden Ausrundungen anhand von einzelnen Punkten setzen und ziehen möchten oder die Kurve »frei Hand« zeichnen.

Bei erstgenanntem Kurventyp können Sie einzelne Punkte durch Anklicken der Kurve setzen, diese verschieben und so die Helligkeitswerte des Bildes anhand der Kurve verändern. Das Programm berechnet dabei die Kurve, bezogen auf die einzelnen Punkte, stets mit einem ausgerundeten Kurvenverlauf. Punkte, die zu viel gesetzt wurden, lassen sich durch Anklicken und Ziehen auch wieder löschen.

Wenn Sie die Kurve frei Hand zeichnen (zweite Schaltfläche), werden die Hell-Dunkel-Werte zunächst genau entsprechend dem gezeichneten Kurvenverlauf berechnet. Theoretisch können Sie mit letztgenanntem gezeichneten Kurventyp die Werte für alle Helligkeitswerte im Bild einzeln bestimmen. Sie können dann jedoch in den anderen Kurvenmodus wechseln, woraufhin das Programm die Kurve auf die maßgeblichen Werte hin neu berechnet.

Das Kästchen bei *Vorschau* sollte ein Häckchen haben (ggf. hineinklicken), damit Sie eine Vorschau Ihrer Veränderungen an der Gradationskurve im Bildfenster erhalten.

Die Schaltfläche *Rücksetzen* ermöglicht es Ihnen, Änderungen an der Gradationskurve zurückzusetzen, ohne das Werkzeug schließen zu müssen.

Mit Gradationskurven eine Tonwertkorrektur ausführen

Eine Tonwertkorrektur am Bild erfolgt dadurch, dass Sie den unteren Endpunkt der diagonalen Gradationskurve mit gedrückter linker Maustaste waagerecht nach innen auf das Histogramm hin verschieben. Ebenso verfahren Sie mit dem oberen rechten Endpunkt im Bereich der Lichter.

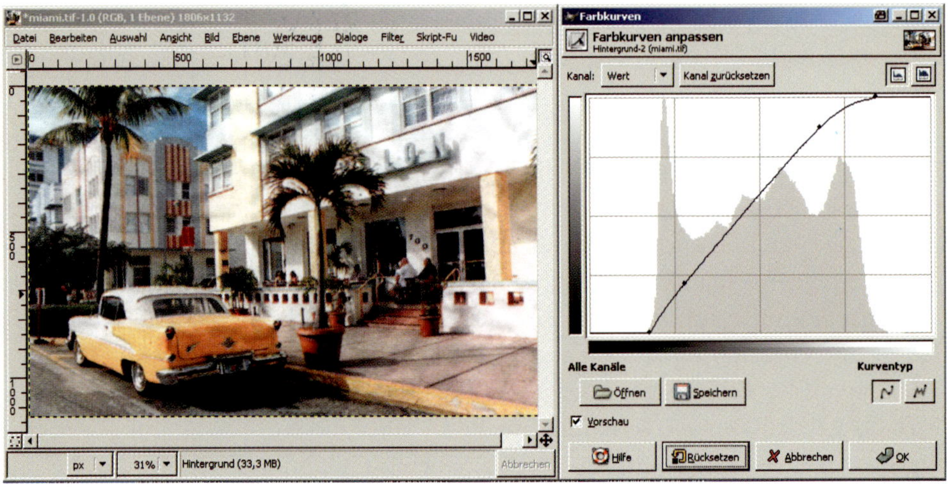

Abb. 2.29: Tonwertkorrektur mit der Gradationskurve

Nun können Sie noch zusätzlich Kontrollpunkte auf der Kurve setzen, einfach durch Anklicken, und diese verschieben. Im Beispielbild wurden die Farben im Bereich der Tiefen (dunkle Farben) etwas nach oben verschoben. Dadurch werden diese differenzierter, lichter. Ebenso wurde mit den Farben im Bereich der Lichter verfahren, um die welligen Schatten im Bild etwas auszugleichen und die Lichter im Bild anzuheben, heller zu machen.

Mit Gradationskurven die Helligkeit eines Bildes einstellen

Abb. 2.30: Ein Bild mit der Gradationskurve aufhellen

Wie mit der Funktion *Helligkeit-Kontrast* können Sie auch mit den Gradationskurven ein Bild aufhellen bzw. abdunkeln. Dazu müssen Sie lediglich die Endpunkte der Kurve senkrecht nach oben (heller) oder unten (dunkler) schieben. Auch hier können Sie wieder durch dazwischen eingefügte Kontrollpunkte bestimmte Farbbereiche unterschiedlich stark aufhellen oder abdunkeln.

Diese Arbeitsschritte – Tonwertkorrektur und Helligkeit einstellen – können Sie in mehreren Arbeitsschritten hintereinander oder in einem Durchgang am selben Bild bewerkstelligen.

Bilder mit Gradationskurven »solarisieren«

Sie können Gradationskurven auch nutzen, um die Farbwerte eines Bildes so einzustellen, dass Effekte ähnlich einer Solarisation (teilweise Farbumkehrung) entstehen.

Als Solarisation bezeichnet man in der Bildentwicklung einen Effekt, der entsteht, wenn das bereits entwickelte Bild, der Fotoabzug noch einmal dem Licht ausgesetzt, nachbelichtet wird. Dann treten ab dem Entwicklungsstadium, das erreicht war, Helligkeits- bzw. Farbumkehrungen auf – das Bild wird grafisch stark verfremdet.

Wie in Abbildung 2.31 zu sehen, wird ein vergleichbarer Effekt erreicht, wenn die Gradationskurve sozusagen spiegelbildlich zum Verlauf der Histogramm-Kurve angelegt wird.

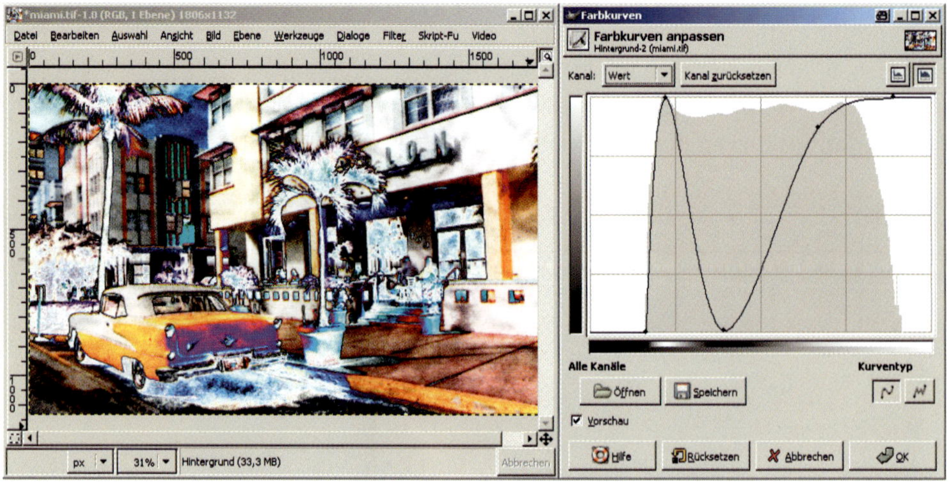

Abb. 2.31: Durch entsprechende Einstellungen lassen sich mit der Gradationskurve Farbumkehrungen im Bild erreichen.

2.4.10 Übersicht der Funktionalitäten im Menü Bild – Farben

Menüfunktion	Erläuterung
Farbabgleich	**Farben im Bild nachregulieren,** mehr der einen oder anderen Farbe Rot, Grün, Blau, Cyan, Magenta, Gelb beimischen – getrennt nach Tiefen-Mitten-Lichtern; auch zur Korrektur von Bildern mit Farbstich.
Farbton-Sättigung	**Farbton:** Farben eines Bildes in Abhängigkeit voneinander verändern; im geringen Umfang eine Möglichkeit der Farbkorrektur, auch bei Farbstichen; sonst eher etwas für grafische Effekte und Verfremdungen bzw. zum Einfärben von Bildelementen. **Sättigung:** Die Sättigung (Intensität) der Farben eines Bildes steigern oder reduzieren (bis auf Graustufen). **Helligkeit:** Zusätzlich kann die Helligkeit des Bildes reguliert werden. Sie können wählen, ob die Änderungen für alle Farben des Bildes oder nur für eine bestimmte Farbe gelten sollen.
Einfärben	**Das Bild in eine eingefärbte Schwarz-Weiß-Darstellung umwandeln,** z. B. ähnlich einer Sepia-Fotografie.
Helligkeit-Kontrast	**Helligkeit (Gesamthelligkeit)** und/oder **Kontrast (Hell-Dunkel-Verteilung)** eines Bildes einstellen.

Schwellwert	**Schwellwert** zwischen schwarzen und weißen Bildteilen: einzustellender Grenzwert, von dem aus das Bild in eine reine Schwarz-Weiß-Grafik umgewandelt wird.
Werte (Tonwertkorrektur)	Mit der **Tonwertkorrektur** kann die Hell-Dunkel-Verteilung in einem Bild (und damit Farbumfang und Kontrast) angepasst werden. Es entstehen echte, neue Tiefen und Lichter (Schwarz- und Weißtöne) im Bild. Außerdem lässt sich die Helligkeit des Bildes über die Einstellung der Mitteltöne korrigieren. Einzelne Farbkanäle können separat verändert werden. Die Funktion verfügt über einen Automatismus zur schnellen Korrektur.
Kurven (Gradationskurven)	Die **Gradationskurve** hat zunächst die gleichen Aufgaben wie *Werte* (Tonwertkorrektur) bzw. *Helligkeit-Kontrast*, allerdings mit einer rein grafischen Oberfläche zur Einstellung. Damit lassen sich im Bild aber auch Farben umkehren und grafische Verfremdungen ähnlich einer Solarisation erzielen.
Posterisieren (Farbanzahl reduzieren)	**Posterisieren** kann dazu verwendet werden, die Farbanzahl im Bild stufenweise zu reduzieren bzw. die Farben des Bildes zu vereinheitlichen, z.B. für die Umwandlung einer Fotografie in ein mehr grafisches Bild für den Siebdruck.

2.4.11 Speichern in einem komprimierten Format (JPG/JPEG) – Bilder für das Internet

Folgende Arbeiten sollten Sie vor dem Speichern für das Internet (Webseite oder E-Mail-Anhang) durchführen, nachdem das Bild qualitativ aufbereitet wurde:

1. Bildgröße einstellen
2. Auflösung auf 72 dpi (alternativ 96 dpi) reduzieren

Unser Beispielbild *miami.tif* hat eine Auflösung von 300 dpi. Dies ist für eine Darstellung am Bildschirm nicht erforderlich und würde im Internet (aufgrund der resultierenden hohen Dateigröße in Kilobyte KB) zu unnötig langen Übertragungszeiten führen.

Rufen Sie also das Menü *Bild – Bild skalieren* auf, und stellen Sie die Werte für Bildgröße und Auflösung ein. Ändern Sie dabei zunächst die Werte für die Auflösung und dann die für die Bildgröße. Vorschlag: 72 dpi, Breite × Höhe: 160 mm × 100 mm.

Abb. 2.32: Auflösung und Bildabmessungen einstellen mit der Funktion Menü Bild – Bild skalieren

Vergessen Sie nicht, die richtigen Einheiten einzustellen (*Millimeter* und *Pixel/in*).

Bestätigen Sie den Vorgang wieder mit Klick auf *Skalieren*. Das Bild wird nun in der Ansicht im Bildfenster kleiner. Diesmal ist das kein Zoom-Effekt – das Bild ist tatsächlich gegenüber der bisherigen Pixelgröße kleiner geworden, es wurden Pixel herausgerechnet. Da dabei Bildinformationen verloren gehen, sollten Sie diesen Vorgang nur an einer Kopie Ihres Bildes ausführen oder die Änderungen beim Speichern des Originals verwerfen.

Um die weiteren Schritte besser betrachten zu können, vergrößern Sie die Ansicht über die Zoom-Funktion.

Wenn Sie möchten, können Sie nun mit der Funktion Menü *Filter – Verbessern – Schärfen* die Konturen im Bild scharfzeichnen. Dieser Filter wirkt nicht oder nur kaum bei hochaufgelösten Bildern. Aber nachdem nun die Auflösung reduziert wurde, greift dieser Filter und kann eine wesentliche Verbesserung der Kantenschärfe und Klarheit der Konturen bewirken.

Beim eigentlichen Speichern in einem komprimierten Format (JPEG, PNG) gehen Sie zunächst so vor, wie Sie es vom normalen Speichern her kennen: Sie öffnen das Menü *Datei – Speichern unter*. Im Fenster *Speichern unter* wählen Sie das Verzeichnis, in dem gespeichert werden soll. Geben Sie einen *Dateinamen* für das Bild an und wählen das gewünschte *Dateiformat*, in diesem Fall ein Format mit Kompression wie *JPEG* oder *PNG*.

Abb. 2.33: Fenster Datei exportieren beim Speichern im JPEG-Format

Wenn Sie nun den Vorgang mit *Speichern* bestätigen, öffnet sich ein Fenster, das Sie dazu auffordert, das Bild beim Sichern zu exportieren, damit das Original nicht überschrieben wird. Wählen Sie hier die Schaltfläche *Exportieren*.

Als JPEG speichern – das eigentliche Fenster zur JPEG-Kompression

Als Letztes öffnet sich nun das Fenster, in dem Sie die Dateikompression des gewählten Formates einstellen können. Klicken Sie auf das Kästchen bei *Vorschau im Bildfenster anzeigen*, so können Sie die Qualitätsänderungen im Bildfenster beobachten, wenn Sie mit Hilfe des Schiebereglers die Kompression einstellen. Zoomen Sie sich dabei ins Bild ein – Sie sehen dann besser, ab wann die so genannten **Kompressionsartefakte** auftreten (Kompressionsartefakte – Quadrate, innerhalb derer die Farben stark vereinheitlicht werden).

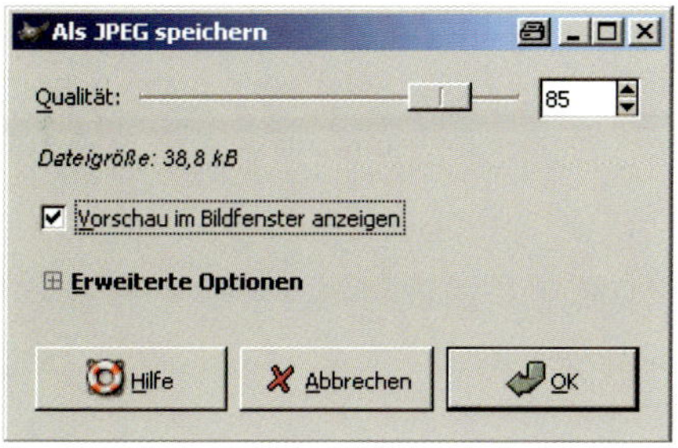

Abb. 2.34: Fenster Als JPEG speichern

Die Einstellmöglichkeiten unter Erweiterte Optionen

- Achten Sie darauf, dass die Markierung bei *Optimieren* geklickt ist. Das verbessert das Verhältnis Qualität/Kompression zu Dateigröße (Datei wird kleiner bei gleicher Qualität).
- Wählen Sie bei *Zwischenschritte* eine Kompressionsmethode. 2 × 2, 1 × 1, 1 × 1 ist ein guter Standard.
- *DCT-Methode: Fließkommazahlen* ist die genaueste Berechnungsart der Kompression, mit der höchsten Qualität, aber auch die langsamste (bei der Berechnung).
- Die eigentliche Kompression (und damit die *Dateigröße* in KB, links oben) stellen Sie mit dem Schieberegler *Qualität* ein. Qualität 100 ist die bestmögliche Bildqualität bei höchster Dateigröße. Je weiter Sie diesen Schieberegler nach links schieben, um so geringer werden Bildqualität und Dateigröße. Zuerst ist die qualitative Verschlechterung dabei allerdings so gering, dass sie mit bloßem Auge nicht erkennbar ist. Erst wenn Sie die Kompression weiter steigern (die Qualität weiter senken), werden so genannte Kompressionsartefakte oder Blockartefakte im Bild sichtbar. Beobachten Sie dazu die Vorschau im Bildfenster.
- Im Grenzbereich, sobald Kompressionsartefakte deutlich sichtbar werden, können Sie die Bildqualität wieder etwas verbessern und die Datei-

größe noch weiter senken, wenn Sie mit dem Schieberegler *Glättung* arbeiten.

- *Baseline JPEG erzwingen* bezieht sich auf die Standardkodierung bei der Kompression.
- *Progressiv* bezieht sich auf eine schnellere Anzeige und einen schrittweisen Bildaufbau bei der Darstellung auf Internetseiten.

Richtwert für die Dateigröße: Für ein Bild der Größe 160 mm × 100 mm ist ein Wert der Dateigröße von etwa 24 KB sehr gut, die sichtbare Qualität immer noch gut. Probieren Sie es aus, und bestätigen Sie dann die Einstellungen mit *OK*, das komprimierte Bild wird damit endgültig im angegebenen Verzeichnis gespeichert. Von dort aus kann es im Internet veröffentlicht bzw. versandt werden, als E-Mail-Anhang zum Beispiel.

Die Übertragungszeit für dieses Bild mit einem Modem 56 Kbit/Sek. würde etwa fünf Sekunden betragen, für ein Bild mit 1024 KB (1 MB) wären etwa vier Minuten anzusetzen. Das bereits zugeschnittene Ausgangsbild *miami.tif* mit 300 dpi Auflösung hat eine Dateigröße von ca. 3,75 MB.

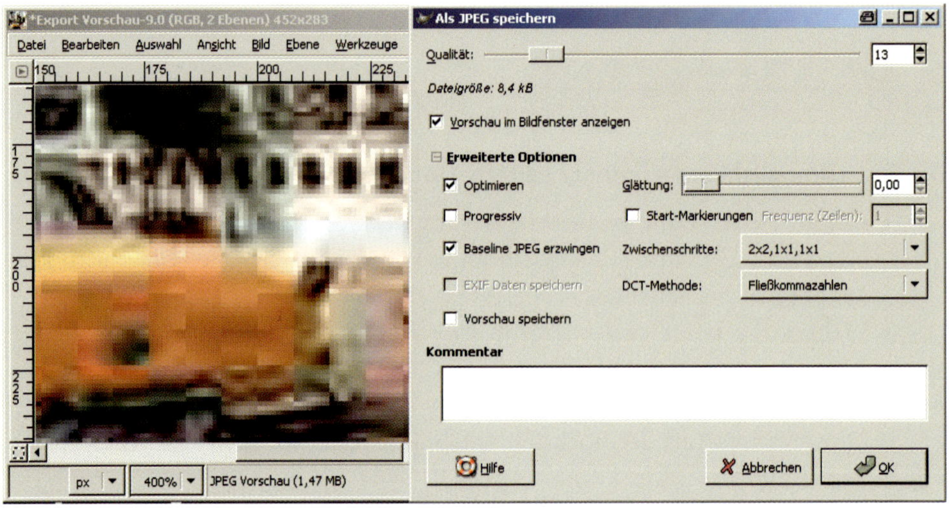

Abb. 2.35: Erweiterte Optionen im Fenster Als JPEG speichern. Im darunterliegenden Bildfenster sind bei starker Vergrößerung deutlich die entstehenden Kompressionsartefakte zu erkennen.

2.5 Retuschearbeiten 1 – Farbstich entfernen

2.5.1 Was sind Retuschearbeiten?

Bislang haben Sie hier einiges über grundlegende Programmfunktionen und die qualitative Verbesserung von Bildern mittels solcher Funktionen erfahren. Dabei wurde immer das Bild als Ganzes bearbeitet und verändert.

Manche Bilder weisen jedoch (zusätzliche) Beeinträchtigungen auf:

- Ein Bild hat einen deutlichen Farbstich.
- Ältere, gescannte Fotos sind durch Kratzer und Flecken verunstaltet, ein gescanntes Dia zeigt Staubflusen im gescannten Bild, aus einem weiteren Bild sollen unerwünschte Bildelemente wie z. B. ein eingebetteter Text entfernt werden.
- Die Augen von Personen in Fotos, die mit Blitzlicht aufgenommen wurden, leuchten rot (Rote-Augen-Effekt).
- In einem anderen Bild ist der Himmel blass, trüb, flau und soll durch einen lebhafteren aufgefrischt werden.

Die dafür erforderlichen Arbeiten werden als Bildretusche (etwa: Bildverschönerung) bezeichnet – dazu zählt allerdings auch schon die Tonwertkorrektur.

In den folgenden Kapiteln werden Techniken und Werkzeuge zur **konstruktiven Retusche**, zur Behebung der oben erwähnten Bildfehler dargestellt und beispielhaft erläutert. Dabei gehören die letztgenannten beiden Retuschearbeiten schon zum nächsten Hauptkapitel – Arbeiten mit Ebenen und Masken, da hierfür Masken erforderlich sind.

Wie entsteht ein Farbstich?

Ein Farbstich, die durchgehende Verfärbung eines Bildes kann zum Beispiel bei der Aufnahme der Fotografie selbst entstehen (Blaustich bei Aufnahmen im hellen Licht unter freiem Himmel ohne Skylight-Filter, Gelbstich bei Aufnahmen ohne Filter in Räumen bei Kunstlicht), oder er kann durch Einwirkungen bei der Entwicklung des Filmes oder durch falsche Einstellungen beim Ausbelichten des Bildes im Labor entstehen.

2.5.2 Möglichkeiten der Farbkorrektur

Für die Bearbeitung von Bildern mit Farbstich ist die bereits bekannte Funktion *Tonwertkorrektur* bestens geeignet. Diesmal werden dabei jedoch die Farbkanäle Rot, Grün und Blau einzeln bearbeitet. Eine weitere Möglichkeit zum Beseitigen von Farbstichen bietet die Funktion *Farbkorrektur*. Sie ist besonders geeignet für das Entfernen leichter Einfärbungen. Im Folgenden wird die Vorgehensweise für beide Funktionen wieder Schritt für Schritt dargestellt.

2.5.3 Einen Farbstich korrigieren mit Hilfe der Tonwertkorrektur

Öffnen Sie das Bild *farbstich.png* im Verzeichnis *Bildvorgaben* auf der CD, und speichern Sie es zunächst in Ihrem Übungsordner auf Ihrem Rechner.

Das Bild weist einen deutlichen Rotstich auf, was darauf hindeutet, dass die Farbwerte des roten Farbkanals fehlerhaft sind.

Abb. 2.36: farbstich.png mit deutlichem roten Farbstich

Korrigieren Sie nun die Hell-Dunkel-Werte im Bild mit der **Tonwertkorrektur** im Menü *Bild – Farben – Werte*. Hier verändern Sie zunächst die Einstellungen des **RGB-Farbkanals** mit Hilfe der automatischen Funktion – Schaltfläche *Automatisch*.

Das Bild weist jetzt schon eine sichtbare Verbesserung auf, echte Schwarz- und Weiß-Töne werden sichtbar.

Über die Schaltfläche *Kanal: Wert* oben rechts im Fenster *Farbwerte* lassen sich auch **die einzelnen Farbkanäle Rot, Grün und Blau** zur getrennten Nachkorrektur aufrufen. Wählen Sie den roten Farbkanal.

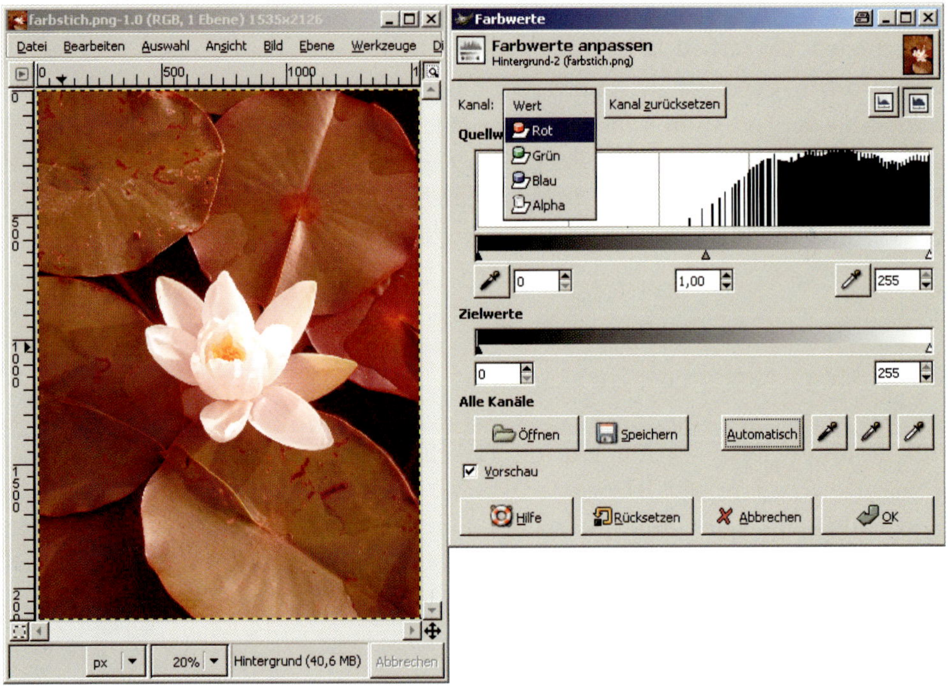

Abb. 2.37: farbstich.png nach der automatischen Tonwertkorrektur und vor der anschließenden Korrektur des roten Farbkanals

Im Fenster *Farbwerte* sehen Sie nun das Histogramm für den roten Farbkanal nach der automatischen Korrektur. Darunter stehen die Dreiecke zur Nachregulierung.

Das Schwarze für die Tiefen und das Weiße für die Lichter lassen Sie – hier hat die Automatik ganze Arbeit geleistet.

Sie klicken mit linker Maustaste auf das graue Dreieck in der Mitte dazwischen und ziehen dieses mit gedrückter linker Maustaste nach rechts. Damit verändern Sie die **Mitteltöne des roten Farbkanals.** Im Bildfenster daneben können Sie die Veränderungen verfolgen, wenn Sie im Fenster *Farbwerte* ein Häkchen bei *Vorschau* setzen.

Bitte sehr: Hantieren Sie nach eigenem Farbempfinden, und schon sind Sie fertig. Das Bild im Übungsordner unter *farbausgleich1.png* sichern – das war's.

Eine **weitere Möglichkeit**, farbstichige Bilder über die Tonwertkorrektur zu korrigieren, arbeitet mit den Schaltflächen *Schwarz-Punkt wählen* – schwarze Pipette – und *Weiß-Punkt wählen* – weiße Pipette – im Fenster *Farbwerte.*

Voraussetzung dafür ist, dass Ihr Bild tatsächlich Flächen aufweist, die Sie als Schwarz und Weiß annehmen können. Wählen Sie zunächst die Pipette *Schwarz-Punkt wählen* und klicken damit auf die schwarze Fläche im Bild. Ebenso verfahren Sie mit der Pipette *Weiß-Punkt wählen* und der weißen Bildfläche. In vielen Fällen dürfe das genügen, um die Farbwerte zu korrigieren.

Es stünde noch eine Pipette *Grau-Punkt wählen* zur Verfügung, um ein neutrales Grau als Referenzfarbe zu wählen, doch versagt diese bisweilen den Dienst, und die Farbwerte werden wieder entstellt. Dabei handelt es sich um einen Programmfehler, einen »Bug«, der auch in neueren Versionen des GIMP noch nicht behoben ist.

Hinweis: Sie können über die Tonwertkorrektur nahezu jeden »normalen« Farbstich korrigieren. Für Bilder mit einem Stich ins Rote, Grüne oder Blaue sollte dabei in der Regel die Nachbearbeitung des jeweils entsprechenden einzelnen Farbkanals genügen. Wenn ein Bild einen Farbstich in Richtung einer der Mischfarben des RGB-Farbmodells hat (Cyan, Magenta, Gelb), dann werden Sie zwei oder alle drei Farbkanäle korrigieren müssen; bei einem Bild mit Gelbstich z. B. mindestens den Roten und den Grünen.

2.5.4 Eine zweite Methode zum Beseitigen von Farbstichen – der Farbabgleich

Diese Funktion dient nicht nur der Farbkorrektur bei Farbstichen, sondern allgemeiner zur Farbanpassung, zum Auffrischen der Farben in einem Bild oder zur Veränderung, Verfremdung von Farben.

- Öffnen Sie erneut das Bild *farbstich.png* von der CD.
- Rufen Sie den Farbabgleich auf, im Menü unter *Bild – Farben – Farbabgleich.*

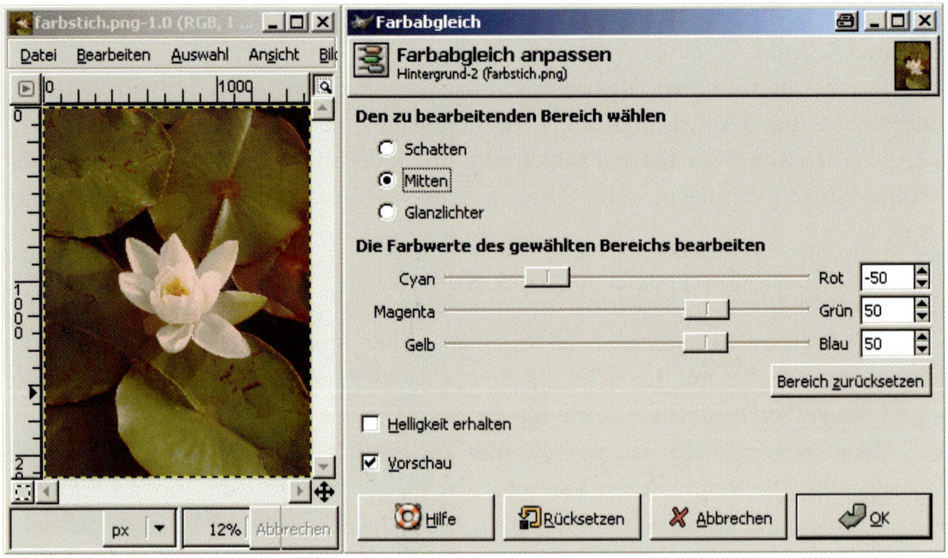

Abb. 2.38: Fenster Farbabgleich mit dem Bild im Arbeitsfenster als Vorschau

Im Fenster *Farbabgleich* sehen Sie drei Schieberegler in Nullstellung jeweils zwischen zwei Farbangaben. Darüber heißt es: *Die Farbwerte des gewählten Bereichs bearbeiten*, und Sie sehen drei Auswahl-Buttons für einen Helligkeitsbereich: *Schatten, Mitten* und *Glanzlichter*.

Sie können nun durch Schieben der Regler in die eine oder andere Richtung den jeweiligen Farbanteil einer Farbe im Bild verstärken oder zur Komplementärfarbe hin verschieben. Dabei können Sie einen der drei Helligkeitsbereiche vorwählen, für den die Veränderung gelten soll.

Deaktivieren Sie für die Bearbeitung des Bildes das Häkchen neben *Helligkeit erhalten*, die *Vorschau* darunter lassen Sie eingeschaltet.

Diese Funktion ist eher für geringfügige Farbkorrekturen geeignet oder um Farben im Bild aufzufrischen und zu intensivieren. Jedoch führt sie auch bei unserem Bild zu brauchbaren Ergebnissen.

Eine gute Korrektur ergibt sich für dieses Bild mit folgenden Werten:

Schatten	**Rot** **Grün** **Blau**	**– 50** **0** **– 50**
Mitten	**Rot** **Grün** **Blau**	**– 50** **50** **50**
Glanzlichter	**Rot** **Grün** **Blau**	**– 50** **0** **50**

Sie können auch die übrigen Farben verändern und das Bild Ihren farblichen Vorstellungen anpassen – experimentieren Sie!

Wenn Sie möchten, können Sie nachträglich eine Tonwertkorrektur durchführen oder mit *Helligkeit-Kontrast* die Helligkeit und den Kontrast im Bild nachbearbeiten. Das fertige Bild speichern Sie unter *farbausgleich2.png* in Ihrem Übungsordner.

Hinweis: Der **Kanalmixer** ist eine weitere Funktionalität des Programms, die ähnlich eingesetzt werden kann wie der Farbabgleich. Allerdings können Sie damit auch poppige oder psychedelische Farbstimmungen in einem Bild erzeugen. Sie finden den Kanalmixer unter Menü *Filter – Farben – Kanalmixer*.

2.6 Retuschearbeiten 2 – Flecken, Staub und Kratzer entfernen

Ältere Bilder oder Dias, die gescannt werden sollen, weisen oft Fehler auf: Knicke, Flecken, Staub und Kratzer, manchmal fehlen Ecken.

Die Retuschearbeiten an solchen Bildern werden als konstruktive Retusche bezeichnet, Bildinhalte werden dabei (re)konstruiert, wieder hergestellt. Aber auch das Entfernen von Bildinhalten ist damit möglich, wie zum Beispiel das Entfernen einer unerwünschten Beschriftung.

Früher machten sich die Fotografen mit Pinsel, Abdeckmasken und Airbrush (eine feine Sprühpistole, mit Druckluft betrieben) daran. Heute wird das Bild zunächst einmal, so wie es ist, gescannt. Die Reparaturwerkzeuge liefert uns das Bildbearbeitungsprogramm, wobei es im Prinzip ähnliche Techniken wie die genannten sind, die uns bei der digitalen Retusche zur Verfügung stehen. Doch es gibt auch neuere Werkzeuge.

2.6.1 Warum Sie Pinsel mit weicher Auswahlkante brauchen – Erläuterungen zum Werkzeug Kopierstempel

Das Werkzeug *Mit Mustern oder Bildteilen zeichnen*, im Folgenden kurz *Kopierstempel* genannt, »malt« mit Bildinformationen oder Mustern nicht nur Farben, sondern farbliche Strukturen, die an einer vorher festzulegenden Stelle aus dem gleichen Bild entnommen werden. Dabei ist das Werkzeug in der Lage, nicht nur »normal« deckend zu arbeiten. Da Sie die Deckkraft des Werkzeugs einstellen können, haben Sie auch die Möglichkeit, lasierend zu arbeiten und Übergänge zu schaffen. Damit ist der Kopierstempel das Retusche-Werkzeug schlechthin.

Für den Kopierstempel stehen dabei die gleichen Pinselspitzen wie für die übrigen Malwerkzeuge zur Verfügung. Unter den *Pinselspitzen* (Menü *Dialoge* –

Pinsel) finden sich solche mit hartem, scharfem Rand, die entsprechend eher wie ein Stift mit fester Breite malen, solche mit weichem Rand bzw. einem Verlauf zum Rand zu, so dass sie mehr wie ein Pinsel malen, mit sattem Farbauftrag in der Mitte und lasierendem Farbauftrag am Rand. Außerdem gibt es Pinselspitzen in der Form von Mustern, deren Farbauftrag Strukturen aufweist.

Für unseren Kopierstempel empfiehlt sich das Arbeiten mit »weichen« Spitzen. Pinsel mit hartem Rand würden die aufgenommenen Bildmuster mit scharfem Rand wieder ablegen: Bei einer Farbe mag das noch angehen, aber bei Strukturen, auch wenn sie ähnlich sind, sähe das Bild aus wie mit Konfetti überstreut. Eine weiche Pinselspitze schafft Übergänge.

Das Programm bietet eine sehr einfache Möglichkeit, neue Pinsel anzulegen. Die Pinselauswahl des GIMP ist von vorneherein nicht mit zu vielen Pinseln bestückt. Eine gewisse Auswahl an zusätzlichen Pinselspitzen sollten Sie sich vorab anlegen, damit später das Wechseln einer Spitze schneller vonstatten geht. Einmal erstellte Pinsel können gespeichert werden und bleiben dann dauerhaft verfügbar.

2.6.2 Vorbereitende Arbeiten: neue Pinselspitzen anlegen

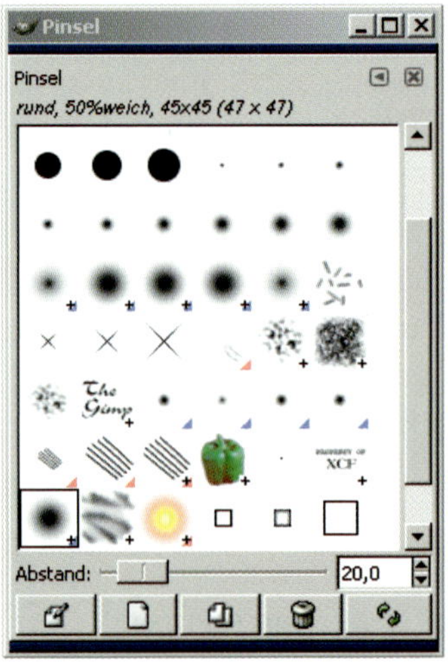

Abb. 2.39: Fenster Pinsel(auswahl)

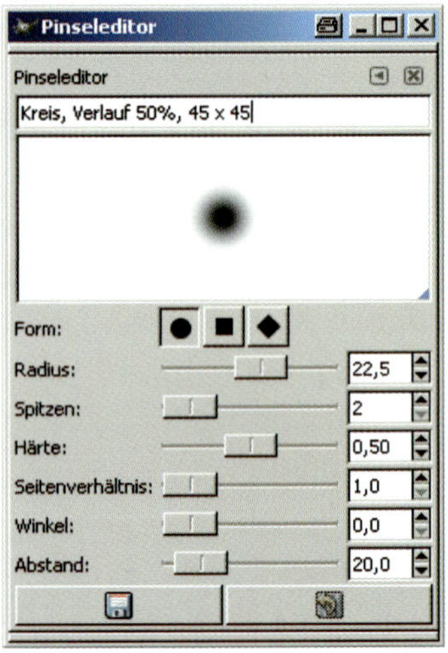

Abb. 2.40: Fenster Pinsel(auswahl). Das Fenster Pinseleditor erscheint bei Klick auf die Schaltfläche Neu der Pinselauswahl.

Um vorab die später benötigten neuen Pinselspitzen anzulegen, rufen Sie zunächst aus dem Werkzeugkasten über das Menü *Datei – Dialoge* oder aus dem Bildfenster über das Menü *Dialoge – Pinsel* das Fenster *Pinsel* auf.

Dort wählen Sie unten im Fenster die Schaltfläche *Neuer Pinsel* (zweite von links in Abb. 2.39). Es öffnet sich das Fenster *Pinseleditor*.

Zunächst können Sie die *Form* des neuen Pinsels wählen (Abb. 2.40): *Kreis, Quadrat* oder *Raute*.

Sie können über *Radius* den halben Durchmesser des neuen Pinsels festlegen.

Mit *Härte* legen Sie den Randverlauf des Pinsels fest. Empfohlen ist hier eine *Härte 0,00 bis 0,50* für einen weichen, breiten Verlauf.

Wenn Sie z. B. eine kalligrafische Feder herstellen möchten, können Sie mit *Winkel* einen Drehwinkel der Spitze einstellen. Voraussetzung ist hierzu ein Seitenverhältnis größer 1,0.

Belassen Sie die Werte für Winkel auf 0,0 und für Seitenverhältnis auf 1,0, ein gleichmäßig runder Pinsel ist für die Arbeiten mit dem Kopierstempel am besten geeignet.

Tragen Sie dann noch im Textfeld des Fensters oben einen Namen mit Größenangabe und Eigenschaften für den neuen Pinsel ein, zum Beispiel: Kreis, Verlauf 50 %, 45 × 45 (px Durchmesser).

Klicken Sie dann auf die Schaltfläche *Speichern* links unten im Fenster, um den neuen Pinsel dauerhaft im Programm zu speichern. Dieser erscheint nun im Fenster Pinsel, und Sie können ihn durch Anklicken zum Arbeiten wählen.

Legen Sie sich nacheinander sechs Pinselspitzen mit weichem Rand und Durchmesser 25, 35, 45, 65, 100, 200 (also *Radius:* 12,5; 17,5; 22,5; 32,5; 50; 100) an. Dies sollte als Vorauswahl genügen. Kleinere weiche Pinsel von der Größe 3 × 3 bis 19 × 19 sind bereits vorhanden.

Sie können jederzeit mit dem Pinseleditor eine selbst angelegte Pinselspitze nachbearbeiten bzw. eine neue anlegen. Der maximal einstellbare Pinselradius ist 1000 px.

Verwenden Sie bei der Größeneinstellung im Pinseleditor die Schieberegler zunächst für die grobe Einstellung der Größe – die Feineinstellung der genauen Werte können Sie über die Cursor-Tasten (Pfeiltasten) vornehmen bzw. im jeweiligen Textfeld auch per Zahleneingabe festlegen.

2.6.3 Den Kopierstempel vorbereiten: Werkzeugeinstellungen

Bevor Sie sich endlich ans Bild machen, sollten Sie sich die **Werkzeugeinstellungen** für den Kopierstempel ansehen. Wie eingangs erwähnt, finden Sie diese im unteren Andockfenster der Werkzeug-Palette bzw. mit Doppelklick auf das jeweilige Symbol in der Werkzeug-Palette (dem Hauptfenster) des GIMP.

Deckkraft: Viele Malwerkzeuge bieten die Möglichkeit, die Deckkraft des Farb- oder Musterauftrages einzustellen, so auch der Klon- oder Kopierstempel. Standard ist dabei eine Deckkraft von 100 %. Der Farbauftrag erfolgt vollständig deckend, abgesehen von weiteren Eigenschaften wie einem Randverlauf.

Manchmal ist ein lasierendes Arbeiten gewünscht. Bei einer Deckkraft von z. B. 10 % erfolgt der Farbauftrag durchscheinend, so dass darunterliegende Farben und Strukturen sichtbar bleiben. Dies ermöglicht das Aufbringen eines farbigen Scheins oder die Herstellung von nahtlosen Übergängen.

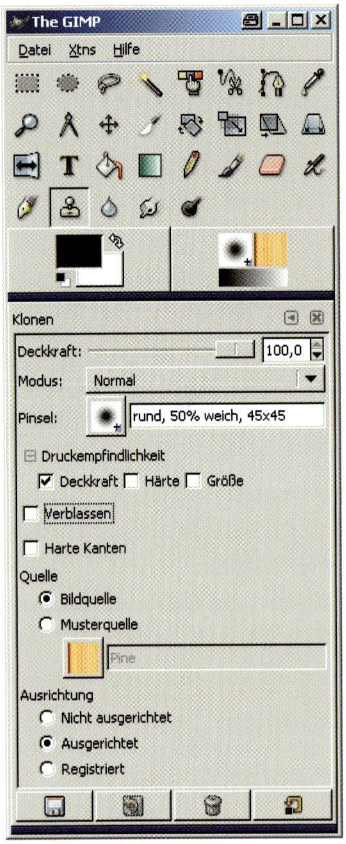

Abb. 2.41: Fenster Werkzeugeinstellungen des Kopierstempels

Modus: Das Auswahlmenü *Modus* beschreibt die Art und Weise, wie die Farbe auf das Bild aufgetragen wird bzw. wie der Auftrag wirkt. *Normal* ist die zunächst erwartete Weise eines Auftrages ohne zusätzliche Mischung bzw. Überlagerung des Eingefügten mit dem darunterliegenden Bilduntergrund.

Pinsel: Überall, wo Sie dieses Symbol sehen, können Sie das Fenster *Pinsel(auswahl)* aufrufen.

Druckempfindlichkeit: Die Einstellungen dafür, ob mit dem Druck des Zeigewerkzeugs die Deckkraft ab- oder zunimmt oder ob mit zunehmendem Druck die Härte des Malwerkzeugs steigt oder die Größe der Zeichenspitze. **Hinweis:** Nur für Grafiktabletts mit entsprechendem Stift!

Verblassen: Mit dem Kopierstempel kann auch mit wischenden Bewegungen gemalt werden. Ist *Verblassen* gewählt, läuft dabei der Pinselauftrag nach transparent aus. Die Länge des Verlaufs kann gewählt werden.

Harte Kanten: Stellt auch bei einem Pinsel mit Randverlauf eine harte, kantige Auftragsweise her.

Quelle: Auswahl, ob die aufzutragenden Informationen aus dem Bild selbst *(Bildquelle)* entnommen werden oder ob ein aus der beistehenden Palette ausgewähltes Muster *(Musterquelle)* aufgetragen werden soll.

Ausrichtung: *Nicht ausgerichtet* besagt, dass eine Stelle im Bild als Auswahl für den Auftrag mit dem Kopierstempel gewählt wird. Wo immer im Bild dann der Kopierstempel eingesetzt wird, bezieht er die Informationen für den Auftrag von derselben gleich bleibenden Bildstelle.

Ausgerichtet besagt, dass zuerst eine Stelle im Bild gewählt wird, von der die Information zunächst aufgenommen wird. Dann wird durch Klicken gezeigt, wo die Farbe wieder abgelegt werden soll. Beim nächsten Farbauftrag des Stempels wandert nun die Stelle mit, von der die Information aufgenommen wird, immer in gleichem Winkel und Abstand zum Stempel.

Der Modus *Registriert* erfordert zwei Bilder, eines zum Aufnehmen und eines zum Einfügen der Informationen. Ausgangspunkt für das Werkzeug in beiden Bildern ist dabei die linke obere Bildecke. Beim Arbeiten mit der Ausrichtung

Registriert gibt es dann keinen Versatz zwischen der Stelle, von der aufgenommen, und der entsprechenden Stelle im anderen Bild, an der Farbe eingefügt wird.

Wählen Sie im Fenster *Werkzeugeinstellungen Klonen*: *Deckkraft*: 100 %, *Modus*: Normal, *Druckempfindlichkeit*: keine Wahl, *Verblassen*: keine Wahl, *Harte Kanten*: keine Wahl, *Quelle*: Bildquelle, *Ausrichtung*: Ausgerichtet. Lassen Sie das Fenster *Pinselauswahl* geöffnet.

2.6.4 Retusche mit dem Kopierstempel

Öffnen Sie zunächst das Bild *staubundkratzer.png* im Verzeichnis *Bildvorgaben* von der CD, und speichern Sie es sofort in Ihrem Übungsordner auf Ihrem Rechner.

Sie haben das Bild im Bildfenster vor sich, daneben das Fenster *Pinsel* (Menü *Dialoge – Pinsel*). Wählen Sie dort einen Pinsel mit weichem Rand (Härte 0,0) und geringer Größe. Für die Flecken werden Sie einen Pinsel mit ca. 45 px oder 65 px Durchmesser benötigen, für den Knick und die Kratzer etwa 25 px bzw. 35 px. Als Werkzeug aus der Werkzeug-Palette ist der Kopierstempel gewählt.

Abb. 2.42: Das Bild staubundkratzer.png vor der Retusche

Bildinformation aufnehmen und im Bild ablegen

Zunächst müssen Sie die erste Stelle wählen, von der die Bildinformation aufgenommen werden soll, um sie auf die erste schadhafte Stelle zu übertragen. Deuten Sie mit dem Mauszeiger auf eine passende Stelle. Sie drücken die Strg-Taste und halten diese gedrückt. Im Bild erscheint der Mauszeiger als Fadenkreuz. Klicken Sie mit linkem Mausklick auf die Stelle. Halten Sie dabei immer noch die Strg-Taste gedrückt.

Mit dem Mausklick wurde die Information aufgenommen. Nun können Sie erst einmal die Maustaste und dann die Strg-Taste loslassen.

Wenn Sie jetzt auf eine schadhafte Stelle deuten und links klicken, wird die aufgenommene Bildinformation dort abgelegt. Deuten Sie auf eine andere Stelle, und wiederholen Sie den Vorgang. Da Sie als Werkzeugeinstellung *Ausgerichtet* gewählt haben, wandert die Stelle, an der Bildinformation aufgenommen wird, mit dem Stempel mit. Arbeiten Sie so lange, bis Sie die Stelle wechseln müssen, von der Bildinformation aufgenommen wird. Dies wiederholen Sie so, wie der Vorgang oben beschrieben wurde. Also: Neue Stelle zur Aufnahme wählen, *Strg* drücken und halten, linker Mausklick, erst Maustaste, dann Taste *Strg* loslassen und nun »stempeln« mit linkem Mausklick.

Pinsel und Ansicht wechseln

Der gewählte Pinsel 45 px oder 65 px ist gut geeignet für die Flecken im Bereich der Wand und der Blumenrabatte. Wenn Sie den Kratzer oder den Knick oben retuschieren möchten, sollten Sie für die feineren Details einen Pinsel mit kleinerer Spitze aus dem Fenster *Pinsel* wählen.

Um den Ausschnitt mit dem Kratzer besser betrachten und bearbeiten zu können, zoomen Sie sich mit der Lupe in diesen Bereich hinein (oder über Menü *Ansicht – Zoom*).

Einen Vorgang rückgängig machen

Zu Beginn dieses Tutorials wurde die **Rückgängig-Funktion (Journal)** des Programms besprochen. Haben Sie sich einmal verklickt, mit der Tastenkombination *Strg+Z* (oder mit Menü *Bearbeiten – Rückgängig*) können Sie insgesamt so viele Arbeitsschritte rückgängig machen, wie in der Werkzeug-Palette unter *Datei – Einstellungen – Umgebung* eingetragen sind.

Abb. 2.43: Das Foto nach der Retusche

Oder Sie verwenden dazu die *Rückgängig-Palette*, das *Journal* aus dem Menü *Datei – Dialoge* im Werkzeugkasten des GIMP.

Das war´s im Wesentlichen zum Thema Kopier- oder Klonstempel. Auf diesem Weg können Sie auch unerwünschte Bildelemente aus einem Bild herausretuschieren. Denken Sie daran, Ihr Bild zu speichern.

Wenn es darum geht, bei eingescannten Bildern und Dias nur sehr geringfügige, kleine Beeinträchtigungen wie Staub zu entfernen, können auch verschiedene Filter helfen. Lesen Sie dazu mehr in Kapitel 3.7.3.

3 Arbeiten mit Masken und Ebenen – Mal-, Füll- und Farbwerkzeuge

3.1 Einiges zu Masken und Auswahlen

Masken und Auswahlen sind zwei Seiten einer Medaille. Wird in einem Bild mit einem Auswahl-Werkzeug ein Teilbereich des Bildes zur Bearbeitung (Veränderung mit Menüeinstellungen und Filtern, Übermalen, Füllen, Kopieren, Löschen, Stanzen etc.) ausgewählt, so entsteht gleichzeitig eine Maske über dem übrigen Bereich des Bildes, so dass dieser vor Veränderungen geschützt ist.

Das Programm arbeitet standardgemäß im Auswahlmodus, d. h., Sie sehen im geöffneten Bild eine laufende, gestrichelte Ameisenlinie um den Bereich des Bildes, das ausgewählt ist. Im Bildfenster können Sie mit den Schaltflächen links unten zwischen Masken- und Auswahlmodus hin- und herwechseln (*Schnelle Maske aktivieren/deaktivieren*). Im Maskenmodus ist der maskierte und damit abgedeckte, geschützte Bereich des Bildes durch eine transparente, rote Farbschicht gekennzeichnet.

Auf die verschiedenen Maskenwerkzeuge und Menüs zur Bearbeitung von Masken werden wir im Lauf der Übungen dieses Tutorials nach und nach im Einzelnen eingehen.

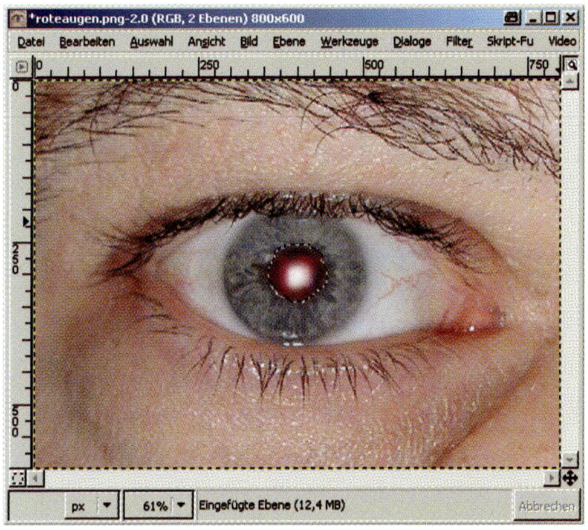

Abb. 3.1: Auswahlmodus: Sichtbare Auswahl (gestrichelte »laufende Ameisenlinie« um den ausgewählten Bereich). Achten Sie auf das Aussehen der kleinen Schaltfläche links unten im Bildfenster.

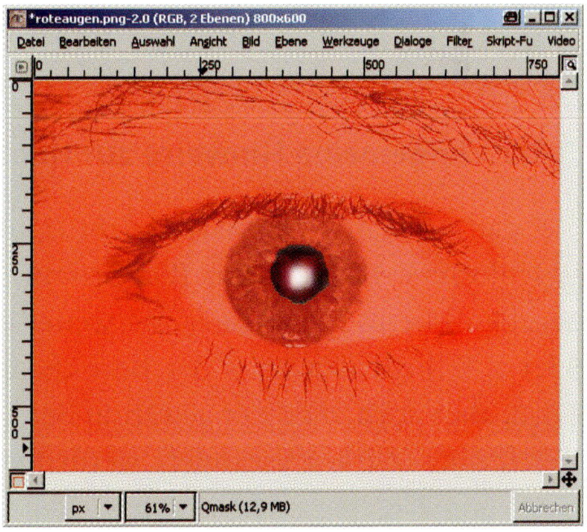

Abb. 3.2: Maskierungsmodus: Rot abgedeckter, maskierter Bereich, der Bereich mit natürlichen Farben ist die Auswahl, die bearbeitet werden kann.

3.1.1 Eine Übersicht der Auswahl-Werkzeuge im Werkzeugkasten

	***Rechteckigen Bereich wählen*** Auswahl-Rechteck bzw. -Quadrat (mit Tasten *Umschalt/Shift*): erstellt eine rechteckige oder quadratische Auswahl im Bild
	***Elliptischen Bereich wählen*** Auswahl-Ellipse bzw. -Kreis (mit Tasten *Umschalt/Shift*): erstellt eine elliptische oder kreisförmige Auswahl im Bild
	***Bereich frei Hand wählen*** Lasso-Auswahl: zieht frei Hand eine Auswahl um ein Bildobjekt; nicht präzise, aber schnell und einfach
	***Zusammenhängenden Bereich wählen*** Zauberstab: wählt (zusammenhängende) Bildbereiche nach Farbe
	***Bereiche nach Farbe wählen*** ähnlich wie Zauberstab: wählt Bildbereiche gleicher Farbe (im gesamten Bild)
	***Umrisse aus Bild wählen*** Magnet-Lasso/Schere: durch Anklicken von markanten Punkten eines Bildobjektes werden diese Punkte markiert. Das Werkzeug legt automatisch an Konturen/Kontrastlinien dazwischen eine Umfahrungslinie an. Die Umfahrung muss, wie beim Lasso oder dem Pfad-Werkzeug, durch Rückkehr zum Ausgangspunkt geschlossen werden. Anschließend erzeugt ein Doppelklick in den umfahrenen Bereich die Auswahl. Das Werkzeug ist kompliziert zu handhaben und nicht sehr präzise (die Genauigkeit ist abhängig von den diffizilen Werkzeugeinstellungen).
	***Ebenen und Auswahlen verschieben*** Achtung: Auswahlen werden ohne die richtigen Werkzeugeinstellungen beim Verschieben ausgeschnitten.
	***Pfad erstellen und bearbeiten*** Mit Pfaden lassen sich regelmäßige Objekte sehr genau als Form erfassen und in Auswahlen umwandeln.
	***Ebene oder Auswahl spiegeln*** Dieses und alle übrigen Transformations-Werkzeuge können auch auf Auswahlen angewendet werden.

3.1.2 Allgemeine Hinweise zur Handhabung von Auswahl-Werkzeugen

Bei den Auswahl-Werkzeugen geht es im Wesentlichen darum, einen oder mehrere geschlossene Bereiche im Bild auszuwählen, damit diese ausgewählten, markierten Bereiche in irgendeiner Art weiter bearbeitet werden können. Bearbeiten kann hier z. B. bedeuten, dass der Bereich direkt übermalt bzw. mit einer Farbe gefüllt wird, aber auch, dass der gewählte Bereich z. B. mit den Funktionen aus dem Menü *Werkzeug – Farben* verändert werden kann. Ausgewählte Bildbereiche können kopiert und als separate Elemente wieder eingefügt werden. Sie können aber auch mit Hilfe einer Auswahl Bildbereiche löschen bzw. mit Auswahlen etwas ausstanzen.

Dabei stehen Auswahl-Werkzeuge zur Verfügung, mit denen sich eine bestimmte Form herstellen lässt: die Werkzeuge *Rechteckigen Bereich wählen* und *Elliptischen Bereich wählen*. Die anderen Auswahl-Werkzeuge dienen zur Herstellung freier Formen, abgesehen davon, dass sich Auswahlen mit Hilfe von Masken auch malen lassen. Diese Freiform-Werkzeuge sind *Bereich frei Hand wählen* (das *Freihand-*

Lasso), Umrisse des Bildes wählen (das *Magnet-Lasso)* und das Pfad-Werkzeug. Eine weitere Art sind die Auswahl-Werkzeuge, die einen Bereich nach Flächen- bzw. Farbeigenschaften auswählen. Allen Auswahl-Werkzeugen ist gemeinsam, dass immer Flächen gewählt sein müssen.

Bei den Formwerkzeugen (Rechteck und Ellipse) erzeugen Sie die Gestalt dadurch, dass Sie das Werkzeug wählen, damit ins Bild klicken und dann mit gedrückter linker Maustaste diagonal über den gewünschten Bereich ziehen. Damit wird ein Rechteck aufgezogen, auch eine Ellipse wird so gesehen einem Rechteck eingeschrieben. Diese Formen sind von sich aus geschlossen.

Auch die Werkzeuge zur Auswahl nach Farbe oder Bereich erzeugen automatisch eine oder mehrere geschlossene Flächen, je nach Werkzeugeinstellungen. Dazu müssen Sie nur mit dem gewählten Werkzeug (Zauberstab, Farbauswahl) auf den gewünschten farbigen Bereich im Bild klicken.

Einzig bei den Freiform-Werkzeugen müssen Sie selbst darauf achten, eine Form mit gedrückter linker Maustaste vollständig zu umfahren und mit dem Werkzeug an den Ausgangspunkt der Umfahrungslinie zurückzukehren, damit die Form geschlossen wird.

Eine Auswahl kann nacheinander mit verschiedenen Auswahl-Werkzeugen bearbeitet werden, so dass sich auch komplexe Formen herstellen lassen.

In den folgenden Kapiteln finden Sie verschiedene Arbeitsbeispiele für den Einsatz der Auswahl-Werkzeuge. Das Pfad-Werkzeug wird ausführlich in Kapitel 3.10 vorgestellt.

Wenn Sie eine Auswahl erstellt haben, können Sie deren Eigenschaften beeinflussen. Im Menü *Auswahl* finden Sie verschiedene solcher Einstellmöglichkeiten und weitere Befehle zum Arbeiten mit Auswahlen.

3.1.3 Das Menü Auswahl

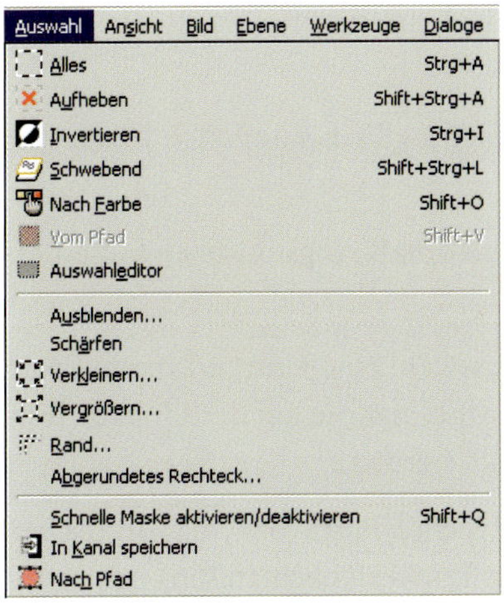

Abb. 3.3: Die Befehle des Menüs Auswahl

Besagtes Menü zur Einstellung von Auswahleigenschaften finden Sie im Menü unter *Auswahl.*

Alles: Wählt den gesamten Bildbereich der sichtbaren, im Ebenen-Dialog gewählten Ebene. Diesen können Sie nun bearbeiten und z. B. mit den Befehlen des Menüs Bearbeiten kopieren und als zusätzliche, neue Ebene einfügen.

Aufheben: Löscht die aktuelle Auswahl. Sie müssen eine Auswahl nach den Bearbeitungsschritten, für die sie erzeugt wurde, wieder löschen, um normal weiterarbeiten zu können, und auch, um andere, neue Auswahlen herstellen zu können.

Invertieren: Die Auswahl umkehren, die Negativform einer Auswahl herstellen. Sie möchten z. B. eine Figur auf einer Ebene auswählen, die ansonst transparent ist. Es ist einfacher, mit dem Werkzeug *Zusammenhängende Bereiche wählen (Zauberstab)* die transparente Fläche um die Figur herum zu wählen. Um im zweiten Schritt dann genau die Figur auszuwählen, wählen Sie anschließend das Menü *Auswahl – Invertieren.*

Schwebend: Eine schwebende Auswahl erzeugen. Schwebende Auswahlen sind temporäre Ebenen, die z. B. beim Kopieren in die und Einfügen von Inhalten aus der Zwischenablage entstehen. Eine schwebende Auswahl muss verankert werden, bevor Sie weiterarbeiten können.

Nach Farbe: Eine Auswahl aus einer (ein)farbigen Fläche erstellen.

Vom Pfad: Eine Auswahl aus einem Pfad (siehe Pfad-Werkzeug) herstellen.

Die folgenden Befehle beeinflussen die Eigenschaften einer bestehenden Auswahl.

Ausblenden: Einer Auswahl einen Randverlauf geben, einer Auswahl eine weiche Auswahlkante geben. Dabei entsteht am Rand des ausgewählten Objektes ein Verlauf von deckend nach transparent.

Eine Auswahl hat z. B. einen Kantenverlauf von 0 Pixel, d. h., sie ist scharfkantig. Objekte, die Sie mit solch einer Auswahl ausschneiden oder kopieren, zeigen Ränder, die wie mit der Schere ausgeschnitten wirken. Deshalb gibt man der Auswahl einen Randverlauf, man blendet sie um wenige Pixel aus, um Übergänge zum Hintergrund des Bildobjektes zu schaffen. Dabei ist der Radius der Ausblendung abhängig vom gewünschten Erscheinungsbild und von der Auflösung des Bildes, an dem Sie arbeiten. Bei Bildern mit geringer Auflösung genügt oft schon ein Radius von 1 oder 2 Pixel, bei höher aufgelösten Bildern sind es 5 bis 10 Pixel oder mehr.

Schärfen: Wenn eine Auswahl ausgeblendet ist, können Sie hiermit den Radius der Ausblendung wieder auf 0 setzen. Besser ist, die Ausblendung über das Rückgängig-Protokoll zurückzusetzen.

Verkleinern: Eine bestehende Auswahl um ein Zahlenmaß ringsum nach innen verkleinern.

Vergrößern: Eine bestehende Auswahl um ein Zahlenmaß ringsum nach außen erweitern.

Rand: Erzeugt ausgehend von einer bestehenden Auswahl eine Umrandung in Form der Auswahllinie als neue Auswahl. Diese neue Auswahl hat die bei der Eingabe festgelegte Breite und kann z. B. wie ein Rahmen gefüllt werden.

Abgerundetes Rechteck: Rundet die Ecken einer rechteckigen bzw. quadratischen Auswahl in einem einzustellenden Radius entweder konvex (nach außen) oder konkav (nach innen).

Schnelle Maske aktivieren/deaktivieren: Zwischen Auswahl- (Strichelung) und Maskenmodus (rote »Schutzschicht«) hin- und herwechseln. Im Maskenmodus können Sie auch durch Malen mit dem Pinsel oder Stift-Werkzeug bzw. dem Radierwerkzeug Maskenelemente mit unterschiedlichen Randeigenschaften hinzumalen oder von der Auswahl etwas »wegradieren«, z. B. für Detailkorrekturen.

In Kanal speichern: Falls Sie eine Auswahl nur momentan löschen möchten, später aber nochmals benötigen, können Sie die Auswahl auch als Kanal speichern. Dieser wird dann mit dem Bild gespeichert und im Dialog *Kanäle* abgelegt, von wo aus Sie ihn später wieder aufrufen können.

Nach Pfad: Aus einer Auswahl einen Pfad (duplizierbare, transformierbare Vektorform) erzeugen. Diesen finden Sie nach der Umwandlung im Dialog *Pfade*, wo Sie ihn aktiv setzen können.

3.1.4 Das Menü Bearbeiten

Viele der Arbeitsbefehle im Menü *Bearbeiten* sind nur im Zusammenhang mit Auswahlen sinnvoll. Deshalb werden sie hier in einer Übersicht kurz vorgestellt.

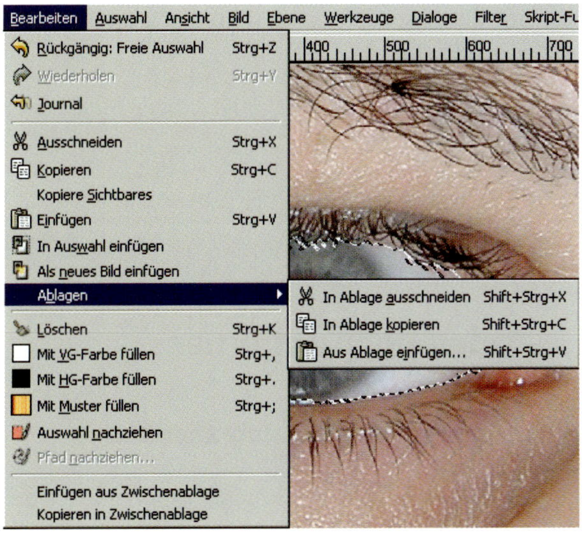

Abb. 3.4: Die Menüpunkte unter Bearbeiten

Rückgängig: Ein Bearbeitungsschritt zurück.

Wiederholen: Letzten Bearbeitungsschritt wiederholen.

Journal: Das Rückgängig-Protokoll aufrufen.

Ausschneiden: Den ausgewählten Bereich aus dem Bild ausschneiden und in die Zwischenablage kopieren.

Kopieren: Den ausgewählten Bildbereich in die Zwischenablage kopieren.

Kopiere Sichtbares: Kopiert den Bildinhalt aller sichtbaren Ebenen in die Zwischenablage, von wo die erfassten Bildelemente zusammengefasst als eine neue Ebene wieder eingefügt werden können.

Einfügen: Den Inhalt der Zwischenablage als schwebende Auswahl – neue Bildebene – ins aktuelle Bild einfügen.

In Auswahl einfügen: Inhalt der Zwischenablage in eine bestehende Auswahl im aktuellen Bild einfügen.

Als neues Bild einfügen: Der Inhalt der Zwischenablage wird als Inhalt in eine neue, eigenständige Bilddatei eingefügt.

Ablagen: Der GIMP kann außer auf die Zwischenablage, die vom Betriebssystem gestellt wird, auf eigene Ablagen zurückgreifen. Die Zwischenablage kann jeweils nur ein Element beinhalten, der Inhalt der Zwischenablage wird z. B. durch neu kopierte Elemente ausgetauscht. Der Inhalt der programmeigenen Ablage bleibt bis zum Schließen des Bildes erhalten.

Löschen: Löscht den Bildinhalt einer Auswahl.

Mit VG-Farbe füllen: Füllt eine Ebene oder Auswahl mit der aktiven Vordergrundfarbe.

Mit HG-Farbe füllen: Füllt eine Ebene oder Auswahl mit der aktiven Hintergrundfarbe.

Mit Muster füllen: Füllt eine Ebene oder Auswahl mit dem aktiven Muster.

Auswahl nachziehen: Zieht eine Kontur auf dem Rand einer aktiven Auswahl mit einstellbarer Breite in der aktiven Vordergrundfarbe. Gut für konturierte Schriften.

Pfad nachziehen: Zieht eine Kontur auf dem Rand eines gewählten Pfades mit einstellbarer Breite in der aktiven Vordergrundfarbe.

Einfügen aus Zwischenablage: Zur Ebenenseparation. Fügt den Inhalt der Zwischenablage als Hintergrundebene in ein neues Bild ein.

Kopieren in Zwischenablage: Zur Ebenenseparation. Kopiert die aktive Ebene in die Zwischenablage.

3.2 Retuschearbeiten 3 – rote Augen entfernen

3.2.1 Rote Augen vermeiden – richtig Blitzen beim Fotografieren

In der Fotografie von Personen taucht bei Blitzlichtaufnahmen immer wieder ein Problem auf: Die Augen von Personen im Bild leuchten rot (Rote-Augen-Effekt). Dies kommt daher, dass das Blitzgerät nahe an der Achse des Objektivs montiert war und den Augenhintergrund der fotografierten Personen ausgeleuchtet hat – dieser scheint rot.

Schon beim Fotografieren können Sie diesem Effekt entgegenwirken:

- Verwenden Sie ein Blitzgerät mit einem Schwenkreflektor, und blitzen Sie nicht direkt auf die Personen zu, sondern verwenden Sie Ihr Blitzgerät so, dass der Blitz über eine reflektierende Fläche (z. B. die Zimmerdecke) auf die Personen trifft.

- Schließen Sie Ihr Blitzgerät über ein Kabel an, und halten Sie es auf einem Handstativ seitlich neben oder über sich beim Fotografieren.
- Verwenden Sie nach Möglichkeit eine Blitzeinstellung mit Vorblitz. Durch das vorweg gezündete Blitzlicht verengen sich die Pupillen des fotografierten Menschen oder Tieres, und die roten Augen werden, wenn sie denn auftreten, wesentlich kleiner.

Wenn es aber schon passiert ist und Sie Ihr Gegenüber im Bild mit Draculas Augen anlacht: Der GIMP hilft Ihnen, auch dieses Problem zu beheben.

3.2.2 Übungsbeispiel

Anders als andere Bildbearbeitungsprogramme verfügt der GIMP nicht über ein eigenes Werkzeug zum Entfernen der roten Augen. Sie müssen daher, nachdem Sie zunächst eine Auswahl des geröteten Bereichs erstellt haben und damit den übrigen Bildbereich maskiert haben, die Farbsättigung sowie Helligkeit und Kontrast im ausgewählten Bereich korrigieren.

Öffnen Sie dafür zunächst das Bild *roteaugen.png* im Verzeichnis *Bildvorgaben* auf der CD, und speichern Sie es in Ihrem Übungsordner auf Ihrem Rechner.

Zoomen Sie sich mit dem Werkzeug *Hinein- und herauszoomen (Lupe)* ins Bild. Markieren Sie zunächst den Bereich der roten Pupille mit Hilfe von *Hilfslinien*, die Sie mit Klicken und Ziehen mit gedrückter linker Maustaste aus den Linealen des Bildfensters erhalten.

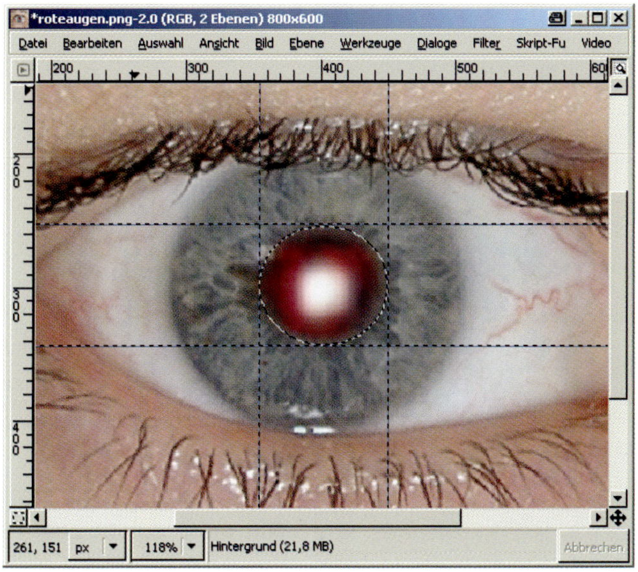

Abb. 3.5: roteaugen.png mit Hilfslinien

 Wählen Sie aus der Werkzeug-Palette das Werkzeug *Elliptischen Bereich wählen (Auswahl-Ellipse)*. Deuten Sie damit auf die linke, obere Ecke des mit Hilfslinien

erzeugten Rechtecks um die Pupille, klicken Sie mit links, und ziehen Sie dann mit gedrückter linker Maustaste diagonal bis zur rechten unteren Ecke des markierten Rechtecks. Dabei wird eine Ellipse aufgezogen, eine Auswahl mit dem typischen Rand, der »laufenden Ameisenlinie«. Einfacher und schneller können Sie die Auswahl auch mit dem Werkzeug *Bereich frei Hand wählen (Lasso-Auswahl)* erstellen.

Jetzt ist im Bild eine Auswahl aktiv. Die Veränderungen der nächsten Arbeitsschritte wirken nur auf den ausgewählten Bereich, die übrige Fläche des Bildes ist durch eine Maske vor Änderungen geschützt.

Abb. 3.6: Fenster Auswahl ausblenden

Als Erstes soll die Auswahl einen **weichen Rand** erhalten. Dies ist ein Randverlauf der Wirkung der Auswahl nach außen. Ohne Randverlauf würden die Veränderungen am gewählten Bereich einen scharfkantigen Rand erhalten, der diesen Bereich wie mit der Schere ausgeschnitten und eingeklebt aussehen lassen würde. Diesen Randverlauf erzeugen Sie über das Menü *Auswahl – Ausblenden*. Es erscheint das Fenster *Auswahl ausblenden*. Geben Sie hier einen Wert von 10 Pixel ein (siehe Abb. 3.6). Bestätigen Sie mit *OK*.

Entfernen Sie nun die Farbsättigung im Bereich der Auswahl mit dem Menü *Ebene – Farben – Sättigung entfernen*. Diese Funktion entfernt auf einen Klick die Farbwerte aus dem Bereich der Auswahl, übrig bleiben die Grauwerte dieses Bereiches.

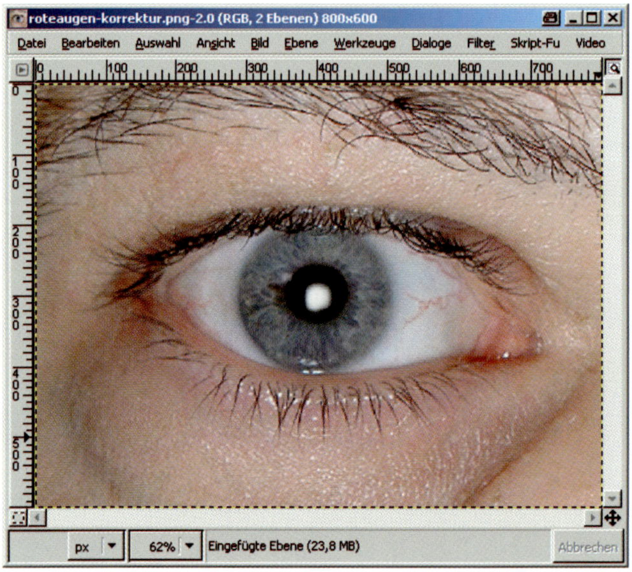

Abb. 3.7: Das Bild roteaugen.png nach der Korrektur

Jetzt können Sie die Helligkeit und den Kontrast im gewählten Bereich nach Ihren Vorstellungen korrigieren über das Menü *Ebene – Farben – Helligkeit-Kontrast*.

Entfernen Sie zuletzt die Auswahl über das Menü *Auswahl – Aufheben* sowie auch die Hilfslinien, und prüfen Sie das Bild.

Speichern Sie das Bild unter einem beliebigen Namen und Dateiformat in Ihrem Übungsordner.

3.3 Grundlegendes zum Arbeiten mit Ebenen

Abb. 3.8: Einzelne Ebenen eines collagierten Bildes: 1. Flugzeug – 2. Schatten – 3. Halle – 4. Durchscheinende Ebene mit Glaseffekt – 5. Hintergrund mit Landschaft

Stellen Sie sich vor, Sie möchten ein Bild am Computer aus mehreren einzelnen Bildern zusammensetzen. Nun, das geht, und es funktioniert so ähnlich, wie Zeichentrickfilme hergestellt werden – mit einem Hintergrundbild und einzelnen Bildelementen darüber auf transparenten Folien – den Ebenen. Eine Voraussetzung dafür ist, dass in Bildbearbeitungsprogrammen Bereiche in einem Bild transparent, durchsichtig sein können. Und es geht, weil in bestimmten Dateiformaten mehrere einzelne Bilder (oder »Folien« bzw. Ebenen) in einer Datei gespeichert werden können, so, dass sie als einzeln zu bearbeitende Teilbilder erhalten bleiben. Für den GIMP sind das die Formate XCF und PSD.

Für die Bearbeitung von Bildern mit Ebenen steht im GIMP der Ebenen-Dialog (Ebenen-Palette) zur Verfügung, auch enthalten im Dock *Ebenen, Kanäle, Pfade, Rückgängig*. Beides können Sie aus dem Werkzeugkasten heraus aufrufen über das Menü *Datei – Dialoge* oder aus dem Bildfenster über das Menü *Dialoge*.

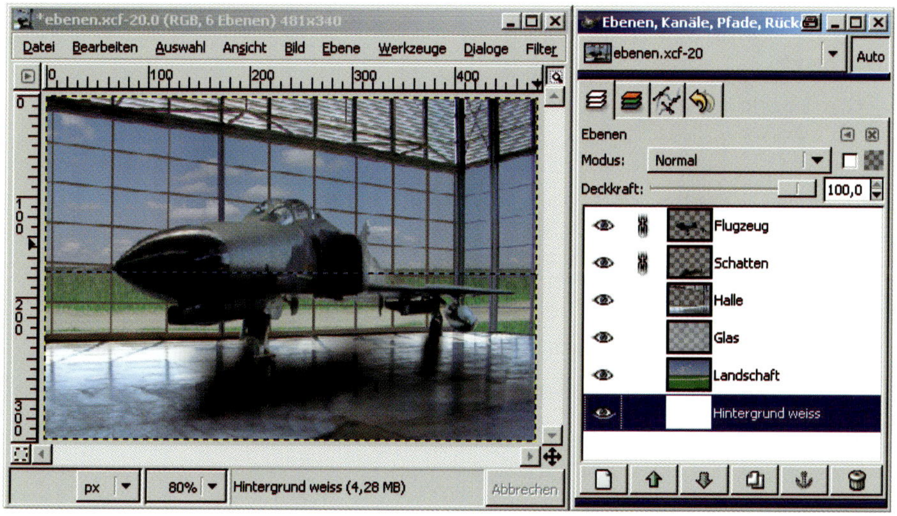

Abb. 3.9: Fertiges Bild (Beispielbilder – ebenen.xcf) und Ebenen-Dialog

Die wesentlichen Vorteile des Arbeitens mit Ebenen:

- Bilder mit Ebenen können aus einzelnen Teilbildern, Bildelementen zusammengesetzt (collagiert) werden. (Ebenen können transparente Bereiche haben, so dass einzelne Objekte, Bildelemente darauf frei im Bild stehen. Der transparente Bildbereich erscheint mit einem dunkel- und hellgrauen Schachbrettmuster hinterlegt.)
- Ebenen/Teilbilder lassen sich leicht duplizieren.
- Die Teilbilder sind unabhängig voneinander frei positionierbar und veränderbar.
- Teilbilder lassen sich miteinander verknüpfen und dann gemeinsam bearbeiten, z. B. verschieben oder transformieren. Die Verknüpfung lässt sich wieder lösen, die Ebenen können wieder einzeln bearbeitet werden.
- Die Lage der Teilbilder übereinander kann geändert werden. Damit bestimmen Sie, welche Bildelemente andere überdecken, überlagern.
- Die Deckkraft von Ebenen kann verändert werden (opak/deckend – transluzent/durchscheinend – transparent/durchsichtig).
  Die Wahl des Ebenen-Modus ermöglicht unter anderem verschiedene Belichtungseffekte.

Hinweis: Von großer Wichtigkeit für das Arbeiten mit Auswahlen und Ebenen ist Folgendes: Ein Bildinhalt ist immer gebunden an eine Ebene – eine Auswahl nicht. Sie können eine Auswahl auf einer Ebene erstellen und auf einer beliebigen anderen Ebene anwenden. Eine Auswahl wirkt immer auf der Ebene, die aktiv gesetzt, im Ebenendock ausgewählt ist. Aber erst wenn Sie eine Aktion ausführen (z. B. Füllen, Farbkorrektur per Menüfunktion oder Kopieren), ereignet sich etwas auf der gewählten Ebene. Beim Kopieren ist dies noch nicht einmal eine Veränderung des Bildinhaltes der gewählten Ebene. Hier wird erst durch nachfolgendes Einfügen etwas Sichtbares bewirkt.

3.3.1 Der Ebenen-Dialog

Den Ebenen-Dialog erhalten Sie entweder über die Werkzeug-Palette (Menü *Datei – Dialoge – Ebenen*) oder über das Menü *Dialoge – Ebenen* des Bildfensters. Voreinstellung des Programms ist, beim Start den Ebenen-Dialog in einem Fenster zusammen mit den Dialogen für Kanäle, Pfade und dem Rückgängig-Protokoll (Journal) anzuzeigen. Die einzelnen Dialoge lassen sich dann über Klick auf den entsprechenden Reiter im Fenster auswählen (in Abb. 3.10 oben).

Auch dieses Dock können Sie aus dem Werkzeugkasten heraus aufrufen, über *Datei – Dialoge – Dock hinzufügen – Ebenen, Kanäle und Pfade.*

Abb. 3.10: Fenster Ebenen, Kanäle, Pfade, Rückgängig (Ebenen-Dialog)

Die Schaltfläche *Auto* legt fest, ob der Ebenen-Dialog immer die Ebenen des momentan aktiven Bildfensters anzeigt, wenn mehrere Bildfenster gleichzeitig geöffnet sind.

Im *Modus* können Sie bestimmen, mit welchem Mischverhalten eine Ebene die darunterliegende überlagert. Standard ist der Modus *Normal*.

Rechts davon das Kontrollkästchen (mit dem Schachbrettmuster daneben) dient dazu, die Transparenzen in einer Ebene zu bewahren. Ist dieser Schalter aktiviert, können Sie die transparenten Bereiche einer Ebene nicht übermalen oder verändern.

Darunter finden Sie den Schieberegler, mit dem Sie die Deckkraft einer Ebene steuern können. Damit können Sie z. B. eine Ebene mit einer flächigen Füllung durchscheinend wirken lassen. Im Beispielbild wurde die Ebene *Glas* entsprechend teiltransparent eingestellt.

Das Fenster darunter zeigt den Ebenen-Stapel. Dabei entspricht die Reihenfolge von oben nach unten der Anordnung der Ebenen-»Folien« im Bild. Die oberste liegt ganz oben, die unterste zuunterst. Entsprechend überdecken sich die Ebeneninhalte.

Die blau hinterlegte Ebene ist die momentan aktive, zur Bearbeitung ausgewählte Ebene. Sie wählen eine Ebene zur Bearbeitung, indem Sie einfach auf das entsprechende Vorschaubild in der Palette klicken, oder auf den Bereich rechts davon.

Über das Symbol *Auge* lässt sich eine Ebene durch Anklicken des Symbols sichtbar bzw. unsichtbar schalten. Unsichtbare Ebenen werden nicht mit ausgedruckt, bzw. sie erscheinen nicht in einer Kopie des Bildes, die in einem nicht ebenenfähigen Dateiformat wie z. B. JPEG gespeichert wird.

Wenn Sie in den Bereich neben dem Auge klicken, erscheint ein Kettensymbol. Sie können mehrere Ebenen miteinander verketten und dann gemeinsam bearbeiten, z. B. verschieben oder skalieren. Eine Verkettung lösen Sie, indem Sie auf ein sichtbares Kettensymbol klicken.

Daneben sehen Sie eine Miniaturansicht des Bildes. Die karierten Flächen kennzeichnen transparente Bildteile.

Rechts davon steht der Name, die Bezeichnung des Objektes auf der Ebene. Sie selbst können eine Ebene umbenennen, indem Sie auf den vorvergebenen Namen doppelklicken. Dann können Sie den vorhandenen Text einfach überschreiben. Doppelklicken Sie auf das Vorschaubild, erscheint das Fenster *Ebeneneigenschaften*, in dem Sie einen neuen Namen eingeben können. Es ist sehr sinnvoll, Ebenen beschreibende Namen zu geben, da der Ebeneninhalt im Vorschaubild nicht immer gut zu erkennen ist.

Hinweis: Bevor Sie eine Ebene bearbeiten können, müssen Sie auf den Namen der Ebene klicken, um diese zu aktivieren. Ist eine Ebene aktiviert, erscheint sie blau in der Ebenen-Palette.

Die Schaltflächen unter dem Ebenen-Stapel haben folgende Funktionen:	
	Neue Ebene Eine neue, leere Ebene erstellen (siehe auch Kapitel 3.3.2).
	Ebene anheben Pro Klick Ebene im Stapel um eine Position nach oben verschieben, mit *Shift* ganz nach oben.
	Ebene absenken Pro Klick Ebene im Stapel um eine Position nach unten verschieben, mit *Shift* ganz nach unten.
	Ebene duplizieren Eine markierte Ebene duplizieren (kopieren und neu einfügen, siehe auch Kapitel 3.3.2).
	Ebene verankern Schwebende Auswahlen sind eine besondere Eigenschaft des GIMP. Wird ein Bildinhalt (mit Hilfe einer Auswahl) kopiert und wieder eingefügt, geschieht das im Ebenen-Dialog zunächst als so genannte schwebende Auswahl. Eine schwebende Auswahl kann nun entweder als neue, separate Ebene ins Bild eingefügt werden (durch Doppelklick auf die Palette), oder sie kann mit Hilfe dieser Schaltfläche mit der Ebene verschmolzen werden, die aktiv war, bevor die schwebende Auswahl erzeugt wurde, z. B. um einen kopierten Inhalt doppelt in einer Ebene einzufügen oder um eine mit der Auswahl erstellte Veränderung auf die gewählte Ebene anzuwenden.
	Ebene löschen Löscht die gewählte, markierte Ebene ohne Rückfrage!

3.3.2 Das Kontextmenü des Dialogfensters Ebenen

Wenn Sie mit rechtem Mausklick auf eine Ebene im Ebenen-Dialog klicken, erreichen Sie das Kontextmenü *Ebene*. Hier sind einige sehr wichtige und hilfreiche Befehle zentral zusammengefasst, die Sie zum Beispiel auch im Ebenen-Dialog selbst oder im Menü *Ebenen* wieder finden.

- **Ebeneneigenschaften** bietet Ihnen die Möglichkeit, der Ebene einen Namen, eine Bezeichnung zu geben. Diese wird im Ebenen-Dialog angezeigt und kann auch dort geändert werden.
- **Neue Ebene** erstellt eine neue Ebene im Bild und im Ebenen-Dialog, z. B. auch dann, wenn Sie eine schwebende Auswahl als neue Ebene einfügen möchten (entspricht der Schaltfläche *Neue Ebene* im Ebenen-Dialog).
- **Ebene duplizieren**: Sie haben ein Bildobjekt auf einer separaten Bildebene erzeugt, möchten dieses aber mehrfach einfügen. Dann genügt der Menü-

befehl *Ebene duplizieren*, um schnell eine Kopie des gewünschten Objektes auf einer neuen Ebene zu erzeugen. Dabei liegen die kopierten Objekte genau hinter dem Original – Sie sehen sie also zunächst nicht! Wählen Sie die kopierte Ebene im Ebenen-Dialog, und verschieben Sie diese mit dem Verschieben-Werkzeug im Bild.

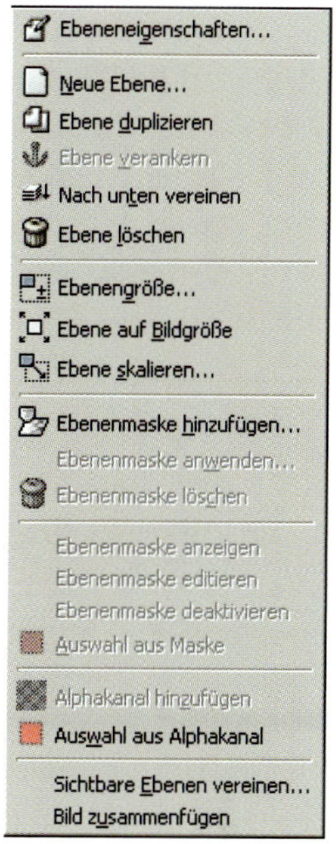

Abb. 3.11: Das Kontextmenü Ebenen

- **Ebene verankern:** Neben der Möglichkeit, eine schwebende Auswahl (eingefügte Ebene) einer neuen Ebene zuzuweisen, können Sie mit diesem Befehl die schwebende Auswahl auf die aktiv gesetzte (blaue) Ebene anwenden (entspricht im Ebenen-Dialog der Schaltfläche *Ebene verankern*).
- **Nach unten vereinen bzw. Sichtbare Ebenen vereinen:** Damit können Sie alle bzw. die sichtbaren Bildobjekte auf verschiedenen Ebenen zu einer Ebene verschmelzen. Diese Verschmelzung ist dauerhaft und kann über das Rückgängig-Journal höchstens so lange rückgängig gemacht werden, solange das Bild nicht gespeichert und geschlossen wurde.
- **Ebenengröße, Ebene auf Bildgröße, Ebene skalieren:** Zunächst sind Ebenen nur so groß wie das Objekt, das darauf liegt (vgl. Textebene, gestrichelter Rand). Wenn Sie auf derselben Ebene weitere Objekte hinzufügen möchten, müssen Sie also die Größe der Ebene erweitern.
- **Ebenenmaske hinzufügen:** Mit einer Ebenenmaske über einer Ebene können Sie Veränderungen am Aussehen, an der Deckkraft von Elementen einer Ebene vornehmen, ohne die Ebene selbst dabei zunächst zu verändern. Eine Ebenenmaske wird direkt der gewählten Ebene zugewiesen, lässt sich jedoch getrennt davon als Schwarz-Weiß-Kanal bzw. Graustufenbild bearbeiten (*Ebenenmaske editieren*).
- **Ebenenmaske anwenden:** Nach der Bearbeitung und Prüfung wird die Ebenenmaske auf die zugehörige Ebene angewandt.
- **Ebenenmaske löschen:** Löscht eine Ebenenmaske, ohne die Änderungen auf die entsprechende Ebene anzuwenden.
- **Ebenenmaske anzeigen:** Macht eine Ebenenmaske zur Bearbeitung und zum Betrachten ihrer Eigenschaften sichtbar.
- **Ebenenmaske editieren:** Ermöglicht das Bearbeiten einer Ebenenmaske z. B. mit den Malwerkzeugen. Bei Ansicht der Ebenenmaske (*Ebenenmaske anzeigen*) werden die Veränderungen durch Bearbeiten an der Maske sichtbar gemacht (geänderte Form der »roten Schutzschicht«), ohne Ansicht der Maske sind die entsprechenden Veränderungen an der Maske direkt an der Darstellung/Sichtbarkeit des Bildobjekts/Ebeneninhalts selbst zu sehen.

- **Ebenenmaske deaktivieren:** Setzt eine Ebenenmaske bzw. deren Wirkung auf die Ebene außer Kraft, ohne die Ebenenmaske selbst zu löschen.
- **Auswahl aus Maske:** Sie haben auf einem Bild eine Maske mit unterschiedlichen Randeigenschaften (scharfkantige und verlaufende Ränder) erstellt. Mit diesem Befehl wird daraus eine Auswahl, welche die Rand- bzw. Verlaufseigenschaften beibehält.
- **Alphakanal hinzufügen:** Nur aktiv bei Hintergrundebenen ohne Transparenz, d. h. ohne Alphakanal. Mit einem Alphakanal wird aus einer Hintergrundebene eine normale Ebene, die Transparenz haben kann und in der Ebenen-Palette frei verschiebbar ist.
- **Auswahl aus Alphakanal:** Haben Sie zum Beispiel ein Bildobjekt mit einem nach transparent verlaufenden Übergang an den Rändern, so können Sie mit dieser Option daraus einfach eine Auswahl erstellen, welche die Verlaufs- bzw. Transparenzeigenschaften beibehält.
- **Bild zusammenfügen:** Dies reduziert alle Ebenen eines Bildes auf eine Hintergrundebene (ohne Alphakanal, d. h. ohne Transparenz).

3.3.3 Arbeiten mit mehreren Bildern – Ebenen aus einem anderen Bild einfügen

Sie sehen im Ebenen-Dialog die Ebenen des momentan aktiven Bildes. Haben Sie gleichzeitig mehrere Bilder zur Bearbeitung geöffnet, ist immer das aktiv, das im Vordergrund des Bildschirms steht und eine blaue Titelleiste oben zeigt.

Wenn Sie mit mehreren Bildern gleichzeitig arbeiten, können Sie mit Drag & Drop (Klicken – mit gedrückter linker Maustaste ziehen – am Ziel loslassen) einfach eine Ebene aus einem Bild auf die Bildfläche eines anderen hinüberziehen. Diese Ebene wird dann in das andere Bild eingefügt.

Für die bisher bearbeiteten Bilder benötigten Sie keine Ebenen. Bei den folgenden Retuscheaufgaben werden Sie das erste Mal mit Ebenen arbeiten.

3.4 Retuschearbeiten 4 – »stürzende Linien« beseitigen – Perspektivkorrektur

3.4.1 Maßnahmen, um »stürzende Linien« schon beim Fotografieren zu vermeiden

Die erste Retuschearbeit, bei der das Arbeiten mit einer Ebene eine wesentliche Rolle spielt, ist das Beseitigen stürzender Linien im Bild. Stürzende Linien treten vor allem bei Gebäudeaufnahmen dann auf, wenn sich das Objektiv der aufnehmenden Kamera nahe am Gebäude befindet und beim Fotografieren nach oben gerichtet wird. Die Gebäudekanten laufen dann schräg nach oben zu einem dritten Fluchtpunkt.

Schon beim Fotografieren können Sie solche Bildfehler reduzieren:

- Je größer der Abstand zum Gebäude/Objekt, desto geringer die Verzerrung nach oben.
- Fotografieren Sie nach Möglichkeit nicht mit Weitwinkelobjektiven, da sich bei kleinen Brennweiten noch zusätzliche Verzerrungen (Bildwölbungen, siehe Beispielbild) durch das Objektiv bemerkbar machen. Je größer die Brennweite, desto geringer die zusätzlichen Verzerrungen.
- Für Kameras mit Wechselobjektiven stehen so genannte Shift-Objektive bereit. Bei diesen lässt sich das an der Kamera angesetzte Objektiv mit einer Mechanik in einer Richtung parallel zur Filmebene (Kamerarückwand) bewegen. Dadurch können schon beim Fotografieren stürzende Linien mehr oder weniger gut entzerrt werden.

Die digitale Bildbearbeitung bietet eigene Mittel, um nachträglich solche stürzenden Linien zumindest jeweils bei einem Gebäude im Bild zu beseitigen.

3.4.2 Aufgabenstellung und Beschreibung der Arbeiten

Schwerpunkte:

- Transformationen – Werkzeug *Die Perspektive der Ebene oder Auswahl verändern (perspektivisch verzerren)*
- Hintergrundebene – Ebene mit Alphakanal

Das Bild *stuerzendelinien.png* weist einen Fluchtpunkt senkrecht oberhalb auf, entsprechend fluchten die Außenkanten des Gebäudes schräg nach oben. Diese sollen durch Transformationen, Formänderungen mit entsprechenden Werkzeugen gerade gerichtet werden. Dabei betrachten wir auch die Eigenschaften von Hintergrundebenen im Vergleich zu Ebenen mit Alphakanal. Ebenen mit Alphakanal benötigen wir auch für die weiteren Aufgaben.

3.4.3 Stürzende Linien in einem Bild beseitigen

- Öffnen Sie das Bild *stuerzendelinien.png* im Verzeichnis *Bildvorgaben* auf der CD.
- Richten Sie vertikale Hilfslinien an den Gebäudeaußenkanten ein und eine horizontale Hilfslinie in Höhe der Traufe.
- Zoomen Sie mit dem Werkzeug *Vergrößern/Verkleinern (Lupe)* etwas aus, oder ziehen Sie die Ränder des Bildfensters etwas größer, so dass Sie eine größere Arbeitsfläche um das Bild im Bildfenster haben.
- Wählen Sie aus dem Werkzeugkasten das Werkzeug *Die Perspektive der Ebene oder Auswahl verändern (perspektivisch verzerren)*. Klicken Sie auf das Bild,

und ziehen Sie über die markierten Eckpunkte die Außenkanten und die Traufkante des Gebäudes parallel zu den Hilfslinien. Unter Umständen wird dabei das Bild stark horizontal gestreckt. Sie können dies optisch ausgleichen, indem Sie das Bild mit dem Werkzeug *Ebene oder Auswahl skalieren* vertikal strecken. Bei Bedarf erweitern Sie dafür die Leinwandgröße über das Menü *Bild – Leinwandgröße* (vgl. Kapitel 3.12.2).

- Bringen Sie abschließend die Ebene auf Bildgröße mit dem Menü *Ebene – Ebene auf Bildgröße.*
- Speichern Sie das Bild unter neuem Namen in einem Verzeichnis auf Ihrem Rechner.

Bei Bildern von sehr hohen Gebäuden stößt die hier gezeigte Technik an ihre Grenzen. Zum einen müssten Sie das Gebäude stark nach oben verlängern, um es nach der Korrektur nicht unproportional erscheinen zu lassen. Dann fallen aber perspektivische Fehler in den Laibungen der Fenster auf, da diese im Original von unten stark verkürzt dargestellt werden.

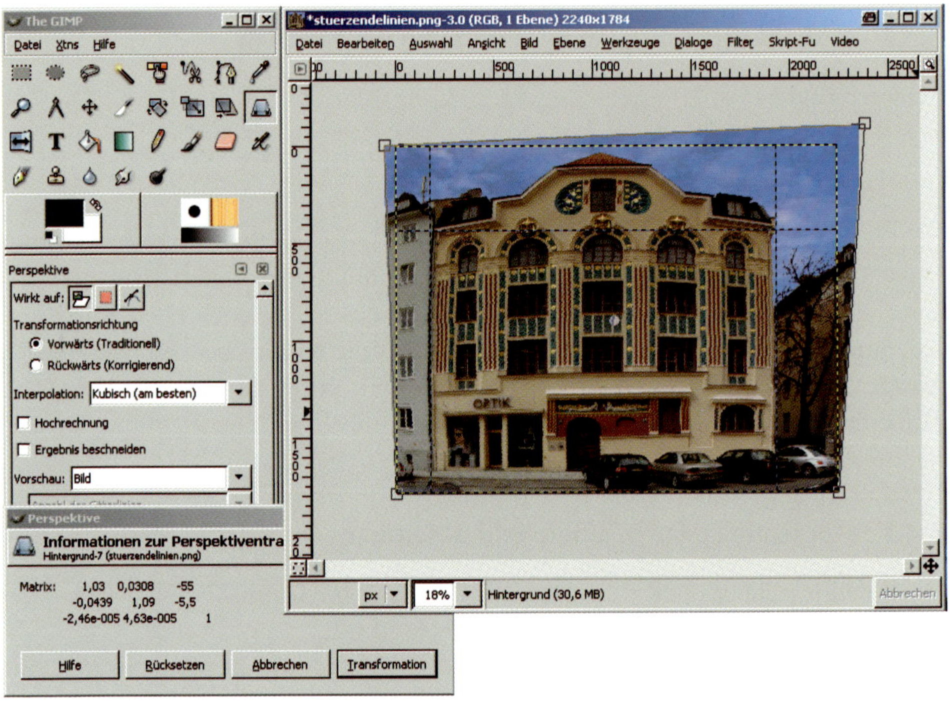

Abb. 3.12: Perspektivkorrektur mit dem Werkzeug Die Perspektive der Ebene oder Auswahl verändern

Im gezeigten Beispiel der Aufgabe sind auch nach der Perspektivkorrektur Verzerrungen, Wölbungen zu erkennen. Diese stammen daher, dass die Aufnahme mit einer weitwinkligen Brennweite aufgenommen und als Panoramabild aus mehreren einzelnen Aufnahmen zusammengesetzt wurde. Für solche Bildfehler bietet der

GIMP noch keine Korrekturmöglichkeiten. Jedoch gibt es ein Programm, PTLens, das sowohl die Perspektivkorrektur als auch in gewissem Umfang eine Korrektur von tonnen- oder kissenförmigen Objektivverzeichnungen bewerkstelligen kann. Mehr dazu finden Sie in Kapitel 3.4.6.

Das hier gezeigte Werkzeug *Die Perspektive der Ebene oder Auswahl verändern* könnte auch *freie Transformation* oder *freies Verzerren* genannt werden. Zwar bietet es wie gezeigt die Möglichkeiten, Perspektivkorrekturen oder auch perspektivische Verzerrungen an einem Objekt vorzunehmen. Aber die Verzerrungen sind nicht aneinander gekoppelt (wie bei entsprechenden Werkzeugen anderer Programme), und über die Eckpunkte kann das Objekt in jeweils zwei Achsen verzerrt werden.

3.4.4 Werkzeugeinstellungen für Transformationen

Wenn Sie das Werkzeug *Die Perspektive der Ebene oder Auswahl verändern (perspektivisch verzerren)* wählen, achten Sie auch auf die Werkzeugeinstellungen.

Wirkt auf: Wie bei allen Transformationen (Form- und Größenänderungen) können Sie wählen, ob die Transformation auf eine Ebene, eine Auswahl oder einen Pfad angewandt werden soll.

Transformationsrichtung: Hier wählen Sie *Vorwärts (Traditionell)*. Die Transformation wird dann so wie angegeben ausgeführt. Bei *Rückwärts (Korrigierend)* wird die Transformation entgegengesetzt zur mit dem Werkzeug eingestellten Richtung ausgeführt.

Interpolation: Die Interpolation wirkt auf die Neuberechnung von Bildpunkten bei Größen- oder Formänderungen des Bildes. Wählen Sie hier *Kubisch (am besten)*. Dies dauert zwar am längsten, bietet aber auch die beste Qualität.

Hochrechnung: bei der Hochrechnung (engl. Supersampling) werden umliegende Pixel zur Berechnung neu einzufügender Bildpunkte mit einbezogen. Das Resultat einer Interpolation wird dabei zusätzlich verbessert, jedoch wird für die Berechnung noch mehr Zeit benötigt.

Ergebnis beschneiden: Wird diese Option gewählt, wird das Ergebnis der Transformation automatisch auf die Größe der ursprünglich verwendeten Ebene bzw. des Originals zugeschnitten.

Vorschau: Für das Arbeiten mit Transformationen werden verschiedene Ansichten bzw. Hilfsmittel bei der Transformation angeboten.

Umriss: Bei der Transformation wird als Hilfsmittel zur Veranschaulichung der Formänderung nur ein Rahmen mit Anfasspunkten dargestellt.

Gitter: Bei der Transformation werden als Hilfsmittel zur Veranschaulichung der Formänderung ein Gitter und Rahmen mit Anfasspunkten dargestellt.

Bild: Bei der Transformation wird als Hilfsmittel zur Veranschaulichung der Formänderung die Veränderung als Bild in einem Rahmen mit Anfasspunkten dargestellt. Dabei überlagert das transformierte Bild zunächst das Original.

Bild + Gitter: Bei der Transformation wird als Hilfsmittel zur Veranschaulichung der Formänderung die Veränderung als Bild in einem Rahmen mit Anfasspunkten dargestellt. Zusätzlich erscheint bei der Transformation ein Hilfsgitter im Bild. Dabei überlagert das transformierte Bild zunächst das Original. Verwendet die Vorschau ein Gitter, so können Sie über ein zusätzliches Auswahlmenü noch die Anzahl der Gitterlinien und deren Abstände einstellen.

Die beschriebenen Werkzeugeinstellungen sind für alle Transformationswerkzeuge gleich.

3.4.5 Hintergrundebenen und Ebenen mit Alphakanal

Bisher haben wir Bilder bearbeitet, ohne uns um die Eigenschaften der Ebenen zu kümmern. Auch bei der eben ausgeführten Aufgabe hilft uns der GIMP, indem er bei der Transformation des Bildes automatisch die Hintergrundebene in eine Ebene mit Alphakanal umwandelt.

Jedes Foto, das Sie im GIMP öffnen, liegt zunächst als Bild mit einer Hintergrundebene vor. Hintergrundebenen haben bestimmte Eigenschaften: zunächst heißen Hintergrundebenen immer *Hintergrund*. Dieser Name erscheint fett im Ebenendock.

Hintergrundebenen sind im Ebenendock nicht verschiebbar und liegen immer zuunterst im Stapel.

Hintergrundfarbe: Wenn Sie auf einer Hintergrundebene radieren oder etwas mit einer Auswahl ausschneiden, erscheint immer eine deckende Farbe, nämlich die im Programm eingestellte Hintergrundfarbe. Das liegt daran, dass eine Hintergrundebene nicht über einen Alphakanal verfügt, der Transparenz in einer Ebene ermöglicht.

Wenn Sie nun transparente Flächen in einer Hintergrundebene haben wollen, müssen Sie ihr erst über das Kontextmenü des Ebenendocks einen Alphakanal zuweisen. Sie bewerkstelligen das mit rechtem Mausklick auf die Ebenen-Palette im Dock. Im sich öffnenden Kontextmenü wählen Sie den Menüpunkt *Alphakanal hinzufügen*. Danach können Sie die Ebene auch im Ebenendock, im Stapel der Ebenen verschieben bzw. andere Ebenen unter dieser Ebene im Stapel ablegen. Bei den folgenden Aufgaben werden wir mit diesen Möglichkeiten arbeiten.

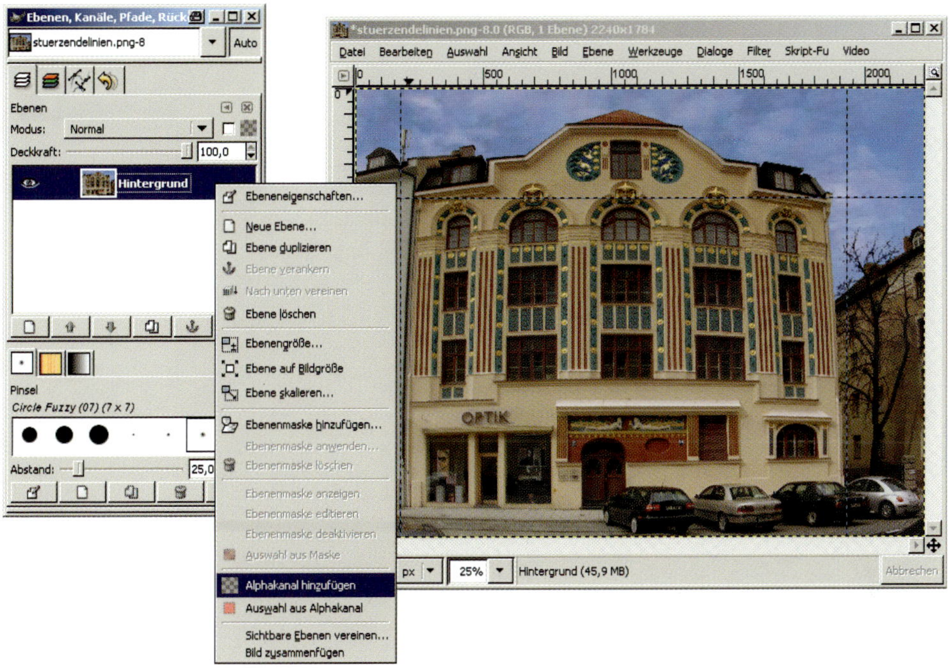

Abb. 3.13: Einem Bild, einer Hintergrundebene, im Kontextmenü des Ebenendocks einen Alphakanal (Transparenzeigenschaften) zuweisen

3.4.6 Objektivverzeichnungen entfernen und Perspektivkorrekturen ausführen mit PTLens

Das Shareware-Programm PTLens ist in der Lage, solche vorab gezeigten Perspektivkorrekturen auszuführen. Zusätzlich kann es tonnen- oder kissenförmige Verzeichnungen aus einem Bild herausrechnen, wie sie z. B. von extremen Weitwinkelobjektiven herrühren. Ebenso können Sie damit Vignettierungen, damit sind durch das Objektiv abgedunkelte Ecken eines Bildes gemeint, und so genannte chromatische Aberrationen, also verschwommene Bildsäume, entfernen. Einschränkend muss angefügt werden, dass das Programm nur mit Bildern im Dateiformat JPEG umgehen und auch nur JPEG-Bilder abspeichern kann.

Zu beziehen ist es über das Internet von der Adresse http://epaperpress.com/ptlens/. Die Shareware bearbeitet zehn Bilder ohne Einschränkungen. Der Kaufpreis beträgt 15 US-$, zahlbar über PayPal oder per Kreditkarte. Für die kommende Version 2.4 des GIMP ist ein entsprechendes Plug-in vorgesehen.

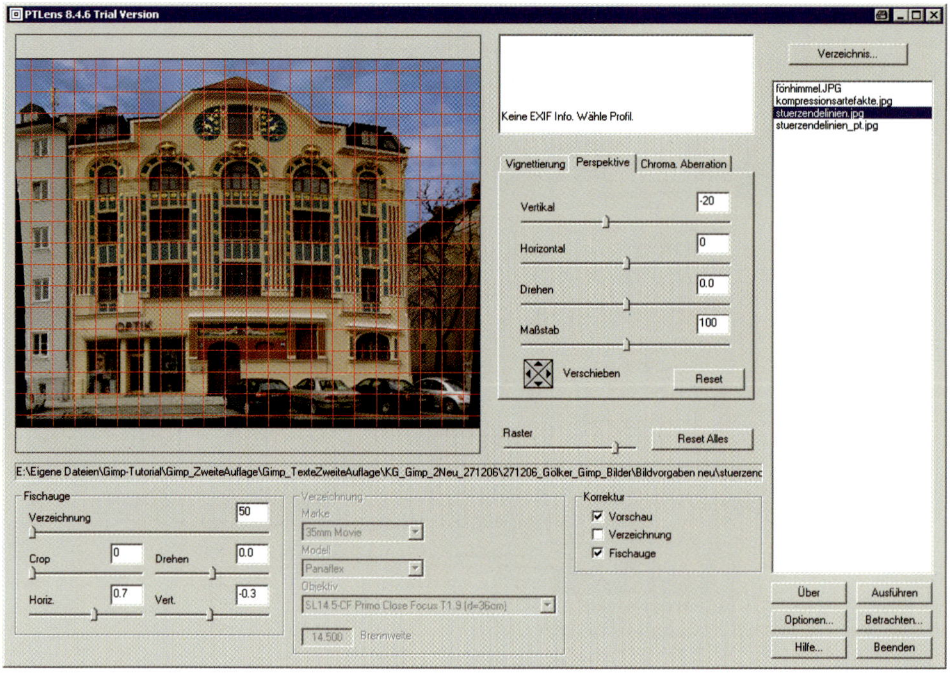

Abb. 3.14: Das Fenster des Programms PTLens mit allen Einstellungen zu den Korrekturen der Perspektive und der Linsenverzeichnungen am dargestellten Bild

3.5 Retuschearbeiten 5 – einen »flauen Himmel« auffrischen

3.5.1 Aufgabenstellung und Beschreibung der Arbeiten

Schwerpunkte:

- Arbeiten mit Auswahlen bzw. Masken
- Arbeiten mit Ebenen
- Arbeiten mit dem Fenster *Farbauswahl*
- Arbeiten mit dem Fenster *Farbverlauf*

Im Bild *flauerhimmel.png* soll der vorhandene blaugraue Himmel durch eine einfarbige Füllung bzw. durch einen Farbverlauf auf einer neuen Ebene ersetzt werden. Dazu wird der vorhandene Himmel durch eine Auswahl mit dem Zauberstab markiert und gelöscht. Die darunterliegende Ebene mit der farbigen Füllung scheint dann durch den transparenten Bereich der darüberliegenden Ebene mit der Landschaft.

3.5.2 Erster Teil der Aufgabe: einen Bereich nach Farbe auswählen, löschen und durch eine Farbfüllung ersetzen

- Öffnen Sie das Bild *flauerhimmel.png* im Verzeichnis *Bildvorgaben* auf der CD.
- Speichern Sie es zunächst in Ihrem Übungsordner auf Ihrem Rechner.
- Führen Sie eine Tonwertkorrektur durch (Menü *Werkzeuge – Farben – Werte*), und frischen Sie die Farben des Bildes auf mit Hilfe der Möglichkeiten des Menüs *Werkzeuge – Farben – Farbton-Sättigung* oder *Farbabgleich.*
- Rufen Sie über das Menü *Dialoge – Dock hinzufügen* das Fenster *Ebenen, Kanäle und Pfade* für das Bild auf. Legen Sie sich dort eine neue Ebene mit Hilfe der Schaltfläche *Neue Ebene* an. Geben Sie ihr den Namen *Himmel.*
- Duplizieren Sie die Ebene *Hintergrund* mit der Landschaft (z. B. rechter Mausklick auf die Ebene im Ebenen-Dialog). Benennen Sie die neue Ebene um in *Landschaft.* Schalten Sie die Ebene *Hintergrund* unsichtbar. (Die Eigenschaft Transparenz ist bei Hintergrundebenen nicht möglich, es sei denn, Sie fügen einen Alphakanal hinzu, siehe Kontextmenü.)
- Schaffen Sie auf der Ebene mit dem Landschaftsbild eine Auswahl des Himmels mit Hilfe des Werkzeugs *Bereiche nach Farbe wählen.* Dazu klicken Sie einfach mit dem Werkzeug in den farblichen Bereich des Bildes, den Sie auswählen möchten. Achten Sie dabei auf die Werkzeugeinstellungen (Andock-Fenster an der Werkzeug-Palette ggf. mit Doppelklick auf gewähltes Werkzeug-Symbol öffnen). Wählen Sie hier bei *Modus* die Schaltfläche *Zur Auswahl hinzufügen.* Bei *Schwelle* (Farbähnlichkeit) wählen Sie einen Wert, der bestimmt, wie groß die Toleranz bei der Erkennung »gleicher« Farben sein soll – wie ähnlich die Farben sind, die vom Werkzeug als »gleiche Farbe« erkannt und ausgewählt werden. Für unser Beispiel empfiehlt sich ein Wert von ca. 30. Wenn Sie beim Klicken mit dem Zauberstab gleichzeitig die Umschalt-Taste *(Shift)* gedrückt halten, können Sie den Vorgang mehrfach wiederholen, und die neuen Bereiche werden der bestehenden Auswahl hinzugefügt. Dies wirkt wie die Schaltfläche *Zur Auswahl hinzufügen* in den Werkzeugeinstellungen.

Werkzeugeinstellungen für Auswahlen

Betrachten wir die Werkzeugeinstellungen für Auswahlen etwas genauer. Diese variieren zwar etwas je nach Auswahl-Werkzeug, haben jedoch alle die Option *Modus*, mit deren Hilfe sich nacheinander eine Auswahl mit verschiedenen Auswahl-Werkzeugen herstellen lässt.

Beispiel Bereiche nach Farbe wählen
Modus bietet folgende Optionen:

- **Auswahl ersetzen** – Erneuter Einsatz des Werkzeugs löscht eine evtl. bereits vorhandene Auswahl.

- **Zur Auswahl hinzufügen** – Ist diese Schaltfläche gewählt, können Sie das Werkzeug mehrfach hintereinander einsetzen oder auch verschiedene Auswahl-Werkzeuge in Folge (beachten Sie, dass für jedes Auswahl-Werkzeug die Einstellung *Modus – Zur Auswahl hinzufügen* erneut gewählt werden muss). Die jeweils neu gewählten Bildbereiche werden zu einer Auswahl zusammengefügt.
- **Von Auswahl abziehen** – Damit können Sie mit dem Werkzeug von einer bestehenden Auswahl durch erneuten Einsatz einen Bereich wieder abziehen.
- **Mit Auswahl schneiden** – Besteht bereits eine Auswahl, können Sie mit dieser Einstellung eine neue Auswahl erzeugen, die automatisch mit der bestehenden verschnitten wird, d. h., als Auswahl bleibt die Fläche übrig, die in beiden Auswahlen vorhanden war.

Abb. 3.15: Die Werkzeugeinstellungen des Werkzeugs Bereiche nach Farbe wählen

Hinweis: Die oben genannten Einstellungen stehen für jedes Auswahl-Werkzeug zur Verfügung. Sie können mit Hilfe dieser Einstellungen eine Auswahl mit verschiedenen Auswahl-Werkzeugen herstellen und bearbeiten.

- **Kantenglättung** beseitigt beim Ausschneiden mit Hilfe der Maske den Treppcheneffekt, scharfe »Stufen« am Rand der Auswahl. Wenn Sie dies wünschen, muss diese Einstellung von vorneherein gewählt sein.
- **Kanten ausblenden** erzeugt eine »weiche Auswahlkante«, einen Randverlauf von deckend zu transparent, z. B. auch beim Auskopieren von Objekten mit Hilfe der Auswahl. Ohne Randverlauf wirkt ein auskopiertes Element wie mit der Schere ausgeschnitten. Über den Schieberegler bei Radius können Sie die Breite dieses Randverlaufs festlegen. Vernünftige Werte liegen hier zwischen 2 px und 5 px bzw. sind abhängig von dem Effekt, den Sie erzielen möchten. Der zu wählende Wert ist auch von der Auflösung des Bildes abhängig.
- **Transparente Bereiche auswählen** ermöglicht es Ihnen, in einer Ebene, auf der nur ein Objekt liegt und die im Übrigen transparent ist, auch transparente Bereiche wie eine Farbe zu wählen. Dadurch findet die Auswahl »automatisch« die Umrissform des Objektes. Wird dieses Häkchen nicht gesetzt, kann der Zauberstab keine transparenten Bereiche auswählen.
- **Vereinigung überprüfen** sichert, dass alle sichtbaren Bildbereiche auf allen Ebenen im Bild bei der Berechnung der Auswahl nach Farbe mit einbezogen werden. Wird dieses Kontrollkästchen nicht »angehakt«, findet das Werkzeug nur Flächen gleicher Farbe auf einer Ebene.

- **Schwelle** – Mit diesem Schieberegler können Sie die Farbanzahl, die Farbähnlichkeit festlegen, aus der die Auswahl erstellt wird. Je höher der Wert, umso größer die Farbtoleranz, umso größer die Farbanzahl, aus der die Auswahl erstellt wird.

Weiter mit der Aufgabe:

- Entfernen Sie ggf. kleinere Auswahl-Inseln im Bereich des Himmels, indem Sie sie mit dem Werkzeug *Lasso-Auswahl* grob umfahren, wobei Sie die Shift-Taste (Umschalt-Taste) gedrückt halten.
- Denken Sie auch daran, dass Sie sich den Bildausschnitt vergrößern können (Werkzeug *Lupe – Zoomen*).
- Wenn in der Auswahl keine »Inseln« (Flecken) mehr zu sehen sind und der Waldrand gut markiert ist, erweitern Sie die Auswahl über das Menü *Auswahl – Vergrößern* um wenige Pixel (etwa 3 px). Geben Sie der Auswahl einen Randverlauf mit Hilfe der Einstellmöglichkeiten im Menü *Auswahl – Ausblenden* (ca. 4 px). Dies sorgt dafür, dass der Horizont, die Kontur der Bäume beim Löschen einen Verlauf erhält, so dass später die Landschaftskontur weich, nicht scherenschnittartig in den neuen Himmel übergeht. Sie können dazu auch die Einstellung *Kanten ausblenden* in den Werkzeugeinstellungen von *Bereiche nach Farbe wählen* einsetzen.
- Löschen Sie den Himmel auf der Ebene *Landschaft* mit Hilfe der Auswahl über den Menüpunkt *Bearbeiten – Löschen.*
- Speichern Sie die Auswahl als Alphakanal mit *Auswahl – Als Kanal sichern,* und löschen Sie diese dann im Bild über den Menübefehl *Auswahl – Aufheben.*

Abb. 3.16: Erweiterte Auswahl mit Randverlauf

Betrachten Sie das Bild genauer: Da der Rand der Auswahl einen Verlauf hatte, erhält die Kontur des verbleibenden Bildteiles einen Randverlauf hin zur Transparenz – der Randübergang erscheint weicher, nicht scherenschnittartig.

Bei den nächsten Arbeitsschritten kommen die Werkzeuge des GIMP zum Einsatz, mit deren Hilfe Sie Farben wählen und Ebenen oder Auswahlen mit einer Farbe füllen können. Diese werden in den nachfolgenden Kapiteln näher erläutert. Vorab erst einmal die Aufgabenstellung:

- Wählen Sie mit dem *Farbwähler* der Werkzeug-Palette einen lichten Blauton als *Vordergrundfarbe*.
- Setzen Sie die Ebene *Himmel* aktiv.
- Wählen Sie das Werkzeug *Farbfüllung (Farbeimer)* aus der Werkzeug-Palette, und klicken Sie ins Bild. Die Ebene *Himmel* wird ganz mit der gewählten Vordergrundfarbe gefüllt.
- Sollten Sie danach nur noch eine blaue Fläche sehen, liegt das daran, dass die Ebene *Himmel* im Stapel zuoberst liegt. Positionieren Sie diese Ebene ggf. unter der Ebene mit der Landschaft (Schaltfläche *Ebene absenken* im Ebenen-Dialog).
- Sie können nun noch die Berge im Hintergrund mit dem Werkzeug *Abwedeln/ Nachbelichten*, Werkzeugeinstellung *Nachbelichten* abdunkeln. Stellen Sie dazu die Deckkraft des Werkzeugs auf einen geringen Wert (ca. 20 %), und wählen oder erzeugen Sie eine sehr große Pinselspitze mit weichem Rand (Durchmesser ca. 200 Pixel). Sie vermeiden damit abrupte Abdunkelungen und können die Fläche gleichmäßiger bearbeiten. Mit demselben Werkzeug, aber der Werkzeugeinstellung *Abwedeln* können Sie die sehr dunklen Bereiche der Wiesen im Vordergrund etwas aufhellen. Für die Pinselspitze bzw. die Deckkraft gilt dabei das Gleiche wie zuvor.
- Speichern Sie das Bild spätestens jetzt unter *blauerhimmel.xcf* in Ihrem Übungsordner.

Abb. 3.17: Ebene Landschaft mit gelöschtem Himmel (transparenter Bereich)

Die Vordergrundfarbe mit der Pipette aus dem Bild wählen – Werkzeug Farben aus dem Bild wählen

Das Werkzeug *Farben aus dem Bild wählen* bietet die Möglichkeit, mit der aufgerufenen Pipette im Bild auf einen farbigen Bereich zu deuten und per linkem Mausklick dessen Farbe als Vorder- bzw. Hintergrundfarbe zu wählen. Die Vordergrundfarbe wird im GIMP als Mal-, Füll- oder Schriftfarbe verwendet, ebenso als erste Farbe für Farbverläufe.

Dies ist die einfachste und komfortabelste Weise, eine Farbe zum Malen oder Füllen zu wählen. Sie wird deshalb hier vor den komplexeren Werkzeugen zur Farbwahl erläutert, auch wenn sie bei unserem Beispielbild zunächst nicht geeignet ist – dieses zeigt kein geeignetes Blau.

Wählen Sie aus der Werkzeug-Palette das Werkzeug *Farben aus einem Bild wählen*. Der Mauszeiger wird zur Farbpipette. Wenn Sie nun auf einen Bereich des Bildes klicken, wird dessen Farbe aufgenommen und im Fenster *Farbpipette* angezeigt.

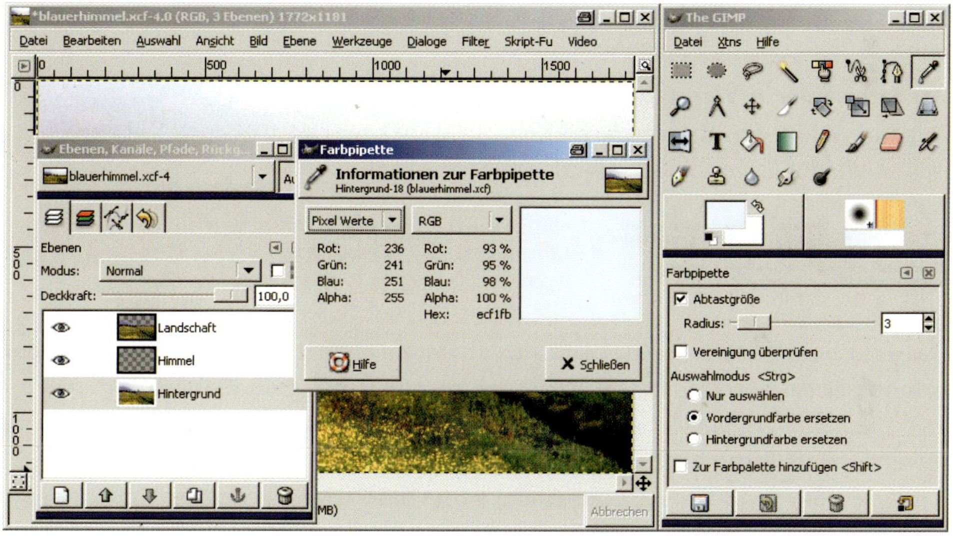

Abb. 3.18: Die Fenster des Werkzeugs Farben aus dem Bild wählen (Pipette)

Werkzeugeinstellungen

Doppelklicken Sie ggf. auf das Symbol, um diese zu öffnen:

- **Abtastgröße – Radius:** Die Standardeinstellung des Werkzeugs ist, Farben genau aus einem Pixel des Bildes aufzunehmen. Wenn Sie den Schalter klicken, können Sie mit *Radius* einen Bereich größer 1 × 1 Pixel wählen und damit sozusagen einen farblichen Durchschnitt aus dem Aufnahmebereich im Bild wählen.
- **Vereinigung überprüfen:** Ist das Kästchen geklickt, werden die Farben auch bei einem Bild mit mehreren Ebenen aus der gesamten sichtbaren Bildfläche gewählt, wenn Sie mit dem Werkzeug darauf klicken. Ist dieser Schalter aus-

geschaltet (kein Häkchen), können nur Farben aus der jeweils aktiven Ebene aufgenommen werden. Letzteres ist die Voreinstellung.

- **Nur auswählen:** Das Werkzeug zeigt Ihnen im Fenster *Pipette* nur die Farbe und Farbwerte des gewählten Bereichs an, ohne sie z. B. als Vordergrundfarbe ins Programm zu übernehmen.
- **Vordergrundfarbe ersetzen:** Die aus dem Bild gewählte Farbe wird im Fenster *Farbpipette* mit ihren Werten angezeigt und gleichzeitig als aktive Vordergrundfarbe des Programms gesetzt. Sie wird damit als Mal-, Füll- und Textfarbe sowie als erste Farbe für Farbverläufe übernommen.
- **Hintergrundfarbe ersetzen:** Die aus dem Bild gewählte Farbe wird im Fenster *Farbpipette* mit ihren Werten angezeigt und gleichzeitig als aktive Hintergrundfarbe des Programms gesetzt. Sie wird damit als zweite Farbe für Farbverläufe übernommen.
- **Zur Farbpalette hinzufügen:** Die gewählte Farbe wird bei Bildern mit einer eigenen Farbpalette (Menü *Modus – Indizierte Farben*) dieser bestehenden Palette hinzugefügt.

Der Farbwähler im Werkzeugkasten

Der Farbwähler gibt Ihnen eine schnelle Auswahl bzw. einen Wechsel zwischen zwei frei wählbaren Farben an die Hand.

Abb. 3.19: Den Farbwähler aufrufen: Sie erreichen das Fenster Farbauswahl über die entsprechende Schaltfläche der Werkzeug-Palette.

Das Feld links oben (schwarz) ruft den Farbwähler für die Vordergrundfarbe, das dahinter versetzte rechts unten (weiß) den für die Hintergrundfarbe.

Die *Vordergrundfarbe* ist die aktive Farbe für das Mal-, Füll- und Textwerkzeug sowie die erste Farbe für Farbverläufe.

Die *Hintergrundfarbe* ist die zweite Farbe des Verlaufswerkzeugs und automatisch die Hintergrundfarbe und die »Farbe« des Radierwerkzeugs bei Hintergrundebenen, die keine Transparenz (Alphakanal) besitzen.

Durch Klick auf den gebogenen Doppelpfeil (rechts oben) können Sie beim Arbeiten schnell die Malfarbe wechseln, die voreingestellte Hintergrund- zur Vordergrundfarbe machen.

Klick auf das kleine schwarz-weiße Symbol links unten stellt die *Standardfarben Schwarz – Weiß* als Vordergrund- bzw. Hintergrundfarbe wieder her.

Das Fenster Farbauswahl

Die Farbauswahl ist sozusagen die Farbpalette des Programms, mit deren Hilfe Sie jede beliebige Farbe zum Malen, Schreiben oder Füllen mischen können.

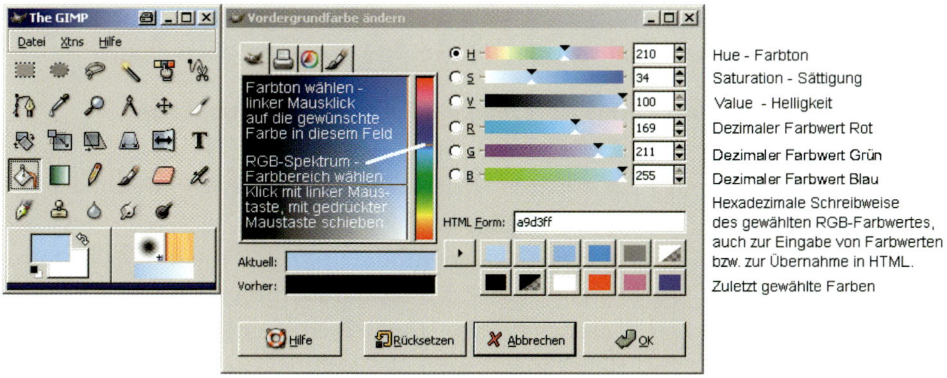

Abb. 3.20: Das Fenster Farbauswahl und die Darstellung der gewählten Farbe im Werkzeugkasten

Im geöffneten Fenster *Farbauswahl* stehen Ihnen zunächst über die Reiter oben verschiedene Darstellungsformen zur Farbauswahl zur Verfügung. Die übersichtlichste und gebräuchlichste davon ist die RGB-Darstellung (und HSV-Darstellung) unter dem GIMP-Symbol – diese Darstellung der Farbwahl finden Sie auch in den meisten anderen Bildbearbeitungsprogrammen.

Die anderen Farbmodellauswahlen sind CMYK-Farben (Vierfarbdruck), Farbdreieck und Wasserfarben (additive Mischfarben).

Am auffälligsten ist das große Feld Farbton links mit der Auswahl der Helligkeitsstufen einer Farbe. Hier genügt es, auf den gewünschten Farbton zu klicken, dieser wird als neue Farbe in das Feld Aktuell eingetragen.

Das Feld Farbspektrum zeigt im Bild die Farbtöne des RGB-Spektrums. Voraussetzung ist, dass der Schalter neben H geklickt ist. Hier können Sie durch Klicken und Schieben der Maus mit gedrückter linker Maustaste einen Farbbereich vorwählen.

- **Schalter:** Für die Standardfarbanzeige (siehe Beispiel) sollte der Schalter *H* geklickt sein. Die übrigen Schalter liefern andere Ansichten des Feldes *Farbton* zur Farbauswahl.
- **Schieberegler:** Durch Schieben des Reglers neben *H* (Hue – Farbton) lassen sich bei den Einstellungen im Beispiel nun z. B. alternative Farben gleicher Helligkeit herstellen. Allgemein dienen die Schieberegler zum Mischen von Farben, soweit die Farbwahl nicht mit der Maus wie oben bereits beschrieben erfolgt.
- **Zahlenangaben:** Auch durch die Eingabe von dezimalen (bzw. hexadezimalen) Zahlenwerten für *R*ot, *G*rün und *B*lau lässt sich eine Farbe einstellen bzw. mischen, z. B. falls die Zahlenwerte aus einem anderen Programm ausgelesen wurden und nun übertragen werden sollen.
- **Schaltflächen:** Die Schaltfläche *OK* übernimmt die neu eingestellte Farbe in die Werkzeug-Palette und schließt das Fenster *Farbauswahl.* Die Schaltfläche *Rücksetzen* verwirft die eben eingestellte Farbe, und Sie können erneut wäh-

len. Die Schaltfläche *Abbrechen* schließt das Fenster, ohne eine neue Farbe als Vordergrund- bzw. Hintergrundfarbe ins Programm zu übernehmen.

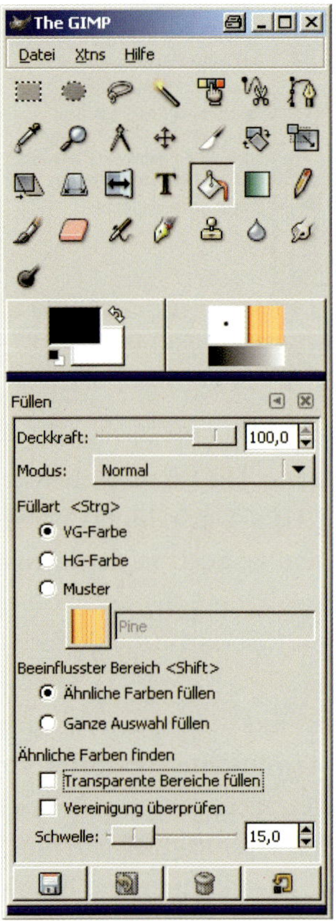

Abb. 3.21: *Werkzeugeinstellungen von Mit einer Farbe oder einem Muster füllen*

Das Werkzeug Mit Farbe oder Muster füllen (Farbeimer)

In unserem Beispielbild soll zunächst ein einfarbiger Himmel eingefügt werden. Dazu wird eine separate Ebene mit einer Farbe gefüllt, die dann durch die transparenten Bereiche der darüberliegenden Ebene mit der Landschaft als Himmel erscheint. Als Füllwerkzeug steht Ihnen hierzu das Werkzeug *Mit Farbe oder Muster füllen* zur Verfügung.

Auch das Werkzeug *Mit Farbe oder Muster füllen* hat seine eigenen Werkzeugeinstellungen (Doppelklick auf Werkzeugsymbol in der Werkzeug-Palette).

Ohne diese zu verändern, genügt es für die hier gestellte Aufgabe, nach der Wahl der gewünschten Vordergrundfarbe und der Aktivierung der entsprechenden Ebene im Ebenen-Dialog einfach mit diesem Werkzeug ins Bild zu klicken – die Ebene wird automatisch mit der gewünschten Farbe gefüllt.

3.5.3 Zweiter Teil der Aufgabe: ein Bildobjekt auf einer neuen Ebene anlegen und positionieren

Die Sonne zu malen, zu positionieren und das Anlegen der neuen Ebene *Sonne* sollten keine weiteren Schwierigkeiten bieten. Doch werden wir das Werkzeug *Ebenen und Auswahlen positionieren* mit seinen Werkzeugeinstellungen im Folgenden genauer betrachten.

Vorab wieder eine kurze Übersicht der Vorgehensweise:

- Legen Sie eine Ebene namens *Sonne* an, positionieren Sie diese unter der Ebene *Landschaft*.
- Wählen Sie ein *lichtes Gelb* als Vordergrundfarbe (Malfarbe).
- Wählen Sie im Fenster *Pinsel* (Menü *Dialoge – Pinsel*) einen runden, weichen Pinsel. Vergrößern Sie dessen Durchmesser auf etwa 300 px (Pinsel im Fenster *Pinsel* wählen – Schaltfläche *Bearbeiten* – im *Pinseleditor* Radius einstellen).

- Malen Sie eine kreisrunde Sonne, indem Sie mit dem Malwerkzeug *Pinsel – Weiche Pinselstriche zeichnen* auf die Ebene *Sonne* klicken. Lassen Sie den entstandenen Sonnenkreis mit dem Werkzeug *Ebenen und Auswahlen verschieben* (Werkzeugeinstellung *Aktive Ebene verschieben*) im Bild wandern. Positionieren Sie die Sonne schließlich.

Ebenen und Objekte genau positionieren mit dem Werkzeug Ebenen und Auswahlen verschieben

Wir wenden hier das Werkzeug *Ebenen und Auswahlen verschieben* auf ein neues Bildobjekt an, das frei auf einer separaten Ebene liegt. Dies ist die eine, wichtige Aufgabe dieses Werkzeugs. Damit lassen sich aber auch Hilfslinien, Auswahlen und Pfade verschieben, die später vorgestellt werden.

Abb. 3.22: Einstellungen des Verschieben-Werkzeugs zum Positionieren von Ebenen bzw. Objekten

Werkzeugeinstellungen

Mit den Schaltflächen von *Wirkt auf* wählen Sie, ob das Werkzeug eine *Ebene, Auswahl oder einen Pfad* verschiebt.

Möchten Sie nachträglich eine *Hilfslinie* verschieben, wählen Sie *Ebene oder Hilfslinie auswählen.*

Mit *Aktive Ebene verschieben* können Sie die im Ebenen-Dialog aktiv gesetzte Ebene verschieben.

Wenn Sie eine Ebene (oder ein Bildobjekt) im Ebenen-Dialog markieren und dann das Objekt im Bildfenster mit dem Werkzeug *Ebenen und Auswahlen verschieben* (Verschieben-Werkzeug) anklicken, können Sie es mit gedrückter linker Maustaste frei von Hand verschieben und im Bild positionieren.

Wenn Sie es einfach nur mit dem Werkzeug anklicken (wenn die Ebene aktiv ist), können Sie nun aber auch die Cursor- oder Pfeiltasten Ihrer Tastatur verwenden und das entsprechende Element pixelgenau verschieben. Jeder Anschlag einer der vier Cursor-Tasten verschiebt das Element, die Ebene um genau 1 Pixel in die jeweilige Richtung. Drücken Sie gleichzeitig die Umschalt-Taste (*Shift*), bewegt sich das Objekt in 10-Pixel-Sprüngen.

Dies war eine einfache Übung. Der nächste Schritt, einen Farbverlauf anzulegen, ist jedoch ein komplexer Vorgang. Sehen Sie sich das erst einmal genauer an.

3.5.4 Dritter Teil der Aufgabe: einen mehrfarbigen Himmel anlegen – Füllungen mit Farbverläufen

Das Werkzeug *Mit einem Farbverlauf füllen* arbeitet von vorneherein zweifarbig – mit einem Farbverlauf von eingestellter Vordergrund- zu Hintergrundfarbe. Wenn Sie diese in den entsprechenden Farbwählern eingestellt haben, können Sie das Werkzeug für einen zweifarbigen Farbverlauf direkt im Bild einsetzen. Werkzeug wählen, ins Bild klicken und mit gedrückter linker Maustaste ziehen. Ein »Gummiband«, das am Cursor hängt, zeigt Ihnen dabei die Richtung des (linearen) Verlaufs, so wie Sie das Werkzeug ziehen.

Möchten Sie jedoch einen aufwendigeren Farbverlauf einsetzen oder mit mehr und anderen Farben arbeiten, stehen Ihnen im Fenster *Farbverlaufsauswahl* eine Reihe vorgefertigter Farbverläufe zur Auswahl. Außerdem können Sie im *Farbverlaufseditor* Verläufe nach eigenen Vorstellungen anlegen.

Einen Farbverlauf anlegen – die Fenster Farbverlaufsauswahl und Farbverlaufseditor

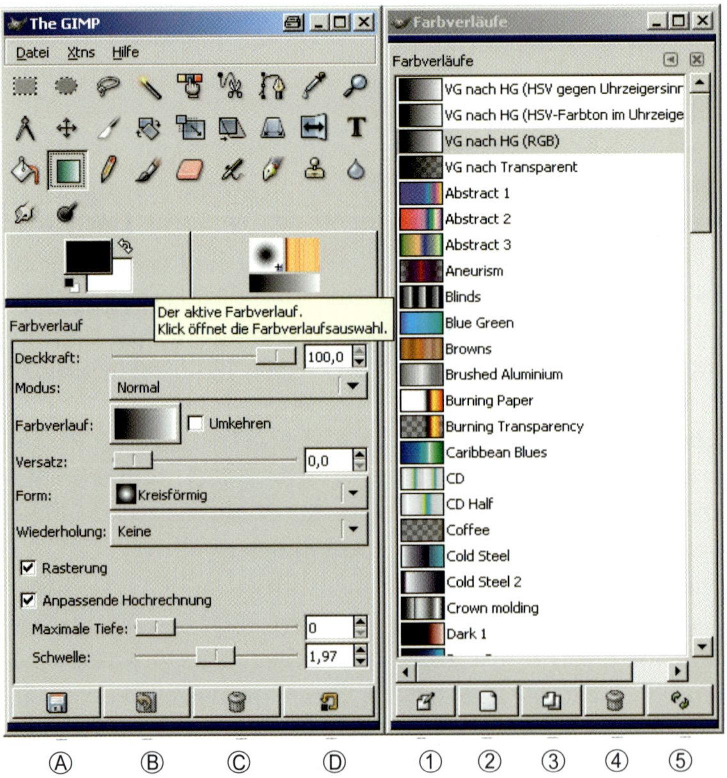

Abb. 3.23: Werkzeug-Palette, Werkzeugeinstellungen Farbverlauf und Fenster Farbverläufe

A	Einstellungen speichern	**1**	Bearbeiten
B	Schritt zurück	**2**	Neu
C	Löschen	**3**	Duplizieren
D	Einstellungen zurücksetzen	**4**	Löschen
		5	Auffrischen (Aktualisieren)

Ein linker Mausklick auf die im Bild markierte Fläche in der Werkzeug-Palette des GIMP öffnet das Fenster *Farbverläufe*. Dort wird Ihnen eine Reihe vorbereiteter Farbverläufe angeboten. Sie können einen vorbereiteten Verlauf einfach durch Anklicken auswählen, dieser steht Ihnen sofort im Verlaufswerkzeug zur Verfügung. Wählen Sie entweder durch Doppelklick den Standard-Farbverlauf-Default (eingestellte Vordergrund- zu Hintergrundfarbe). Oder klicken Sie auf die Schaltfläche 2 *Neu* (siehe Abb. 3.23). Es öffnet sich das zusätzliche Fenster *Farbverlaufseditor*, in dem Sie den Farbverlauf bearbeiten können.

Abb. 3.24: Der Farbverlaufseditor

Das Fenster *Farbverlaufseditor* zeigt den vorgewählten Farbverlauf (in diesem Fall den Standardverlauf von Schwarz nach Weiß) in einer größeren Ansicht. Unter dem Verlauf sehen Sie eine graue Leiste mit schwarzen Pfeilen links und rechts am Rand und einem grauen in der Mitte. Klicken Sie mit rechtem Mausklick in den Bereich dieser Leiste.

Damit öffnet sich das Kontextmenü des Farbverlaufseditors. Hier wählen Sie mit linker Maustaste *Farbe des linken Eckpunktes*. Es öffnet sich ein Fenster *Farbe des linken Segment-Endpunktes*, der nun schon bekannte *Farbwähler* des Programms. Wählen Sie hier eine Farbe wie vorab beschrieben, und bestätigen Sie Ihre Wahl mit *OK*. Die gewählte Farbe wird nun als Farbe des linken Endpunktes übernommen. Wiederholen Sie diesen Vorgang für die Farbe des rechten Endpunktes.

Um wie vorgeschlagen einen dreifarbigen Farbverlauf anzulegen, klicken Sie mit rechtem Mausklick im Fenster *Farbverlaufseditor* auf den Balken mit den Pfeilen unter dem Verlauf, rufen also wieder das Kontextmenü auf und wählen *Segment mittig teilen*.

Der Farbverlauf wird nun im Balken unter dem Verlauf mittig geteilt, behält aber zunächst sein Aussehen. Doppelklicken Sie nun z. B. auf die linke Hälfte des Balkens. Dieser ist nun gewählt und wird dunkelgrau, die rechte Hälfte hellgrau dargestellt. Nun stellen Sie für diese Hälfte über das Kontextmenü die *Farbe des rechten Endpunktes* ein. Dann doppelklicken Sie auf die rechte Hälfte des Balkens mit den Dreiecken. Hier wählen Sie im Kontextmenü *Linke Farbe wählen von/ Rechtem Endpunkt des linken Nachbarn*.

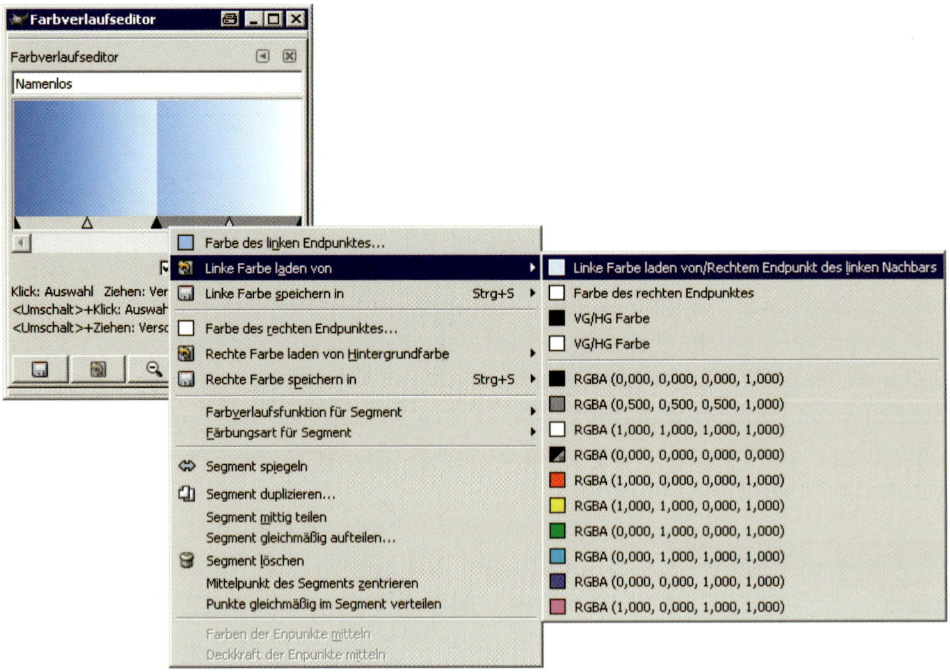

Abb. 3.25: Kontextmenü des Farbverlaufseditors

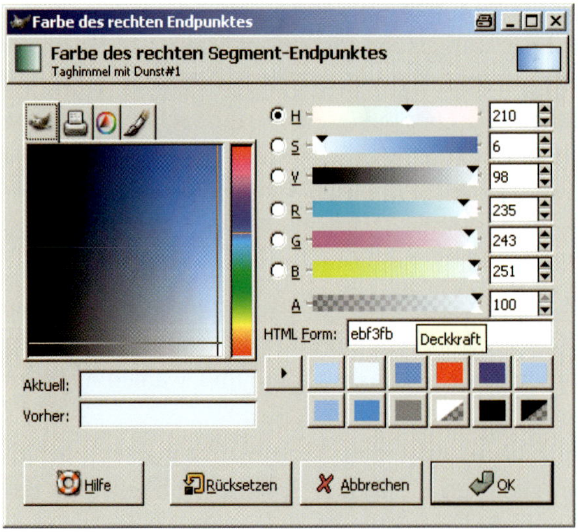

Abb. 3.26: Farbwähler für Farbverläufe mit Einstellmöglichkeit der Deckkraft A

Nun können Sie mit gedrückter linker Maustaste den Mittelpunkt des Verlaufes (mittleres Dreieck) verschieben. Geben Sie dem Verlauf im Fenster des Farbverlaufseditors oben einen Namen, und speichern Sie ihn unter Ihren Farbverläufen durch Klick auf die Schaltfläche *Speichern* (siehe Abb. 3.24 links unten).

Noch eine Anmerkung zum *Farbwähler der Segment-Endpunkte*: Sie können einem Farbverlauf auch *Transparenz* zuweisen, so dass er nicht völlig deckend wirkt. Dies bewerkstelligen Sie, indem Sie im Fenster des Farbwählers die Einstellungen der markierten *Wertangabe (A)* ändern. Voreinstellung sind hier 100 % Deckkraft.

Nun müssen Sie den Farbverlauf noch ins Bild auf die dafür vorgesehene Ebene aufbringen.

Überzeugen Sie sich, dass Ihr gewünschter Verlauf im Fenster *Farbverläufe* markiert ist. Dann wählen Sie in der Werkzeug-Palette das Werkzeug *Mit einem Farbverlauf füllen*. Doppelklicken Sie auf dieses Werkzeug, um zu den Werkzeugeinstellungen zu gelangen.

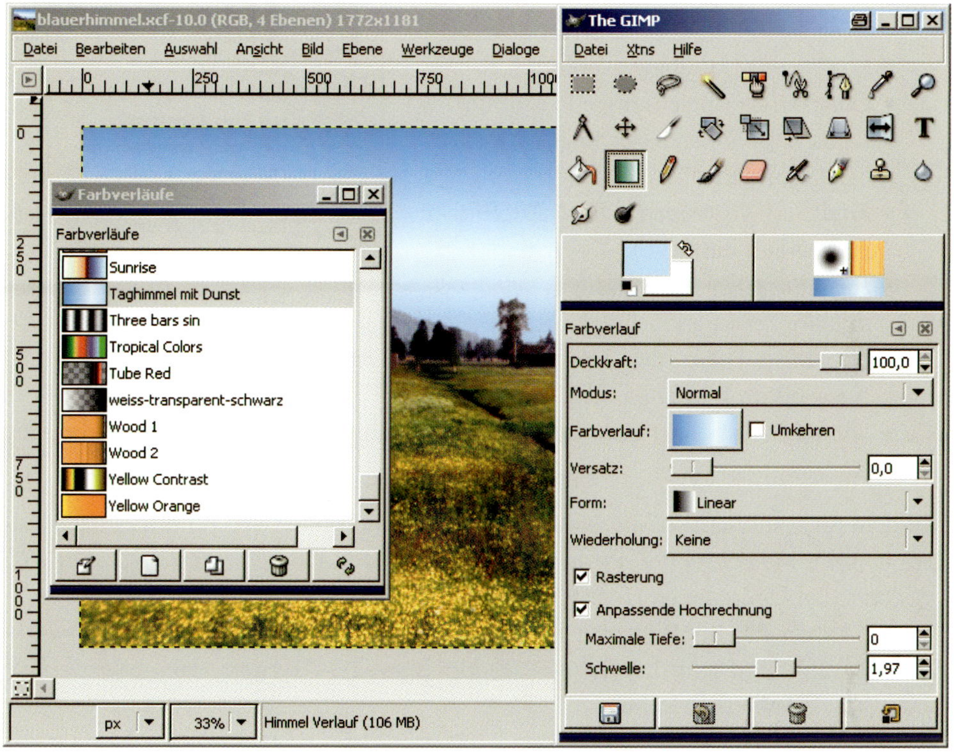

Abb. 3.27: Werkzeug-Palette und Fenster Farbverläufe mit dem gewählten Farbverlauf – Werkzeugeinstellungen Farbverlauf

Die Werkzeugeinstellungen Farbverlauf

In den Werkzeugeinstellungen *Farbverlauf* können Sie unter *Deckkraft* einstellen, ob der Verlauf als Ganzes deckend, durchscheinend oder transparent sein soll.

Unter *Modus* wählen Sie die Mischart mit der darunterliegenden Ebene – belassen Sie hier *Normal*, d. h. deckend ohne Mischeigenschaften.

Farbverlauf bietet die Auswahl aus dem Fenster *Farbverläufe*. Zudem kann angegeben werden, dass die *Verlaufsrichtung umgekehrt* wird.

Versatz verschiebt die Mitte des Farbverlaufes mit steigendem Wert nach einer Seite (abhängig auch davon, in welcher Richtung der Verlauf aufgebracht wird).

Im Auswahlmenü *Form* können Sie die *Verlaufsform* wählen. Dabei erzeugt *Linear* einen parallelen Farbverlauf, wie wir ihn einsetzen wollen.

Die übrigen Formen sind:

- *Bi-Linear* (parallel, an Mittelachse gespiegelt)
- *Kreisförmig* (»Radialer Verlauf«)
- *Quadratisch* (gleichseitige Pyramide)
- *Konisch (symmetrisch)*: Kegelform, Farben gespiegelt
- *Konisch (asymmetrisch)*: Kegelform, Farbverlauf einfach
- *Formangepasst (winklig, sphärisch, dimpled)* erzeugt Farbverläufe, die sich der freien Form, den Umrissen einer Auswahl im Bild anpassen.
- *Spirale (rechts- oder linksdrehend)*: Farbverläufe, die spiralförmig, wirbelartig sind.

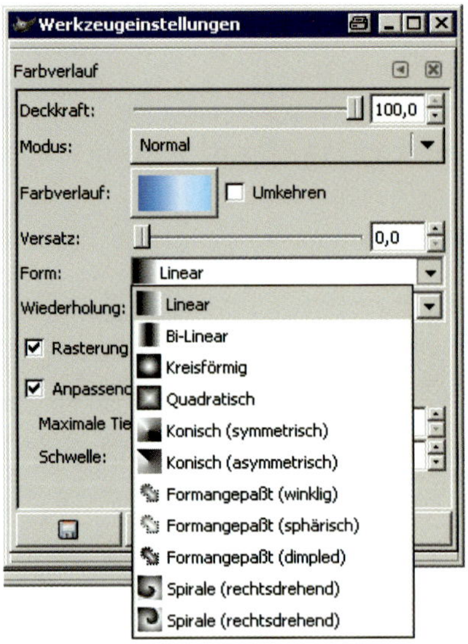

Abb. 3.28: Auswahlmenü Form für Verlaufsfüllungen

Mit dem Auswahlmenü *Wiederholung* bestimmen Sie, ob der Verlauf nur einfach aufgebracht wird (*Keine*) oder ob der Verlauf mit harten Übergängen *(Sägezahnwelle)* oder weichen Übergängen (*Dreieckswelle*) wiederholt wird.

Sie haben für Ihr Bild nun in den Werkzeugeinstellungen des Verlaufswerkzeugs gewählt: *Deckkraft*: 100 % – *Modus*: Normal – *Versatz*: 0,0 – *Farbverlauf*: Linear – *Wiederholung*: Keine

Das Werkzeug Farbverlaufsfüllung einsetzen

Setzen Sie die gewünschte Ebene, die gefüllt werden soll, im Fenster *Ebenen, Kanäle, Pfade, Rückgängig* aktiv (darauf klicken, die Ebene wird blau). In der Werkzeug-Palette ist das Werkzeug *Mit Farbverlauf füllen* ausgewählt.

Deuten Sie mit dem Mauszeiger auf das Bild: Der Mauszeiger hat nun das Aussehen eines Kreuzes. Klicken Sie oben in Ihr Bild, und ziehen Sie mit gedrückter linker Maustaste: Eine Art »Gummiband« hängt am Mauszeiger. Wenn Sie die Maustaste loslassen, wird der Füllvorgang ausgeführt.

Je nachdem, wo Sie mit diesem Werkzeug zuerst ins Bild klicken, und je nachdem, in welcher Richtung Sie dann ziehen, können Sie dem Farbverlauf eine Richtung, einen Winkel geben.

Außerdem können Sie die Weite des Farbverlaufs bestimmen, je nachdem, wie lang Sie das »Gummiband« aufziehen. Probieren Sie! Sie können den Füllvorgang öfters nacheinander wiederholen. Wenn Sie mit dem Ergebnis zufrieden sind: Denken Sie daran, Ihr Bild zu speichern.

Hier noch einmal als Übersicht die wichtigsten Schritte dieses Teils der Aufgabe:

- Legen Sie eine neue Ebene *Himmel-Verlauf* an.
- Rufen Sie das Fenster *Farbverlaufsauswahl* aus der Werkzeug-Palette auf.
- Erstellen Sie einen dreifarbigen Farbverlauf »kräftiges Himmelblau – silbriges Hellblau – lichtes Himmelblau«, und wenden Sie ihn auf der neuen Ebene an.
- Speichern Sie das Bild *blauerhimmel.xcf.*

Sie haben nun einen Himmel im Bild mit grafischen Mitteln ersetzt. Sehen Sie sich noch die dritte Möglichkeit an – einen flauen Himmel im Bild durch die Fotografie eines lebendigeren Himmels ersetzen.

3.5.5 Vierter Teil der Aufgabe: in einem Bild ein anderes Bild (einen Himmel) als neue Ebene einfügen

Auch im GIMP besteht die Möglichkeit, Bilder als Ebenen aus mehreren verschiedenen Bilddateien in eine zu importieren. Dies bewerkstelligen Sie einfach mit Drag & Drop aus dem Ebenen-Dialog des einen auf die Bildfläche des anderen Bildes. Dabei sollten Sie allerdings beachten, dass die importierten Bildebenen ggf. hinsichtlich Größe und Auflösung vorab an das Zielbild angepasst werden sollten. Die Ebenen werden dabei kopiert und bleiben im Originalbild erhalten.

Hier die Beschreibung der wichtigsten Bearbeitungsschritte der Beispielaufgabe:

- Öffnen Sie Ihr Bild *blauerhimmel.xcf* und das Bild *fönhimmel.jpg* aus dem Verzeichnis *Bildvorgaben.*
- Ordnen Sie beide Bildfenster so an, dass sie sich teilweise überlappen. Richten Sie sich daneben das Fenster *Ebenen, Kanäle, Pfade, Rückgängig* ein.
- Setzen Sie das Fenster mit dem Bild *fönhimmel.jpg* aktiv, indem Sie es anklicken. Klicken Sie nun auf die Ebene *Hintergrund* im Ebenen-Dialog, und ziehen Sie diese *mit gedrückter linker Maustaste* auf ein Stück der sichtbaren Bildfläche des Bildes *blauerhimmel.xcf.* Hier lassen Sie die Maustaste los, die Ebene wird in das Bild *blauerhimmel.xcf* eingefügt. Bei diesem Vorgang wird die Ebene kopiert, nicht verschoben.
- Benennen Sie die Ebene *Hintergrund* um, z. B. in *fönhimme*l. Verschieben Sie diese im Ebenen-Dialog so, dass sie unter der Ebene mit der Landschaft zu liegen kommt (am einfachsten mit Drag & Drop anklicken und ziehen – oder mit Hilfe der Pfeiltasten in der Ebenen-Palette unten – die entsprechende Ebene muss dazu aktiv sein).

Nun müssen Sie die Ebene noch skalieren, ins Bild einpassen. Dies bewerkstelligen Sie mit den Arbeitsbefehlen im Menü *Werkzeuge – Transformationen – Skalieren,* was im Folgenden genauer beschrieben wird.

Abb. 3.29: Ebene ziehen

Transformationen – eine Ebene skalieren

Bisher haben Sie ganze Bilder skaliert und damit die Bildgröße geändert, indem Sie im Menü den Befehl *Bild – Bild skalieren* verwendeten. Nun geht es darum, eine einzelne Ebene zu skalieren und auch zu transformieren, zu verzerren.

Betrachten Sie Ihr Bild. Im Bildfenster sehen Sie die neue Ebene *fönhimmel*. Die Ebene ist zwar zum großen Teil hinter der Ebene mit der Landschaft verborgen, aber wenn sie in der Ebenen-Palette aktiv gesetzt ist, erkennen Sie ihren Umriss, der durch die schwarz-gelbe Strichelung angegeben wird. Diese Ebene soll nun frei transformiert und ins Bild eingepasst werden.

Abb. 3.30: Einkopierte Ebene mit gestricheltem Rand

Zum Skalieren von Ebenen per Zahleneingabe gibt es auch das Menü *Ebene – Ebene skalieren*. Dieses eignet sich dann, wenn Sie eine Ebene auf eine durch Zahlen definierte Größe hin abändern möchten. Wir aber wollen nun die Ebene mit der Maus skalieren und einpassen. Dazu verwenden wir das Werkzeug *Ebene oder Auswahl skalieren* aus dem *Werkzeugkasten*, damit erhalten wir auch die Werkzeugeinstellungen. Alternativ steht das Menü *Werkzeuge – Transformationen – Skalieren* zur Verfügung.

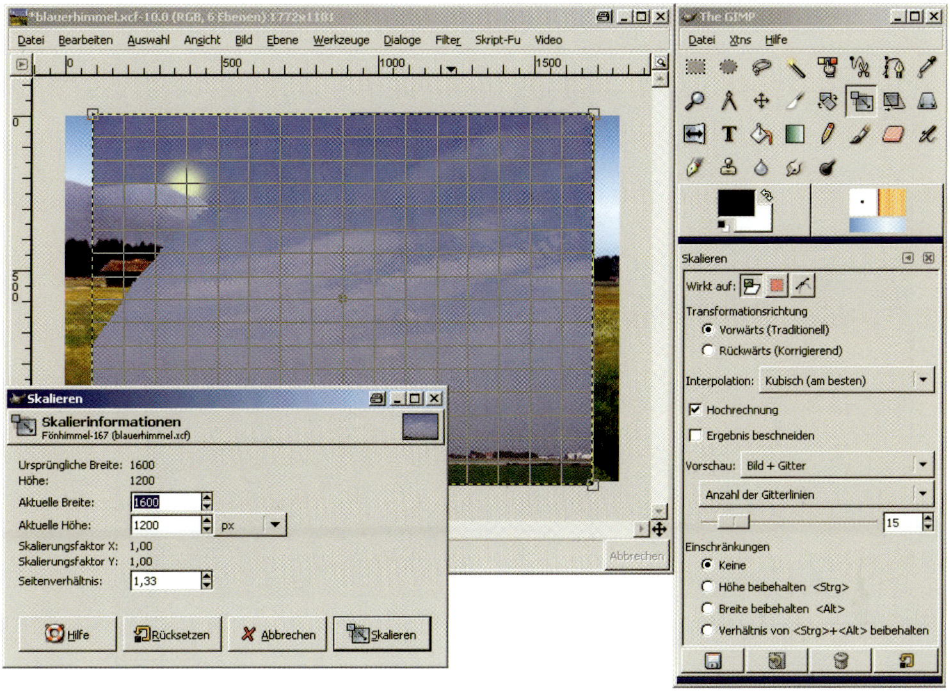

Abb. 3.31: Ebene skalieren

Sobald Sie dieses aufrufen, erscheint das Fenster *Skalieren*, über das Sie die Ebene per Zahleneingabe skalieren können. Wir möchten die Transformation aber händisch mit der Maus nach Augenschein ausführen. Deshalb wählen wir in den *Werkzeugeinstellungen* im Aufklappmenü *Vorschau: Bild + Gitter*. Das Gitter, das nun beim Klick auf das Bild angezeigt wird, können Sie an den Rändern mit gedrückter linker Maustaste anfassen und ziehen. Außerdem können Sie das Gitter im Bild mit gedrückter Maustaste verschieben.

Vergrößern Sie den Arbeitsraum um das Bild, indem Sie die Fensterränder etwas nach außen ziehen. Dann fassen Sie mit der Maus die Ränder des Gitters und ziehen bzw. schieben sie so, wie im zweiten Bild hier zu erkennen.

Um die eingestellte Skalierung ausführen zu lassen, klicken Sie die Schaltfläche *Skalieren* im Fenster *Skalieren*.

Sollte das Ergebnis nicht befriedigend sein, machen Sie den Vorgang rückgängig und wiederholen die Arbeitsschritte. Speichern Sie abschließend Ihr Bild.

Sie haben jetzt alle wesentlichen Möglichkeiten gesehen, einen Himmel in einem Bild »aufzufrischen«. Dabei haben Sie eine ganze Reihe komplexer Werkzeuge kennen und handhaben gelernt. Was jetzt noch fehlt, um aus einem schönen Bild eine Grußpostkarte zu machen, ist der Umgang mit dem Textwerkzeug.

Abb. 3.32: Nach der Skalierung. Der gestrichelte Rand kennzeichnet die neue Größe und Form der skalierten Ebene. Diese wurde außerdem mit der Tonwertkorrektur nachbearbeitet.

3.6 Schreiben mit dem GIMP – Text in ein Bild einfügen

3.6.1 Eine kleine Typografie – Grundlegendes zu Schriftarten

Hier einige wesentliche Merkmale von Schriftarten:

Serifenlose Schriften wie Arial, Avant Garde, Verdana oder Helvetica. Diese Schriften wirken klar, nüchtern, markant, eignen sich für Überschriften und kurze Informationen, jedoch nicht gut für lange Lesetexte.

Serifenschriften. Serifen sind die Schweife und Ausweitungen an Schriften wie Times New Roman oder Garamond, sie machen die Schrift eingängiger, halten das Auge des Betrachters besser in der Zeile. Erfahrungsgemäß lassen sich diese Schriften leichter, ermüdungsfreier lesen, sie sind Standarddruckschriften von Zeitungen oder Büchern. Solche Schriften werden auch als Brotschriften bezeichnet.

Eine weitere Unterscheidung von Schriften bezieht sich auf die Zwischenräume zwischen den Buchstaben:

Proportionalschriften: Alle bisher genannten Schriften sind Proportionalschriften, d. h., der Zwischenraum zwischen den einzelnen Zeichen ist stets gleich. In der Regel werden Proportionalschriften im Web wie beim Druck für größere Textmengen eingesetzt, da sie dem Auge ein leichteres Lesen ermöglichen – das Schriftbild wirkt gleichmäßiger, ruhiger.

Nichtproportionale Schriften werden auch Schreibmaschinenschriften (Teletyper-Schriften) oder diktengleiche Schriften genannt. Bei ihnen hat jedes Zeichen etwa die gleiche Größe, Breite. Sie werden in Dokumenten und Webseiten gerne verwendet, um Quellcode zu kennzeichnen – oder einfach, um Schreibmaschinentext nachzuahmen. Hier das Beispiel »Courier New«.

Schmuck- oder Zierschriften sind Schriften wie Comic Sans MS oder Daupin, die eine Handschrift nachahmen. Solche Schriften eignen sich für entsprechenden Text, z. B. für Einladungen oder wenn, allgemeiner gesprochen, mit der Schrift ein grafischer Effekt oder eine bestimmte Anmutung (Fraktur – alt, Comic-Text – futuristische Anmutung) erzeugt werden soll.

Schriftgrößen werden im Druckbereich in **Punkt pt** oder **Pica pc** angegeben. Dabei ist 1 Punkt (pt) = 1/72 Zoll = 1/72Inch = 2,54 cm/72. 1 Pica (pc) = 12 Punkt (pt) (Standardschriftgröße).

Hinweis: Bei der Installation des GIMP werden einige zusätzliche Schriftarten aus der Linux-Welt unter Windows installiert, z. B. die Schriften der Reihe Sans (serifenlos) und Serif (Serifenschrift).

3.6.2 Schreiben mit dem GIMP – das Textwerkzeug

Mit dem Textwerkzeug aus der Werkzeug-Palette des GIMP können Sie einen »dynamischen Text« erzeugen, ins Bild einfügen und positionieren. »Dynamisch« ist dieser Text insoweit, als er zwar als Pixelelement ins Bild eingefügt wird, jedoch auf einer Vektordarstellung basiert und nachträglich ergänzt, bearbeitet und in seinen Eigenschaften wie Textfarbe und Schriftart oder Schriftgröße verändert werden kann. Beim Einfügen von Text werden eigenständige Textebenen erzeugt, der Text wird also nicht mit einem Hintergrund bzw. einer anderen Ebene »verbacken«.

Mit diesem Werkzeug lassen sich gut Überschriften, einzelne Texte oder Erläuterungen in ein Bild einfügen – für ein Seitenlayout mit viel Text ist es weniger geeignet.

Abb. 3.33: Die Werkzeugeinstellungen von Text zum Bild hinzufügen, der GIMP Text-Editor und Textebenen im Ebenen-Dialog

3.6.3 Text erstellen und die Texteigenschaften festlegen

Wählen Sie in der Werkzeug-Palette das Textwerkzeug. Doppelklicken Sie gegebenenfalls auf das Symbol, falls die Texteinstellungen nicht automatisch unten als Andock-Fenster angezeigt werden.

Der Mauszeiger sieht jetzt aus wie ein Text-Cursor. Klicken Sie damit an eine Stelle im Bild, an der Sie Ihren Text einfügen möchten.

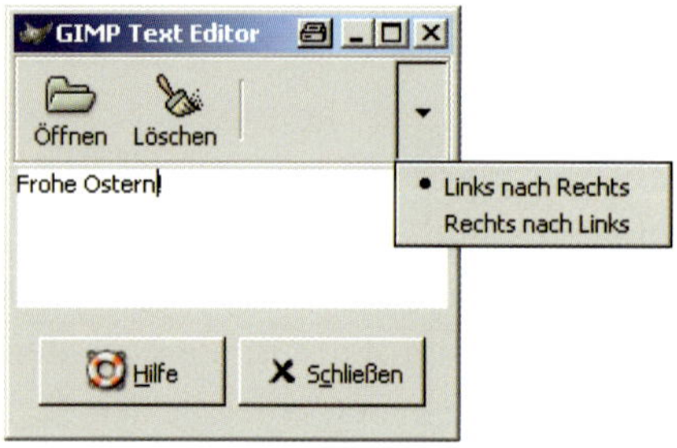

Abb. 3.34: Der Text-Editor des GIMP

Sie können den Text nicht direkt auf der Bildfläche schreiben. Sie machen das indirekt mit dem **Text-Editor** des GIMP. Mit ihm können Sie Text neu schreiben, Sie können im Editor Zeilenumbrüche einfügen oder Text nachträglich korrigieren und ergänzen. Über die Schaltfläche *Öffnen* können Sie einen Text öffnen, den Sie auf Ihrem Rechner gespeichert haben. Die Schaltfläche *Löschen* löscht allen Text im Editorfenster und in der zugehörigen Textebene im Bild.

Sie können im Text-Editor zunächst zwischen linksbündiger und rechtsbündiger Textausrichtung wählen (Aufklappmenü oben rechts). Weitere Einstellmöglichkeiten für die Textausrichtung stehen Ihnen in den Werkzeugeinstellungen des Textwerkzeugs zur Verfügung.

Der im Editor geschriebene Text erscheint im Bild, gleichzeitig wird eine separate *Textebene* in den Ebenen-Dialog eingefügt.

Die weiteren Texteigenschaften wie Schriftart, Größe und Farbe werden in den Werkzeugeinstellungen bestimmt. Sie können das vorab tun, aber auch jederzeit nachträglich ändern oder korrigieren. Um einen Text nachträglich abzuändern, wählen Sie die entsprechende Textebene im Ebenen-Dialog. Dann klicken Sie zuerst auf das Textwerkzeug, danach auf den Text im Bild. Es öffnet sich wieder der Text-Editor mit dem entsprechenden Inhalt. Jetzt können der gewählte Text und auch seine Eigenschaften bearbeitet werden.

- **Schrift:** Wenn Sie auf die Schaltfläche neben *Schrift* klicken, wird Ihnen eine Auswahlliste sämtlicher auf Ihrem Rechner installierter Schriftarten mit einem Beispiel des Aussehens angezeigt.
- **Größe:** Hier können Sie die *Schriftgröße* per Zahl einstellen. Im Auswahlmenü daneben können Sie die *Maßeinheit* einstellen: *px* (Pixel) – *in* (Inch) – *mm* (Millimeter) – *pt* (Punkt) – *pc* (Pica: 1 Pica = 12 Punkt = Standardschriftgröße) und *Mehr* (**Hinweis:** 1 Punkt (pt) = 1/72 Zoll = 1/72Inch = 2,54 cm/72)
- **Hinting:** Hinting oder Auto-Hinting ist eine Methode des Programms, die Darstellung von Schrift im Bild zu optimieren und Darstellungsfehler zu korrigieren – eine Besonderheit des GIMP.
- **Kantenglättung (Anti-Aliasing):** Ohne Kantenglättung erscheinen vor allem die Buchstaben von Texten kleiner Schriftgröße pixelig, stufig (Sägezahneffekt, Treppchenbildung). Die Kantenglättung wirkt dem dadurch entgegen, dass am Rand Pixel mit Mischfarben zwischen Text- und Hintergrundfarbe eingefügt werden. Dies führt zumindest optisch zu einer Glättung (siehe auch Grundlagenkapitel 1.3.1, Abb. 1.1 am Anfang des Buches).
- **Farbe:** Zunächst verwendet der GIMP die im Farbwähler eingestellte *Vordergrundfarbe als Textfarbe*. Im Fenster der Texteinstellungen haben Sie die Möglichkeit, die Textfarbe eigens einzustellen bzw. auch nachträglich zu ändern. Klicken Sie dazu auf die farbige Schaltfläche, es öffnet sich der schon bekannte Farbwähler.
- **Ausrichtung:** Für mehrzeilige, längere Texte können Sie die *Textausrichtung* wählen. Eine Wahl, ob links- oder rechtsbündig, können Sie schon im Editor treffen. Prinzipiell stehen Ihnen hier in den Texteigenschaften vier Möglichkeiten der Textausrichtung zur Verfügung: *Linksbündig – Rechtsbündig – Zentriert – Blocksatz.* Gegebenenfalls müssen Sie den Text im Editor markieren. Dann können Sie auch einzelne Textbereiche unterschiedlich ausrichten.

Abb. 3.35: Die Werkzeugeinstellungen des Textwerkzeugs

- **Einzug:** Durch Änderung der Zahlenwerte – auch negative Zahlenwerte sind möglich – können Sie einen Erstzeilen-Einzug bzw. eine Ausrückung herstellen.
- **Zeilenabstand:** Bei mehrzeiligem Text können Sie hier den Zeilenabstand numerisch vergrößern oder verkleinern.
- **Pfad aus Text erzeugen:** Auf Pfade werden wir in einem späteren Kapitel eingehen. Hier so viel: Wenn Sie diese Schaltfläche klicken, wird der Text in eine Vektorform, einen Pfad umgewandelt. Aus Pfaden lassen sich z. B. mit den Werkzeugeinstellungen des Pfad-Werkzeugs schnell Auswahlen entsprechend dem Umriss einer Figur herstellen.

Sonderzeichen einfügen

Mit dem Text-Editor des GIMP können Sie alle Zeichen schreiben, die Sie auf Ihrer Tastatur finden. Sonderzeichen wie das Copyright-Zeichen © oder das spanische n mit Tilde – ñ – wie in Cañon sind zunächst nicht darunter. Abhilfe schaffen dabei so genannte ASCII- bzw. Unicode-Tabellen, die Sie z. B. unter folgenden Adressen im Internet finden:

- http://www.utf8-chartable.de
- http://mandalex.manderby.com/a/ascii.php
- http://www.sql-und-xml.de/unicode-database/
- http://www.homepage-total.de/html/unicode-tabelle.php

Rufen Sie eine dieser Seiten auf, und markieren Sie auf der Internetseite das Zeichen oder Symbol, das Sie in den Text einfügen möchten. Das funktioniert genau so, wie Sie es aus Textbearbeitungsprogrammen gewohnt sind, indem Sie mit gedrückter linker Maustaste darüber fahren. Mit rechtem Mausklick auf das gewünschte, markierte Zeichen wählen Sie im sich öffnenden Kontextmenü *Kopieren*.

Wechseln Sie zum Fenster Text-Editor des GIMP, setzen Sie den Cursor an die gewünschte Stelle. Mit rechtem Mausklick und *Einfügen* im Kontextmenü wird jetzt das entsprechende Zeichen eingefügt.

Alternativ können Sie über die Tastatur den hexadezimalen Zahlenwert des jeweiligen Unicode-Zeichens im Text-Editor eingeben, wenn Sie dabei die Tasten *Strg* und *Shift* gedrückt halten. Für das Copyright-Zeichen ist das A9 (im hexadezimalen Zahlensystem sind die Buchstaben A, B, C, D, E, F Zahlzeichen). Die Zeicheneingabe muss dabei auch für Zahlzeichen über die Tasten des Schreibmaschinenblocks, nicht des Nummernblocks erfolgen. Voraussetzung dabei ist, dass der gewählte Zeichensatz auch über das entsprechende Zeichen verfügt.

Unter Windows finden Sie die erforderlichen Zeichen und Unicode-Positionen in der *Zeichentabelle* unter *Start – Programme – Zubehör – Systemprogramme*.

3.6.4 Text und einen Schlagschatten dazu erzeugen – Skript-Fu Schatten – Schlagschatten

Schlagschatten geben Bildelementen und vor allem auch Text Räumlichkeit, ein plastisches Aussehen. Wie Sie mit Auswahlen und Füllungen Schattenebenen zu beliebigen Bildobjekten – auch Text – erzeugen können, erfahren Sie in den folgenden Kapiteln.

Hier eine für die Herstellung des Schlagschattens sehr einfache, automatisierte Möglichkeit: Verwenden Sie einfach das Skript-Fu *Schatten – Schlagschatten.*

Im Fenster, das sich nach dem Aufruf des Menüs *Skript-Fu – Schatten – Schlagschatten* öffnet, können Sie die Eigenschaften bestimmen, die der Schatten haben soll.

Die Werte bei *Versatz* bestimmen dabei die Richtung, die der Schatten vom Bildobjekt aus hat: Positive Werte bei *Versatz X* weisen nach rechts, negative nach links, positive Werte bei *Versatz Y* weisen nach unten, negative lassen den Schatten nach oben laufen. Angemerkt sei hier, dass wir den Lichteinfall intuitiv von links oben (Vormittagssonne) erwarten – die Voreinstellungen des Programms sind entsprechend.

Kaum ein Schatten hat einen harten, kantigen Rand. Dementsprechend kann ein Weichzeichner auf die Schattenkontour angewandt werden, dessen Radius (Kantenschärfe) Sie einstellen können.

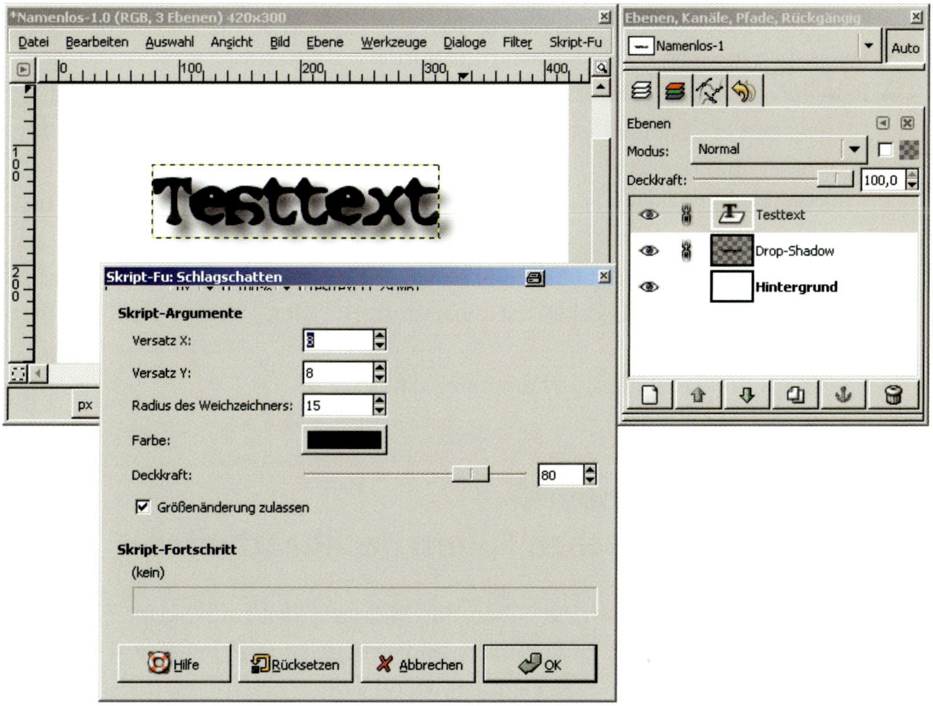

Abb. 3.36: Das Fenster Skript-Fu: Schlagschatten und die automatisch erzeugte Ebene Drop-Shadow im Ebenen-Dialog

Sie können die Farbe des Schattens wählen. Schwarz ist voreingestellt, aber Sie könnten auf dunklem Untergrund z. B. auch Weiß wählen – Ihr Bildobjekt würde leuchten.

Kaum ein Schatten auf dieser Welt ist völlig schwarz, opak deckend, sondern Sie sehen immer auch den Untergrund oder die Wand im Schatten. Über den Schieberegler bei *Deckkraft* können Sie dem Schatten Transparenz geben.

Ein Schlagschatten wird größer als das Objekt, das den Schatten wirft. Lassen Sie also das Kontrollkästchen bei *Größenänderung zulassen* angehakt. Der Schatten kann dann größer werden als das Objekt, das den Schatten wirft.

Wenn Sie Ihre Einstellungen getroffen haben, bestätigen Sie mit *OK*. Der Schlagschatten wird automatisch generiert und als neue, separate Ebene ins Bild eingefügt.

Der GIMP ist eine wahre Filterwerkstatt. Wir gehen hier in diesem Buch nur auf wenige ausgewählte Beispiele ein. Einige Hinweise und Erläuterungen zu Filtern und wie Sie diese einsetzen können, finden Sie im nächsten Kapitel.

Mit dem Textwerkzeug und Schlagschatten arbeiten – eine Übungsaufgabe

Wie Sie das Textwerkzeug handhaben können, haben Sie nun erfahren; Zeit, es einmal an einer kleinen Aufgabe auszuprobieren. Dabei machen Sie auch weitere Erfahrungen mit Filtern und Effekten, wie sie z. B. das Menü *Skript-Fu – Schatten – Schlagschatten* bietet:

- Öffnen Sie Ihr Bild *blauerhimmel.xcf.*
- Stellen Sie die gewünschte Textfarbe (Vordergrundfarbe) ein.
- Erstellen Sie einen Grußkartentext mit den Standardeinstellungen. Da wir später noch ein paar selbst gemalte Ostereier ins Bild einfügen werden, empfiehlt sich ein Ostergruß.
- Ändern Sie die Texteigenschaften in den Werkzeugeinstellungen des Textwerkzeugs.
- Erstellen Sie mit dem Arbeitsbefehl *Skript-Fu – Schatten – Schlagschatten* und den im vorigen Kapitel erklärten Einstellungen einen Schatteneffekt zu Ihrer aktiven Textebene.
- Speichern Sie das Bild als *urlaubskarte.xcf.*

3.7 Mit Effekten zaubern – Bilder mit grafischen Filtern nachbearbeiten

Die Filter des GIMP erreichen Sie über die Menüs *Filter* und *Skript-Fu*. Einige wenige Effekte bzw. Filter zur qualitativen Bildverbesserung haben Sie schon kennengelernt: den Gaußschen Weichzeichner (Menü *Filter – Weichzeichnen*) und den Filter *Schärfen* (*Filter – Verbessern – Schärfen*). Wir werfen noch einmal einen Blick auf den Letzteren und sehen uns in diesem Kapitel auch den Filter *Unscharf maskieren* an. Er kann helfen, auch in hochaufgelösten, unscharfen Bildern Kanten und Konturen zu finden und das Bild mit Details anzureichern. Dahingegen ist der Filter *Selektiver Gaußscher Weichzeichner* dazu geeignet, ein verrauschtes Bild zu glätten und wieder Flächen und Konturen hinzuzufügen.

Mit den Filtern unter *Rauschen* lässt sich ein Bild, das als JPEG-Datei stark komprimiert wurde (Kompressionsartefakte), durch Hinzufügen von Störungen wieder in einen brauchbaren Zustand versetzen – wobei das Bild zwar unruhiger wird durch die eingefügten farbigen Pixel, diese aber die Kompressionsartefakte »übertünchen«.

Bisher haben wir beim Arbeiten mit Filtern immer ein ganzes Bild mit nur einer Hintergrundebene bearbeitet. Wenn Sie Filter in Bildern mit mehreren Ebenen einsetzen, müssen Sie darauf achten, dass Sie auch die Ebene aktiv setzen, auf die Sie den Filter anwenden möchten.

Manche Filter können nicht auf einzelne Ebenen angewendet werden. Dann, und wenn Sie möchten, dass der Filter auf das ganze Bild gleichmäßig angewandt wird, müssen Sie die Ebenen im Bild auf eine reduzieren. Dazu wählen Sie im Kontextmenü der Ebenen-Palette *Sichtbare Ebenen vereinen* (rechter Mausklick auf eine Ebene im Fenster *Ebenen, Kanäle, Pfade, Rückgängig,* dem Ebenen-Dialog) bzw. *Bild zusammenfügen*. Achten Sie ggf. darauf, die Ebenen, die nicht sichtbar sein sollen, über das Augen-Symbol unsichtbar zu schalten oder gleich zu löschen. Führen Sie diese Arbeiten aber nur an einer Kopie Ihres Bildes aus!

Sie können auch mehrere Filter hintereinander auf ein und dasselbe Bild anwenden.

Der GIMP hält eine Vielzahl von künstlerischen und grafischen Filtern bereit. Besonders sei hier auf den GIMPressionist hingewiesen (Menü *Filter – Künstlerisch – GIMPressionist*), ein wahres Filterlabor! Unter *Skript-Fu* finden Sie eine weitere große Anzahl von Effekten. Auf den Effekt Schlagschatten, der eine Schattenebene zu Text und anderen frei stehenden Bildobjekten auf einer separaten Ebene erzeugt, habe ich schon hingewiesen. Beachten Sie das oben Genannte, und probieren und experimentieren Sie mit Ihren Bildern. Viel Spaß dabei!

3.7.1 Bilder und Bildelemente schärfen

Wenn ein Bild stark verwackelt ist, wird kein Filter oder Werkzeug eine wesentliche Verbesserung erbringen. Aber Bilder, die nur etwas verwackelt oder unscharf sind oder eine zu geringe Tiefenschärfe aufweisen, lassen sich nachträglich recht gut schärfen. Dabei wird allerdings nicht die Bildqualität gesteigert – das ist nicht möglich. Die Bilder werden also nicht detailreicher. Vielmehr werden die vorhandenen Details und Konturen durch Steigerung der Hell-Dunkel-Kontraste im Bild an Objektkanten und Konturen hervorgehoben (vor allem beim Filter *Unscharf Maskieren*).

Der GIMP bietet verschiedene Möglichkeiten, unscharfe Bilder nachträglich zu schärfen. Zur Auswahl stehen zwei Filter: Menü *Filter – Verbessern – Schärfen* oder Menü *Filter – Verbessern – Unscharf Maskieren.* Ein dritter Filter findet sich im Menü *Skript-Fu – Alchimie – Unscharf maskieren.* Diese Filter wirken zunächst immer auf das gesamte Bild bzw. die aktive Ebene, können aber durch eine Auswahl auf einen bestimmten Bildbereich eingegrenzt werden.

Mit dem Werkzeug *Weichzeichnen/Schärfen* steht auch ein Pinselwerkzeug zur Verfügung, mit dem Sie, je nach Werkzeugeinstellungen, Bildbereiche zusätzlich scharf malen bzw. weich verwischen können. Diese Möglichkeit, Bildbereiche nachträglich gezielt wieder weichzeichnen zu können, ist beim Schärfen von Bildern von Interesse. Fehler, die beim Schärfen entstehen können, sind nämlich die Überschärfung von Bildbereichen, zu krasse Konturen oder ein erhöhtes Rauschen im Bild. Diese Fehler können durch das Werkzeug *Weichzeichnen/Schärfen* oder das Werkzeug *Bild verschmieren (Wischfinger)* weitgehend ausgeglichen werden.

Sehen wir uns die drei zur Verfügung stehenden Filter einmal an.

Der Filter Schärfen

Den Filter *Schärfen* (Menü *Filter – Verbessern – Schärfen*) haben wir in Kapitel 2.4.11 bereits eingesetzt. Wie gesagt bewirkt dieser Filter bei Bildern, deren Pixelzahl wesentlich reduziert wurde (z. B. von 300 dpi auf 72 dpi bei gleicher Größe), eine deutliche Steigerung der Kantenschärfe, bereits bei einmaliger Anwendung.

Auch bei hochaufgelösten Bildern kann dieser Filter eingesetzt werden. Allerdings ist der Filter *Unscharf Maskieren,* dessen Anwendung im folgenden Abschnitt gezeigt wird, bei Bildern mit großer Pixelanzahl im Allgemeinen besser geeignet. Um mit dem Filter *Schärfen* eine deutliche Schärfung zu erzielen, können Sie ihn mehrfach hintereinander auf das Bild anwenden. Dafür sollte die Einstellung der Schärfe (0–100) mit einem moderaten Wert erfolgen, um eine plötzliche Überschärfung des Bildes, wie in Abbildung 3.39 gezeigt, zu vermeiden. Treten solche Fehler nur in geringem Umfang auf, zeigt das Bild aber ansonsten die gewünschte Zunahme der Bildschärfe, können Sie das Bild mit den genannten Werkzeugen *Weichzeichnen/Schärfen* und *Bild verschmieren* korrigieren.

Sie können die folgende Darstellung verschiedener Schärfungsmethoden und Einstellungen selbst nachvollziehen. Als Beispielbild hierzu finden Sie das Bild *unscharf.png* auf der Buch-CD im Ordner *Bildvorgaben.*

Abb. 3.37: Das Bild unscharf.png im Ausgangszustand

Abb. 3.38 Das Bild nach viermaligem Einsatz des Filters Schärfen mit 35 % Wirkkraft – eine geringfügige Verbesserung

Abb. 3.39: Das Bild nach zu häufigem Einsatz des Filters. Das Bild ist überschärft, das Rauschen im Bild hat stark zugenommen.

Der Filter Unscharf Maskieren

Der Filter *Unscharf Maskieren* im Menü *Filter – Verbessern* ist bei hochaufgelösten Bildern besser geeignet. Er steigert die Hell-Dunkel-Kontraste von Farben und Flächen deutlicher als der Filter *Schärfen*.

Abb. 3.40: Wieder das Ausgangsbild zum Vergleich

Abb. 3.41: Das Bild nach dem fünfmaligen Schärfen mit dem Filter Unscharf Maskieren – eine deutliche Verbesserung. Allerdings wurden hier beim Schärfen auch Bildfehler deutlich hervorgehoben – ein Fall für die Korrektur mit dem Kopierstempel.

Auch bei diesem Filter sollten Sie die eingestellten Werte im Filter gering wählen und dafür den Filter besser mehrfach hintereinander einsetzen, um ein plötzliches Überschärfen bzw. Überzeichnen der Kontraste zu vermeiden. Im Beispiel wurden folgende Werte gewählt:

Radius: 5 – *Menge:* 0,15 – *Schwellwert:* 3

Bei zu hohen Einstellungen der Werte im Filter *Unscharf Maskieren* überzeichnet das Programm die Darstellung – es kommt zu weißen Rändern und Flächen an Kanten und in hellen Bereichen des Bildes, wie in Abbildung 3.42 zu sehen.

Abb. 3.42: Überzogene Hell-Dunkel-Kontraste aufgrund zu hoch gesetzter Werte

Der Filter Unscharf maskieren im Menü Skript-Fu – Alchimie

Skript-Fus sind programmierte Arbeitsabläufe – Makros –, die nacheinander verschiedene Arbeitsbefehle mit vorgegebenen, aber einstellbaren Werten ausführen. Solch ein Skript-Fu ist *Unscharf maskieren* im Menü *Skript-Fu – Alchimie*. Das Skript-Fu erstellt eine Kopie des zu bearbeitenden Bildes und überlagert die eigentliche Bildebene mit zwei (Masken-)Ebenen, über deren Deckkraft (im Ebenendock) sich der Kontrast Hell-Dunkel und damit auch die Kantenschärfe im Bild sehr fein einstellen lässt. Die Gefahr, das Bild mit diesem Filter zu überschärfen, ist gering, die Einstellmöglichkeiten sind sehr differenziert im Vergleich zu den bisher gezeigten.

Sie können diesen Schärfungsfilter auch mehrfach hintereinander auf das gleiche Bild anwenden. Dazu müssen Sie in der beim Einsatz des Skript-Fu erzeugten Kopie nach dem Filtervorgang zunächst das Bild wieder zusammenfügen – über das Menü *Bild – Bild zusammenfügen* –, um die Bildebenen wieder auf eine zu reduzieren.

Im gezeigten Beispiel wurde das Skript-Fu dreimal hintereinander auf das Bild in erster, zweiter und dritter Kopie angewendet, bis sich die gewünschte

Schärfung ergab. Im Fenster *Skript-Fu: Unscharf maskieren* wurden die vorgegebenen Standardwerte für *Masken Größe* (5) und *Masken Deckkraft* (50) belassen. Erst wenn diese kein befriedigendes Ergebnis zeigen, sollten Sie experimentieren. Wesentlich zur Steigerung der Schärfung trägt die Steigerung des Wertes zu *Masken Größe* bei. Eine weitere Korrektur kann dann über die Deckkraft der Ebenen *lighter mask* und *darker mask* erfolgen.

Abb. 3.43: Das geschärfte Bild (die dritte Kopie) mit den Ebenen lighter mask und darker mask im Ebenendock. Durch die Veränderung der Deckkraft dieser Ebenen lässt sich die Bildschärfe korrigieren.

Hier noch einmal die Arbeitsschritte für den Einsatz des Skript-Fu *Unscharf maskieren*:

- Öffnen Sie das Bild *unscharf.png* von der CD – oder ein Bild eigener Wahl.
- Wählen Sie im Menü *Skript-Fu – Alchimie* den Eintrag *Unscharf maskieren*. Im sich öffnenden Fenster *Skript-Fu: Unscharf maskieren* können Sie die Werte zu *Masken Größe* und *Masken Deckkraft* einstellen. Bestätigen Sie Ihre Wahl mit Klick auf die Schaltfläche *OK*.

- In der automatisch neu erstellten Kopie Ihres Bildes korrigieren Sie die Bildschärfe zusätzlich, indem Sie die Deckkraft der Ebenen *lighter mask* und *darker mask* variieren.

Ist das Ergebnis nicht ausreichend, können Sie in der Kopie die Ebenen mit *Bild – Bild zusammenfügen* wieder auf eine vereinen. Danach können Sie das Skript-Fu erneut auf diese erste Kopie anwenden – es wird eine weitere Kopie des Bildes erstellt, die genannten Arbeitsschritte wiederholen sich. Insgesamt können Sie die Vorgänge so oft wiederholen, bis sich die gewünschte Schärfung des Bildes einstellt.

So viel zum nachträglichen Schärfen von Bildern. Es ist auch bei verwackelten Bildern allemal einen Versuch wert.

Sehen wir uns nun die verschiedenen Möglichkeiten an, verrauschte Bilder mit Filtern zu glätten, und anschließend die Möglichkeiten, Bilder absichtlich zu verrauschen oder mit dem Effekt eines grobkörnigen Films zu versehen – und damit Pixeligkeit oder Störungen wie Kompressionsartefakte im Bild zu kaschieren.

3.7.2 Bilder entrauschen und glätten

Unter verrauschten Bildern versteht man Bilder, in die verschiedenfarbige Pixel eingestreut sind. Das Rauschen zeigt sich in typischen RGB-»Flecken«, die besonders in dunklen Bereichen eines Bildes auftreten, meistens im roten und blauen Kanal. Bildrauschen entsteht häufig in Nachtaufnahmen mit Digitalkameras. Je dunkler das Bild, je höher die ISO-Einstellung und die Umgebungstemperatur sind, umso häufiger kommt es zu verrauschten Aufnahmen. Dem lässt sich bereits beim Fotografieren entgegenwirken. Viele Kameras bieten eine Menüeinstellung, die das Bildrauschen reduziert.

Die hier im Folgenden vorgestellten Filter eignen sich nicht nur dazu, das Pixelrauschen in einem Bild zu reduzieren, wobei nicht jeder Filter für jeden Fall gleich gut geeignet ist. Auch Bildstörungen wie geringfügiger Staub und kleinere Flusen auf gescannten Dias können damit schnell retouchiert werden. Einige der Filter eignen sich ebenfalls zum Entfernen des Moiré-Effekts, wie er beim Scannen von gedruckten Bildvorlagen entstehen kann.

Der Filter Flecken entfernen

Auf der CD im Ordner *Bildvorgaben* finden Sie das Bild *rauschen.png*, eine Nachtaufnahme, ursprünglich im JPG-Format. Das Bild wurde bereits mit einer Tonwertkorrektur aufgehellt. Dabei wurde aber auch das Bildrauschen hervorgehoben.

Versuchen wir als Erstes den Filter im Menü *Filter – Verbessern – Flecken entfernen*.

Wenn Sie den Menüeintrag wählen, wird das Fenster mit den Einstellungen des Filters angezeigt. Der Filter wirkt in gewisser Weise wie ein Weichzeichner, er scheint die Flecken zu verwischen.

Als **Typ** wählen Sie zunächst nur *Anpassend* –diese Eigenschaft passt den *Radius* (siehe unten) an den Inhalt des Bildes oder der Auswahl an, unter Verwendung eines Histogramms aus dem Bild. Der Schieberegler für den Radius wird damit deaktiviert. Diese Einstellung führt in der Regel zu besseren Ergebnissen als das Einstellen des Radius von Hand. Die zusätzliche Einstellung *Rekursiv* führt dazu, dass der Filter automatisch mehrfach ausgeführt wird. Es ist nicht ratsam, diese Einstellung zu wählen – sie erzeugt starke Verfremdungen im Bild.

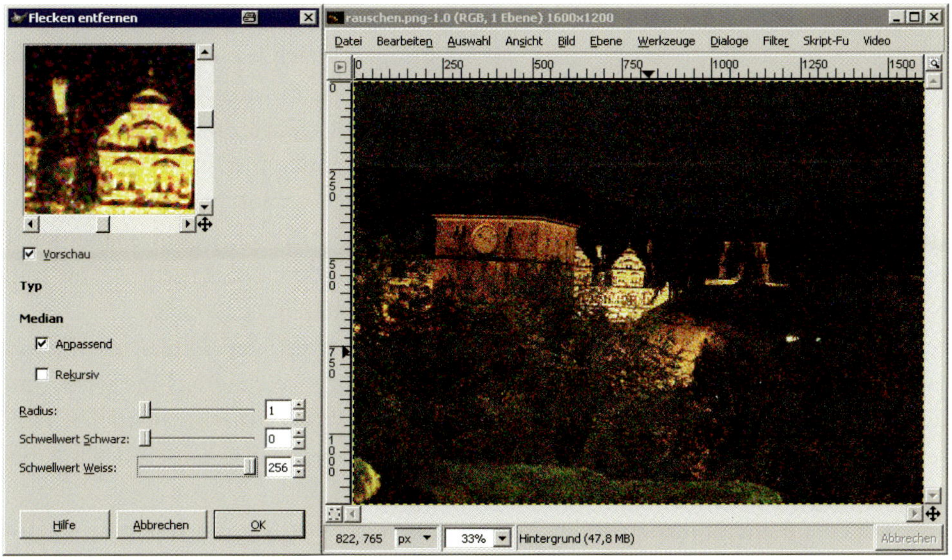

Abb. 3.44: Das Fenster des Filters Flecken entfernen

Der **Radius** bezieht sich auf die Größe des Bereiches, den der Filter zur Berechnung verwendet. Wählen Sie den *Radius* so klein als möglich, um Details zu bewahren, bzw. lassen Sie dem Programm die Wahl.

Schwellwert Schwarz: Ein niedriger Wert dunkelt helle Pixel des Rauschens etwas ab.

Schwellwert Weiß: Ein hoher Wert bewahrt helle Bilddetails. Bei beiden Einstellungen werden Pixel des Rauschens entfernt, die entweder nahe bei Weiß bzw. bei Schwarz liegen. Bearbeiten Sie Ihr Bild zunächst mit den voreingestellten Werten des Filters. Erst wenn diese nicht die gewünschte Verbesserung des Bildes bewirken, verändern Sie die Werte.

Wenn Sie Ihre Einstellungen mit Klick auf die Schaltfläche *OK* bestätigen, wird der Filter angewandt und das Bild neu berechnet.

Der Filter zeigt auch bei unserem Bild einen Effekt, allerdings nur gering. Auch mehrmalige Wiederholung desselben Filters bewirkt keine weitere Verbesserung.

Das Bild ist zu stark verrauscht, als dass dieser Filter hier helfen könnte. Aber es gibt noch andere Möglichkeiten, um Bilder zu »glätten«.

Dieser Filter kann auch eingesetzt werden, um kleine Schadstellen im Bild wie Staub oder Kratzer auf einem gescannten Bild zu entfernen oder einen Moiré-Effekt, wie er beim Scannen gedruckter Vorlagen auftreten kann, zu beseitigen.

Der Filter Selektiver Gaußscher Weichzeichner

Wir öffnen noch einmal unser Bild *rauschen.png*. Diesmal setzen wir den *Selektiven Gaußschen Weichzeichner* im Menü *Filter – Weichzeichnen* ein. Der Filter *Selektiver Gaußscher Weichzeichner* wirkt nicht wie die übrigen Weichzeichnungsfilter auf die gesamte Fläche des Bildes oder der Auswahl. Er wirkt nur auf Pixel, deren Farbe höchstens um einen definierten Deltawert (Helligkeits-/Farbunterschied) von der Farbe der Nachbarpixel abweicht. Folge ist, dass Kanten mit harten Farb- bzw. Helligkeitskontrasten erhalten bleiben und nur Flächen verwischt, farblich abgeglichen, werden, deren Pixel mehr oder weniger ähnliche Farben haben. Dabei kann der Wert für die Ähnlichkeit der Farben eingestellt werden. Das Ergebnis: Das Bild wird geglättet, ohne alle Konturen oder Details zu verlieren.

In unserem Fall wählen wir in den Einstellungen des Filters als *Radius Weichzeichner* 15 Pixel. Dieser Wert bestimmt, wie stark weichgezeichnet wird, und damit auch, wie gut Details erhalten bleiben. Den mit *Max. Delta* bezeichneten Wert setzen wir auf 10. Je geringer dieser Wert angesetzt wird, umso feinere Details bei Hell-Dunkel-Unterschieden bleiben erhalten.

Allgemein gilt: Je niedriger die Werte hier gewählt werden, umso feinere Details bleiben erhalten, aber umso größer ist auch das verbleibende Rauschen im Bild.

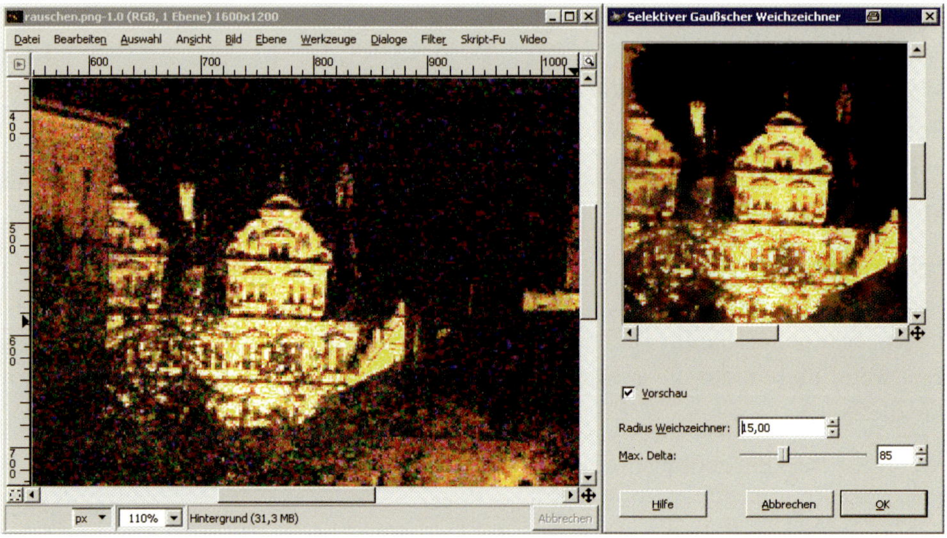

Abb. 3.45: Fenster Selektiver Gaußscher Weichzeichner mit dem geglätteten Bildbereich in der Vorschau. Daneben das Bildfenster mit dem entsprechenden Bildausschnitt.

Das Ergebnis zeigt eine deutliche Verbesserung des Rauschens, wenn auch keine vollständige Beseitigung. Allerdings gehen mit unseren eingesetzten Werten doch einige Details verloren.

Dieses Glätten geht immer auf Kosten der Schärfe des Bildes. Wir können nun also das Bild nachschärfen, z. B. mit dem *Filter – Verbessern – Unscharf Maskieren*.

Einige der verbliebenen Pixel des Rauschens lassen sich nun noch mit dem Werkzeug *Kopierstempel* beseitigen. Hier bei diesem Bild können Sie es auch anders versuchen: Die verbleibenden, deutlich sichtbaren Pixel des Rauschens sind blau. Zoomen Sie sich mit der Lupe in einen Bildausschnitt mit sichtbarem Rauschen, und wählen Sie mit dem Werkzeug *Bereiche nach Farbe wählen* (Werkzeugeinstellungen beachten) mehrere unterschiedlich blaue Pixel aus. Danach reduzieren Sie die Farbsättigung der gewählten Pixel bis hin zu Graustufen und dunkeln sie ab im Menü *Ebene – Farben – Farbton/Sättigung*.

Abb. 3.46: Das Bild rauschen.png nach den geschilderten Bearbeitungsschritten

Der Filter NL Filter

Noch ein Filter, der hilft, Bildrauschen zu reduzieren: Im Menü *Filter – Verbessern* finden Sie den Filter *NL Filter*.

Auch dieser Filter ist prinzipiell zum Entrauschen von Bildern konzipiert. Dafür stehen als Auswahl für die Filterwirkung unter *Filter* die beiden Auswahlen *Alphabasierter Mittelwert* bzw. *Optimale Mittelung* zur Verfügung.

Alphabasierter Mittelwert: Verwenden Sie diese Einstellung zum Entrauschen, wirkt der Filter wie ein Weichzeichner, der die Pixel des Rauschens verwischt. Gute Ergebnisse erzielen Sie, wenn Sie den Wert für *Alpha* gering, den für *Radius* größer als 0,5 ansetzen.

Optimale Mittelung: Auch mit dieser Einstellung wirkt der Filter als Weichzeichner zum Verwischen von Rauschen. Allerdings wirken seine Algorithmen so, dass Pixel an deutlichen Kanten nicht weichgezeichnet werden. Dahinter steht die Überlegung, dass starke Kontraste an Kanten gewollt sind, da sie mit größter Wahrscheinlichkeit zu Bildobjekten gehören. Diese Einstellung wirkt also ähnlich auf das Bild wie der bereits gezeigte *Selektive Gaußsche Weichzeichner*. Den Startwert für *Alpha* setzen Sie auf 1,2, den für *Radius* auf 1,0. Davon ausgehend können Sie den Wert für Alpha so lange anpassen, bis Sie die für Ihr Bild optimalen Einstellungen gefunden haben.

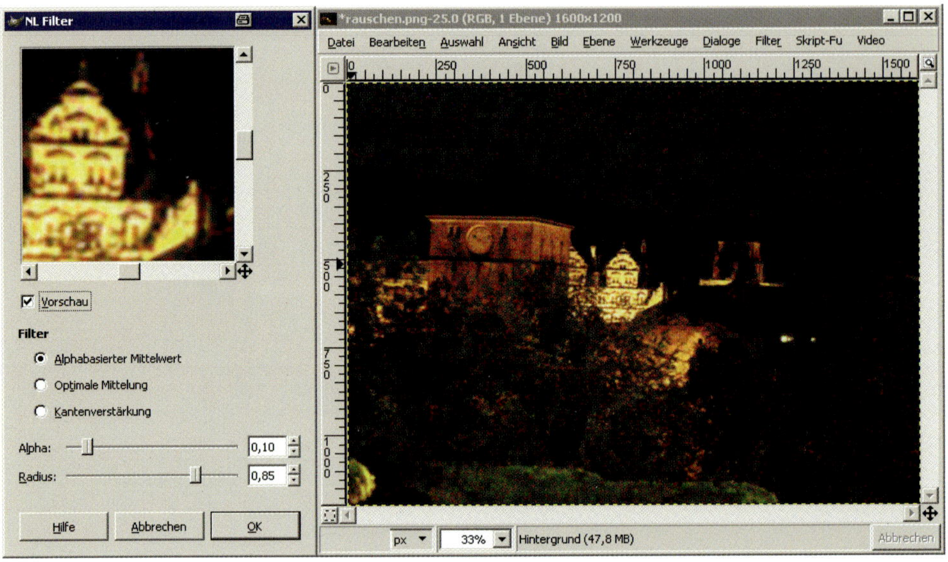

Abb. 3.47: Das Fenster von NL Filter und das Ergebnis im Bildfenster, nachdem der Filter mit den gezeigten Einstellungen fünfmal hintereinander angewendet wurde

Kantenverstärkung: Diese Einstellung bewirkt ein gegenteiliges Verhalten des Filters. Kanten werden damit hervorgehoben, der Filter wirkt wie ein Scharfzeichner. Der Wert von *Alpha* steuert dabei die Stärke der Hervorhebung der Kanten von kaum sichtbar (–0,1) bis sehr stark (–0,9). Sinnvolle Werte für *Radius* liegen im Bereich von 0,5 bis 0,9. Ein guter Startwert für Alpha ist 0,3, für Radius ist es 0,8.

In Kapitel 2.4 haben wir uns alle Mühe gegeben, dem eingescannten Zeitungsausschnitt mit dem Bild aus Miami neuen Glanz zu geben. Wir waren dabei auch so weit erfolgreich. Aber es weist immer noch Beeinträchtigungen auf. Zum Beispiel ist am Heck des Autos eine Zeilenstruktur zu sehen, die vom Druckerraster herrührt.

Staub und kleinere Unregelmäßigkeiten entfernen

Wenn das Bild zwar detailreich ist, aber Störungen wie Staub oder ein sichtbares Druckerraster aufweist, kann uns wieder der Filter im Menü *Filter – Weichzeichnen – Selektiver Gaußscher Weichzeichner* weiterhelfen.

Wir öffnen noch einmal unser Bild *miami-impro.tif* (auch auf der CD im Verzeichnis *Beispielbilder*), das wir in Kapitel 2.4 erstellt haben. Das Bild ist hochaufgelöst mit 300 dpi. Das ist von Bedeutung für unser weiteres Arbeiten – die Auflösung des vorliegenden Bildes hat Einfluss auf die Wirkung von Filtereinstellungen. Bei hochaufgelösten Bildern werden die Bildinhalte mit wesentlich mehr Pixeln dargestellt, die Übergänge sind weicher, verteilen sich auf mehr Pixel.

Das Bild zeigt zwar kein Pixelrauschen, aber vor allem am Heck des Autos sind noch pixelige Spuren des Druckerrasters sichtbar. Wir verwischen das Raster mit einem Weichzeichnungsfilter und setzen dazu den *Selektiven Gaußschen Weichzeichner* im Menü *Filter – Weichzeichnen* ein.

In unserem Fall wählen wir in den Einstellungen des Filters als *Radius Weichzeichner* 5 Pixel und als *Max. Delta* 10. Mit entsprechend anderen, höheren Werten kann sogar ein pixelig verrauschtes Bild wieder geglättet werden, wie vorab gezeigt.

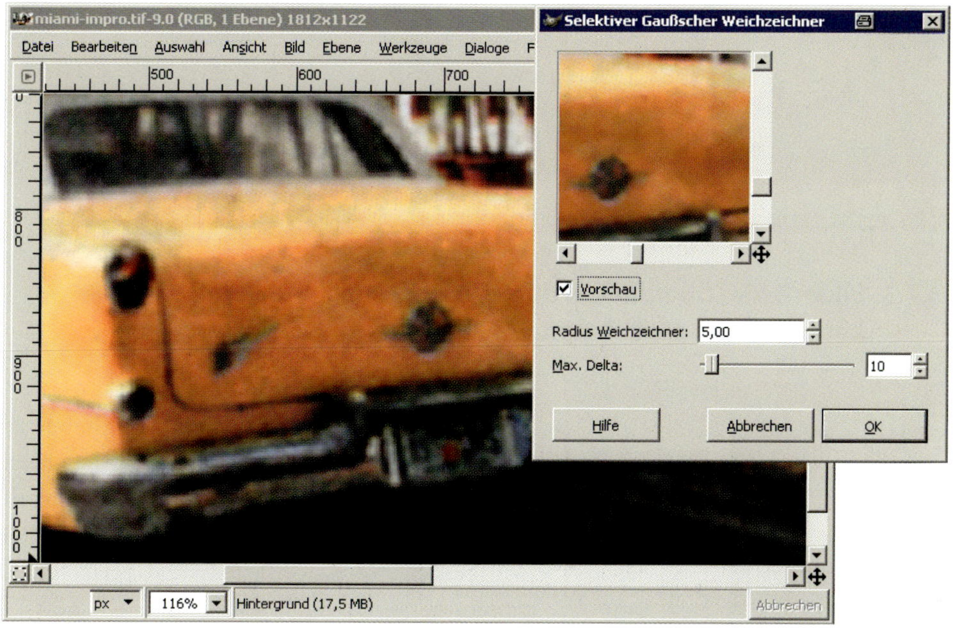

Abb. 3.48: Fenster Selektiver Gaußscher Weichzeichner mit dem geglätteten Bildbereich in der Vorschau. Daneben das Bildfenster mit dem entsprechenden Bildausschnitt. Die vom Druckerraster herrührende Schraffur auf der Kofferraumhaube ist zu erkennen.

Allerdings geht dieses Glätten immer auf Kosten der Schärfe des Bildes. Wir sollten nun also das Bild nachschärfen, z. B. mit dem *Filter – Verbessern – Unscharf Maskieren*. Hätten wir diesen direkt auf das Bild angewandt, hätten wir auch das Druckerraster mit geschärft.

Der *Selektive Gaußsche Weichzeichner* kann auch eingesetzt werden, um in einem gescannten Kleinbilddia feinen Staub und Kratzer zu entfernen. Allerdings müssen Sie hier besonders behutsam mit den Filtereinstellungen umgehen. Der Filter verwandelt Ihre Fotovorlage sonst schnell in ein stark vereinfachtes, künstlich aussehendes Bild.

Gleiches gilt für den Filter *Flecken entfernen* aus dem Menü *Filter – Verbessern.*

Abb. 3.49: Das Bild nach dem Glätten und Schärfen

3.7.3 Bilderfehler überdecken durch Verrauschen und Verpixeln – körnigen Film nachahmen

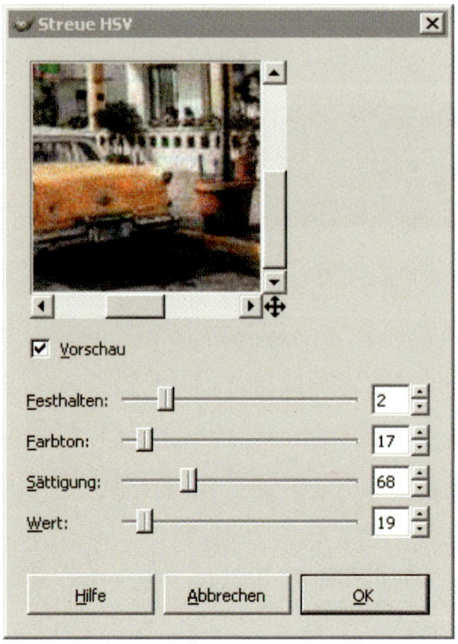

Abb. 3.50: Das Fenster des Filters im Menü Filter – Rauschen – Streue HSV.

Bildfehler durch Vergröbern überdecken

Noch einmal das Bild aus Miami. Wir haben es im JPEG-Format für das Internet abgespeichert. Was, wenn wir dabei die Kompression zu hoch angesetzt haben und das fertige Bild nun deutlich sichtbare Kompressionsartefakte aufweist? Oder anders gefragt: Welche Möglichkeiten gibt es noch, Bilder mit deutlichen Beeinträchtigungen wie erkennbaren Kompressionsartefakten aufzubereiten? Oft genug steht als Vorlage nur ein altes, stark komprimiertes Bild von einer Website zur Verfügung. Selbst hier kann der

Filter *Selektiver Gaußscher Weichzeichner* helfen. Aber sehen wir uns auch weitere Möglichkeiten an.

Bilder verrauschen und verpixeln

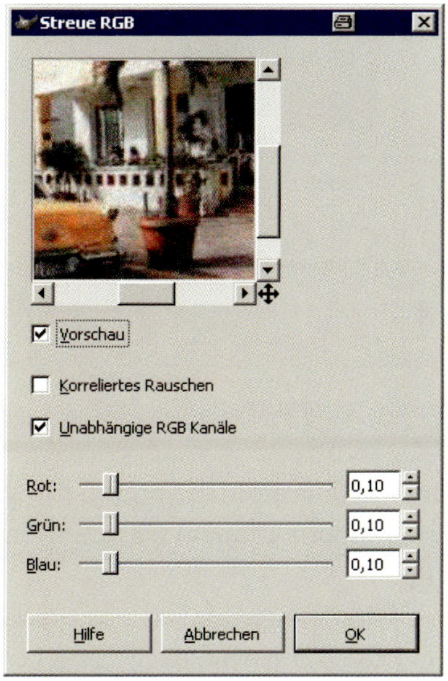

Abb. 3.51: Das Fenster zum Menü Filter – Rauschen – Streue RGB

Öffnen Sie das Bild *kompressionsartefakte.jpg* aus dem Ordner *Bildvorgaben* auf CD.

Vergrößern Sie das Bild in der Ansicht auf einen Zoomfaktor von 200 %, damit Sie die Kompressionsartefakte gut erkennen können.

Wählen Sie im Menü *Filter – Rauschen – Streue HSV*. Der Filter verstreut Pixel im Bild, allerdings können Sie ihn über die Werte der Einstellungen so steuern, dass die Farben der eingestreuten Pixel dabei denen der Umgebung ähneln. Zwar wird dadurch das ganze Bild verrauscht, aber durch das Rauschen werden auch die Grenzen der Kompressionsartefakte aufgelöst, das Bild wirkt wieder flächig. Dieser Filter zeigte beim Einsatz allerdings einen Bug, einen Darstellungsfehler. Einzelne Bereiche wurden zusammenhängend in einer anderen Farbe dargestellt.

Auch der Filter im Menü *Filter – Rauschen – Streue RGB* lässt sich so einstellen, dass die eingestreuten Pixel ähnliche Farben wie die Umgebung aufweisen – oder so, dass das Rauschen sehr bunt wird.

Mit den in Abbildung 3.51 gezeigten Werten lässt sich wiederum eine Auflösung der Kanten der Kompressionsartefakte erzielen, ohne dass das Rauschen farblich zu sehr hervortritt.

Erwähnt sei hier auch der Filter *Verstreuen*, weil er einen Effekt erzeugt, der dem Blick durch eine Milchglasscheibe gleicht – ein interessanter Verfremdungseffekt.

Noch ein Filter, der durch Vergröberung des Bildes unerwünschte Muster überdeckt, findet sich im Menü *Filter – Künstlerisch – Ölgemälde*. Dieser Filter löst das Bild in Flecken einer einstellbaren Größe auf und simuliert so den Pinselstrich, die Farbtupfen, aus denen ein Ölgemälde zusammengesetzt ist. Aber er belässt die Farben. So können Sie bei höher aufgelösten Bildern auch einen Effekt erzielen, der grobem Filmkorn entspricht.

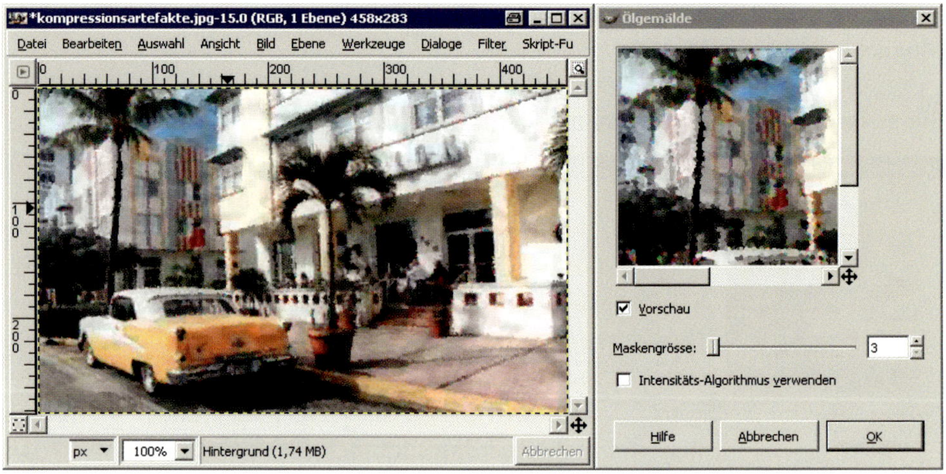

Abb. 3.52: Das Fenster des Filters Ölgemälde. Maskengröße 3 ist die kleinste einzustellende »Pinselgröße«.

Zum Schluss des Kapitels über das Überdecken von Bildfehlern durch Vergröberung noch zwei weitere Filter, die das Bild entsprechend verändern können: Diese führen allerdings noch weiter weg vom fotografischen Original.

Menü *Filter – Künstlerisch – Leinwand*: Dieser Filter hinterlegt das Foto bzw. Bild mit einer groben Leinwandstruktur, die das Bild so erscheinen lassen, als sei es auf eine Leinenstruktur gedruckt (diese Möglichkeit gibt es ja auch tatsächlich für Fotoabzüge).

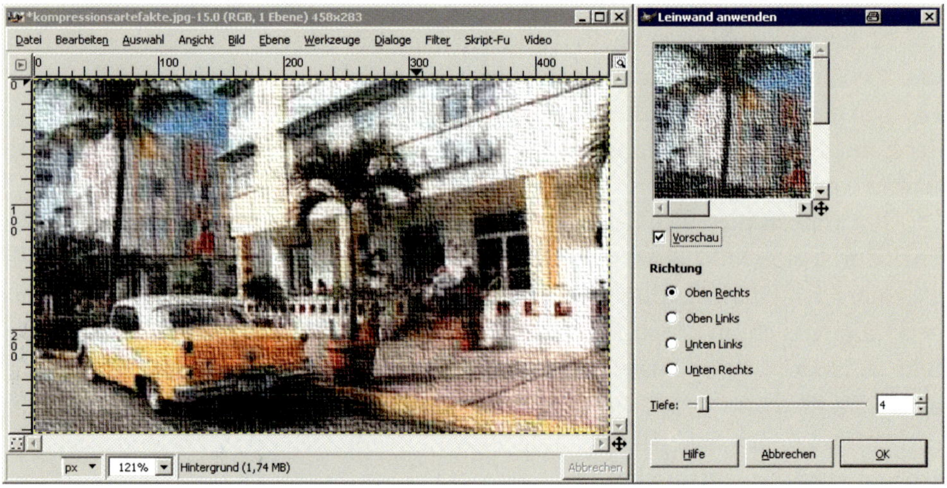

Abb. 3.53: Das Fenster des Filters Leinwand anwenden und die Veränderung des Bildes im Bildfenster

Im Fenster des Filters können Sie unter *Richtung* auswählen, aus welcher Richtung das Licht auf die Leinenstruktur fallen soll. Damit können Sie den Schattenwurf der Leinwandstruktur bestimmen. Der Wert für *Tiefe* bestimmt die Helligkeit der

Highlights auf der Leinenstruktur. Je höher dieser Wert gewählt wird, umso stärker und heller tritt die Leinenstruktur in den Vordergrund.

Bleibt anzumerken, dass dieser Filter abhängig ist von der Auflösung des Bildes. Nur bei niedrigen Auflösungen für das Internet, 72 dpi oder 96 dpi, entsteht der gewünschte Effekt. Bei höheren Auflösungen wird das Muster zu feinmaschig, und es zeigt sich eine deutliche Kachelung des Musters im Bild.

Menü *Filter – Weichzeichnen – Pixeln:* Unter den Weichzeichnern angesiedelt, löst dieser Filter das Bild in ein mehr oder weniger grobes, scharfkantiges (quadratisches) Raster auf. Dies ist bei großformatigen Bildern ein interessanter Effekt, da das Bild aus größerer Entfernung scharf erscheint und sich beim Näherkommen in die einzelnen Bildpunkte auflöst.

Um Missverständnissen vorzubeugen: Dieser Filter verändert nicht die Anzahl der tatsächlichen Bildpunkte, die Auflösung im Bild, er vergröbert nur die Darstellung.

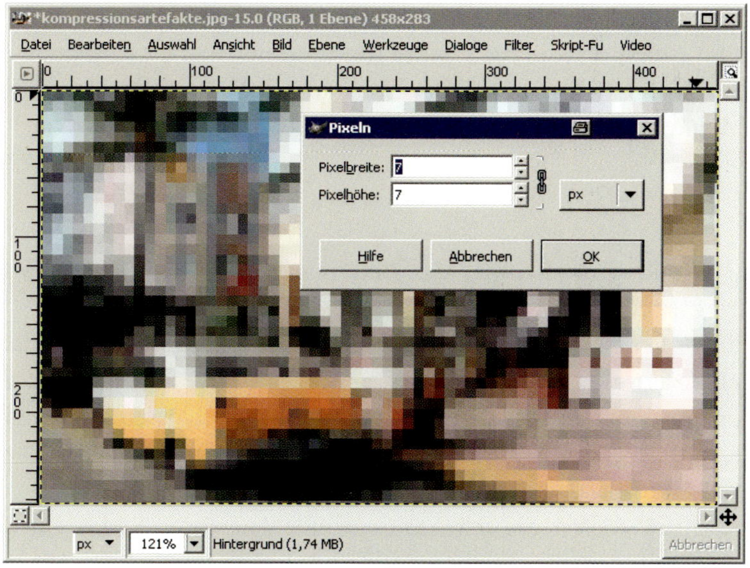

Abb. 3.54: Fenster des Filters Pixeln und Ergebnis im Bildfenster. Wenn Sie durch Anklicken das Kettensymbol auflösen, können Sie unterschiedliche Werte für Breite und Höhe der Pixel angeben und rechteckige Bildpunkte erzeugen.

Sie sehen, es gibt Möglichkeiten, die Darstellung von fehlerhaften Bildern zu verbessern. Aber oft ist es nur die Wahl zwischen zwei Übeln, wenn das eigentliche Ziel eine originalgetreue, fotografische Wiedergabe des Bildes ist.

3.8 Bilderrahmen und Vignetten selbst erstellen

Wir haben über Filter und Effekte gesprochen. Sehen wir uns doch einmal die Möglichkeiten an, einem Bild einen gestalteten Rahmen zu geben. Diese Rahmen können einfarbig sein, mit Mustern, z. B. einer Holzmaserung, gefüllt sein – in einem rahmenlosen Glasbildhalter wird das gedruckte Bild dadurch gefasst und betont. Oder gestalten Sie Ihr Bild mit einem vignettierten Ausschnitt, als Oval wie manche alte Schwarz-Weiß-Fotografien – denkbar auch in einer beliebigen Form wie einem Schlüsselloch. Alle Formen, die Sie mit einer Auswahl herstellen können, sind hier möglich. Und auch hierfür stehen unter *Skript-Fu* eigene Effekte zur Verfügung.

3.8.1 Einfarbige Bilderrahmen

Einfarbige Bilderrahmen sind am einfachsten zu realisieren. Hierfür bietet das Menü *Skript-Fu* eigene Einstellmöglichkeiten, so dass das Herstellen des Rahmens fast automatisch funktioniert. Alles, was Sie dazu vorab tun müssen, ist, die Leinwand zu vergrößern, wenn Sie das Bild wie in einem Passepartout mit etwas Abstand zur eigentlichen Bildfläche umranden möchten. Sie können den Bildrahmen jedoch auch direkt ans Bild setzen.

Vorgehensweise:

- Öffnen Sie Ihr Bild, zum Beispiel das Bild *jungefrau-farbe.png* aus dem Ordner *Bildvorgaben* auf der CD.
- Im Menü *Bild – Leinwandgröße* vergrößern Sie unter Leinwandgröße die Breite oder Höhe auf das gewünschte Maß. *Enter* nicht vergessen, die andere Seite wird proportional angeglichen (Kettensymbol geschlossen). Klicken Sie auf die Schaltfläche *Zentrieren* und anschließend auf *Größe ändern* – die Leinwand wird vergrößert.
- Wenn Sie möchten, weisen Sie der Hintergrundebene Ihres Bildes einen Alphakanal zu (Kontextmenü Ebenendock). Fügen Sie im Bild nun eine neue Ebene unter der vorhandenen ein und färben diese weiß oder mit einer beliebigen anderen Farbe.
- Wählen Sie im Menü *Skript-Fu – Dekoration – Rand hinzufügen.* Im sich öffnenden Fenster *Skript-Fu: Rand hinzufügen* wählen Sie mit *Randgröße X* und *Randgröße Y* die Breite und Höhe des Rahmens sowie die gewünschte *Randfarbe* – ein Klick auf diese Schaltfläche öffnet den schon bekannten Farbwähler. Die Einstellung bei *Farbänderung* sorgt für unterschiedlich helle Rahmenanteile. Je höher der eingestellte Wert, desto größer die Helligkeitsunterschiede. Bestätigen Sie Ihre Einstellungen mit *OK*. Das Bild hat jetzt einen umlaufenden Rahmen mit vier unterschiedlichen Farbtönen der Rahmenfarbe.

Damit hat das Bild einen Rahmen. Dieser lässt sich jetzt noch dreidimensional abschrägen und mit einem Schatten versehen. Dabei helfen uns weitere automatische Hilfsmittel aus dem Menü *Skript-Fu*:

- Zunächst wählen Sie im Menü *Skript-Fu – Dekoration – Rand abschrägen*. Mit *Dicke* können Sie die Breite der Abschrägung bestimmen. Dieser Wert ist jedoch nach oben begrenzt (30 Pixel). Über das Kontrollkästchen bei *Mit Kopie arbeiten* bestimmen Sie, ob der Effekt auf eine Kopie Ihres Bildes angewandt wird, mit dem Kontrollkästchen bei *Bump-Ebene erhalten* wählen Sie, ob die automatisch generierte Ebene des Effekts im Bild gespeichert oder ob der Effekt lediglich auf die – vorher ausgewählte – Rahmenebene angewandt wird.
- Abschließend können Sie mit dem schon bekannten Menü *Skript-Fu – Schatten – Schlagschatten* der Rahmenebene einen Schatten zuweisen und damit eine noch größere dreidimensionale Wirkung erzielen.
- Speichern Sie Ihr Bild.

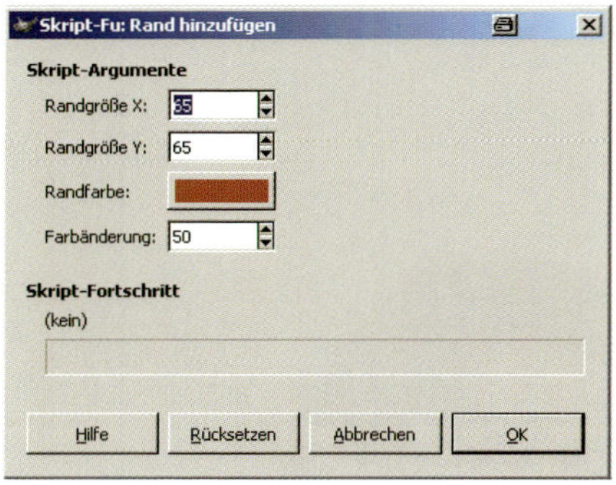

Abb. 3.55 und 3.56: Einstellungen im Fenster Skript-Fu: Rand hinzufügen und Ergebnis im Bildfenster

Abb. 3.57: Das fertige Bild mit Rahmen und Schlagschatten

3.8.2 Bilderrahmen mit einem Muster

Die wesentlichen Arbeitsschritte, um einen Rahmen mit einem Füllmuster herzustellen, sind die gleichen wie die im vorigen Abschnitt beschriebenen. Nur den Rand für den Rahmen müssen Sie mit Hilfe einer Auswahl selbst herstellen.

Vorgehensweise:

- Öffnen Sie Ihr Bild, zum Beispiel das Bild *jungefrau-farbe.png* aus dem Ordner *Bildvorgaben* auf der CD.
- Im Menü *Bild – Leinwandgröße* vergrößern Sie unter Leinwandgröße die Breite oder Höhe auf das gewünschte Maß. *Enter* nicht vergessen, die andere Seite wird proportional angeglichen (Kettensymbol geschlossen). Klicken Sie auf die Schaltfläche *Zentrieren* und anschließend auf *Größe ändern* – die Leinwand wird vergrößert.

Abb. 3.58: Das Bild mit den Hilfslinien und der Auswahl, bevor diese invertiert wird

- Weisen Sie der Hintergrundebene Ihres Bildes einen Alphakanal zu (Kontextmenü Ebenendock). Fügen Sie im Bild eine neue Ebene unter der vorhandenen ein und färben diese weiß oder mit einer beliebigen anderen Farbe.
- Mit *Ansicht – Zoom – Fenster an Bild anpassen* sorgen Sie dafür, dass Sie das Bild ganz im Arbeitsfenster sehen. Achten Sie darauf, dass die Lineale im Bildfenster angezeigt werden (Menü *Ansicht – Lineale anzeigen*). Nun ziehen Sie aus den Linealen Hilfslinien heraus und positionieren diese so im Bild, dass ringsum ein gleich breiter Randabstand zu den Bildrändern markiert wird – die Maßangaben der Lineale helfen Ihnen dabei.
- Auf den Hilfslinien ziehen Sie nun mit dem Werkzeug *Einen rechteckigen Bereich wählen* eine rechteckige Auswahl auf. In einem zweiten Schritt kehren Sie diese Auswahl um, und zwar mit Hilfe des Menüs *Auswahl – Invertieren*. Damit haben Sie den zu füllenden Rahmenbereich ausgewählt.

Abb. 3.59: Das Fenster Muster mit den vorbereiteten Füllungen und deren Einsatz im Bild. Rot markiert ist die Schaltfläche Das aktive Muster im Werkzeugkasten.

- Legen Sie im Ebenendock eine neue Ebene *Rahmen* für die Umrandung an.
- Klicken Sie im Werkzeugkasten unten rechts auf die Schaltfläche *Das aktive Muster*, und wählen Sie im sich öffnenden Fenster *Muster* eine Füllung aus. Beachten Sie, dass die Muster im Bild umso kleiner erscheinen, je höher die Auflösung des Bildes ist.
- Im Bildfenster wählen Sie nun das Menü *Bearbeiten – Mit Muster füllen*. Der ausgewählte Bereich wird gefüllt.
- Heben Sie die Auswahl auf (Menü *Auswahl – Aufheben*).

Wenn Sie es wünschen, können Sie nun die gleichen Arbeitsschritte wie beim einfarbigen Rahmen anwenden, um den Rahmen abzuschrägen und mit einem Schlagschatten zu versehen. Vergessen Sie nicht, Ihr Bild zu speichern.

3.8.3 Vignetten für Bilder

In den Anfangszeiten der Fotografie wurden vor allem Portraitfotografien gerne vignettiert, d. h., es wurde auf dem Abzug z. B. nur ein ovaler Bildausschnitt mit dem Hauptmotiv dargestellt. Mit Hilfe einer Auswahl lässt sich sehr leicht solch eine Vignettierung herstellen. Diese kann jede beliebige Form haben, die Sie mit einer Auswahl herstellen können.

- Öffnen Sie wieder das Bild *jungefrau-farbe.png* aus dem Ordner *Bildvorgaben* auf der CD.
- Wählen Sie das Werkzeug *Einen elliptischen Bereich wählen* aus dem Werkzeugkasten. Erstellen Sie damit eine elliptische Auswahl im Bild, indem Sie auf die obere linke Bildecke klicken und die Ellipse diagonal bis zur unteren rechten Bildecke aufziehen.
- Invertieren Sie die Auswahl über das Menü *Auswahl – Invertieren*.
- Geben Sie der Auswahl einen breiteren Randverlauf über das Menü *Auswahl – Ausblenden*. Etwa 75 Pixel sind bei diesem Bild angemessen.
- Löschen Sie die umgebenden Bildinhalte im Bereich der Auswahl mit dem Menü *Bearbeiten – Löschen*.
- Speichern Sie Ihr Bild.

Wir haben nun einige Möglichkeiten kennengelernt, Bilder mit Effekten künstlerisch zu verfremden oder sie durch 3D- und Schatteneffekte dreidimensional erscheinen zu lassen.

In den folgenden Kapiteln werden wir uns damit beschäftigen, dreidimensionale Objekte und Effekte selbst herzustellen. Dabei werden wir das Arbeiten mit Ebenen und Auswahlen üben, aber auch andere Werkzeuge wie die Mal- und Transformationswerkzeuge weiter kennenlernen.

Abb. 3.60: Das Bild mit der Auswahl zur Herstellung der Vignette. Die Bildinhalte im Bereich der Auswahl wurden bereits gelöscht.

3.9 Bildelemente selbst erstellen und bearbeiten – Lichteffekte und Schattenebenen

Zwar ist der GIMP ein Bildbearbeitungsprogramm, aber mit seinen Werkzeugen lassen sich auch Bildelemente und Objekte wie Logos neu erzeugen. Insofern ist er also auch ein Grafik- bzw. Malprogramm.

In der folgenden Aufgabe sehen Sie einige der Möglichkeiten, wie Sie neue Bildobjekte selbst herstellen können. Sie werden aus dem Bild *urlaubskarte.xcf* eine Osterkarte machen – mit ein paar selbst gemalten Ostereiern. Hierbei lernen Sie, wie Sie einfache Bildobjekte mit Hilfe von Masken selbst erstellen. Bildelemente erzeugen, kopieren, gruppieren, verändern, transformieren und positionieren.

3.9.1 Übersicht Aufgabenstellung Teil 1 – ein neues Bild und neue Bildobjekte anlegen

Unser Urlaubsbild soll mit selbst gemalten Ostereiern in eine Osterkarte verwandelt werden. Wir könnten die Eier auch gleich im Bild *urlaubskarte.xcf* anlegen. Aber es ist sicherer und von der Handhabung her praktikabler, dazu zunächst ein neues Bild anzulegen, in dem ein Ei konstruiert wird und die Licht- und Schatteneffekte eingefügt werden. Das Einfügen des »Mustereies« ins eigentliche Bild geschieht dann wieder über die bereits bekannte Technik des Exports einer Ebene mit Drag & Drop.

- Legen Sie ein neues Bild an (Werkzeug-Palette, Menü *Datei – Neu*): Größe b × h ca. 10 cm × 15 cm, Auflösung 300 dpi, Hintergrundfarbe Weiß, Dateiformat *xcf*. Benennen Sie es z. B. *osterei.xcf*, und speichern Sie es unter diesem Namen.
- Legen Sie im Ebenen-Dialog eine neue Ebene *Kreis* an. Erzeugen Sie auf ihr im Arbeitsfenster eine kreisförmige Auswahl (Werkzeug *Elliptische Auswahl* – dabei Tasten *Umschalt/Shift* gedrückt halten). Füllen Sie diese mit roter Farbe. Löschen Sie die Auswahl (Menü *Auswahl – Aufheben*).
- Legen Sie eine Hilfslinie auf die waagerechte Mittelachse des Kreises. Erstellen Sie über der oberen Hälfte des Kreises eine neue, rechteckige Auswahl. Transformieren Sie diese mit dem Werkzeug *Ebene oder Auswahl skalieren*. Ziehen Sie dabei das Transformationsgitter am oberen Rand senkrecht nach oben, und halten Sie dabei die Alt-Taste gedrückt. Wenn die Form einem Ei entspricht, bestätigen Sie die Transformation im Fenster *Skalieren*. In der Ebenen-Palette finden Sie nun eine Ebene *Schwebende Auswahl (Transformation)*. Klicken Sie auf diese mit rechtem Mausklick, und wählen Sie im sich öffnenden Kontextmenü *Ebene verankern*.
- Nun malen Sie mit dem Pinsel-Werkzeug mit geringer Deckkraft Licht- und Schatteneffekte auf das Ei, aber jeweils auf eine neue Ebene. Dabei helfen Sie sich, die Konturen zu halten, indem Sie mit dem Auswahl-Werkzeug *Zusammenhängenden Bereich wählen (Zauberstab)* eine Auswahl des Eis herstellen. Denken Sie abschließend daran, die Auswahl wieder zu löschen.

3.9.2 Ein neues Bild anlegen

Im Werkzeugkasten finden Sie im Menü *Datei – Neu* die Möglichkeit, ein neues, leeres Bilddokument anzulegen. Im sich öffnenden Fenster *Ein neues Bild erstellen* können Sie nun als Erstes die Bildgröße eingeben, wobei die Werte für Breite und Höhe hier nicht miteinander verknüpft sind. Falls Sie die Bildgröße nicht in Pixeln eingeben möchten, wählen Sie erst die Maßeinheit. Sie könnten auch eine vordefinierte Größe über das Auswahlmenü *Vorlagen* wählen.

Unter *Erweiterte Einstellungen* bestimmen Sie die Auflösung, die das Bild haben soll. Hier sind die Werte für Breite und Höhe zunächst miteinander verkettet.

Bei *Farbraum* wählen Sie in der Regel *RGB Farben*, nur für reine Schwarz-Weiß- bzw. Graustufenbilder wählen Sie *Graustufen*. Oft ist es besser, auch Graustufenbilder im RGB-Farbraum zu bearbeiten, da nur dann alle Möglichkeiten des GIMP zur Verfügung stehen.

Bei *Füllung* können Sie wählen, ob das Bild eine Hintergrundebene mit aktiver Vordergrund-, Hintergrundfarbe bzw. der Farbe Weiß erhalten soll oder ob nur eine freie, transparente Ebene angelegt werden soll.

Unter *Kommentar* können Sie einen beschreibenden Text einfügen, der unsichtbar an die Datei angefügt wird.

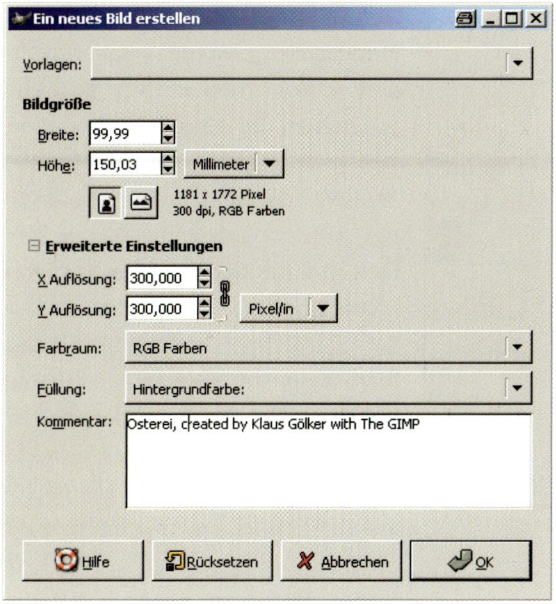

Abb. 3.61: Fenster Neues Bild

3.9.3 Eine Auswahl transformieren

Zunächst haben Sie auf der neu anzulegenden Ebene *Kreis* eine kreisförmige Auswahl mit Hilfe des Werkzeugs *Einen elliptischen Bereich wählen* angelegt. Ein wirklicher Kreis wird es nur dann, wenn Sie beim Aufziehen der Auswahl gleichzeitig die Umschalt-/Shift-Taste gedrückt halten.

Diese Auswahl füllen Sie mit Hilfe des *Farbeimers* bzw. über das Menü *Bearbeiten – Mit VG-Farbe füllen* mit dem im Farbwähler gewählten Rot (reines Rot: RGB 255,0,0).

Jetzt ziehen Sie auf der Ebene *Kreis* eine rechteckige Auswahl über der oberen Hälfte des roten Kreises auf (Strichelung im Bereich des Gitters). Diese darf größer sein als das eigentlich gewünschte Objekt. Das Programm findet die Objektränder selbst, da der übrige Bereich der Ebene transparent ist.

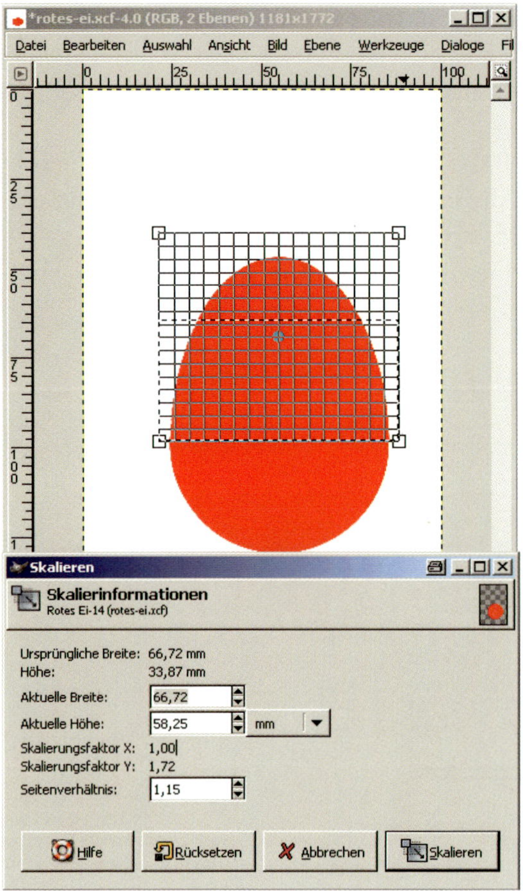

Abb. 3.62: Auch ein ausgewählter Bereich einer Ebene lässt sich transformieren

Dann wird das Werkzeug *Ebene oder Auswahl skalieren* aufgerufen. In den Werkzeugeinstellungen wählen Sie im Menü *Ansicht – Bild + Gitter*. Klicken Sie auf das Bild. Es erscheint das Fenster *Skalieren*. Das Transformationsgitter, das zunächst auf die Fläche der Auswahl begrenzt war, wurde am oberen Rand nach oben gezogen (siehe Abb.). Der Kreis soll nur in der Hochachse (y-Achse) skaliert werden. Dazu drücken Sie, während Sie ziehen, die Alt-Taste.

Jetzt muss noch im Fenster *Skalieren* die Transformation bestätigt werden. Dazu klicken Sie einfach auf die Schaltfläche *Skalieren* rechts unten.

Zusätzlich muss die Transformation im Ebenen-Dialog auf die Ebene *Kreis* angewendet werden, von der sie ausging. Dies bewerkstelligen Sie mit rechtem Mausklick auf die Ebene *Schwebende Auswahl (Transformation)* und Klick auf *Ebene verankern* im sich öffnenden Kontextmenü oder indem Sie einfach auf die Schaltfläche *Ebene verankern* klicken.

3.9.4 Licht- und Schatteneffekte mit dem Malwerkzeug Pinsel – lasierend malen

Licht- und Schatteneffekte lassen ein Bild, einen Gegenstand plastischer und realistischer aussehen. Es gibt mehrere Techniken, solche Effekte herzustellen. Eine Möglichkeit ist, sie in einem Bild zu malen.

Zunächst wurde über dem roten Ei eine Auswahl mit Hilfe des Auswahl-Werkzeugs *Bereiche nach Farbe wählen* errichtet. Diese hilft, nicht über die Kontur hinaus zu malen.

Hinweis: Legen Sie für jeden Lichteffekt eine eigene Ebene an. Geht etwas schief, müssen Sie schlimmstenfalls eine Ebene wegwerfen und neu anlegen.

Abb. 3.63: Werkzeugeinstellungen, Bild und Ebenen für Licht- und Schatteneffekte in lasierender (teiltransparenter) Maltechnik

Im *Pinsel-Editor* legen Sie einen neuen Pinsel an, mit 250 px Durchmesser und einem Randverlauf von 100 % (Härte 0,00). Mit einem großen, runden Pinsel bei vollem Verlauf lassen sich sehr gut Flächen ohne Übergänge anlegen.

Die *Deckkraft* des Pinselauftrages wird in den *Werkzeugeinstellungen* auf einen Wert um 10 % eingestellt. Damit können Sie gut lasierend arbeiten.

Der Farbauftrag erfolgt nun der Form entsprechend in halbkreisförmigen Bogenschwüngen. Bei den Lichtern beginnen Sie an der Spitze, bei den Schatten unten an der Figur. Setzen Sie den Pinsel außerhalb des Eis an, diese Fläche ist durch eine Maske geschützt. Ziehen Sie mit ruhigen Strichen über die Figur. Beim Malen halten Sie die linke Maustaste gedrückt – lassen Sie diese nach jedem Strich los, und setzen Sie neu an. Sie können das mehrfach wiederholen, um z. B. beim Schatten nach unten zu eine stärkere Deckkraft des Farbauftrages zu erzielen.

Im Bereich der Lichter setzen Sie noch ein Highlight – einen Lichtreflexpunkt mit einem kleineren, weichen Pinsel.

Eventuell müssen Sie bei diesem Bild mehrfach neu ansetzen, um einen gleichmäßigen Farbauftrag zu erzielen.

Eine Hilfe mag der *Radiergummi* bieten, der wie das Pinsel-Werkzeug funktioniert und auch die Möglichkeit bietet, die Deckkraft/Löschkraft in den Werkzeugeinstellungen zu reduzieren und somit »lasierend« zu radieren, d. h., nicht alles auf einmal zu löschen.

3.9.5 Übersicht zum 2. Teil der Aufgabe – Bildobjekte in ein Bild einfügen, duplizieren und einfärben

Vor dem Export des Ostereis muss es noch mit einem Schlagschatten ergänzt werden, außerdem müssen alle Ebenen auf eine reduziert werden (sonst müssten wir alle einzelnen Ebenen exportieren, positionieren und nachbearbeiten). Die erforderlichen Arbeiten finden Sie hier wieder in einer Übersicht beschrieben.

In einem neuen Kapitel beschäftigen wir uns mit dem nachträglichen Umfärben von Bildobjekten, was uns in diesem Fall die Arbeit spart, jedes andersfarbige Ei neu konstruieren zu müssen.

- Noch fehlt der Schatten, den das Ei selbst auf den Boden wirft. Diesen erzeugen Sie auf einer neuen Ebene mit einer elliptischen Auswahl. Geben Sie der Auswahl einen weichen Rand von ca. 150 Pixel (Menü *Auswahl – Ausblenden*). Füllen Sie nun die Auswahl mit schwarzer Farbe. Dies geschieht über das Werkzeug *Mit einer Farbe oder einem Muster füllen (Farbeimer)* oder über das Menü *Bearbeiten – Mit VG-Farbe füllen.* Löschen Sie danach die Auswahl wieder. Gegebenenfalls positionieren Sie nun diese Ebene mit dem Verschieben-Werkzeug neu. Achten Sie darauf, diese Ebene im Ebenen-Dialog unter der Ebene mit dem Ei zu positionieren.
- Speichern Sie Ihr Bild, und speichern Sie es ein zweites Mal als *arbeitsei.xcf.*
- Im Bild *arbeitsei.xcf* löschen Sie die Ebene *Hintergrund* (weißer Hintergrund) – wählen Sie dazu im Ebenen-Dialog die Ebene, und klicken Sie dann auf das Symbol *Löschen (Abfalleimer)* rechts unten.
- Dann klicken Sie mit rechter Maustaste in den Ebenen-Dialog und wählen im Kontextmenü *Sichtbare Ebenen vereinen.* Bestätigen Sie das Fenster *Ebenen vereinen* einfach mit *OK.*
- Öffnen Sie Ihr Bild *urlaubskarte.xcf.*
- Ziehen Sie die verbliebene Ebene aus dem Ebenen-Dialog des Bildes *arbeitsei.xcf* mit Drag & Drop auf das Fenster des Bildes *urlaubskarte.xcf.*
- Benennen Sie hier im Ebenen-Dialog die neue Ebene um, z. B. in *Rotes Ei.* Positionieren Sie die Ebene unter der Text- und der Schattenebene zum Text.
- Passen Sie die Größe des Eis an, indem Sie es skalieren (Menü *Ebene – Ebene skalieren* – oder Menü *Werkzeuge – Transformationen – Skalieren*), und positionieren Sie es grob im Bild. Drehen Sie das Ei etwas mit dem Werkzeug *Ebene oder Auswahl drehen.*
- Duplizieren Sie die Ebene *Rotes Ei* im Ebenen-Dialog mit rechtem Mausklick auf die Ebene und den Menübefehl *Duplizieren* im Kontextmenü zwei Mal. Benennen Sie die eine neue Ebene *Blaues Ei* und die andere *Gelbes Ei.*
- Positionieren Sie die neu erzeugten (noch roten) Eier zunächst so im Bild, dass Sie gut sichtbar sind (Ebene aktiv setzen, mit Werkzeug *Verschieben* anklicken und ziehen).

- Wählen Sie im Ebenen-Dialog zunächst die Ebene *Blaues Ei*. Wählen Sie unter *Werkzeuge – Farben – Farbton/Sättigung*. Verschieben Sie den Regler für Farbton so, dass das Ei einen blauen Farbton erhält. Wiederholen Sie die Vorgänge für die Ebene *Gelbes Ei* entsprechend.

Das Werkzeug für den letzten Punkt der Aufgabe sehen wir uns etwas genauer an.

3.9.6 Die Farbe eines Bildobjektes ändern – die Funktion Farbton-Sättigung

Die Funktion *Farbton-Sättigung* ist recht vielseitig – Sie können damit Farben in einem Bild verändern, die Sättigung von Farben in Bildern steigern, intensivieren oder aber die Farbe im Bild ganz hin zu Grautönen entfernen. Außerdem können Sie mit dieser Funktion auch Schwarz-Weiß-Fotos einfärben, wie Sie später noch sehen werden. Wir werden damit unsere Ostereier einfärben …

Wählen Sie die Ebene, deren Farbeinstellungen Sie verändern möchten. Dann rufen Sie den Menüpunkt *Werkzeuge – Farben – Farbton-Sättigung* auf.

Achten Sie darauf, dass die Schaltfläche *Alle* gewählt ist. Für differenziertere Farbkorrekturen besteht allerdings auch die Möglichkeit, nur einen bestimmten Farbbereich zur Bearbeitung zu wählen. Jetzt können Sie mit dem entsprechenden Schieberegler den *Farbton* des gewählten Objektes ändern, die *Sättigung* der Farben im Bild steigern (intensivieren) oder verringern (bis hin zum Graustufenbild). Außerdem können Sie die *Helligkeit* (LAB-Helligkeit) des Bildes nachkorrigieren.

Achten Sie darauf, dass im Fenster *Farbton-Sättigung* unten das Kontrollkästchen für *Vorschau* geklickt und angehakt ist: Sie können dann die Veränderungen, die Sie vornehmen, direkt im Bildfenster kontrollieren.

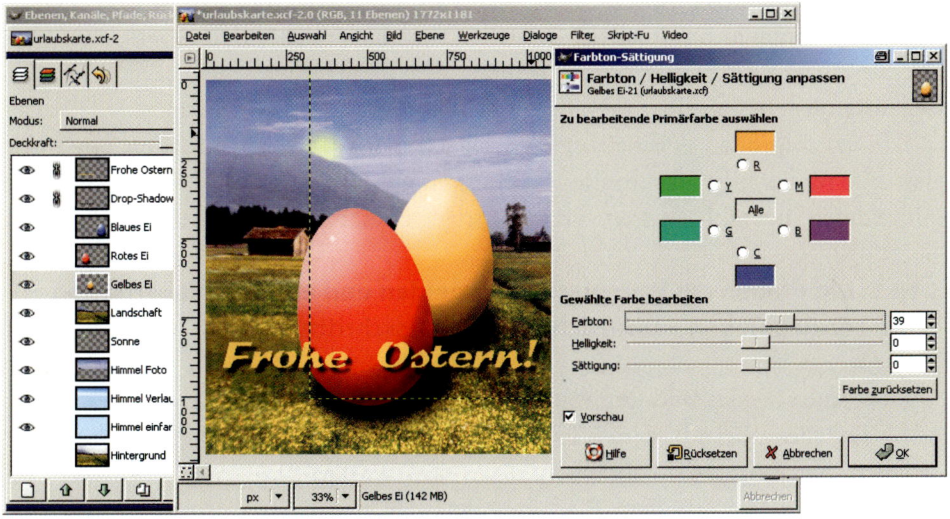

Abb. 3.64: Die Einstellmöglichkeiten des Menüpunktes Farbton-Sättigung

Was noch fehlt:

- Positionieren, skalieren und drehen Sie nun die Eier im Bild dort, wo sie stehen sollen.
- Speichern Sie Ihr Bild unter *osterkarte.xcf.*

Damit sind die Arbeiten an diesem Bild abgeschlossen. Sie haben einiges über das Arbeiten mit Ebenen und Masken gelernt, Ebenen exportiert, kennen nun die wichtigsten Farbwerkzeuge, haben mit digitalen Pinseln gemalt, Text eingefügt, eigene Bildobjekte erzeugt und transformiert. Und mit Auswahl-Werkzeugen geht es noch weiter: Der GIMP bietet ein Werkzeug, mit dem sich beliebige Formen herstellen lassen: das Pfad-Werkzeug. Mit diesem Werkzeug können Sie konturgenau ein Bildobjekt ausschneiden oder selbst eine freie, transformierbare Form kreieren. Die typischen Einsatzmöglichkeiten und die Funktionsweise des Pfad-Werkzeugs zeigen die folgenden Kapitel. Außerdem erfahren Sie Weiteres über Lichteffekte mit Filtern.

3.10 Das Pfad-Werkzeug als Maskenwerkzeug – Lichteffekte mit Filtern

Das Pfad-Werkzeug dient zum einen zum Herstellen von freien, (vektorbasierten) Formen, die transformiert, gefüllt und anders weiter bearbeitet werden können. Zum anderen verfügt der GIMP über verschiedene Möglichkeiten, aus Auswahlen Pfade und umgekehrt aus Pfaden Auswahlen herzustellen – z. B. im Dialog *Pfade* bzw. im Menü *Auswahlen.*

Pfade sind nicht auf geradlinige Figuren und Kanten beschränkt. Im Gegenteil besteht ihr besonderer Vorteil darin, dass sich mit ihrer Hilfe sehr gut regelmäßig gekrümmte Figuren und Formen herstellen und auch nachfahren lassen. Damit haben Sie ein Werkzeug zum konturgenauen Auswählen von regelmäßig geformten Gegenständen, das genauer arbeitet als die übrigen Auswahl-Werkzeuge.

In der folgenden Beispielaufgabe wollen wir Pfade dazu verwenden, ein Weinglas, eine regelmäßig gekrümmte Figur aus einem Bild heraus zu kopieren, die sich mit anderen Auswahl-Werkzeugen nicht so gleichmäßig erfassen ließe.

3.10.1 Mit Pfaden ein Weinglas ausschneiden und einen Schlagschatten dazu anlegen – Übersicht der Arbeitsschritte

- Öffnen Sie das Bild *weinglas.png* aus den Bildvorlagen.
- Erstellen Sie mit dem Pfad-Werkzeug einen Pfad auf den Umrissen des Weinglases.
- Erstellen Sie aus dem Pfad eine Auswahl mit einer Ausblendung von ca. 5 px.

- Kopieren Sie mit dem Menübefehl *Bearbeiten – Kopieren* das Weinglas, und fügen Sie es mit dem Befehl *Bearbeiten – Einfügen* als neue Ebene (benennen) wieder in das Bild ein.
- Speichern Sie das Bild unter dem Namen *weinglas.xcf* als Bild mit Ebenen.
- Fügen Sie unter der Ebene mit dem Weinglas zwei neue Ebenen ein: *Glas Schatten* und *Hintergrundverlauf*.
- Kopieren Sie den Pfad, transformieren Sie ihn so, dass ein perspektivischer Schatten des Weinglases entsteht.
- Erstellen Sie aus diesem *Pfad Schatten* eine Auswahl mit einem starken, weichen Rand, und füllen Sie diesen auf der Ebene *Schatten* mit der Farbe Schwarz.
- Auf der Ebene *Hintergrund* erzeugen Sie einen linearen Farbverlauf von Lichtrosa nach Weinrot (unten).
- Reduzieren Sie die Deckkraft der Ebene mit dem eingefügten Weinglas auf ca. 90 %. Sie können auch aus dem Weinglas mit einem großen »Radiergummi« mit Deckkraft 10 % etwas herausradieren, um die Transparenz des Glases zu erhöhen.
- Erstellen Sie mit dem Filter *Licht-Effekte – Linsenreflexe* zwei Highlight-Punkte am oberen Rand des Glases und am Standteller.
- Speichern Sie Ihr Bild.

3.10.2 Einen Pfad anlegen und bearbeiten – der Bearbeitungsmodus Design

Abb. 3.65: Pfad-Werkzeug, Werkzeugeinstellungen zum Anlegen eines Pfades und der Pfad mit Knotenpunkten (im Bildfenster)

Um einen Pfad anzulegen, wählen Sie das Pfad-Werkzeug. Achten Sie darauf, dass in den Werkzeugeinstellungen der Bearbeitungsmodus *Design* gewählt ist. Zunächst sollte auch das Kästchen neben *Polygonal* angehakt sein.

Klicken Sie nun an einem markanten Punkt der Figur, die Sie umfahren möchten, mit linkem Mausklick ins Bild. Dabei wird ein Anker- oder Knotenpunkt gesetzt. Suchen Sie den nächsten markanten Punkt, klicken Sie wieder. Die beiden Pfadknoten sind nun mit einer Linie verbunden. Fahren Sie so lange mit dem Setzen von Pfadknoten fort, bis sie fast die ganze Figur umfahren haben. Den letzten Anker setzen Sie nahe an den ersten und ziehen ihn mit gedrückter linker Maustaste auf den Anfangspunkt.

Wechseln Sie nun in den Werkzeugmodus *Bearbeiten*. Deuten Sie mit der Maus auf den zuletzt angelegten Pfadknoten. Der Mauszeiger wechselt sein Aussehen und zeigt nun ein umgekehrtes U, einen Magneten. Klicken Sie, der Pfad wird geschlossen.

Wie Sie im Beispielbild erkennen können, wurden als Pfadknoten nur Punkte gewählt, an denen entweder ein Knick in der Figur ist oder die Umfahrungslinie der Figur die Richtung wechselt. Auch bei regelmäßigen Rundungen genügen wenige Pfadknoten, da die Umfahrungslinien aus den Knoten heraus entwickelt werden.

3.10.3 Der Bearbeitungsmodus Bearbeiten

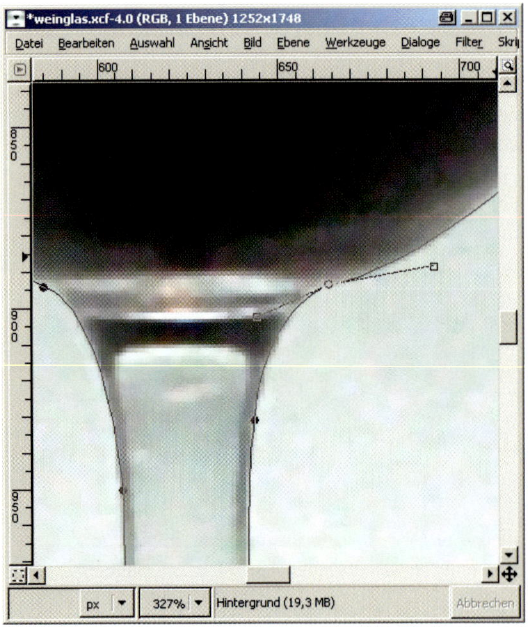

Abb. 3.66: Marker eines Pfadknoten

Weiter geht es mit dem Pfad-Werkzeug im Modus *Bearbeiten*. Wenn Sie es ganz genau machen möchten, zoomen Sie sich jetzt mit starker Vergrößerung ins Bild und positionieren die Pfadknoten mit dem Mauszeiger nach. Sie können auch nachträglich zusätzliche Pfadknoten einfügen, indem Sie mit dem Mauszeiger auf eine der Umfahrungslinien klicken. Oder Sie entfernen einen überflüssigen Pfadknoten, indem Sie ihn anklicken und dabei die Umschalt-/Shift-Taste gedrückt halten.

Sind die Pfadknoten des Pfades so weit korrigiert, geht es als Nächstes darum, den Pfad in Pfadkurven umzuwandeln, damit die Pfadlinie genau den Umrissen der vorgegebenen Figur folgt. Bleiben Sie dabei im Modus *Bearbeiten*, klicken aber das Häkchen bei *Polygonal* weg.

Wenn Sie nun auf einen der Pfadknoten klicken und mit gedrückter linker Maustaste ziehen, entstehen aus dem Pfadknoten Marker (oder Anfasspunkte). Wenn Sie diese mit gedrückter linker Maustaste ziehen, können Sie die Krümmung der anliegenden Umfahrungslinie bestimmen. Richten Sie die Umfahrungslinie rings um die Figur so ein, dass sie genau an der Kontur des Weinglases anliegt.

Hinweis: Wenn Sie beim Klick auf einen Pfadknoten gleichzeitig die Umschalt-/Shift-Taste gedrückt halten, ziehen Sie beide Marker des Knotens parallel heraus und können so Tangenten und Wendepunkte einer Kurve leichter ohne Knick anlegen.

Sie können die Marker beliebig oft nachbearbeiten, wenn Sie einfach den entsprechenden Pfadknoten erneut anklicken. Falls Sie auf die Kurve daneben klicken, erzeugen Sie damit einen neuen Pfadknoten. Entweder machen Sie den Vorgang über das Journal rückgängig, Sie können den überflüssigen Pfadknoten aber auch so löschen: Deuten Sie mit dem Mauszeiger darauf, und drücken Sie die Umschalt-/Shift-Taste. Der Mauszeiger zeigt nun das Symbol Pfad-Werkzeug mit einem Minus daran. Klicken Sie, der Pfadknoten wird gelöscht.

Wenn Sie Ihren Pfad um das Weinglas fertig bearbeitet haben, sollte Ihr Bild etwa so aussehen wie im folgenden Beispiel. Denken Sie daran, den Pfad zu schließen, indem Sie den ersten und letzten Ankerpunkt »verschmelzen« (siehe Kapitel 3.10.2).

3.10.4 Das Dialogfenster Pfade

Abb. 3.67: Pfad im Bildfenster (Umrisslinie) und Dialogfenster Ebenen, Kanäle, Pfade, Rückgängig mit aktiviertem Pfad-Dialog (erhabener Reiter)

Pfade, die Sie im Bildfenster anlegen, erscheinen im Dialogfenster *Pfade*, das Sie über das Menü *Datei – Dialoge – Pfade* des Fensters der Werkzeug-Palette aufrufen können. Hier können Sie auch mehrere Pfade in einem Bild verwalten und durch Anklicken aktiv setzen. Pfade, die aktiviert sind, erscheinen im Dialogfenster blau und sind im Bild sichtbar. Pfade, die nicht aktiv sind, werden im Bild nicht angezeigt, auch wenn sie vorhanden sind.

Sie können einen Pfad, der zunächst als *Namenlos* bezeichnet wird, umbenennen, ihm einen beschreibenden Namen geben. Klicken Sie dazu einfach auf den Text hinter dem Vorschaubild in der Palette, und geben Sie die gewünschte Bezeichnung ein.

Die Pfadpalette bietet die gleichen Eigenschaften wie der Ebenen-Dialog, Sie können hier einen Pfad über das Augensymbol sichtbar schalten und ihn über das Kettensymbol mit anderen Pfaden im Bild verketten und gemeinsam transformieren.

Uns interessieren für die Arbeit am Bild nun die Schaltflächen am unteren Rand des Dialogfensters. Diese bedeuten, von links nach rechts betrachtet: *Neuer Pfad – Pfad aufwärts verschieben – Pfad abwärts verschieben – Pfad duplizieren – Auswahl aus Pfad – Pfad aus Auswahl – Pfad nachziehen (Kontur) – Pfad löschen.*

3.10.5 Pfade transformieren – das Werkzeug Ebene oder Auswahl scheren (neigen)

Es geht nun weiter mit der Arbeit am Bild. Wählen Sie zunächst im Dialog *Pfade* die Schaltfläche *Pfad duplizieren*, und geben Sie dem neuen Pfad einen Namen wie *Weinglas Schatten*. Dann setzen Sie wieder den ersten Pfad *Weinglas* aktiv und wählen im Dialog *Pfade* die Schaltfläche *Auswahl aus Pfad*. Im Bild erscheint nun eine Auswahl um das Bildobjekt, der Sie mit dem Menü *Auswahl – Ausblenden* einen geringen Randverlauf von etwa 5 px geben.

Mit dem Menü *Bearbeiten – Kopieren* kopieren Sie das Weinglas – achten Sie darauf, dass auch die entsprechende Ebene, aus der Sie kopieren möchten, im Ebenen-Dialog aktiv gesetzt ist. Anschließend fügen Sie mit dem Menübefehl *Bearbeiten – Einfügen* den kopierten Inhalt als neue Ebene wieder ins Bild ein. Im Ebenen-Dialog erscheint eine schwebende Auswahl (eingefügte Ebene). Damit diese im Bild auch sichtbar wird, klicken Sie mit rechtem Mausklick auf diese Ebenenpalette und wählen *Neue Ebene*.

Sie können die Qualität Ihrer Arbeit nun prüfen, indem Sie die Hintergrundebene über das Augensymbol unsichtbar schalten.

Setzen Sie nun den Pfad *Weinglas-Schatten* aktiv. Als Erstes soll dieser mit dem Werkzeug *Ebene oder Auswahl scheren* schräg geneigt werden. Wählen Sie das Werkzeug aus der Werkzeug-Palette. Achten Sie darauf, dass nun in den Werkzeugeinstellungen die Schaltfläche *Pfad transformieren* geklickt ist, damit das Werkzeug auch wirklich auf den Pfad wirkt.

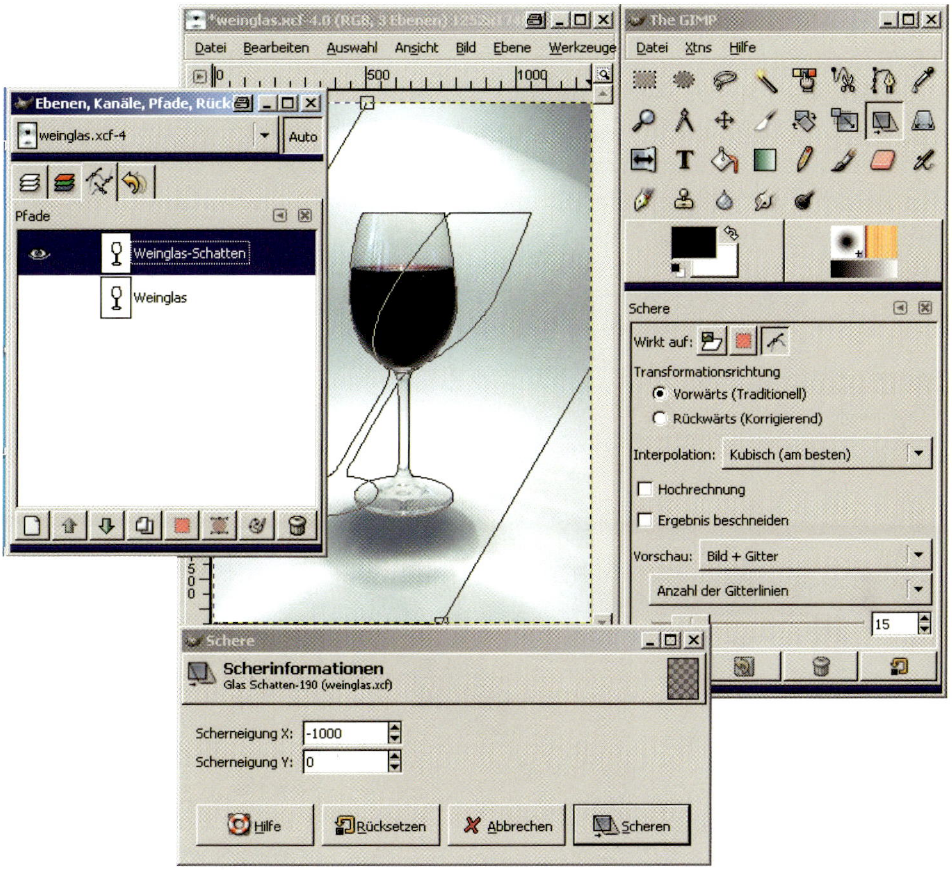

Abb. 3.68: Werkzeug Ebene oder Auswahl scheren (neigen) und die Werkzeugeinstellungen zum Transformieren von Pfaden

Neigen Sie nun den Pfad durch Ziehen mit dem Mauszeiger im Bild um etwa 30 Grad, und bestätigen Sie den Befehl durch Klick auf die Schaltfläche *Scheren* im Fenster *Schere*. Als Nächstes folgt, nach gleichem Schema, eine weitere Transformation, das *Skalieren* des Pfades. Abschließend, sozusagen um das Ganze perfekt zu machen und eine perspektivische Fluchtung des Schattens zu erzielen, kann der Pfad noch perspektivisch verzerrt werden mit dem Werkzeug *Die Perspektive der Ebene oder Auswahl verändern (perspektivisch verzerren)*.

Zuletzt positionieren Sie den Pfad mit dem Werkzeug *Ebene oder Auswahl verschieben*, wobei es sinngemäß auch eine Werkzeugeinstellung *Pfad transformieren* zum Verschieben von Pfaden gibt.

Erstellen Sie dann über die Schaltfläche im Dialogfenster *Pfade* eine Auswahl des Pfades *Weinglas-Schatten*. Geben Sie der Auswahl einen Randverlauf von etwa 25 px über das Menü *Auswahl – Ausblenden*. Setzen Sie die vorbereitete Ebene *Glas Schatten* aktiv. Füllen Sie die Auswahl mit dem Füllwerkzeug oder über das Menü *Bearbeiten*

– *Mit VG-Farbe füllen* mit Schwarz auf dieser Ebene. Die Ebenenreihenfolge sollte nun sein: *Weinglas – Glas Schatten – Verlauf HG (Hintergrundverlauf)*.

Reduzieren Sie im Dialogfenster die *Deckkraft* dieser Ebene auf etwa 70 %.

Radieren Sie mit dem Radierwerkzeug und einem großen, weichen Pinsel bei stark reduzierter Deckkraft (ca. 10 %) durchscheinende Flächen ins Weinglas und den Stehteller des Glases. Füllen Sie die Ebene *Hintergrundverlauf* mit einem zweifarbigen Verlauf Ihrer Wahl. Speichern Sie Ihr Bild.

Abb. 3.69: Das fertige Bild mit Ebenen-Dialog und den Werkzeugeinstellungen des Verlaufswerkzeugs. Die Pfade wurden vorher im Pfad-Dialog unsichtbar geschaltet

3.10.6 Lichteffekte mit Filtern

Wir haben schon gesehen, dass sich Highlights, Lichtreflexe und Beleuchtungseffekte mit den Malwerkzeugen herstellen lassen, um die Plastizität, die Körperlichkeit eines Gegenstandes hervorzuheben.

Eine weitere Möglichkeit besteht darin, Lichtreflexe und Glanzpunkte mit Hilfe von Pfaden herzustellen. Dabei werden – kleine – sternförmige Pfade im Bild angelegt. Aus den Pfaden werden Auswahlen erstellt (**Hinweis:** Pfad vorher duplizieren, sonst wird er durch die Auswahl ersetzt). Die Auswahlen erhalten eine weiche Auswahlkante – Ausblendung. Dann werden sie – gegebenenfalls mehrfach hintereinander – mit Weiß gefüllt. Mehrfach deshalb, damit bei sehr kleinen Sternchen überhaupt eine Füllung sichtbar wird.

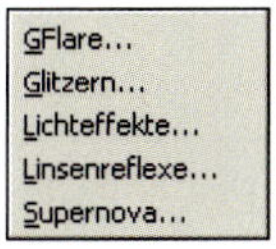

Abb. 3.70: Die Auswahl des Menüs Filter – Licht-Effekte

Der GIMP bietet neben diesen maltechnischen und grafischen Möglichkeiten auch eine Anzahl von Filtern, die bestimmte Beleuchtungssituationen simulieren oder ganz einfach Glanzpunkte und fotografische Linsenreflexe im Bild erzeugen.

Der Filter Linsenreflexe

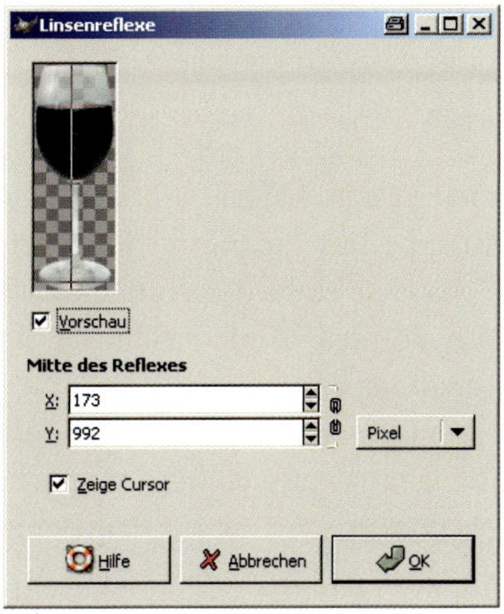

Abb. 3.71: Das Fenster des Filters Linsenreflexe

Besonders Glas erscheint plastischer und glänzender, wenn im Bild, in einer Fotografie Lichtpunkte gesetzt werden. Dafür eignet sich gut der Filter *Linsenreflexe*, den Sie im Menü *Filter – Licht-Effekte* finden. Dieser Effekt arbeitet auf der aktiven Ebene – seien Sie also sicher, dass die Ebene mit dem Weinglas aktiv ist.

Wenn Sie den Filter aufrufen, erscheint ein Fenster mit einem Vorschaubild. Hier können Sie per Zahleneingabe die gewünschte Position des Lichtpunktes eingeben.

Noch einfacher wird es, wenn Sie unten im Fenster Zeige Cursor wählen und dann in das Vorschaubild klicken. Jetzt können Sie die Position des Lichtpunktes mit dem Mauszeiger wählen und verschieben. Bestätigen Sie den Vorgang mit Klick auf die Schaltfläche *OK*. Der Effekt wird berechnet und ins Bild eingefügt.

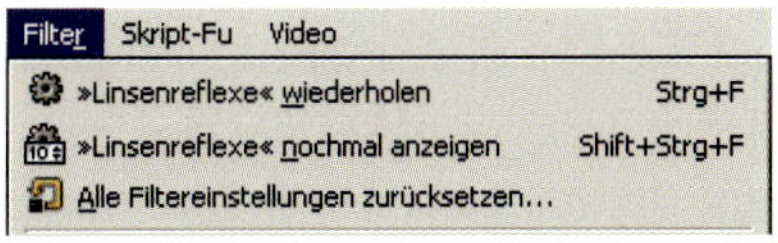

Abb. 3.72: Wiederholen-Funktion im Menü Filter

Wenn Sie den Vorgang wiederholen möchten, um die Leuchtkraft zu erhöhen, wenn Sie die Position des Lichtpunktes nachbearbeiten oder noch einen Reflexpunkt setzen möchten, bietet Ihnen das Menü *Filter* eine Bequemlichkeit. Sie finden die Befehle zum Wiederholen des zuletzt eingesetzten Filters und zum Aufruf seiner Einstellungen direkt oben im Menü *Filter*.

Haben Sie so weit mitgemacht? Speichern Sie Ihr Bild.

3.11 Dreidimensionale Gegenstände mit Hilfe von Ebenen, Masken und Pfaden herstellen – Schattenebenen

Sie haben schon einfache Bildobjekte selbst erzeugt – die Ostereier. Doch auch komplexere, dreidimensionale Figuren können mit den Werkzeugen des GIMP hergestellt werden. Wir werden uns das am Beispiel eines Monitors genauer ansehen. Dabei üben Sie das Arbeiten mit Pfaden und Auswahlen, und wir vertiefen das Thema Transformationen.

Die nachfolgende Aufgabe ist dabei komplex und erfordert immer wieder zusammenhängende Arbeitsgänge wie Pfad erstellen – Auswahl erstellen – Füllen – Transformieren und das Arbeiten mit dem Ebenen- und Pfad-Dialog. Lassen Sie sich Zeit. Sie gewinnen dabei auch Routine.

3.11.1 Bildobjekte herstellen und transformieren

Unser Osterbild soll im Fernsehen gezeigt werden. Dazu bauen wir uns den Fernseher gleich samt Bild selbst. Die folgende Aufgabe soll Ihnen auf der einen Seite ein Verständnis vermitteln, wie Sie mit vergleichsweise einfachen Mitteln auch komplexere Bildobjekte mit 3D-Effekten herstellen können. Andererseits ist sie »nur« eine Übung, um Routine bei der Arbeit zu gewinnen.

Dabei umfasst die Aufgabe eine große Anzahl einzelner Arbeitsschritte. Viele haben Sie in der einen oder anderen Weise schon einmal ausgeführt. Aber alle werden hier knapp, doch in allen wesentlichen Schritten beschrieben. Erläuternde Bilder sind beigefügt.

Zunächst werden das Bild und die Frontseite des Monitors angelegt, auf dem unser Bild erscheinen soll:

- Legen Sie eine neues Bild an (Menü *Datei – Neu* im Werkzeugkasten) mit folgenden Eigenschaften: Auflösung 300 dpi, Breite 150 mm, Höhe 100 mm, Modus RGB, Hintergrundfarbe Weiß. Speichern Sie das Bild als *monitor.xcf.*
- Öffnen Sie Ihr Bild *osterkarte.xcf*, speichern Sie es als *osterkarte.png*. Im Bild *osterkarte.png* vereinigen Sie die sichtbaren Ebenen zu einer (Ebenen-Dialog: rechter Mausklick auf oberste Ebene – Kontextmenü: *Sichtbare Ebenen vereinen*). Minimieren Sie das Bild, die Hauptebene daraus wird später exportiert.
- Wechseln Sie zum Bild *monitor.xcf.* Als Erstes erzeugen Sie im Ebenen-Dialog drei leere Ebenen: *Front* (für die Frontseite des Monitors), *Mattscheibe* (für den Bildschirm) und *Fase* (für die Umrandung der Mattscheibe im Gehäuse).
- Setzen Sie die Ebene *Front* aktiv. Auf ihr erstellen Sie mit dem Werkzeug *Einen rechteckigen Bereich wählen* eine rechteckige Auswahl, in etwa ein Viertel der Größe des Bildes.

- Wählen Sie im Farbwähler *Vordergrundfarbe* ein lichtes Grau, und füllen Sie mit dem Werkzeug *Mit einer Farbe oder einem Muster füllen (Farbeimer)* die Auswahl.
- Speichern Sie Ihr Bild.

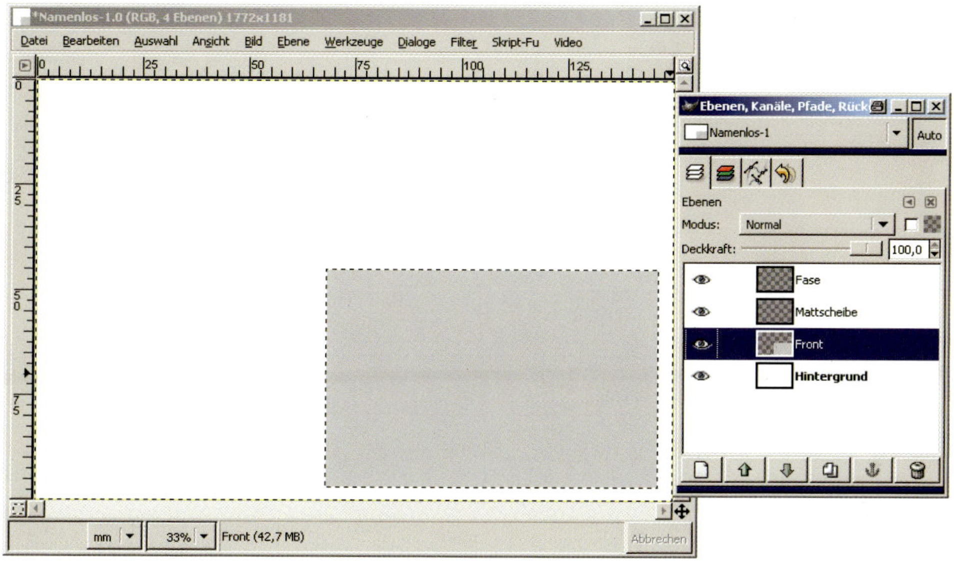

Abb. 3.73: Das Bild monitor.xcf mit den neuen Ebenen

Nun wird das Einfügen des Bildes *osterkarte.png* vorbereitet. Dieses wird sozusagen als Fernsehbild eingebaut.

- Messen Sie jetzt mit dem Werkzeug *Abstände und Winkel messen* die Breite und Höhe des grauen Rechtecks. Notieren Sie sich die Werte.
- Wechseln Sie wieder zum Bild *osterkarte.png*. Skalieren Sie das Bild über das Menü *Bild – Bild skalieren* auf eine Breite etwa 100 px schmaler als das Rechteck in *monitor.xcf*.
- Im Bild *monitor.xcf* markieren Sie sich mit Hilfslinien einen Rand von je ca. 50 px im grauen Rechteck. Dann exportieren Sie die Hauptebene aus dem Bild *osterkarte.png* und positionieren sie entsprechend dem markierten Rand im grauen Rechteck.
- Skalieren Sie ggf. das graue Rechteck mit dem Skalieren-Werkzeug oder mit dem Menü *Ebene – Ebene skalieren* in der Höhe. Der Rand unter dem Bild aus *osterkarte.png* sollte breiter sein als der darüber.

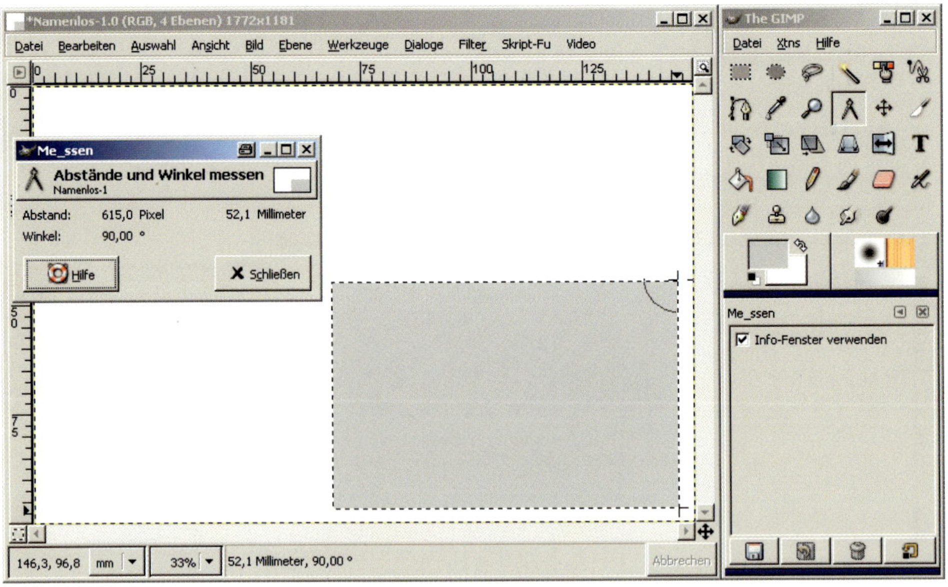

Abb. 3.74: Messen mit dem Werkzeug Abstände und Winkel messen

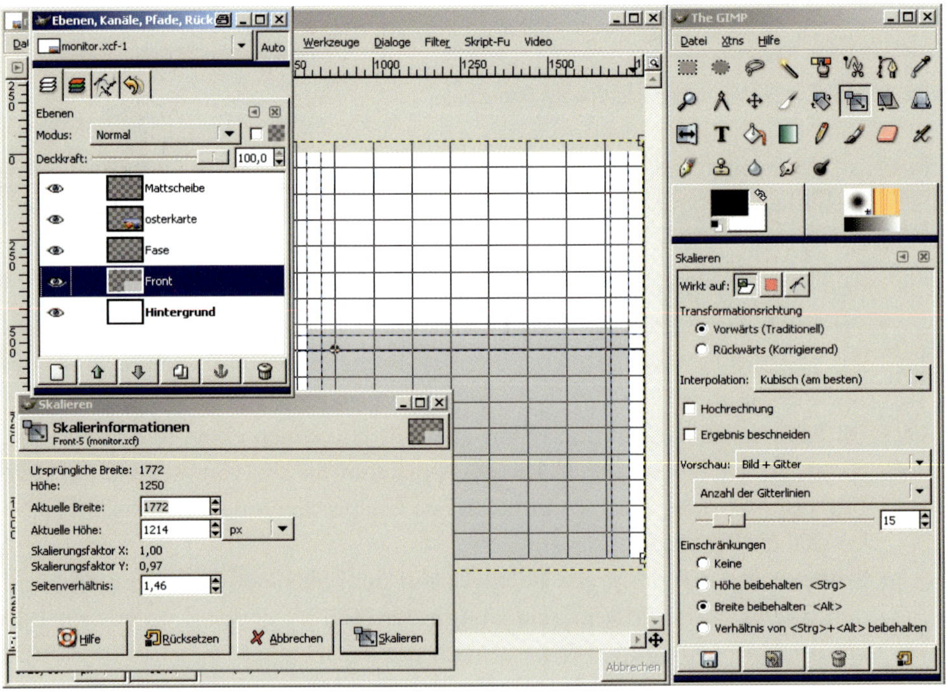

Abb. 3.75: Die Ebene aus osterkarte.png ist eingefügt, die Ebene Front wurde nachträglich skaliert.

Wir brauchen jetzt die Umrisse der Mattscheibe.

- Dazu erstellen Sie eine Auswahl über den Umrissen der importierten Ebene *osterkarte*. Schalten Sie zunächst im Ebenen-Dialog die Ebene Front unsichtbar – sonst würde deren Umriss gefunden. Mit dem Werkzeug *Zusammenhängenden Bereich wählen (Zauberstab)*, mit den gewählten Werkzeugeinstellungen *Transparente Bereiche auswählen* und *Vereinigung überprüfen* klicken Sie in den transparenten Bereich um das eigentliche Bildobjekt im Bildfenster. Nun ist alles darum herum ausgewählt. Über das Menü *Auswahl – Invertieren* wird genau die Kontur des Bildobjektes auf der Ebene ausgewählt.
- Mit *Auswahl – Abgerundetes Rechteck* geben Sie der Auswahl eine Kantenrundung von ca. 20 Pixeln.
- Mit *Auswahl – Nach Pfad* speichern Sie die Auswahl als Pfad.
- Kehren Sie die Auswahl wieder um (Menü *Auswahl – Invertieren*), und löschen Sie mit *Bearbeiten – Löschen* die Ecken des Bildobjektes *osterkarte*.

Wir wollen noch einen Mattscheibeneffekt – oder alternativ eine wirkliche Mattscheibe – hinterlegen. Also legen wir diese nun an.

- Noch einmal invertieren Sie die Auswahl, damit wieder die eigentliche Fläche gewählt ist.

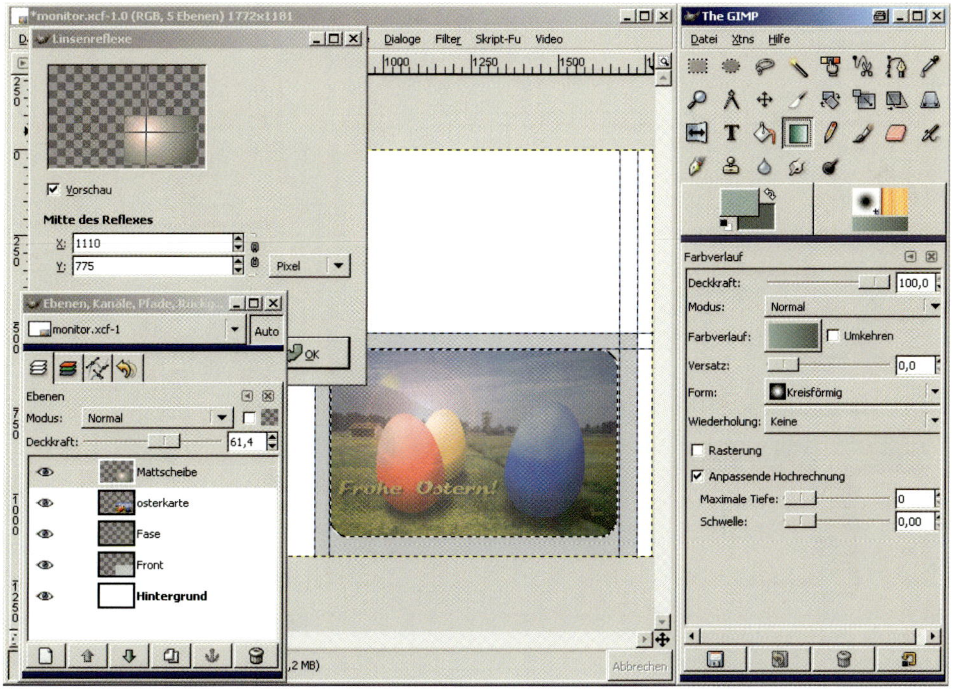

Abb. 3.76: Der Linsenreflex auf der Ebene Mattscheibe scheint durch die teiltransparente Ebene der Osterkarte.

- Wechseln Sie im Ebenen-Dialog zur Ebene *Mattscheibe.* Füllen Sie die Auswahl mit einem kreisförmigen Farbverlauf. Als Vordergrundfarbe wählen Sie dazu ein lichtes Grüngrau, als Hintergrundfarbe ein dunkles Grüngrau.
- Reduzieren Sie im Ebenen-Dialog die *Deckkraft* der Ebene Mattscheibe auf ca. 60 %.
- Setzen Sie auf der Ebene Mattscheibe über das Menü *Filter – Licht-Effekte – Linsenreflexe* einen Lichtpunkt.

Damit der Bildschirm auch wie bei einem richtigen Monitor nach innen versetzt erscheint, wird eine vertiefte Fase angelegt:

- Wechseln Sie zur vorbereiteten Ebene *Fase.* Wählen Sie ein sehr helles Silbergrau als Vordergrundfarbe. Invertieren Sie wiederum die Auswahl. Ziehen Sie die Kontur der Auswahl nach mit *Bearbeiten – Auswahl nachziehen.* Verwenden Sie dabei eine Strichstärke von etwa 15 px. Löschen Sie die Auswahl (Menü *Auswahl – Aufheben*).
- Radieren Sie mit einem kleineren, harten Pinsel die obere und linke Kante der Fase. Im Bild wird es später so erscheinen, als verschwände sie hier durch die perspektivische Verzerrung. Zoomen Sie sich die Ecken, die stehen bleiben, heraus, und runden Sie diese sorgfältig mit dem Radierer aus.
- Speichern Sie Ihr Bild.

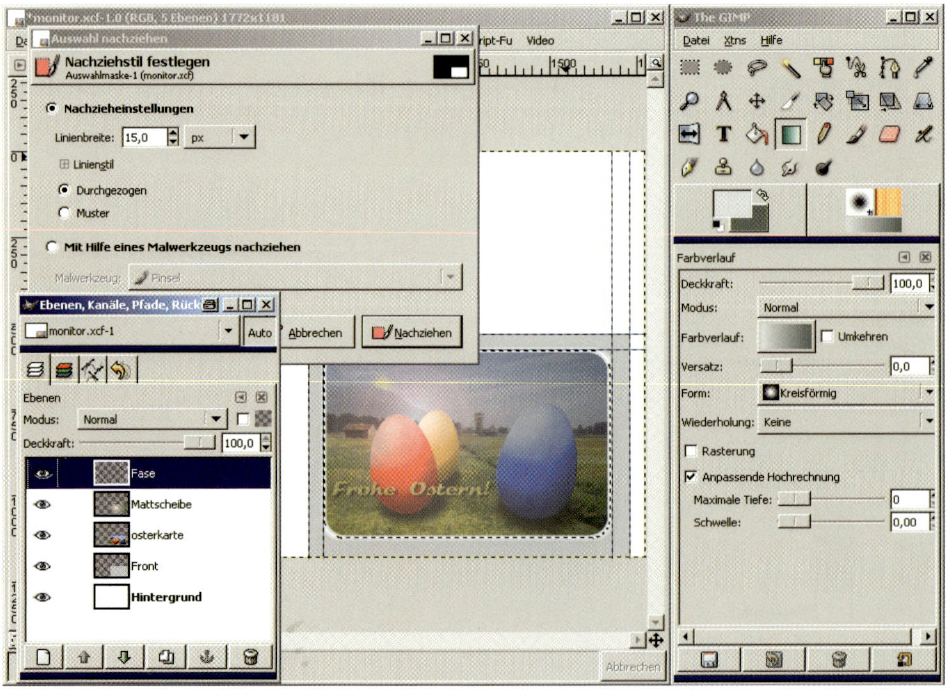

Abb. 3.77: Fase auf dem Umriss der Auswahl über das Menü Bearbeiten – Auswahl nachziehen

Abb. 3.78: Die Fase radieren und an den Ecken mit dem Radierer ausrunden

So weit haben wir die Vorderseite unseres Monitors fertig gestellt. In den nächsten Arbeitsschritten wird auf die vorhandenen Ebenen des Bildes nacheinander eine Reihe von Transformationen mit den Werkzeugen *Ebene oder Auswahl scheren*, *Die Perspektive der Ebene oder Auswahl verändern* und *Ebene oder Auswahl skalieren* angewandt, um die Ebenen gemeinsam perspektivisch zu verzerren.

Damit die Transformationen auch wirklich gleichzeitig auf alle Ebenen des Bildes wirken, werden diese durch das *Kettensymbol* vor dem Vorschaubild im Ebenen-Dialog miteinander verbunden. Achten Sie darauf, dass in jeder Ebene das Kettensymbol sichtbar ist, außer in der weißen Hintergrundebene.

- Zunächst wird das Werkzeug *Ebene oder Auswahl scheren* angewandt, um die Ebenen vertikal zu neigen. Verwenden Sie eine Scherneigung von ca. –400 in der y-Achse.
- Danach werden die Ebenen mit dem Werkzeug *Die Perspektive der Ebene oder Auswahl verändern* am rechten Rand perspektivisch verzerrt.
- Zuletzt werden die Ebenen von rechts aus nach links horizontal auf ca. 70 % skaliert.
- Speichern Sie das Bild.

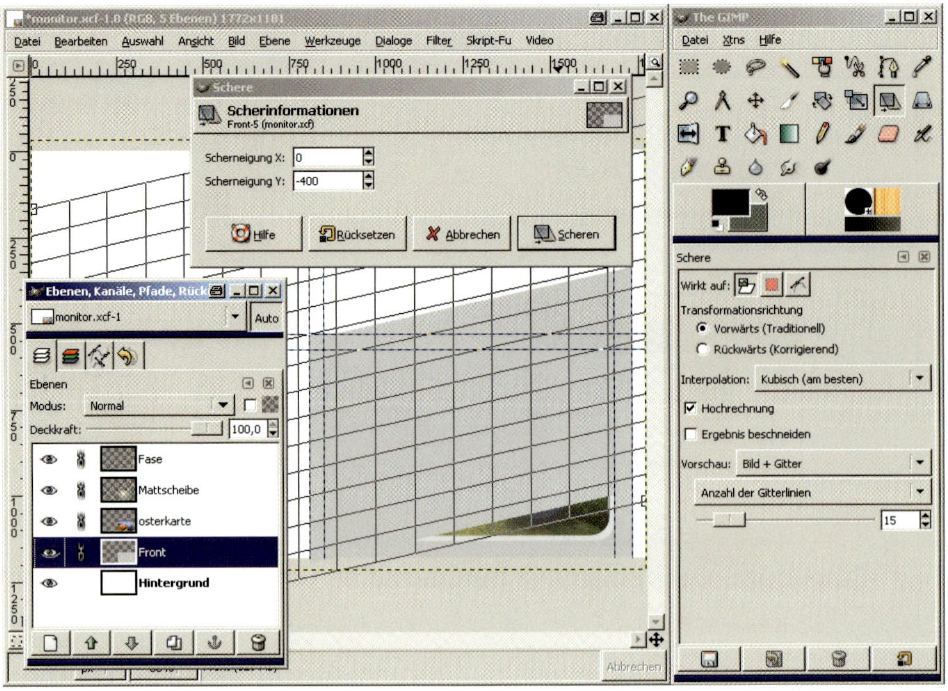

Abb. 3.79: Das Werkzeug Ebene oder Auswahl scheren

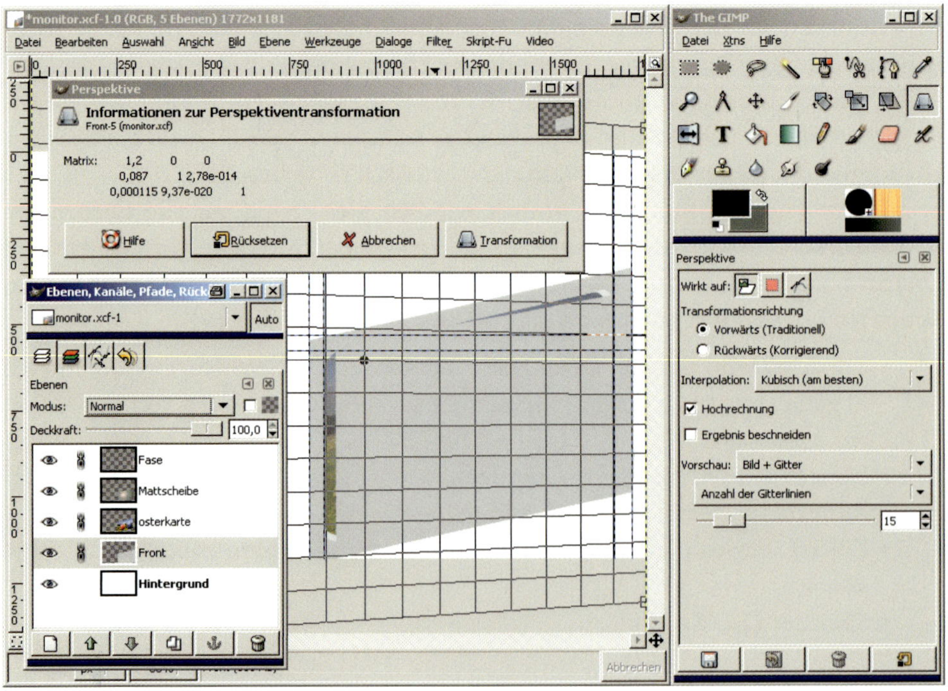

Abb. 3.80: Das Werkzeug Perspektive der Ebene oder Auswahl verändern

Damit ist die Frontseite fast fertig. Aber ein Monitor hat Schalter. Auch diese legen wir als separate Bildobjekte auf einer neuen Ebene an.

- Legen Sie eine Ebene *Knopf* zuoberst im Ebenen-Dialog an. Zoomen Sie dann das Bild auf den Bereich einer der unteren Ecken. Erstellen Sie dort mit dem Werkzeug *Elliptischen Bereich wählen* eine Ellipse, und füllen Sie diese von oben nach unten mit einem Verlauf von Weiß nach Schwarz.
- Verschieben Sie dann die elliptische Auswahl horizontal um ein kleines Stück mit dem Verschieben-Werkzeug (Achtung: Werkzeugeinstellungen: *Auswahl transformieren*).
- Wählen Sie im Farbwähler ein lichtes Silbergrau als Vordergrundfarbe, und füllen Sie die Auswahl mit dem Menü *Bearbeiten – Mit VG-Farbe füllen*. Der erste Knopf ist fertig.
- Duplizieren Sie die Ebene *Knopf* (Schaltfläche *Ebene duplizieren* unten im Ebenen-Dialog), und positionieren Sie diese an der anderen unteren Ecke. Skalieren Sie die neue Ebene auf ca. 90 % wegen der perspektivischen Verkleinerung.
- Speichern Sie das Bild. Die Vorderseite ist nun komplett.

Abb. 3.81: Mit Hilfe einer elliptischen Auswahl und verschiedenen Füllungen wird der Schaltknopf erstellt

Nun fehlen noch die linke und obere Seite des Gehäuses sowie der Schatten des Monitors. Dazu legen Sie drei neue Ebenen an: zuoberst im Ebenen-Dialog die Ebene *Oberseite*. Direkt über der Hintergrundebene fügen Sie die Ebene *Schatten* und die Ebene *Seite* ein.

Nacheinander werden auf diesen Ebenen nun die fehlenden Flächen aus Pfaden im Bearbeitungsmodus *Design* mit Einstellung *Polygonal* in den Werkzeugeinstellungen erstellt.

- Beginnen Sie mit der Ebene *Seite.* Erstellen Sie dort ein Viereck aus einem geschlossenen Pfad, der an die linke Seite der Frontseite anschließt. Erstellen Sie aus dem Pfad eine Auswahl, und füllen Sie diese mit demselben Grau wie die Ebene Front.

Abb. 3.82: Die Seitenfläche mit einem Pfad und der Auswahl daraus herstellen

- Duplizieren Sie die Ebene *Seite* (Kontextmenü Ebenen-Dialog) und benennen sie *Seite Schatten.* Füllen Sie die Auswahl auf dieser Ebene nochmals, diesmal mit Schwarz. Reduzieren Sie die Deckkraft der Ebene auf etwa 50 %.
- Als Nächstes erstellen Sie die Oberseite auf der entsprechenden Ebene. Folgen Sie beim Anlegen des Pfades den Eckpunkten der bereits vorgegebenen Flächen. Füllen Sie die Fläche mit einem sehr lichten Grau.

Damit ist das Gehäuse komplett. Noch fehlt der Schatten.

- Zuletzt also der Schatten des Monitors auf der Standfläche. Nachdem Sie den Schatten mit einem Pfad angelegt haben, erstellen Sie wiederum eine Auswahl daraus. Dieser Auswahl geben Sie einen weichen Randverlauf (Menü *Auswahl – Ausblenden*) von etwa 50 px. Füllen Sie dann die Auswahl mit Schwarz.
- Reduzieren Sie die Deckkraft der Ebene (Transparenz) im Ebenen-Dialog auf etwa 70 %.
- Das war's. Speichern Sie Ihr Bild.

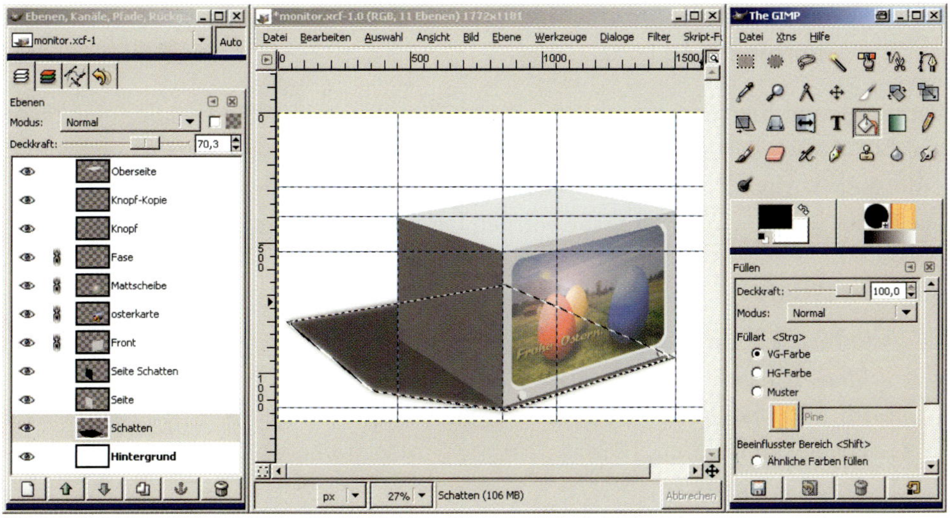

Abb. 3.83: monitor.xcf mit allen Ebenen

3.12 Bilder überblenden mit Masken und Auswahlen

Manchmal möchten Sie Bildmotive ineinander überblenden, übergehen lassen. Oder Sie möchten mehrere Bilder nahtlos zu einer Panorama-Aufnahme zusammenfügen. Beide Ziele lassen sich mit Maskentechniken bzw. Auswahlen mit sehr großer Ausblendung (»weicher Randverlauf«) erreichen.

3.12.1 Zwei Bilder mit unterschiedlichen Motiven ineinander überblenden – Überblendung I

Voraussetzung hierfür ist zunächst einmal, dass die beiden Bilder, die ineinander überblendet werden sollen, in etwa in der gleichen Bildgröße (Abmessungen) und Auflösung vorhanden sind. Sie müssen dabei nicht von derselben Dateiart sein. Die Bilder für die Übungsaufgabe wurden bereits entsprechend vorbereitet.

Die Arbeitsschritte

- Öffnen Sie die beiden Bilder *lido.png* und *muscheln.png* aus dem Verzeichnis *Bildvorgaben*.
- Im Bild *muscheln.png* duplizieren Sie die *Hintergrundebene*. Die duplizierte Ebene nennen Sie z. B. *Muscheln*. Sie wird weiterbearbeitet und später exportiert.
- Erzeugen Sie im Bild eine neue, leere Ebene. Sie könnte *Verlauf* heißen.
- Füllen Sie die neue Ebene mit einem Verlauf von Vordergrundfarbe (Schwarz) nach transparent. Einen solchen Verlauf finden Sie in den Einstellungen *Verlauf* der Werkzeugeinstellungen des Verlaufswerkzeugs. Dabei muss die deckende Farbe oben in dem Teil des Bildes aufgetragen werden, der später gelöscht werden soll. Der Verlauf läuft nach unten hin transparent aus, dorthin, wo der Bildinhalt stehen bleiben soll.
- Wählen Sie im Menü *Ebene – Transparenz – Auswahl aus Alphakanal*. Nun erscheint eine Auswahl, die jedoch eine Ausblendung entsprechend des Verlaufes besitzt.
- Setzen Sie jetzt die Ebene *Muscheln* aktiv.
- Auf dieser Ebene löschen Sie den Bildinhalt mit Hilfe der Auswahl über den Befehl *Bearbeiten – Löschen*. Dabei entsteht eine Ausblendung des Inhalts entsprechend des Verlaufs.
- Nun exportieren Sie die Ebene *Muscheln* per Drag & Drop auf die Bildfläche des geöffneten zweiten Bildes *lido.png*. Positionieren Sie die eingefügte Ebene dort, und skalieren Sie die Ebene so, dass die Muscheln bis zum sichtbaren Horizont reichen.
- Gegebenenfalls passen Sie die Helligkeit und den Kontrast der Ebene *Muscheln* an das Bild *lido.png* an (Menü *Werkzeuge – Farben – Helligkeit-Kontrast*).
- Speichern Sie Ihr Bild unter neuem Namen, z. B. *fenice.xcf*, als Bild mit Ebenen. Dieses Bild wird noch für eine weitere Aufgabe benötigt.
- Sichern Sie ebenso das Bild *muscheln.png* im Format *xcf*.

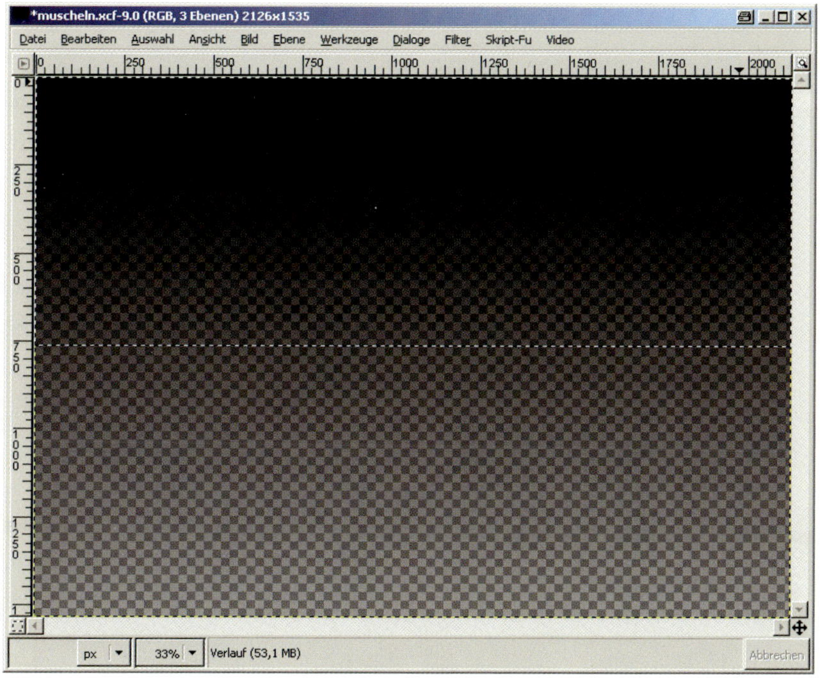

Abb. 3.84: Verlauf Schwarz nach transparent auf separater Ebene; die Auswahl wird über das Menü Ebene – Transparenz – Auswahl aus Alphakanal erzeugt.

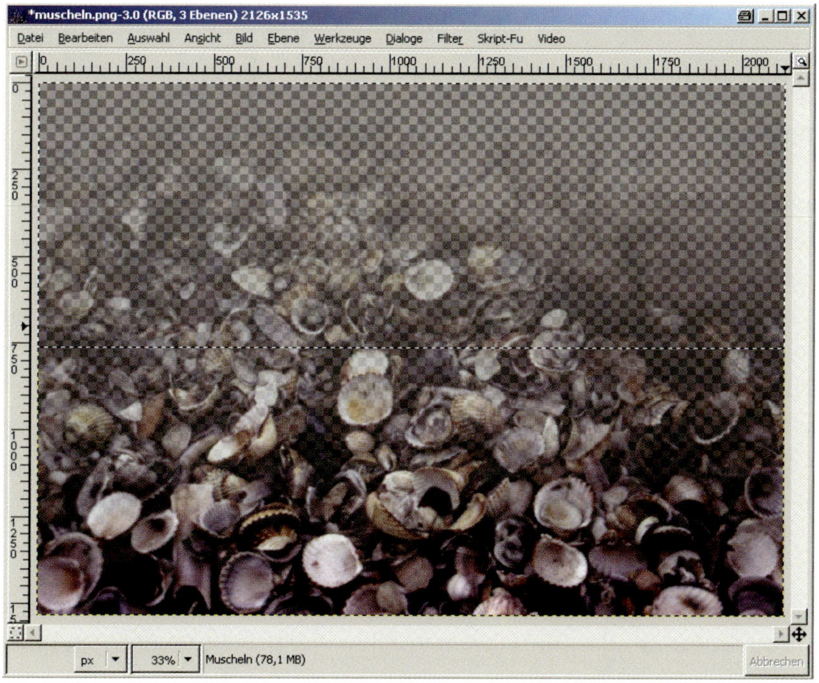

Abb. 3.85: Der Verlauf wird auf die Ebene mit den Muscheln angewendet. Über das Menü Bearbeiten – Löschen wird der Bildinhalt gelöscht.

Abb. 3.86: Die fertige Collage mit der eingefügten und transformierten Ebene mit den Muscheln

3.12.2 Mehrere Bilder des gleichen Motivs zu einem Panoramabild zusammenfügen – Überblendung II

Panorama-Aufnahmen

Bilder, die sich aus mehreren Einzelaufnahmen zusammensetzen, bezeichnet man auch als Panorama-Aufnahmen. Sie können solche Bilder frei Hand aufnehmen. Dabei ergeben sich aber meistens Versätze in der Horizontalen, Höhensprünge und Verdrehungen, Verkantungen der Bilder zueinander. Sie haben es später beim Zusammensetzen des Bildes leichter, wenn Sie für Panorama-Aufnahmen ein Stativ einsetzen. Auf jeden Fall sollten Sie darauf achten, dass sich die Bilder jeweils zu etwa einem Drittel überlappen, um eine Überblendung herstellen zu können. Ganz wichtig: Machen Sie die Aufnahmen mit ein und derselben Brennweite und Schärfeneinstellung. Verändern Sie die Brennweite, haben die Bilder unterschiedliche Abstände zum Objekt und lassen sich nicht passend übereinander bringen.

Je nach Bauart und Brennweite des Objektivs zeigen die aufgenommenen Bilder Randverzerrungen, so dass die einzelnen Bilder beim Zusammenfügen noch zusätzlich mit Transformationen aneinander angepasst werden müssen – ein heikles Unterfangen, aber möglich.

Die Bilder der Beispielaufgabe wurden mit einem leichten Telezoom und einer Kleinbild-Spiegelreflexkamera aufgenommen. Sie sind weitestgehend verzerrungsfrei.

Hinweis: Für Panoramabilder gilt, dass die einzelnen Aufnahmen in ein und derselben Bildgröße und vor allem Auflösung vorliegen müssen.

Die Arbeitsschritte

- Öffnen Sie das Bild *Garda1.png*. Sie finden es im Unterverzeichnis *Gardapanorama* im Ordner *Bildvorgaben* auf der CD.
- Im Ebenen-Dialog fügen Sie der Hintergrundebene einen Alphakanal hinzu. Damit erhält die Ebene Transparenz-Eigenschaften, z. B. einen transparenten Hintergrund. Erst dadurch wird sie verschiebbar und kann im Bild nachpositioniert werden. Dazu wählen Sie mit rechtem Mausklick das Kontextmenü und dort *Alphakanal hinzufügen.*
- Um alle Bilder in eines einfügen zu können, müssen Sie dessen Bildfläche erweitern. Vergrößern Sie die Bildfläche nach rechts über das Menü *Bild – Leinwandgröße* auf eine Breite von etwa 1800 mm und eine Höhe von ca. 500 mm.
- Lassen Sie sich das Bild ganz anzeigen mit dem Menübefehl *Ansicht – Zoom – In Fenster einpassen.*
- Positionieren Sie die Ebene *Garda1* mit dem Verschieben-Werkzeug ungefähr in der Mitte der Bildfläche am linken Rand.
- Speichern Sie das Bild unter der Bezeichnung *gardapanorama.xcf.*
- Nun öffnen Sie nacheinander die Bilder *Garda2.png* bis *Garda4.png.* Exportieren Sie die Ebenen aus dem Ebenen-Dialog mit Drag & Drop auf die Arbeitsfläche des Bildes *gardapanorama.xcf,* und positionieren Sie die Ebenen dort überlappend, so gut wie möglich.
- Benennen Sie die Ebenen entsprechend des jeweiligen Originalbildes. Nach dem Export können die Bilder *garda2.png* etc. wieder geschlossen werden.
- Speichern Sie Ihr Bild *gardapanorama.xcf.* Es sollte jetzt in etwa so aussehen wie in der folgenden Darstellung.
- Als Nächstes bearbeiten Sie die einzelnen Ebenen mit dem Menübefehl *Ebene – Farben – Werte (Tonwertkorrektur)*, um Farben, Kontrast und Helligkeit der Bilder aneinander anzugleichen. Gehen Sie dabei von der Ebene *Garda3* als Bezugsbild aus, es bietet die beste Farbwiedergabe und Helligkeit.
- Markieren Sie die überlappenden Bereiche der einzelnen Ebenen mit senkrechten Hilfslinien, die Sie aus den Linealen mit gedrückter linker Maustaste herausziehen können.
- Nun erstellen Sie mit dem Werkzeug *Rechteckige Auswahl* eine Auswahl, die über der Mitte der Überlappung von Ebene *Garda1* und *Garda2* beginnt und weit über die Ränder auf die Ebene *Garda1* hinausreicht (siehe Abb. 3.89).

Dieser Auswahl geben Sie eine weiche Auswahlkante von 120–200 px (Menü *Auswahl – Ausblenden*). Die Ausblendung ist abhängig von der Größe der Überlappung.

Abb. 3.87: gardapanorama.xcf mit den vorpositionierten, importierten Ebenen und dem geöffneten Ebenen-Dialog

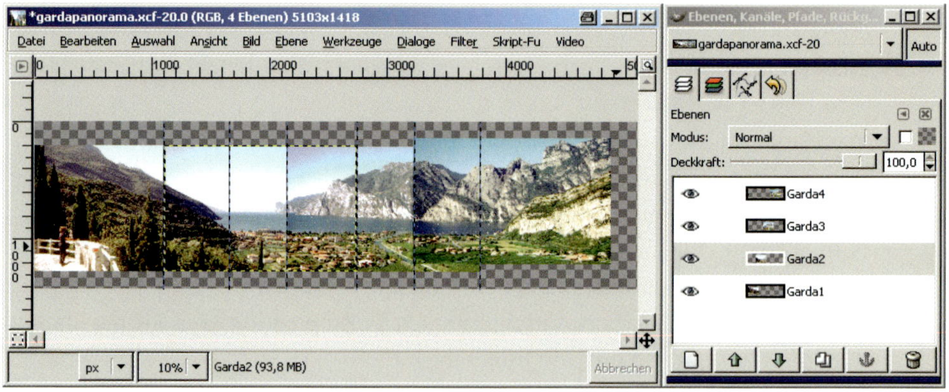

Abb. 3.88: gardapanorama.xcf nach der Tonwertanpassung und nachdem die überlappenden Bereiche der Ebenen mit Hilfslinien markiert wurden

- Ebene *Garda1* bleibt unverändert. Setzen Sie Ebene *Garda2* aktiv, und löschen Sie nun mit dem Menübefehl *Bearbeiten – Löschen* den linken Teil des überlappenden Bereiches.
- Wiederholen Sie nun die Arbeitschritte des vorigen Punktes sinngemäß für die Ebenen *Garda3* und *Garda4*.

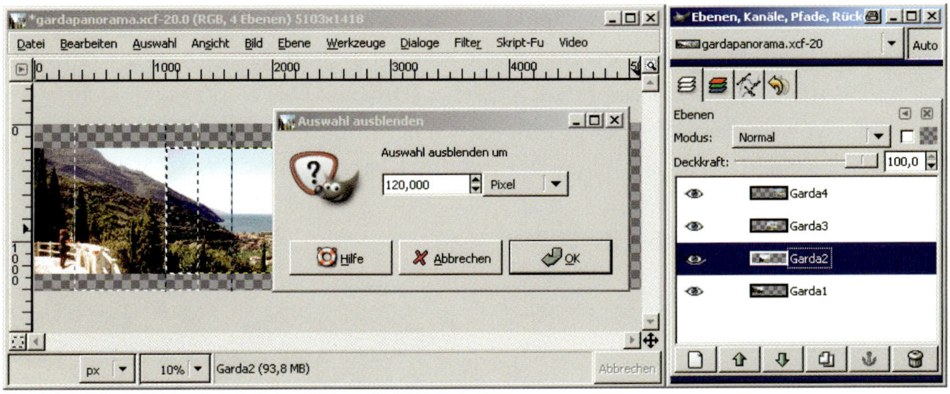

Abb. 3.89: Die übergreifende Auswahl mit entsprechender Ausblendung über Ebene Garda1 und Garda2. Ebene Garda2 ist aktiv gesetzt.

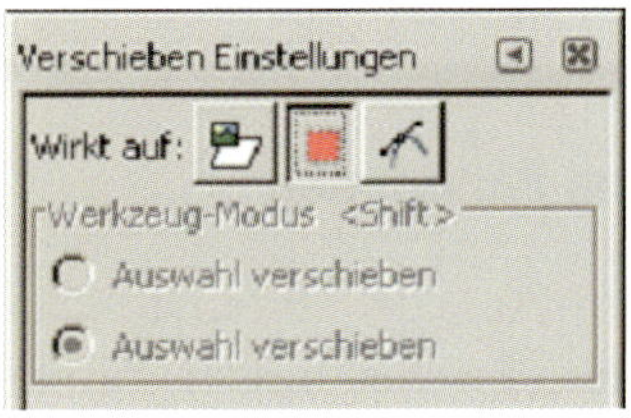

Abb. 3.90: Sie können auch die vorhandene Auswahl mit dem Werkzeug Ebenen und Auswahlen verschieben über der nächsten Überlappung zwischen Ebene Garda2 und Garda3 positionieren und so weiter. Achten Sie dann darauf, dass in den Werkzeugeinstellungen die Schaltfläche Auswahlen transformieren geklickt ist, sonst würden Sie mit dem Werkzeug einen Teil der darunterliegenden Ebene Garda2 ausschneiden.

- Nach dem Löschen aus den überlappenden Bereichen der Ebenen 2 bis 4 heben Sie die Auswahl auf – Menü *Auswahl – Aufheben*. Blenden Sie auch die Hilfslinien aus über das Menü *Ansicht – Hilfslinien anzeigen*. Ihr Bild *gardapanorama.xcf* sollte nun etwa so aussehen:

Abb. 3.91: gardapanorama.xcf nach dem Löschen mit Verlauf aus den überlappenden Ebenen

- Was noch fehlt, ist das genaue Positionieren der Ebenen *Garda2* bis *Garda4*. Dazu vergrößern Sie sich zunächst das Arbeits-(Bild-)Fenster so groß als möglich, dann zoomen Sie mit dem Werkzeug *Lupe* in die Überlappung von Ebene 1 und 2. Setzen Sie die jeweils überlappende Ebene, also zunächst

Garda2 aktiv. Positionieren Sie diese mit dem Verschieben-Werkzeug so, dass keine Verschiebungen im Bild mehr erkennbar sind. Dabei hilft die teilweise Transparenz der überlappenden Ebene. **Hinweis:** Die Werkzeugeinstellungen des Verschieben-Werkzeugs müssen wieder umgestellt werden.

- Wenn Sie das für alle Ebenen ausgeführt haben, muss das Bild noch zugeschnitten werden.
- Danach speichern Sie Ihr Bild.

Abb. 3.92: Das fertige Bild gardapanorama.xcf

3.12.3 Programme zur automatischen Erstellung von Panoramen

Aus dem Open-Source-Bereich stehen einige Programme zur automatischen Herstellung von Panoramabildern bereit, manche davon zum Erscheinungszeitpunkt dieses Buches noch im Entwicklungsstadium. Derzeit sind diese Werkzeuge bzw. Plug-ins für alle weiter verbreiteten Betriebssysteme wie Windows, Linux und Mac OS verfügbar. Dabei handelt es sich um die beiden Programme **Hugin** bzw. **PTGui** (Panorama-Tool). Außerdem steht, allerdings nur für Windows, mit **Autostitch** ein weiteres, einfach zu handhabendes automatisches Werkzeug (nur für JPEG-Dateien, Shareware) zur Verfügung. Hinweise zur Installation und Handhabung sowie Download-Quellen finden Sie auf folgenden Seiten im Internet:

http://hugin.sourceforge.net/download/
http://panotools.sourceforge.net/
http://www.cs.ubc.ca/~mbrown/autostitch/autostitch.html

Zum GIMP selbst gibt es Plug-ins zum Zusammenfügen von Panoramaaufnahmen. Die vorab genannten selbstständigen Programme sind jedoch einfacher und sicherer zu handhaben. Informationen zu den Panorama-Plug-ins (auf Englisch) finden Sie im Internet unter http://stitchpanorama.sourceforge.net/ und http://www.shallowsky.com/software/pandora/.

3.13 Bildcollagen – Bildobjekte mit Masken und Auswahlen ausschneiden und einfügen

In den letzten Kapiteln haben Sie schon verschiedene Techniken kennengelernt, mit deren Hilfe sich Bilder aus verschiedenen einzelnen Bildobjekten zusammensetzen – collagieren lassen.

Hier zum Abschluss noch einmal das Prinzip anhand eines einfachen und eines eher anspruchsvollen Beispiels.

3.13.1 Ein Bildobjekt mit einer Auswahl auskopieren und in ein anderes Bild einfügen – die Arbeitsschritte

Bildobjekte lassen sich einfach mit den Befehlen *Kopieren* und *Einfügen* im Menü *Bearbeiten* aus einem Bild in ein anderes übertragen. Dazu müssen sie vorher ausgewählt sein, wobei sich die Randeigenschaften der Auswahl in der nun schon bekannten Weise über das Menü *Auswahl – Ausblenden* einstellen lassen. Mit dem Befehl *Bearbeiten – Kopieren* wird das ausgewählte Bildelement in der Zwischenablage des Computers abgelegt. Mit dem Befehl *Bearbeiten – Einfügen* können Sie es in ein anderes Bild (oder auch in eine andere Anwendung wie ein Textbearbeitungsprogramm) einfügen.

- Öffnen Sie Ihr Bild *fenice.xcf* (oder ersatzweise das Bild *fenice-base.xcf* aus dem Ordner *Beispielbilder*) und das Bild *mond.png* aus dem Verzeichnis *Bildvorgaben* auf der CD.
- Im Bild *mond.png* markieren Sie ein Rechteck um den Mond mit Hilfslinien so, dass die Hilfslinien als Tangenten etwas innerhalb des Mondumrisses im Bild liegen. (Die Hilfslinien können Sie aus den Linealen des Bildfensters mit gedrückter linker Maustaste ziehen. Um Hilfslinien nachträglich zu korrigieren, gibt es im Werkzeug *Ebenen oder Auswahlen verschieben* eine eigene Einstellung).
- Legen Sie mit dem Werkzeug *Einen elliptischen Bereich wählen* unter Zuhilfenahme der Hilfslinien eine Auswahl um den Mond.
- Geben Sie der Auswahl eine geringe Ausblendung von etwa 5 px (Menü *Auswahl – Ausblenden*).
- Über *Bearbeiten – Kopieren* kopieren Sie den Bereich der Auswahl – den Mond – in die Zwischenablage. Danach können Sie das Bild *mond.png* schließen.
- Wechseln Sie nun zum Bild *fenice.xcf*.
- Dort setzen Sie die *oberste Ebene* im Ebenen-Dialog aktiv.
- Nun wählen Sie im Menü *Bearbeiten – Einfügen*. Da die oberste Ebene aktiv ist, wird darüber der Inhalt der Zwischenablage eingefügt – in diesem Fall der Mond.
- Bestätigen Sie das Einfügen der neuen Ebene, indem Sie im Kontextmenü des Ebenen-Dialogs *Neue Ebene* wählen. Benennen Sie die Ebene *Mond*.

- Jetzt können Sie die Ebene positionieren und mit Skalieren etwas vergrößern.
- Formen Sie den Mond zu einer Sichel. Ziehen Sie dazu über einem Teil des Bildes eine elliptische Auswahl mit einer starken Ausblendung (ca. 200 px) auf. Mit *Bearbeiten – Löschen* wird nun der Bereich des Mondes in der Auswahl gelöscht. Reduzieren Sie die Deckkraft des Mondes im Ebenen-Dialog auf etwa 75 %.
- Im Ebenen-Dialog wählen Sie unter der Schaltfläche *Modus* den Menüpunkt *Addition*.
- Speichern Sie Ihr Bild.

Die meisten der gezeigten Arbeitsschritte werden langsam Routine – Sie sehen, welche Arbeitsschritte sich immer wiederholen. Das Arbeiten mit der Einstellung *Modus* im Ebenen-Dialog jedoch haben wir bislang nicht benötigt, weil wir immer mit der Einstellung *Normal* gearbeitet haben, die Überlagerungen so darstellt, wie man sie zunächst erwartet: einfach deckend, ohne Veränderungen der Darstellungsweise. Aber manchmal führt erst eine Überlagerung, ein anderes Mischverhalten der überlagernden Ebene mit dem Untergrund zum gewünschten Effekt bzw. Aussehen des Bilds. Sehen Sie sich das im folgenden Kapitel einmal an.

3.13.2 Die Einstellmöglichkeiten unter Modus im Ebenen-Dialog

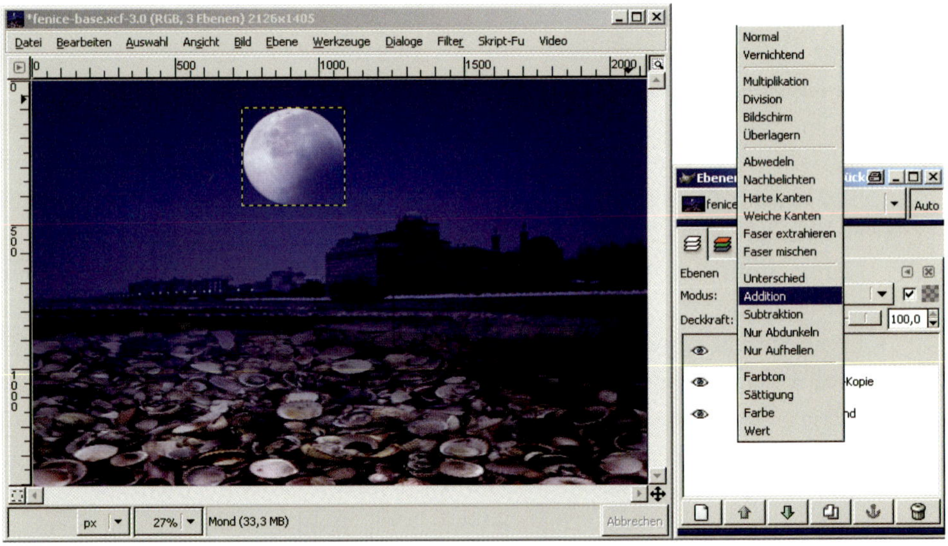

Abb. 3.93: Auswahl eines Ebenen-Mischmodus im Ebenen-Dialog

Die Auswahl *Modus* im Ebenen-Dialog bietet Möglichkeiten zu bestimmen, wie sich die aktive Ebene mit der darunterliegenden überlagern soll. Standard ist der Modus *Normal*, der eine einfache, deckende Überlagerung der Ebenen ohne weitere Mischeffekte gewährt. Alle übrigen Mischmodi verändern die Werte von Helligkeit, Kontrast oder Farbwerten. Die Namen geben dabei einen Anhaltspunkt. Es handelt sich bei vielen der angebotenen Modi um Effekte, die von Belichtungseffekten bei der Fotoentwicklung abgeleitet sind. Die tatsächliche Wirkung variiert von Bild zu Bild, je nach den Eigenschaften der überlagerten Ebenen. Hier lohnt Experimentieren, weil der richtige Überlagerungsmodus bei Ebenenüberblendungen zu besseren Ergebnissen führen kann. Ebenen können damit geradezu optisch verschmolzen werden.

Beachten Sie, dass eine entsprechende Einstellmöglichkeit *Modus* bei allen Mal- und Füllwerkzeugen, auch beim Klonstempel, als Werkzeugeinstellung angeboten wird.

3.13.3 Eine Maske mit Malwerkzeugen und unterschiedlichen Randeigenschaften malen

Bislang haben Sie Auswahl-Werkzeuge kennengelernt, die entweder auf Formen basieren (Rechteck, Ellipse, Pfade) oder die Farben und (farblich) zusammenhängende Bereiche auswählen (Werkzeuge *Zusammenhängenden Bereich wählen*, *Bereiche nach Farbe wählen*). Dabei sind die Ränder der entstehenden Auswahl zunächst »scharfkantig«, die Ausblendung der Auswahl lässt sich immer nur einheitlich für die gesamte Auswahl bestimmen.

Der GIMP bietet jedoch zwei Möglichkeiten, eine Maske zu malen bzw. mit Malwerkzeugen zu bearbeiten. Da dabei die Malwerkzeuge bzw. der Radierer mit den entsprechenden Randeigenschaften der Pinsel eingesetzt werden können, kann eine Auswahl in verschiedenen Bereichen unterschiedliche Randeigenschaften je nach Pinselspitze erhalten.

Im ersten Fall wird die Maske auf einer eigenen, separaten Ebene mit verschiedenen Malwerkzeugen und der Farbe Schwarz gemalt. Dann wird mit dem Menü *Ebene – Transparenz – Auswahl aus Alphakanal* eine Auswahl daraus erstellt. Ein einfaches Beispiel dafür haben Sie bereits in Kapitel 3.12.1, *Zwei Bilder mit unterschiedlichen Motiven ineinander überblenden,* kennen gelernt. Dabei haben Sie eine Auswahl mit Verlauf aus einer Füllung von Schwarz nach transparent mit dem genannten Menüpunkt hergestellt.

Bei der zweiten Methode erstellen Sie zunächst mit den »herkömmlichen« Auswahl-Werkzeugen eine (grobe) Auswahl des gewünschten Bildobjektes bzw. Bereiches. Dann wechseln Sie mit der Schaltfläche *Schnelle Maske* links unten im Bildfenster in den *Maskierungsmodus.* Nun können Sie mit den Malwerkzeugen und dem Radierer (mit unterschiedlichen Werkzeugspitzen) Maskenbereiche hinzufügen, entfernen oder bearbeiten. Wenn Sie mit diesen Arbeiten fertig sind, wechseln Sie zurück in den *Auswahlmodus* (*Schnelle Maske deaktivieren*).

Diese zweite Methode wollen wir uns anhand eines Beispiels genauer ansehen.

Ein Bildobjekt mit einer »gemalten« Auswahl freistellen – die Arbeitsschritte

Die ersten Arbeitsschritte bestehen darin, die Auswahl mit den »normalen« Auswahl-Werkzeugen so weit wie möglich vorzubereiten. Dabei kann es sinnvoll sein, zunächst den Hintergrund um das eigentliche Objekt auszuwählen, weil dieser z. B. ähnliche Farben hat und daher mit dem Werkzeug *Bereiche nach Farbe wählen* leichter auszuwählen ist. In einem weiteren Schritt wird dann die Auswahl invertiert, und voilà, Sie haben genau das gewünschte Bildobjekt.

- Öffnen Sie das Bild *loewe.png* aus den *Bildvorgaben* von der CD.
- Wählen Sie zunächst den Bereich um den Löwen herum mit dem Werkzeug *Zusammenhängenden Bereich wählen (Zauberstab)* grob aus. Dabei dürfen noch Löcher in der Auswahl vorhanden sein, und es dürfen auch Auswahlbereiche in den Löwen hineinreichen. Reduzieren Sie ggf. in den Werkzeugeinstellungen den Wert bei *Schwelle* auf etwa 15, damit nicht zu viel auf einmal ausgewählt wird. Achten Sie darauf, dass die fransige Mähne des Löwen eine gute Kontur erhält – Haarsträhnen sind mit die heikelste Aufgabe beim Auswählen eines Objektes.
- Wenn der Bereich um den Löwen herum gewählt ist, invertieren Sie die Auswahl mit *Auswahl – Invertieren*. Vorher war der Bereich um den Löwen herum ausgewählt, nun ist der Löwe selbst in der Auswahl.

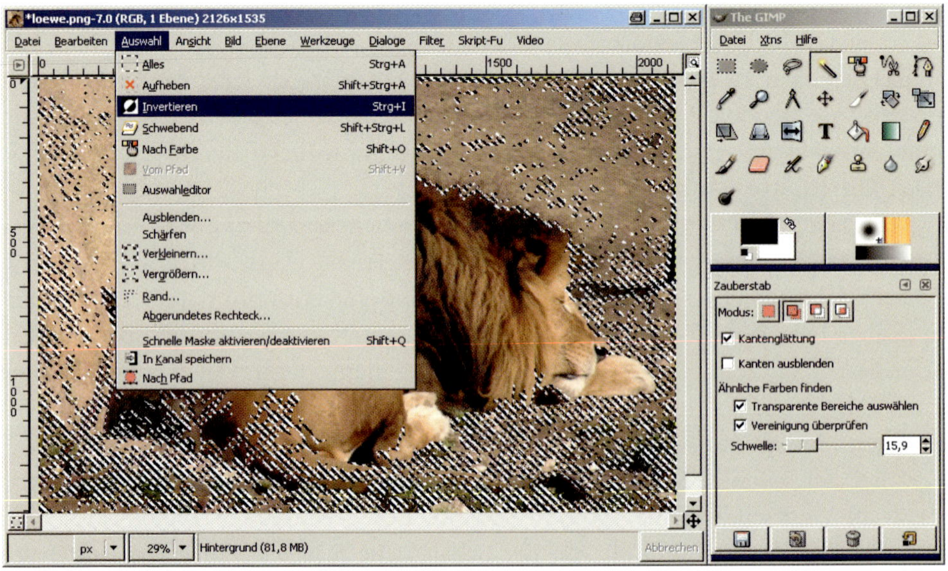

Abb. 3.94: Die Auswahl um den Löwen herum wurde über das Menü Auswahl – Invertieren umgekehrt, so dass nun der Löwe selbst ausgewählt ist.

Zuerst wechseln Sie nun in den Maskierungsmodus, der Ihnen den abgedeckten Bereich des Bildes zeigt (die rote »Schutzschicht«). Nun können Sie beginnen, die Maske mit weiteren Auswahl- und den Malwerkzeugen zu bearbeiten: Wechseln Sie dazu in den Auswahlmodus *Schnelle Maske* – entweder über die kleine Schaltfläche am unteren linken Eck des Bildfensters oder über *Auswahl – Schnelle Maske aktivieren/deaktivieren.*

Hinweis: Ausgewählte Bereiche des Bildes erscheinen in natürlichen Farben. Die übrigen Bereiche des Bildes sind von einer roten, transparenten Schicht – der Maske – abgedeckt.

Sie sehen jetzt, wo die Maske in den Löwen hineinragt – dort muss mit dem Radierwerkzeug gearbeitet werden. Sie sehen auch die Löcher und ungenauen Konturen um den Löwen herum. Diese müssen aufgefüllt werden. Dazu kann die Maske nun mit den Masken- und Malwerkzeugen weiter bearbeitet und geformt werden.

Abb. 3.95: Mit Auswahl – Schnelle Maske aktivieren/deaktivieren (bzw. der Schaltfläche unten links im Fenster) wurde von der Auswahlansicht in die Maskenansicht umgeschaltet.

- Zunächst einmal wählen Sie den Bereich um den Löwen herum nochmals grob aus mit dem Auswahl-Werkzeug *Bereich frei Hand wählen (Lasso-Auswahl)* im additiven Auswahlmodus (ggf. Umschalt-Taste drücken).
- Diese neue Auswahl füllen Sie jetzt mit der Vordergrundfarbe Schwarz über das Menü *Bearbeiten – Mit VG-Farbe füllen*. Sie sehen, dass die Farbe Schwarz in der Auswahl über der Maske als transparente, rote Füllung aufgetragen wird.

Hinweis: Schwarz dient auf Masken als Maskenfarbe, um Flächen hinzuzufügen – ein weißer Farbauftrag wirkt auf Masken, als würden Sie auf der Maske radieren. Um einen Teil einer Maske zu entfernen, können Sie diese aber auch mit dem Radiergummi bearbeiten. Auch dieser löscht Masken.

- Füllen Sie nun mit dem Malpinsel, mit 50 % harten Pinselspitzen verschiedener Größen die verbliebenen Löcher um den Löwen herum, bzw. ziehen Sie damit die Kontur des Löwen nach. Mit den gleichen Pinselspitzen und dem Werkzeug *Radierer* entfernen Sie maskierte, rote Bereiche im Bildbereich des Löwen. Zoomen Sie sich dazu ggf. mit der Lupe in Bildbereiche hinein. Nehmen Sie sich für diese Arbeiten Zeit, und arbeiten Sie sorgfältig.

- Kontrollieren Sie das Ergebnis, indem Sie zwischen Maskierungs- und Auswahlmodus hin- und herwechseln, wiederum über die Schaltfläche oder den Menüpunkt *Schnelle Maske aktivieren/deaktivieren*.

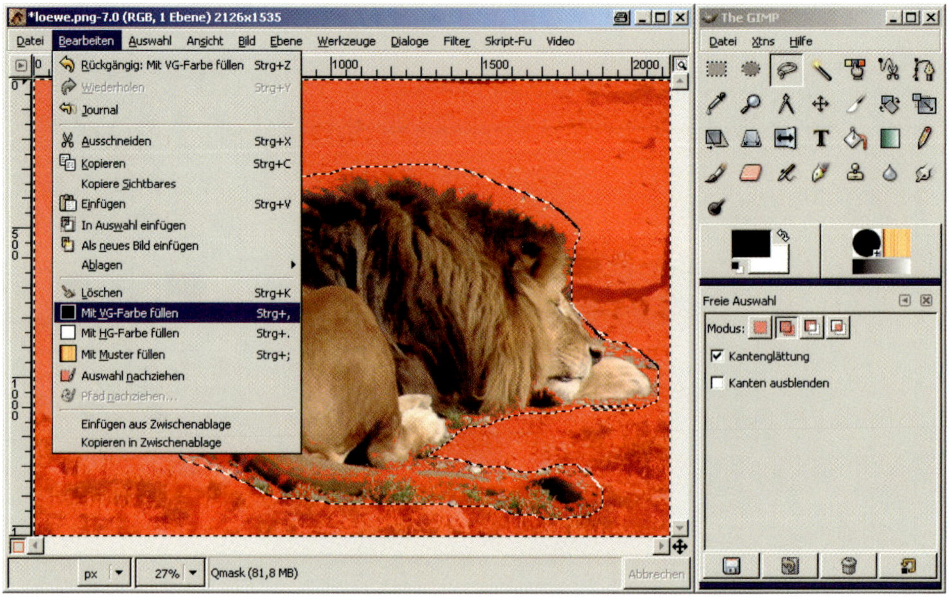

Abb. 3.96: Die mit dem Lasso-Werkzeug erstellte Auswahl um den Löwen herum wird mit der Vordergrundfarbe Schwarz gefüllt. Damit wird die Maske in diesem Bereich vervollständigt.

- Wenn Sie mit dem Ergebnis zufrieden sind, beenden Sie den Maskierungsmodus und wechseln in den *Auswahlmodus*.
- Retuschieren Sie die Bildbereiche am Rücken und am Schwanz, die noch Gras und Äste auf der Figur des Löwen zeigen, mit dem Kopierstempel.

Abb. 3.97: Die fertige Maske des Löwen. Im Bereich des Rücken und Schwanzes sind Retuschearbeiten mit dem Kopierstempel angebracht. Diese führen Sie im Auswahlmodus durch, da dieser die Konturen des Löwen bewahrt.

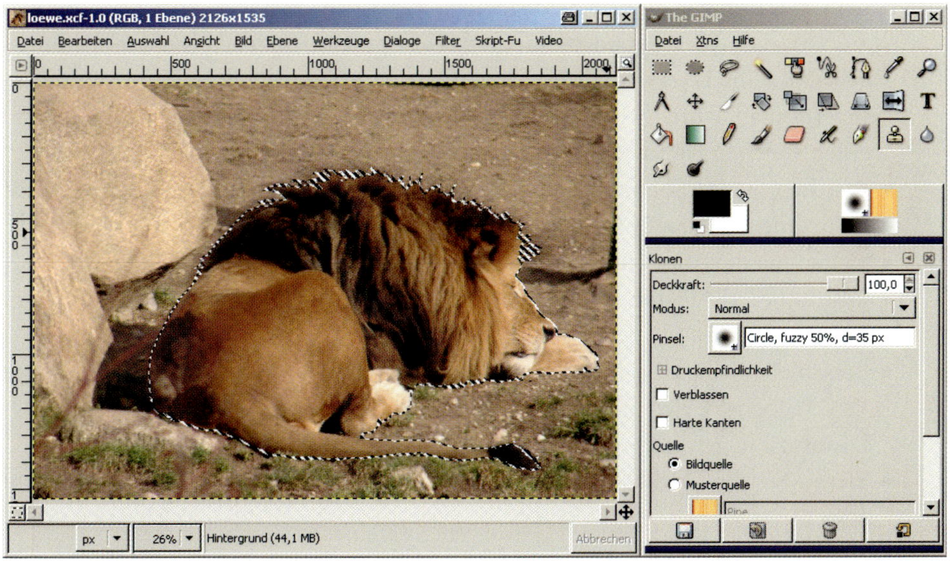

Abb. 3.98: Mit Schnelle Maske aktivieren/deaktivieren wurde vom Maskierungsmodus in den Auswahlmodus umgeschaltet. Die fehlerhaften Bildinhalte wurden mit dem Kopierstempel retuschiert. Nun kann der Löwe herauskopiert werden mit Bearbeiten – Kopieren.

Der Löwe ist ausgewählt, störende Elemente wurden wegretuschiert. Nun können Sie den Löwen auskopieren.

- Geben Sie der Auswahl eine weiche Kante von etwa 10 px über das Menü *Auswahl – Ausblenden.*
- Mit *Bearbeiten – Kopieren* kopieren Sie jetzt den Löwen in der Auswahl in die Zwischenablage.
- Öffnen Sie Ihr Bild *fenice.xcf.*
- Fügen Sie den Löwen aus der Zwischenablage mit *Bearbeiten – Einfügen* als neue Ebene ein. Beenden Sie diesen Vorgang, indem Sie im Ebenen-Dialog (oder dessen Kontextmenü) auf *Neue Ebene* klicken. Benennen Sie die neue Ebene *Löwe.*
- Positionieren Sie den Löwen im Bild.
- Passen Sie die Helligkeit des Löwen an die Umgebung an über *Ebene – Farben – Helligkeit-Kontrast.* Gegebenenfalls wiederholen Sie den Vorgang.

Der Löwe ist nun ins gewünschte Bild eingefügt. Erstellen Sie noch den Schlagschatten des Löwen auf dem Untergrund. Gehen Sie dabei wie folgt vor:

- Wählen Sie im Menü *Ebene – Ebene auf Bildgröße.* Damit wird die Ebene für die spätere Auswahl und deren Füllung so groß wie das ganze Bild. Dies ist eine Vorbereitung für das Füllen der Auswahl des Löwen, damit nicht andere Bildbereiche ebenfalls gefüllt werden.
- Wählen Sie auf der Ebene mit dem Löwen den Bereich um den Löwen mit dem Werkzeug *Zusammenhängenden Bereich wählen (Zauberstab).* Achten Sie auf die Werkzeugeinstellungen: *Transparente Bereiche auswählen* muss gewählt sein, *Vereinigung überprüfen* darf in diesem Fall nicht gewählt sein. Invertieren Sie die Auswahl mit *Auswahl – Invertieren.* Geben Sie der Auswahl einen weichen Randverlauf von ca. 25 px mit Menü *Auswahl – Ausblenden.*
- Erstellen Sie im Ebenen-Dialog eine neue, leere Ebene. Setzen Sie diese aktiv.
- Füllen Sie die Auswahl mit Vordergrundfarbe Schwarz.
- Heben Sie die Auswahl auf mit *Auswahl – Aufheben.*
- Positionieren Sie die Ebene im Ebenen-Dialog unter der Ebene mit dem Löwen.
- Verschieben Sie die Ebene mit dem Schatten im Bildfenster mit dem Verschieben-Werkzeug, so dass der Schatten etwas schräg unterhalb des Löwen zu liegen kommt.
- Setzen Sie die Deckkraft (Ebenen-Dialog) der Ebene mit dem Schatten auf etwa 60 %.
- Speichern Sie Ihr Bild.

Abb. 3.99: fenice.xcf mit venezianischem Löwen und Ebenen-Dialog

3.14 GIMP und HDR – ein Vorschlag zu einem Workaround

3.14.1 Was ist HDR?

In letzter Zeit sorgen in Zeitschriften und im Internet Fotografien für Furore, die sich durch extreme Detailgenauigkeit und einen fantastischen Farb- und Helligkeitsumfang auszeichnen. Diese Bilder werden als **HDR-Fotografien** gehandelt. Was verbirgt sich hinter dieser Abkürzung?

Die Aufnahmen solcher Bilder haben im Vergleich zu normalen digitalen oder analogen Fotografien einen erhöhten Kontrastumfang (englisch *High Dynamic Range, HDR* bzw. *High Dynamic Range Image, HDRI*). Eine handelsübliche digitale Kamera hat von Haus aus einen Kontrastumfang von etwa 1000 : 1. HDR-Bilder haben jedoch einen Kontrastumfang größer 10 000 : 1, um das Bild in dunklen Schatten und hellen Flächen noch detailreicher wiedergeben zu können. Mit einer Aufnahme ist das nicht zu schaffen. Tatsächlich werden bei der Herstellung von HDR-Bildern auch mindestens zwei, besser drei oder mehr Aufnahmen vom selben Motiv für ein Bild gemacht. Solch eine Serienaufnahme wird als Belichtungsreihe bezeichnet. Wesentlich dabei ist, dass eine Aufnahme unterbelichtet wird, um die hellsten Bildbereiche detailreich abzubilden. Eine Aufnahme wird normal belichtet, während die dritte Aufnahme überbelichtet wird, um Details in dunklen Flächen herauszuarbeiten. Viele moderne Kameras verfügen über eine Belichtungsreihenautomatik. Prüfen Sie dazu das Menü Ihrer Kamera. Entsprechende Einstellmöglichkeiten sind zum Beispiel unter dem Menüpunkt *Serienaufnahmen* zu finden. Mit deren Hilfe erstellen Sie eine Reihe von drei oder fünf Aufnahmen, die jeweils unterschiedliche Werte für die Belichtung aufweisen. Das stellt die untere Grenze dar. Für eine Landschaftsaufnahme bei normalem Tageslicht wären aufgrund des großen Helligkeitsumfangs (Kontrastumfang Tageslicht ca. 100 000 : 1) eigentlich bis zu neun solcher Aufnahmen mit variierenden Belichtungswerten je Aufnahme erforderlich. Es versteht sich von selbst, dass das alles nur funktionieren kann, wenn Sie beim Fotografieren ein Stativ verwenden, auf dem die Kamera sicher steht. Tatsächlich besteht ein großes Problem beim Zusammenfügen, z. B. von Landschaftsaufnahmen, darin, dass sich Bäume im Wind oder andere Objekte im Bild bewegt haben. Selbstverständlich sollten für die Belichtungsreihe weder die Brennweite noch der ISO-Wert oder der Weißabgleich geändert werden.

Originale Dateiformate für HDR-Bilder bzw. von speziellen HDR-Kameras sind HDR, TIFF-32-bit-LogLuv und OpenEXR. Diese Dateiformate haben eine Farbtiefe von 16 Bit je Kanal. Sie können zwar auch Belichtungsreihen mit Bildern mit 8 Bit Farbtiefe, und damit im JPEG-Format, herstellen. Alle Quellen weisen jedoch darauf hin, dass Belichtungsreihen im kameraeigenen RAW-Format mit 16 Bit Farbtiefe je Kanal qualitativ wesentlich bessere Voraussetzungen bieten.

Werfen wir erst noch einen Blick auf Hardware-Voraussetzungen, bevor wir über die erforderliche Software sprechen.

Es gibt spezielle HDRI-Kameras. Doch diese sind bislang noch an einen Computer gebunden, von dem aus sie gesteuert werden, und sie sind extrem teuer. Doch viele digitale Kompakt- oder Spiegelreflexkameras bieten bereits Möglichkeiten für Belichtungsreihen. Bezüglich der Ausgabe am Monitor und am Drucker sind die Bauteile auf beiden Wegen, also Grafikkarte und Monitor bzw. der Drucker selbst, in der Regel nicht fähig, den originalen Kontrastumfang solcher Bilder wiederzugeben. Man spricht dann von so genannten Low-Dynamic-Range-Medien (LDR-Medien). Um bei der Ausgabe und bei der Bearbeitung den Detailreichtum eines HDR-Bildes zu erhalten und betrachten zu können, ist ein weiterer Schritt nötig: Das Bild muss einer Dynamikkompression (engl.: Tonemapping) unterzogen werden. Der Tonumfang des Bildes wird dabei kontrolliert reduziert. So hat der Fotograf die Möglichkeit, die Eigenschaften des Bildes zu bestimmen und festzulegen, auf welche Details er verzichten möchte und auf welche nicht. Der Vorgang ist also verlustbehaftet. Aber man erhält eine darstellbare und speicherbare Datei mit den gewünschten Helligkeits- und Farbkontrasten im fertigen Bild.

3.14.2 Programme zu HDR

Womit wir endlich bei der erforderlichen Software wären. Der GIMP bleibt hier außen vor, da er Bilder bislang nur mit 8 Bit Farbtiefe je Kanal bearbeiten kann. Es ist auch nicht wahrscheinlich, dass das in der nächsten Version GIMP 2.4 anders sein wird. Außerdem fehlen bislang entsprechende Programmfunktionen, die zur Herstellung von HDR-Bildern erforderlich sind.

Aber in der Open-Source-Gemeinde gibt es das in Kapitel 1.5.1 bereits erwähnte Programm **CinePaint** (auch FilmGIMP bzw. Glasgow) für Linux, Windows und Mac OS, das HDR-Bilder zusammenfügen und entwickeln kann. Hier noch einmal die Homepage des CinePaint-Projektes und eine Internetadresse mit einem Tutorial (auf Deutsch) über das Erstellen von HDR-Bildern mit CinePaint:

http://www.cinepaint.org/
http://freenet-homepage.de/hsbosny/HDR_Tutorial/HDR_Tutorial-de.html.

Für Linux und Mac OS steht noch ein Programm bereit: **Krita**. (siehe Kapitel 1.5.1). Da das Programm das **OpenEXR-Format** nativ unterstützt, kann es für die Bearbeitung von HDR-Bildern in diesem Format eingesetzt werden. Allerdings wird an den Funktionalitäten des Programms zur Erstellung von HDR-Bildern noch gearbeitet. Informationen zu **Krita** finden Sie im Internet unter:

http://de.wikipedia.org/wiki/Krita und
http://koffice.org/krita/.

Ein weiteres Programm zum Zusammenfügen von HDR-Bildern ist **FDRTools** für Windows und Mac OS. Die kostenlose Programmversion **FDRTools Basic** (Freeware) ist im Internet zu finden unter http://www.fdrtools.com/front_d.php. Es lohnt sich, die Tutorials auf der Website einmal durchzulesen, da hier sehr einfach und anschaulich die Grundlagen, Voraussetzungen und wesentlichen Arbeitsschritte erläutert werden.

Eine kommerzielle Software, mit der Sie HDR-Bilder erstellen können, ist selbstverständlich zum Beispiel Adobe **Photoshop**. Dieser kann ab Version CS2 HDR-Bilder zusammenfügen. Ebenso steht dazu das Programm **Photomatix Pro** von Hdrsoft (http://www.hdrsoft.com/) zur Verfügung. Von beiden Programmen gibt es kostenlose Testversionen im Internet, wobei Adobe Photoshop im Download ca. 300 MB hat, Photomatix ca. 3 MB.

3.14.3 Bilder in HDR-Art zusammenfügen – Überblendung III

Für das Zusammenfügen von HDR-Bildern bietet der GIMP selbst keine Funktionalitäten. Aber wir wollen uns ein Workaround ansehen, mit dem Vergleichbares erreicht werden kann. Letztendlich handelt es sich dabei um eine weitere Methode, mehrere Teilbilder mit einer Überblendung zu einem zusammenzufügen, wobei durchaus mit echten Belichtungsreihen gearbeitet werden kann. Daneben lässt sich auch durch eine unterschiedliche Entwicklung bzw. Helligkeitskorrekturen einer einzelnen, vorzugsweise unterbelichteten Aufnahme die Ausgangsbasis für die im Kommenden geschilderte Methode schaffen.

Die Arbeitsschritte

Auf der CD finden Sie im Verzeichnis *Bildvorgaben* ein Unterverzeichnis *Belichtungsreihe*. Darin enthalten sind die RAW-Dateien *DSCN0832.NEF*, *DSCN0833.NEF* und *DSCN0834.NEF*. Das erste Bild der Reihe ist von der Kamera mit normalen Werten belichtet worden und dient als Referenzbild. Die zweite Aufnahme ist überbelichtet, bietet damit aber die Voraussetzung, dass hier dunkle Bildbereiche detailreicher erscheinen. Die dritte Aufnahme ist unterbelichtet, zeigt damit aber die meisten Details in den hellen Bildbereichen.

Das erste Arbeitsziel ist es, die RAW-Bilder mit UFRaw oder RAWPhoto nacheinander zu öffnen, zu entwickeln und abzuspeichern. Jedes Bild soll bei der Entwicklung so ausgearbeitet werden, dass es für seinen Helligkeitsbereich – nicht als Aufnahme an sich – optimiert wird. Denken Sie beim Arbeiten daran, wie Sie sich das Bild als Ganzes vorstellen und wie Sie es sich wünschen. Sie haben die Möglichkeit, z. B. die Helligkeit und Farbstellung nach Ihren Vorstellungen und Ihrem Geschmack festzulegen. Achten Sie darauf, dass die Details in den unterschiedlichen Helligkeitsbereichen möglichst gut herausgearbeitet werden. In der vorgegebenen Reihenfolge heißt das: **Bild 1:** mittlere Helligkeitsbereiche (Tempel) – **Bild 2:** dunkle Bildbereiche (Vordergrund) – **Bild 3:** helle Bildbereiche (Himmel). Nach der Entwicklung speichern Sie die Bilder als *reihenbild1mitte.tif*, *reihenbild2-dunkel.tif* und *reihenbild3hell.tif* in einem Ordner auf dem Rechner ab. Wählen Sie beim Speichern eine Farbtiefe von 8 Bit/Kanal. Die Arbeitsweise für diese Aufgabe wurde im Wesentlichen in Kapitel 2.1 beschrieben. Deswegen verzichte ich hier auf eine ausführliche Darstellung und stelle nur die Bilder kurz dar, wie sie nach dem Entwickeln ungefähr bereitstehen sollten.

Abb. 3.100, 3.101, 3.102: Die entwickelten Bilder mit optimiertem Helligkeitsbereich: Mitten – Tiefen – Lichter

Nächster Arbeitsschritt ist das Zusammenfügen der Bilder in einer Datei. Dazu öffnen wir als Erstes das Bild *reihenbild2dunkel.tif*. Es liefert die Basis für den Ebenenstapel. Danach öffnen Sie das Bild *reihenbild1mitte.tif*. Wie in Kapitel 3.5.5 oder 3.12.2 beschrieben, wird nun mit Drag & Drop aus dem Ebenendock von Bild *reihenbild1mitte.tif* die Ebene in das geöffnete Bildfenster von Bild *reihenbild2dunkel.tif* gezogen und damit als Ebene in das Bild einkopiert. Zuletzt verfahren wir ebenso mit dem Bild *reihenbild3hell.tif*. Nun sollten also im Bild *reihenbild2dunkel.tif* insgesamt drei Ebenen vorhanden sein. Die anderen geöffneten Bilder können nach dem Ebenenexport wieder geschlossen werden.

Zunächst ist darauf zu achten, dass die Ebenen alle kantenbündig im Bildfenster liegen und nicht zueinander verschoben sind. Eine Ausrichtung der Bilder an Bildinhalten ist hier nicht zwingend erforderlich, sofern – wie in diesem Fall – die Bilder alle die gleiche Größe haben und es bei der Aufnahme mit Stativ keine Bildverschiebungen gegeben hat. Anders wäre es bei frei Hand fotografierten Bildern. Dann müssten zuerst, ähnlich wie bei der in Kapitel 3.12.2 beschriebenen Methode, die Bildebenen übereinander ausgerichtet werden, indem jeweils eine überlagernde Ebene unsichtbar geschaltet und die andere auf ca. 40 % Deckkraft gebracht wird, um sie über der zuunterst liegenden Ebene auszurichten. Nach dem Ausrichten wird die Deckkraft wieder auf 100 % gesetzt und so weiter mit der nächsten Ebene …

Benennen Sie Ihre Ebenen im Bild nach den aufbereiteten Helligkeitsbereichen *Hell*, *Mitte* und *Dunkel*. Die zuunterst liegende Ebene im Ebenendock ist noch eine Hintergrundebene. Auch damit Sie sie umbenennen können (Ebene *Dunkel*), weisen Sie ihr über das Kontextmenü im Ebenendock einen Alphakanal zu (rechter Mausklick auf die Ebene im Dock – *Alphakanal hinzufügen*).Dann speichern Sie das Bild, z. B. mit dem Dateinamen *ldrcollage.xcf*, im Dateiformat XCF ab.

Abb. 3.103: Das vorbereitete Bild im XCF-Format und die zugehörigen Ebenen im Dock

3.14.4 Eine kurze Einführung in das Arbeiten mit Ebenenmasken

Wie sieht nun das weitere Vorgehen aus? Zuerst kommt die Überlegung, was wir von welcher Ebene übernehmen wollen. Von der zuoberst liegenden Ebene *Hell* brauchen wir den Himmel und das Astwerk der Bäume. Den Rest dieser Ebene können wir löschen bzw. ausblenden. Die Stämme und der Tempel sind das, was wir aus der zweiten Ebene übernehmen wollen. Wenn der Himmel in der obersten Ebene erhalten bleibt, brauchen wir uns um diesen nicht zu kümmern, er kann auch auf der Ebene *Mitte* stehen bleiben, denn er wird ja überdeckt. Da wir von der Ebene *Dunkel* den Hügel im Vordergrund und das Buschwerk sehen möchten, müssen wir diese Bereiche auch auf der Ebene *Hell* löschen.

Sie könnten nun über die Bereiche, die stehen bleiben sollen, eine Maske malen – im Modus *QuickMask/Schnelle Maske*, anschließend in den Auswahlmodus wechseln und die übrigen Inhalte in der Auswahl auf dieser Ebene löschen. Das ist im Prinzip das Vorgehen, das in der Aufgabe von Kapitel 3.13.3 angewandt wurde. Dieses Vorgehen, bei dem Bildinhalte dauerhaft verändert oder gar gelöscht werden, nennt man *destruktive Arbeitsweise*. Gegen diese Arbeitsweise ist nichts einzuwenden, solange Sie dabei daran denken, nur mit einer Kopie eines Bildes zu arbeiten. Ihre Originale sollten Sie immer sichern, um ggf. wieder darauf zurückgreifen zu können, falls Sie einen nicht rückgängig zu machenden Fehler produzieren – oder wenn Sie einfach etwas anderes mit demselben Bild anfangen möchten.

Sie müssen jedoch Bildinhalte nicht unwiderruflich löschen, wenn Sie diese in einem Bild nicht anzeigen möchten. Dazu steht die Technik der **Ebenenmasken** zur Verfügung, die so genannte *konservative, bewahrende Arbeitsweise*. Dabei ist das prinzipielle Vorgehen zunächst das gleiche. Sie wählen mit einer beliebigen Auswahltechnik den Bereich des Bildes bzw. der Ebene aus, der sichtbar bleiben soll. Diese Auswahl können Sie mit allen uns bisher bekannten Auswahl- und Maskentechniken bearbeiten. Aber anstatt dann die Auswahl zu invertieren und den übrigen Bildbereich zu löschen, wenden Sie auf die zu bearbeitende Ebene eine Ebenenmaske an, mit deren Hilfe die entsprechenden, nicht ausgewählten Inhalte ausgeblendet werden.

Die Auswahl erstellen Sie auf der Ebene, die Ihnen die besten Voraussetzungen zum Auswählen der gewünschten Bildbereiche bietet. Dann wählen Sie im Ebenendock die Ebene aus, die Sie bearbeiten möchten. Mit rechtem Mausklick auf die Ebene im Ebenendock erhalten Sie das Kontextmenü. Hier wählen Sie den Menüpunkt *Ebenenmaske hinzufügen*. Im sich öffnenden Dialogfenster wählen Sie den Eintrag *Initialisierung Ebenenmaske nach: Auswahl*. Die Ebenenmaske wird nun angewandt. Im Bild wird der gewünschte Bereich ausgeblendet.

Im Ebenendock sehen Sie nun neben dem Vorschaubild der Ebene ein zweites Bild, das die Ebenenmaske zeigt. Zunächst zeigt dieses einen weißen Rand, was bedeutet, dass die Ebenenmaske aktiv ist.

Im Kontextmenü der Ebene im Dock sind nun weitere Einträge aktiv:

Ebenenmaske anwenden löscht den maskierten Bildinhalt und entfernt anschließend die Ebenenmaske.

Ebenenmaske löschen löscht nur die Ebenenmaske. Der zuvor maskierte Bildbereich wird wieder angezeigt.

Ebenenmaske anzeigen stellt die Ebenenmaske als Schwarz-Weiß-Bild im Bildfenster dar.

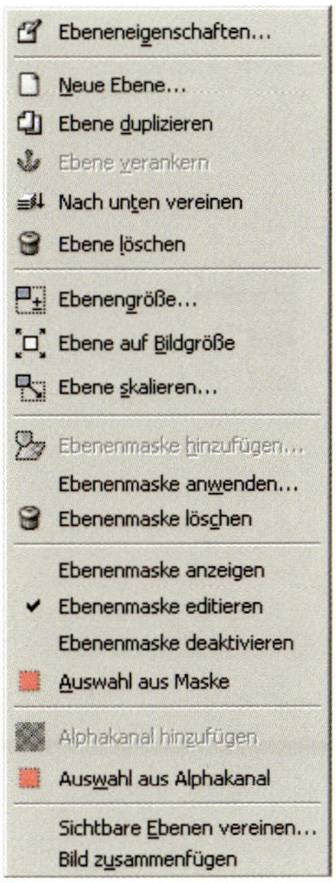

Ebenenmaske editieren ermöglicht das Bearbeiten der Ebenenmaske mit den Malwerkzeugen, sofern sie angezeigt wird. Schwarze Farbe maskiert Bereiche (die ausgeblendet werden sollen), Weiß löscht die Maske bzw. fügt Bereiche hinzu, die dargestellt werden sollen.

Ebenenmaske deaktivieren hebt die Wirkung der Ebenenmaske auf, ohne sie zu löschen. Der ausgeblendete Bildbereich wird wieder angezeigt.

Abb. 3.104: Kontextmenü der Ebene im Ebenendock mit aktiver Ebenenmaske

Die Arbeitsschritte

Hinweis: Die Ebenen im Bild wurden nach dem Helligkeitsbereich benannt, der jeweils damit dargestellt werden soll. Die oberste Ebene heißt Hell, obwohl sie die dunkelste Darstellung bietet. Aber hier sind eben die hellsten Bildbereiche kontrastreich enthalten. Umgekehrt heißt die unterste Ebene Dunkel, obwohl sie die hellste Darstellung zeigt. Hier sind die dunklen Bildbereiche am besten ausbelichtet und zeigen den gewünschten Kontrast.

Beginnen Sie damit, dass Sie eine Auswahl des Bereiches erstellen, der stehen bleiben soll. Das ist in der obersten Ebene Dunkel der Himmel. Diesen können Sie relativ einfach mit dem Zauberstab (Werkzeug *Zusammenhängenden Bereich wählen*) auswählen. Und zwar auf der untersten Ebene Hell, in welcher der Himmel am hellsten abgebildet ist.

Anschließend wechseln Sie in den Modus *QuickMask/Schnelle Maske anzeigen* (Menü *Auswahl – Schnelle Maske aktivieren/deaktivieren* oder über die Schaltfläche links unten im Bildfenster). In diesem Modus bearbeiten Sie die Auswahl mit den Malwerkzeugen, bis nur noch Bereiche maskiert sind, die ausgeblendet werden sollen. Sie müssen dabei nicht pixelgenau arbeiten. Ihr Bild sollte jetzt im Maskierungsmodus etwa so aussehen wie in Abbildung 3.105.

Abb. 3.105: Die Maske im Bild kennzeichnet den Bereich, der ausgeblendet wird. Sie kann mit Malwerkzeugen korrigiert werden. Rechts im Ebenendock ist am zweiten Vorschaubild bei der Ebene Hell zu erkennen, dass hier bereits eine Ebenenmaske eingefügt wurde.

Hinweis: Auswahlen sind unabhängig von der Ebene, auf der sie erzeugt werden. Bei unserem Bild hier wählen wir den Himmel auf der Ebene *Dunkel* aus, weil er dort am einfachsten mit dem Zauberstab zu erfassen ist. Angewandt wird diese Auswahl anschließend auf die Ebene *Hell*.

Nachdem die Maske fertig gestellt ist, wechseln Sie wieder zurück in den Auswahlmodus. Geben Sie der Auswahl eine weiche Auswahlkante von 4 Pixel Radius (Menü *Auswahl – Ausblenden*). Nun wird die oberste Ebene *Hell* aktiv gesetzt und wie vorab beschrieben über das Kontextmenü eine Ebenenmaske eingefügt: rechter Mausklick auf die Ebene im Ebenendock – *Ebenenmaske hinzufügen – Initialisierung Ebenenmaske nach: Auswahl*.

Je nach Genauigkeit der Maske werden nun der Bereich des Hügels und der Tempel dieser Ebene ausgeblendet, die darunterliegende scheint durch. Wenn Sie mit der Maske nicht zufrieden sind: Ein Vorteil von Ebenenmasken ist, dass Sie sie nachbearbeiten können. Dazu rufen Sie im Kontextmenü der Ebene mit der Maske die Einträge *Ebenenmaske anzeigen* und *Ebenenmaske editieren* auf. Mit den Malwerkzeugen können Sie nacharbeiten – Schwarz vergrößert die Maske, Weiß entfernt Bereiche aus der Maske. Anschließend könnten Sie die Auswahl aufheben. Sobald Sie eine Ebenenmaske daraus erstellt haben, lässt sich die Auswahl aus der Ebenenmaske wieder herstellen (Kontextmenü *Ebene – Auswahl aus Maske*).

Sie können die Auswahl aber auch stehen lassen und sie gleich für die zweite Ebene *Mitte* weiter verwenden.

Blenden Sie die Ebene *Hell* durch Klick auf das entsprechende Augensymbol im Ebenendock aus. Setzen Sie die Ebene *Mitte* aktiv. Wechseln Sie im Bildfenster wieder in den Maskierungsmodus. Wir bearbeiten die Maske nun weiter und »radieren« die Bereiche aus der Maske heraus, die nachher auf der Ebene Mitte noch sichtbar sein sollen. Im Wesentlichen sind das die Bäume und der Tempel. Radieren heißt hier: mit Weiß malen.

Ihr Bild sollte im Maskierungsmodus nun etwa aussehen wie in Abbildung 3.106.

Abb. 3.106: Die Maske für die zweite Ebene Mitte

Anschließend folgt wieder ein Wechsel in den Auswahlmodus. Die Auswahl müssen wir diesmal nicht noch einmal ausblenden, sie hat diese Eigenschaft – einen weichen Randverlauf – noch von zuvor. Also nur noch ein rechter Mausklick auf die Ebene im Ebenendock. Wieder wählen Sie *Ebenenmaske hinzufügen*. Im Wesentlichen war es das. Heben Sie die Auswahl auf. Unser Bild ist fertig. Vergessen Sie nicht, es zu speichern.

Wenn Sie Bedarf sehen, das Bild nachzukorrigieren, können Sie jederzeit aus einer Ebenenmaske wieder eine Auswahl herstellen (Kontextmenü Ebenendock: *Auswahl aus Maske*) und dann die alte Ebenenmaske löschen. Danach bearbeiten Sie die Maske im Bild im Maskierungsmodus mit den Malwerkzeugen nach. Anschließend erstellen Sie wieder eine Auswahl aus der Maske und daraus eine neue Ebenenmaske. Bei der Fertigstellung des Bildes war das erforderlich, da es sich erwies, dass die Bäume am besten im Bild erschienen, wenn sie auf der obersten Ebene vollständig dargestellt werden. Dazu musste ihre Maskierung aus der entsprechenden Ebenenmaske der Ebene *Hell* nachträglich herausradiert werden.

Diese Arbeitsweise ist sehr arbeitsaufwendig, das fertige Bild kann jedoch überzeugen. Die Methode, mit einem entsprechenden Programm ein »echtes« HDR-Bild herzustellen, ist zwar von der Handhabung her etwas einfacher. Im Wesentlichen kommt es dabei auf die richtige Wahl der Programmeinstellungen an, die man manchmal mit mehreren Versuchen ermitteln muss. Das kann nach meinen Erfahrungen einige Zeit in Anspruch nehmen, da das Berechnen eines fertigen HDR-Bildes dauern kann, je nach Dateigröße.

Zum Vergleich drei Bilder (Abbildung 3.107–3.109): das unbearbeitete Referenzbild der Kamera, das im GIMP per Überblendung hergestellte LDR-Bild und ein mit FDRTools Basic hergestelltes »echtes« HDR-Bild, dessen Entstehen im folgenden Kapitel gezeigt wird.

Abb. 3.107, 3.108, 3.109: Links das Referenz-JPEG der Kamera, in der Mitte unser Bild, rechts das mit FDRTools erstellte echte HDR-Bild

Hier eine Reihe von Links zu interessanten Tutorials und Beispielen, die eine ähnliche Methode mit dem GIMP vorschlagen, um aus mehreren unterschiedlich belichteten Fotografien ein Bild mit möglichst großem Kontrastumfang zu erzeugen.

Gutes Tutorial (Englisch):

http://www.gimp.org/tutorials/Blending_Exposures/

Und zwei weitere (Englisch):

http://www.luminous-landscape.com/tutorials/digital-blending.shtml

http://en.wikibooks.org/wiki/The_GIMP/Blending_Exposures

Zum Thema HDR-Formate:

http://www.linux.com/article.pl?sid=05/12/06/2115258

Artikel zu HDRI in Wikipedia:

http://de.wikipedia.org/wiki/High_Dynamic_Range_Image

HDR und CinePaint:

http://orange.blender.org/blog/noodles-and-cinepainting

3.14.5 Ein HDR-Bild mit entsprechender Software herstellen

Die (aktuelle) Version Glasgow 0.2 von CinePaint für Windows ist noch in einem frühen Entwicklungsstadium und nicht voll funktionsfähig. Krita kann unter Windows nicht eingesetzt werden. Um die Arbeitsschritte und Einstellungen darzustellen, die bei der Herstellung eines HDR-Bildes erforderlich sind, setze ich deshalb hier die Freeware-Version von **FDRTools** unter Windows ein (für Windows und

Mac OS X). Dieses Programm bietet eine benutzerfreundliche Handhabung und Programmoberfläche.

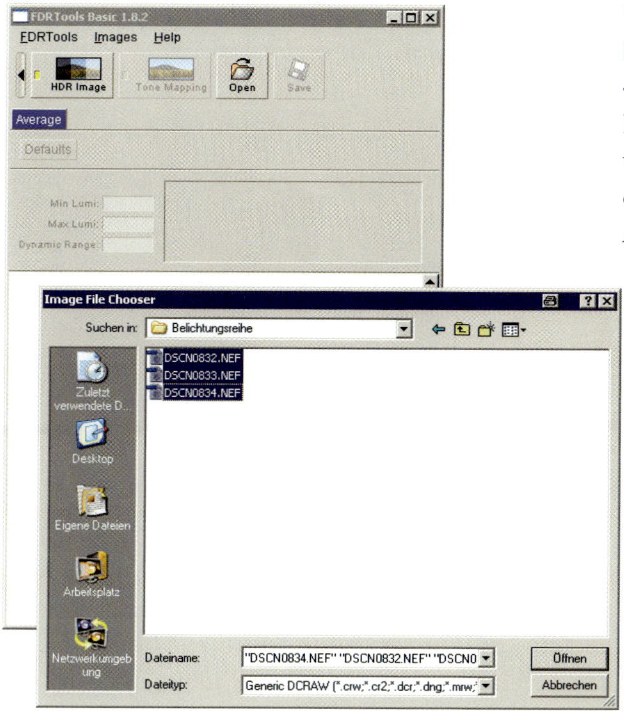

Abb. 3.110: Das Startfenster von FDRTools

1. Schritt: die Bilder der Belichtungsreihe laden – Voreinstellungen

Nach dem Programmstart von FDRTools Basic erscheint das Startfenster, wie Sie es in Abbildung 3.110 sehen.

Ein Klick auf die Schaltfläche *Open* öffnet das Fenster *Import File Chooser* (vgl. Fenster *Datei öffnen*). Hier suchen Sie die Bilder, die Sie öffnen möchten, in unserem Fall die Bilder der Belichtungsreihe auf der CD im Verzeichnis *Bildvorgaben*, Unterverzeichnis *Belichtungsreihe*. Markieren Sie alle Bilder, und klicken Sie auf die Schaltfläche *Öffnen*.

Ein weiteres Fenster öffnet sich und zeigt Ihnen den Fortgang des Dateiimports, der einige Zeit in Anspruch nehmen kann.

Nach dem Import zeigt das Hauptfenster von FDRTools die geöffneten Dateien. Zudem öffnet sich das Fenster des Navigators und bietet Ihnen eine Vorschau des HDR-Bildes entsprechend der voreingestellten Standardwerte (Defaults).

Im Hauptfenster (siehe Abb. 3.111) sehen Sie außerdem nach dem Import das Gesamthistogramm für das gemäß den Default-Werten errechnete HDR-Bild. Des Weiteren werden die einzelnen Bilder mit ihrem Histogramm angezeigt. Sie können durch Klick auf eine der Schaltflächen *Include* ein Bild aus der Berechnung herausnehmen bzw. auch wieder hinzufügen.

Im Navigator-Fenster ist zunächst oben der Reiter *HDR-Image* aktiv. Hier können Sie umschalten auf *Tonemapped Image*, um die Farb-/Helligkeitswiedergabe im fertig berechneten LDR-Bild zu betrachten.

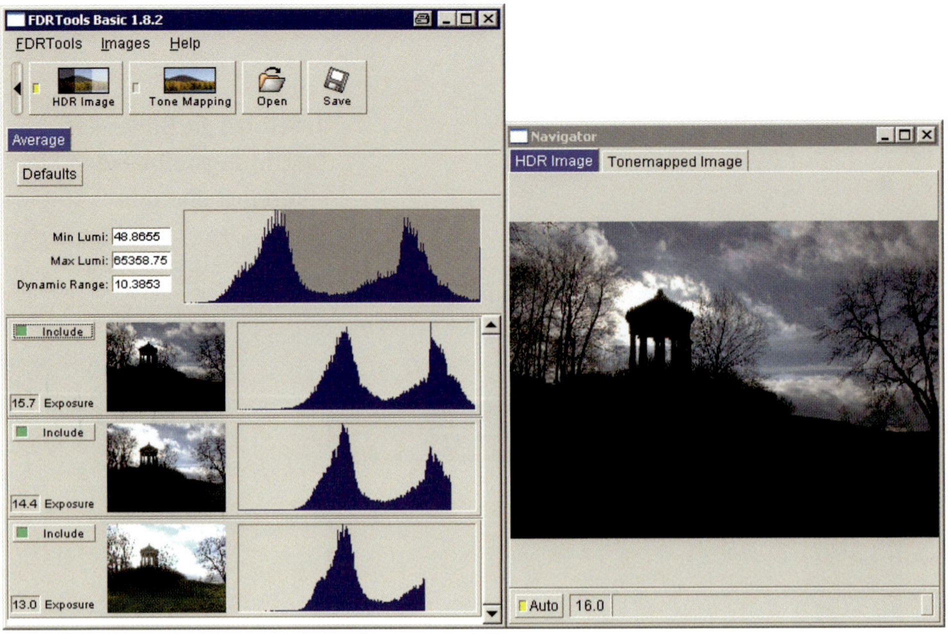

Abb. 3.111: Das Hauptfenster mit den geöffneten Bildern und die Vorschau für das HDR-Bild im Navigator-Fenster

Wenn die Ansicht HDR-Image aktiv ist, können Sie unten links über Klick auf die Schaltfläche *Auto* die Bilddarstellung im Vorschaufenster automatisch an die Einstellungen Ihres Monitors anpassen. Daneben finden Sie einen Schieberegler, der mit dem Gesamthistogramm des HDR-Bildes korrespondiert und mit dem Sie eine erste Helligkeitsanpassung des HDR-Bildes vornehmen können.

Belassen Sie hier die Ausgangswerte. Die eigentliche Anpassung des Bildes für die Ausgabe nehmen Sie über das Tonemapping vor.

2. Schritt: das Tonemapping zur Anpassung der Wiedergabe auf Bildschirm und Drucker

Um für die Bildwiedergabe auf Bildschirm und Drucker eine Bilddatei zu erhalten, die an deren Wiedergabemöglichkeiten für die Kontrastwerte angeglichen ist, müssen wir ein Tonemapping durchführen. Damit erhalten wir eine Datei, in der die gewählten Einstellungen und Eigenschaften für das Bild gespeichert werden können.

Klicken Sie also im Hauptfenster von FDRTools auf die Schaltfläche *Tone Mapping*, woraufhin das in Abbildung 3.112 gezeigte Fenster erscheint.

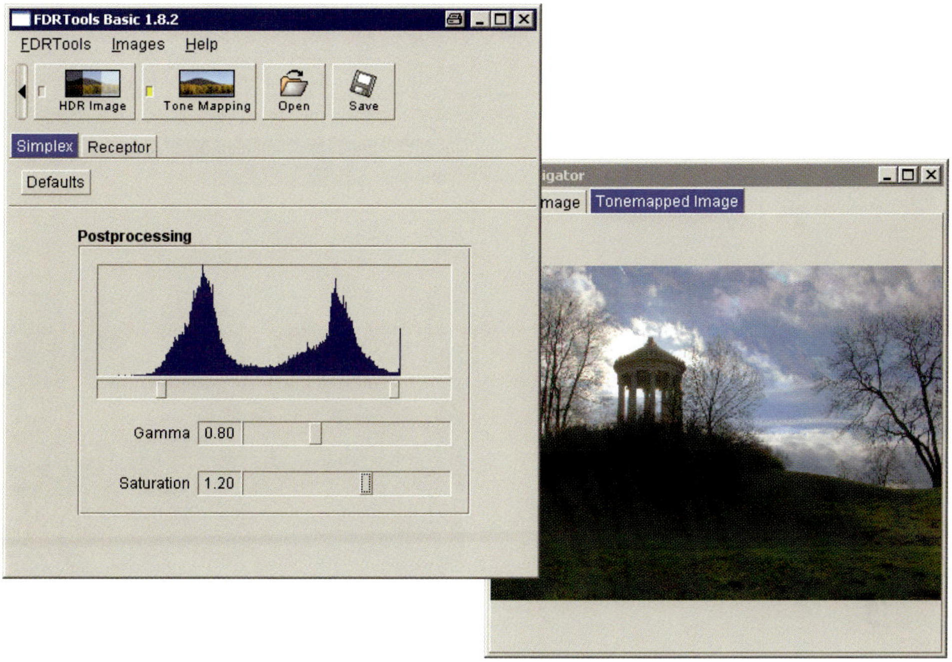

Abb. 3.112: Das Tonemapping in FDRTools nach der Simplex-Methode

Im Hauptfenster öffnet sich ein neuer Reiter *Simplex*, der eine vereinfachte Methode für das Tonemapping bereitstellt.

Unter *Postprocessing* sehen Sie diesmal ein aufbereitetes Histogramm des Bildes. Direkt darunter finden Sie zwei Schieberegler, einen für die Tiefen und einen für die Lichter des Bildes. Dies entspricht weitestgehend dem, was Sie im GIMP unter der Tonwertkorrektur im Menü *Ebene – Farben – Werte* kennengelernt haben (Kapitel 2.4.8). Durch Verschieben der Regler unter dem Histogramm können Sie die Tiefen und Lichter im Bild neu festlegen.

Zudem können Sie mit dem Schieberegler bei *Gamma* das Bild aufhellen oder abdunkeln und mit dem Schieberegler bei *Saturation* die Farbsättigung des Bildes korrigieren.

Im Fensters des Navigators ist nun die Reiterkarte *Tonemapped Image* aktiv. Das Bild im Navigator zeigt Ihnen nun eine Vorschau entsprechend Ihren Einstellungen im Hauptfenster.

Wenn Sie mit der Wiedergabe zufrieden sind, können Sie das Bild abspeichern, indem Sie auf *Save* klicken.

Ihnen steht aber auch die Berechnung des Bildes nach einer zweiten Methode zur Verfügung. Klicken Sie dazu im Hauptfenster auf den Reiter *Receptor* (etwa: nach Wahrnehmung).

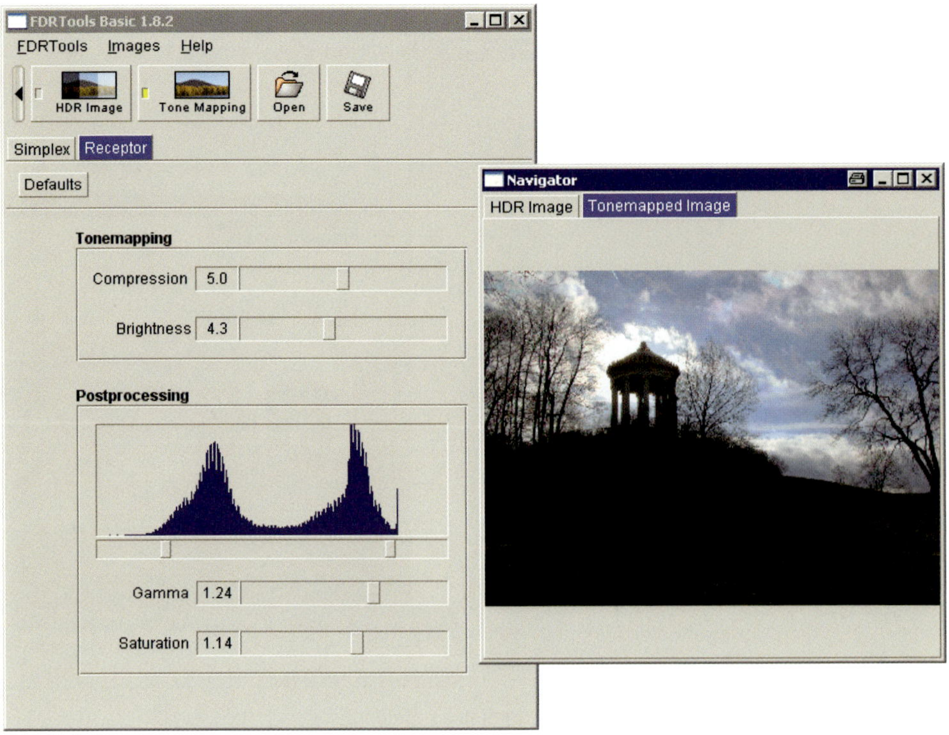

Abb. 3.113: Die Einstellmöglichkeiten der Tonemapping-Methode Receptor

Im Dialog *Receptor* werden zusätzliche Einstellmöglichkeiten für das Tonemapping angeboten. Der Wert bei *Compression* wurde hier im Beispiel bei den Voreinstellungen belassen, der Wert für *Brightness* wurde reduziert.

Der Wert bei Compression bestimmt die Stärke der Tonwertkomprimierung. Höhere Dynamikwerte (Farb- und Helligkeitskontraste) erfordern stärkeres Komprimieren. Der Hersteller empfiehlt, für Raw-Bilder (das Programm kann auch zur Kontraststeigerung bei einzelnen RAW-Fotos eingesetzt werden) Werte zwischen 1 bis 5 anzuwenden, für HDR-Szenen aus mehreren Bildern sind höhere Werte bis 10 erforderlich.

Die hier gezeigten Werte wurden empirisch, durch Versuch, ermittelt. Obwohl das Bild im Vorschaufenster des Navigators dunkel erscheint, erschienen die letztendlich berechneten Bilder mit höheren Werten für *Brightness* und niedrigeren Werten für *Gamma* stets zu hell. Beim Arbeiten hat es sich als sinnvoll erwiesen, das Bild erst einmal mit den vorgegebenen Werten des Programms ein erstes Mal zu speichern. Am Ergebnis kann dann überprüft werden, ob das Bild zu hell oder zu dunkel ausgegeben wird. Erst dann ist ggf. eine entsprechende Nachkorrektur der Werte hier im Programm sinnvoll. Allerdings sollten Sie mit dieser ersten Version sofort auch einen Test im GIMP oder in einem anderen Bildbearbeitungsprogramm machen. Eine Bearbeitung des Bildes mit der Tonwertkorrektur oder über die Gradationskurven kann Sie schnell zu einem gewünschten Ergebnis führen.

Sobald Sie zum Abspeichern des Bildes bereit sind, klicken Sie im Hauptfenster auf die Schaltfläche *Save*.

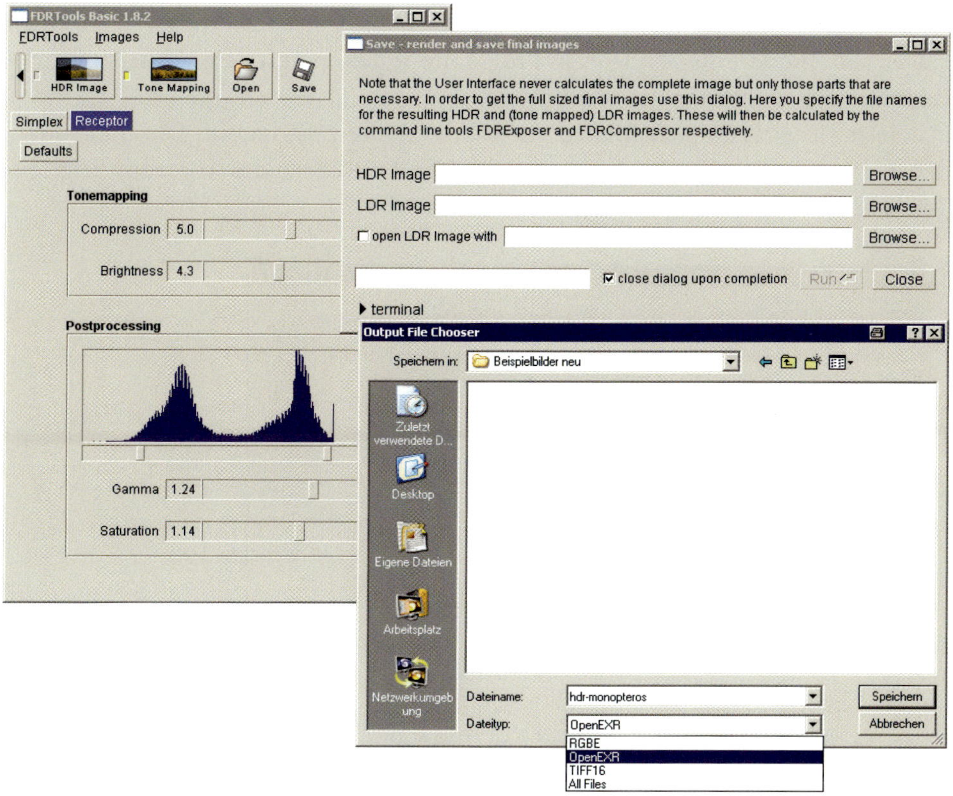

Abb. 3.114: Die Fenster zum Speichern des HDR- und des eigentlich für die Ausgabe bestimmten LDR-Bildes.

Es öffnet sich das Fenster *Save – render and save final images*. Zunächst müssen Sie über die Schaltfläche *Browse* bei *HDR Image* den Speicherort des HDR-Bildes auswählen. Es öffnet sich ein zweites Fenster *Output File Chooser*. Hier wählen Sie über das Auswahlmenü bei *Speichern in* das gewünschte Verzeichnis. Über das Symbol *Neuen Ordner anlegen* rechts oben können Sie auch ein neues Unterverzeichnis anlegen.

Ganz wichtig ist, im Auswahlmenü unten bei Dateityp eine Dateiart für das zu speichernde HDR-Bild auszuwählen, wenn Sie das Bild in voller HDR-Qualität sichern möchten. Alle hier angebotenen Dateiarten RGBE, openEXR und TIFF16 speichern das HDR-Bild mit 16 Bit Farbtiefe je Kanal. Welche Dateiart Sie wählen, hängt davon ab, welches Programm zur Bearbeitung von HDR-Bildern Ihnen zur Verfügung steht. openEXR z. B. ist ein Dateiformat, das von CinePaint und Krita geöffnet werden kann.

Vergeben Sie noch einen Dateinamen, und klicken Sie auf die Schaltfläche *Speichern*. Das Fenster *Output File Chooser* schließt sich wieder.

Im Fenster *Save* sehen Sie jetzt einen Eintrag neben *HDR Image*. Parallel dazu wurde ein zweiter Eintrag für das LDR-Bild erzeugt, das standardmäßig als TIFF abgespeichert wird. Dies ist das Bild, mit dem Sie im GIMP weiter arbeiten können.

Darunter können Sie im Kontrollkästchen bei *open LDR Image with* einen Haken setzen und unter *Browse* ein Programm festlegen, mit dem das fertige LDR-Bild nach der Berechnung angezeigt wird.

Jetzt ist auch die Schaltfläche *Run* aktiv. Klicken Sie darauf. Die Bilder werden berechnet. Dies benötigt einige Zeit. Den Fortschritt des Vorgangs zeigt ein Verlaufsbalken im Feld links neben der Schaltfläche *Run*.

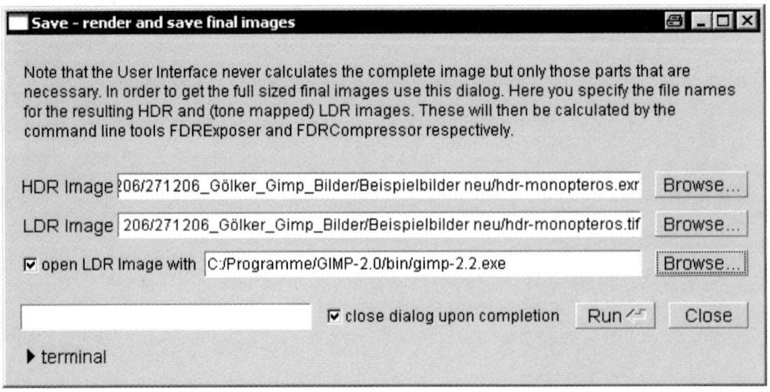

Abb. 3.115: Das Fenster Save, nachdem der Speicherort, Dateiname und -typ für das HDR-Bild gewählt wurden

Mit den in Abbildung 3.115 gezeigten Einstellungen wird das fertige Bild anschließend im GIMP geöffnet und angezeigt. Mit unseren beim *Tonemapping* gewählten Werten erscheint das Bild zunächst als zu hell (bei den Tests erschien das Bild im Programmfenster stets dunkler als das fertige LDR-Bild). Hier führt eine Tonwertkorrektur mit dem GIMP schnell zum gewünschten Ergebnis.

Probieren Sie es aus. Das Bild kann sich sehen lassen. Vergleichen Sie auch nochmals das Bild *hdr-referenz.jpg* im Ordner *Beispielbilder* auf CD. Es ist erstaunlich, was sich mit dieser Methode, aber auch mit unserem Workaround im GIMP aus einer solchen Gegenlichtaufnahme herausholen lässt.

Damit beenden wir das große Kapitel zum Thema Arbeiten mit Ebenen und Masken. Bislang haben wir mit Farbfotografien gearbeitet. Die gezeigten Techniken lassen sich selbstverständlich auch auf schwarz-weiße Bilder anwenden. Was Sie dabei beachten müssen und welche Möglichkeiten Ihnen mit Schwarz-Weiß-Fotografien noch offenstehen, erfahren Sie in den folgenden Kapiteln.

4 Arbeiten in Schwarz-Weiß und mit Farben

Wenn Sie Fotografien oder auch Grafiken bearbeiten möchten, sind Sie selbstverständlich nicht an eine farbige Darstellung gebunden. So gut der GIMP mit Farbe umgehen kann, er beherrscht auch die Bildbearbeitung von Schwarz-Weiß-Fotografien.

Neben der einfachen Bearbeitung und Verbesserung von Schwarz-Weiß-Aufnahmen, die mit den gleichen Funktionen und Werkzeugen geschehen, wie sie für Farbbilder eingesetzt werden, bieten zusätzliche Bearbeitungsfunktionen für schwarz-weiße Bilddarstellung auch Möglichkeiten, die helfen, Farbbilder besser freistellen zu können. Eine weitere gebotene Möglichkeit besteht darin, alte Schwarz-Weiß-Fotografien nachträglich einzufärben, zu kolorieren.

4.1 Farbbilder teilweise oder ganz in Graustufenbilder umwandeln

4.1.1 Hinweise zum Arbeiten im Modus Graustufen und RGB

Als Standard arbeitet der GIMP im **Farbmodus RGB** mit der Möglichkeit, rund 16,7 Millionen Farben darzustellen und zu bearbeiten. Dieser Farbmodus unterstützt prinzipiell alle Werkzeuge, die Farben oder Farbwerte im Bild beeinflussen können.

Als weiteren Farbmodus bietet der GIMP **Graustufen** an. Das entspricht einer eingeschränkten Farbpalette von 256 Graustufen, einschließlich Schwarz und Weiß. Auch hier funktionieren die Werkzeuge, mit denen sich Helligkeit und Kontrast beeinflussen lassen. Jedoch sind alle Werkzeuge, Filter und Einstellmöglichkeiten, die direkt auf Farben Einfluss nehmen, ohne Funktion. Aufgaben wie das nachträgliche Einfärben von Schwarz-Weiß-Bildern müssen im Farbmodus RGB ausgeführt werden. Warum dann überhaupt im Graustufenmodus arbeiten?

Die Umwandlung von Farbbildern in Graustufenbilder kann erforderlich sein

- aus bildgestalterischen Gründen,
- aus arbeitstechnischen Gründen, zum Beispiel um eine Auswahl auf einer kontrastreichen Vorlage herzustellen. Dies kann aber zum Teil auch auf einer kopierten Ebene eines Bildes geschehen, mit farbigen Vorlagen,
- um die Dateigröße des Bildes zu optimieren. Graustufenbilder haben eine Farbanzahl von maximal 256 Farben, was wesentlich dazu beiträgt, die Dateigröße zu reduzieren.

Die eigentliche Bearbeitung werden Sie jedoch auch bei Schwarz-Weiß-Fotos im Wesentlichen im RGB-Modus ausführen. Falls Sie ein Bild als Graustufenbild einscannen, liegt es zunächst im Graustufenmodus vor. Auch dann empfiehlt sich für die weitere Bearbeitung die Konversion in den RGB-Modus.

4.1.2 Farbe ganz oder teilweise entfernen

Die Einstellmöglichkeiten bzw. die Möglichkeiten zum Wechseln zwischen den beiden Farbmodi *RGB* und *Graustufen* finden Sie im Bildfenster im Menü *Bild – Modus*.

Sie können ganz einfach ein Farbbild in eine Schwarz-Weiß-Fotografie umwandeln, indem Sie es im RGB-Modus öffnen und dann im Menü den Modus *Graustufen* wählen. Das Bild wird umgewandelt, alle Farbinformation wird verworfen, übrig bleiben die Hell-Dunkel-Werte des Bildes als Graustufen. Danach können Sie das Bild wieder in den RGB-Modus überführen, die Graustufen bleiben erhalten. Allerdings bestehen nun eben Möglichkeiten, das Bild nachträglich wieder mit einem Farbton einzufärben.

Wenn Sie ein Bild im Farbmodus RGB geöffnet haben, gibt es noch zwei weitere Möglichkeiten, die Farbe des Bildes ganz oder teilweise über die Farbsättigung zu entfernen, ohne den Farbmodus des Bildes dabei zu ändern:

- Über das Menü *Ebene – Farben – Sättigung entfernen* werden die Farbinformationen eines Bildes/einer Ebene verworfen und auf die reinen Hell-Dunkel-Werte (Graustufen) reduziert.
- Im Menü *Werkzeuge – Farben – Farbton-Sättigung* (bzw. entsprechend im Menü *Ebenen*) können Sie die Farbsättigung eines Bildes stufenlos bis hin zu reinen Graustufen reduzieren, indem Sie den entsprechenden Schieberegler nach links ziehen.

4.1.3 Grafische Effekte mit Graustufen – ein Beispiel

Farben in einem Bild reduzieren, damit das gewünschte Hauptobjekt, der eigentliche Gegenstand des Interesses, farbig umso mehr in den Vordergrund tritt – diese Vorgehensweise bietet zahlreiche effektvolle Varianten.

- Öffnen Sie Ihr verbessertes Bild *miami-impro.tif* bzw. *miami-impro.xcf*.
- Speichern Sie das Bild als *miami-auto.tif*.
- Erstellen Sie einen Pfad auf der Kontur des Autos (einfacher auch: eine Auswahl mit dem Werkzeug *Bereich frei Hand wählen, Lasso-Auswahl*).
- Erstellen Sie mit der Schaltfläche *Auswahl aus Pfad* im Pfad-Dialog eine Auswahl über dem Auto.
- Geben Sie der Auswahl über das Menü *Auswahl – Ausblenden* eine weiche Auswahlkante von 5 Pixeln.

- Mit *Werkzeuge – Farben – Farbton/Sättigung: Farbton* geben Sie dem Auto eine Farbe Ihrer Wahl.
- Invertieren Sie die Auswahl.
- Entfernen Sie die Farben im übrigen Bereich des Bildes mit *Werkzeuge – Farben – Farbton/Sättigung: Sättigung.*
- Zeichnen Sie den nun ausgewählten Bildbereich stark unscharf mit *Filter – Weichzeichnen – Gaußscher Weichzeichner* mit einem Radius von etwa 20 Pixeln.
- Löschen Sie die Auswahl über *Auswahl – Aufheben.*
- Speichern Sie spätestens jetzt wieder Ihr Bild.

Abb. 4.1: Das Bild mit der Auswahl aus dem Pfad um das Auto vor den letzten beiden Bearbeitungsschritten

4.2 Schwarz-Weiß-Bilder nachbearbeiten – Tonwertkorrektur, Helligkeit, Kontrast

Wie in der Einleitung zu diesen Kapiteln bereits erwähnt, bestehen die Möglichkeiten, Helligkeit, Kontrast und (Farb-)Werte zu bearbeiten, sowohl für den RGB-Modus als auch für den Graustufenmodus.

Im Wesentlichen ist die Handhabung gleich wie bei Farbbildern, darum hier nur eine Übersicht, welche Funktionen in welchem Modus zur Verfügung stehen und wo sich Unterschiede zeigen. Alle genannten Funktionen finden Sie im Menü *Ebene – Farben*, zum Teil auch unter dem Menü *Werkzeuge – Farben.*

Funktion	RGB-Modus	Graustufenmodus
Farbabgleich	**Ja**	**Nur bei RGB-Ebenen**
Farbton-Sättigung	**Ja**	**Nur bei RGB-Ebenen**
Einfärben	**Ja**	**Nur bei RGB-Ebenen**
Helligkeit-Kontrast	**Ja**	**Ja**
Schwellwert	**Ja**	**Ja**
Werte (Tonwertkorrektur)	**Ja**	**Ja, aber nur Hauptkanal** (keine einzelnen Farbkanäle)
Kurven (Gradationskurven)	**Ja**	**Ja, aber nur Hauptkanal** (keine einzelnen Farbkanäle)
Posterisieren	**Ja**	**Ja**
Sättigung entfernen	**Ja**	**Nur bei RGB-Ebenen**
Invertieren	**Ja**	**Ja**
Automatisch: *Egalisieren* *Weißabgleich* *Automatische Kontrastspreizung* *Farbverbesserung* *HSV strecken* *Normalisieren*	 **Ja** **Ja** **Ja** **Ja** **Ja** **Ja**	 **Ja** **Nur bei RGB-Ebenen** **Ja** **Nur bei RGB-Ebenen** **Nur bei RGB-Ebenen** **Ja**
Histogramm	**Ja**	**Ja**
Farbraumanalyse	**Ja**	**Ja**

Wie Sie aus der Tabelle ersehen können, ist es angebracht und möglich, auch Schwarz-Weiß- bzw. Graustufenbilder im RGB-Modus zu bearbeiten. Viele Bearbeitungsmöglichkeiten stehen eben tatsächlich nur im RGB-Modus zur Verfügung.

Die Konvertierung eines Bildes in den Graustufenmodus ist dann angezeigt,

- wenn das Bild stark abstrahiert, grafisch vereinfacht werden soll und
- wenn die im Modus Graustufen zur Verfügung stehenden Möglichkeiten für das Bearbeitungsziel genügen,
- wenn bestimmte grafische Effekte erzielt werden sollen,
- wenn reine Graustufen für die Bildwiedergabe genügen,
- wenn das Bild als Schwarz-Weiß-Darstellung von der Dateigröße her optimiert werden soll (der Graustufenmodus reduziert die Farbanzahl auf 256 Farbwerte).

4.3 Knifflige Aufgabe – Haare freistellen

Das Portrait einer Frau mit Haarsträhnen, einen Baum mit dem Gewirr seiner Äste freizustellen, das sind mit die schwierigsten Aufgaben bei der digitalen

Bildbearbeitung. Dabei ist die Aussicht auf Erfolg umso größer, wenn die freizustellenden Objekte gut gegen den Hintergrund kontrastieren. Einen relativ einfachen Ansatz bieten die Werkzeuge *Zusammenhängenden Bereich wählen* bzw. *Bereiche nach Farbe wählen*. Allerdings müssen Sie das Bild gegebenenfalls für diese Werkzeuge vorbereiten. Wesentlich ist dabei eine Anhebung des Kontrastes im Bild. Dabei die richtigen Einstellungen zu treffen, erfordert oft viele Versuche und Fingerspitzengefühl. Welche Werkzeuge bzw. Einstellungen und Gegebenheiten des Programms Ihnen dabei helfen können, zeigen die nächsten Kapitel.

4.3.1 Die Funktion Schwellwert

Abb. 4.2: Das Fenster Schwellwert mit Ergebnisvorschau im Bildfenster

Die Funktion *Schwellwert* (Menü *Ebene – Farben – Schwellwert*) wandelt ein Farb- oder Graustufenbild in eine reine Schwarz-Weiß-Grafik um. Dabei werden zunächst die Bereiche mit einem Helligkeitswert kleiner 50 % schwarz und größer-gleich 50 % Helligkeit weiß dargestellt.

Wenn das Kontrollkästchen bei *Vorschau* angehakt ist, erhalten Sie eine reine Schwarz-Weiß-Darstellung im Bildfenster. Über die Einstellmöglichkeiten im Fenster *Schwellwert* können Sie nun die Schwarz-Weiß-Verteilung im Bild anpassen – sowohl über die Zahlenwerte links und rechts wie auch über das schwarze Dreieck unter dem Graustufen-Verlauf, das Sie mit gedrückter linker Maustaste verschieben können.

Oben rechts im Fenster finden Sie zwei Schaltflächen *Linear* und *Logarithmisch*. Diese bestimmen die Darstellung des Histogramms im Fenster darunter.

4.3.2 Haare freistellen mit Hilfe der Funktion Schwellwert – Aufgabenstellung

Wesentliches Ziel in folgendem Beispiel ist die Steigerung vorhandener Kontraste, um eine möglichst genaue Auswahl feiner Strukturen zu erreichen, keine perfekte Lösung, aber ein Denkansatz für eigene Lösungen in dieser Richtung.

Zunächst erzeugen wir über die Funktion *Bild – Farben – Schwellwert* eine Maskenebene mit hohem Kontrast, die mit Malwerkzeugen retuschiert werden kann und mit deren Hilfe wir Auswahlen herstellen, mit denen das eigentliche Bild bearbeitet wird. Trotz allem ist auch hierbei Voraussetzung, dass sich das gewählte Bildobjekt zumindest einigermaßen kontrastierend vom übrigen Bildinhalt abhebt.

- Öffnen Sie das Bild *jungefrau.png* im Verzeichnis *Bildvorgaben* auf CD.
- Speichern Sie es unter neuem Namen, z. B. *haarefreistellen.xcf*, im ebenenfähigen XCF-Format.
- Vergewissern Sie sich im Menü *Bild – Modus*, dass das Bild im *RGB-Modus* vorliegt, ggf. konvertieren Sie es.
- Duplizieren Sie die Ebene *Hintergrund* (im Ebenen-Dialog), und benennen Sie die neue Ebene *Maske*.
- Mit der Funktion *Schwellwert* (Menü *Ebene – Farben – Schwellwert*) stellen Sie die Ebene *Maske* so ein, dass Haarsträhnen möglichst kontrastierend und im Wesentlichen vollständig abgebildet werden. Einzelne Haare lassen sich auch mit diesem Hilfsmittel nicht (kaum) erfassen.
- Wenn sich die Haare so weit deutlich abzeichnen, erstellen Sie auf den weißen Bildflächen in der Ebene *Maske* eine Auswahl mit *Auswahl – Nach Farbe* (oder mit dem entsprechenden Werkzeug). Um möglichst akkurat zu

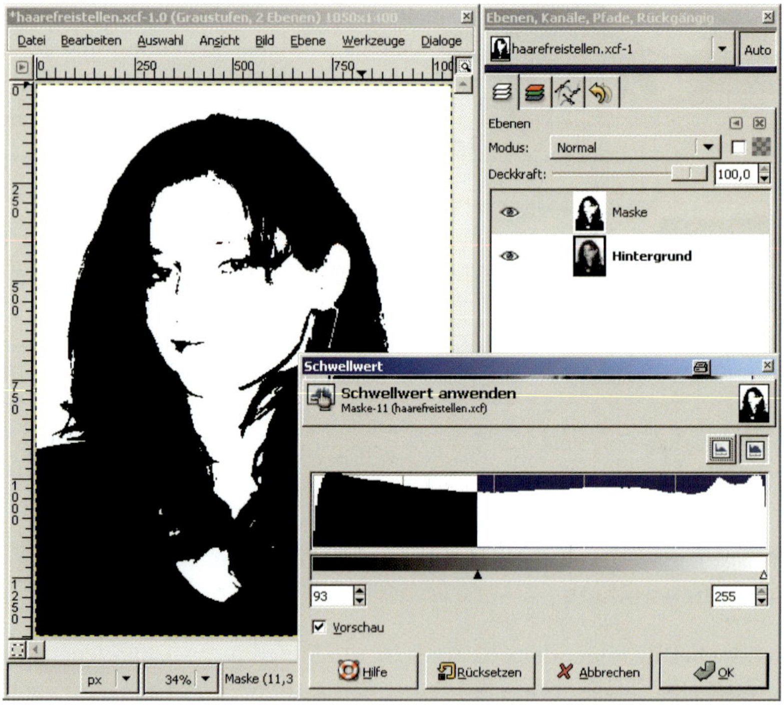

Abb. 4.3: Die Ebene Maske wird angelegt, mit deren Hilfe später die Haare freigestellt werden sollen.

sein, soll die Auswahl einen scharfen Rand erhalten, also ohne Ausblendung sein.

- Löschen Sie die weißen Bildflächen mit *Bearbeiten – Löschen*. Prüfen Sie das Ergebnis.
- Danach erstellen Sie eine Auswahl über den Bildbereichen, die nicht wesentlich für die Kontur der Haare sind, in diesem Fall über dem Gesicht.
- Füllen Sie diese Auswahl auf der Ebene *Maske* mit Schwarz, z. B. über das Menü *Bearbeiten – Mit VG-Farbe füllen*.
- Mit rechtem Mausklick auf die Ebene *Maske* im Ebenen-Dialog rufen Sie das Kontextmenü der Ebene auf. Wählen Sie hier *Auswahl aus Alphakanal*.
- Im Bildfenster aktivieren Sie die Maskenansicht *Schnelle Maske* über das Symbol links unten im Bildfenster oder über das Menü *Auswahl*.
- Sie retuschieren jetzt die Maske. Wählen Sie einen dünnen, weichen Malpinsel (hier ca. 5–9 px, je nach Bild und Auflösung), und ergänzen Sie unvollständige Haarsträhnen entsprechend der darunterliegenden Vorlage. Gegebenenfalls korrigieren Sie Überstände mit dem Werkzeug *Bis zum Hintergrund oder der Transparenz löschen (Radiergummi)*.
- Wechseln Sie zurück in den Auswahlmodus, und heben Sie die Auswahl auf (Menü *Auswahl – Aufheben*).
- Im Ebenen-Dialog wählen Sie nochmals das Kontextmenü der Ebene *Maske* und dort wiederum *Auswahl aus Alphakanal*. Diese Auswahl umschließt jetzt auch Ihre Retuschearbeiten auf der Ebene.
- Duplizieren Sie die Ebene *Hintergrund*, und benennen Sie diese, z. B. *Haare freigestellt*. Die Ebene *Hintergrund* schalten Sie über das Augensymbol im Ebenen-Dialog unsichtbar.

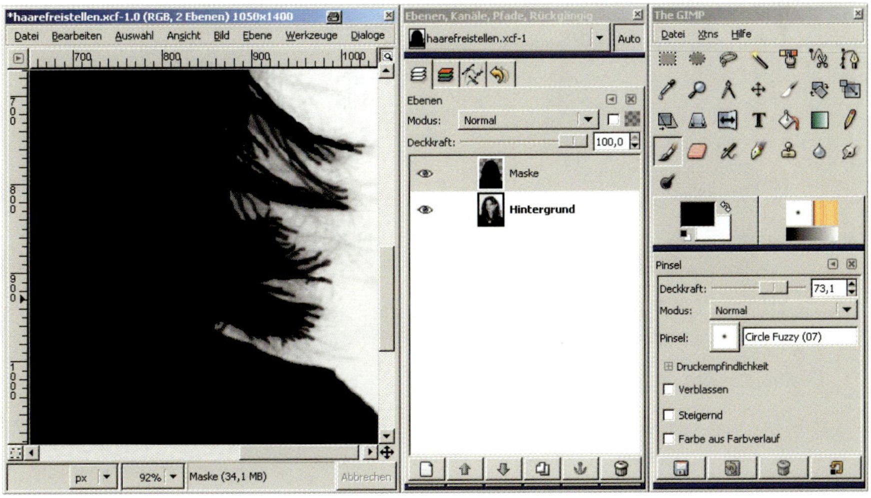

Abb. 4.4: Retuschierte Haarstränen auf der Ebene Maske, darunter sichtbar die Ebene Hintergrund

- Geben Sie der Auswahl eine weiche Auswahlkante bzw. Ausblendung von ca. 7 Pixel, und verkleinern Sie die Auswahl etwas (Menü *Auswahl – Ausblenden: 7 Pixel* und Menü *Auswahl – Verkleinern: 2 Pixel.* Auch diese Werte sind abhängig von Bild und Motiv).
- Invertieren Sie die Auswahl: Menü *Auswahl – Invertieren.*
- Setzen Sie die Ebene *Haare freigestellt* aktiv, die Ebene *Maske* blenden Sie über das Augensymbol aus.
- Löschen Sie mit Hilfe der Auswahl den Hintergrund auf der Ebene *Haare freigestellt* (Menü *Bearbeiten – Löschen*).
- Heben Sie die Auswahl auf (Menü *Auswahl – Aufheben*).

So weit – so gut? Was noch fehlt, ist ein anderer, zumindest andersfarbiger Hintergrund, auch um das Ergebnis besser prüfen zu können.

- Erstellen Sie im Ebenen-Dialog eine neue Ebene *Hintergrund farbig.*
- Füllen Sie die neue Ebene mit einer Farbe Ihrer Wahl.
- Hellen Sie die Ebene *Haare freigestellt* mit Hilfe der Tonwertkorrektur (Menü *Ebene – Farben – Werte: Mitteltöne*) etwas auf. Die Haare erscheinen dann etwas glänzender, es werden mehr Locken und Strähnen sichtbar.
- Retuschieren Sie ggf. Übergänge auf der Ebene *Haare freigestellt* mit einem größeren, weichen Radierer mit reduzierter Deckkraft.
- Speichern Sie Ihr Bild.

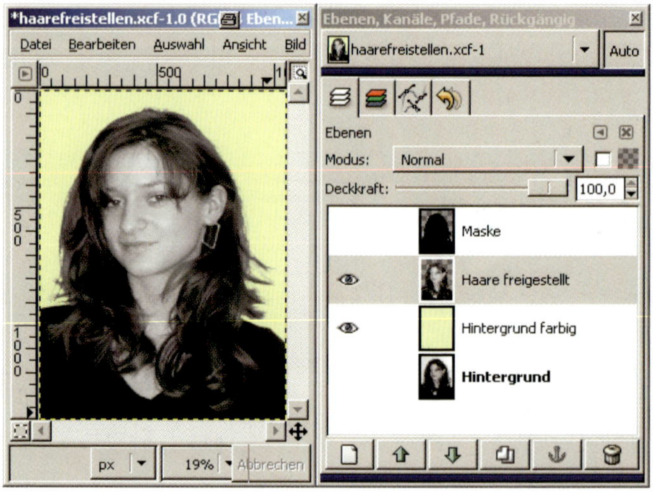

Abb. 4.5: Das fertige Bild mit Ebenen

4.3.3 Haare freistellen mit Hilfe der Kanäle

Was sind Kanäle?

Wie Sie in Kapitel 1.3.3, *Farben am Bildschirm*, lesen konnten, werden die Farben am Monitor aus den drei Grundfarben Rot, Grün und Blau erzeugt. Gleiches gilt für Bilder im RGB-Modus: Alle Farben im Bild werden aus diesen drei Grundfarben gemischt. Entsprechend verfügt jedes Bild im RGB-Modus über je einen Rot-, Grün- und Blaukanal. Man könnte auch sagen, jeder Kanal ist ein Farbauszug, der den Anteil der entsprechenden Farbe im Bild darstellt.

Bei manchen Werkzeugen bzw. Funktionen haben Sie schon Bekanntschaft mit der Bearbeitung von Kanälen gemacht, wenn auch unter der Benutzeroberfläche eines Funktionsfensters. Erinnern Sie sich zum Beispiel an die Möglichkeit, bei der Korrektur eines Farbstiches im Fenster *Werte* (Tonwertkorrektur) nur den Rotanteil des Bildes zu bearbeiten.

Ein Bild in Kanäle zerlegen und wieder zusammenfügen

Über das Menü *Bild – Modus – Zerlegen* können Sie ein Bild in seine einzelnen Farbkanäle zerlegen, die dann in einer neuen Bilddatei im Ebenen-Dialog als freie Ebenen zur Bearbeitung zur Verfügung stehen. So können Sie einen Filter oder eine Einstellung gezielt auf nur eine Farbe anwenden. Mit dem Menü *Bild – Modus – Zusammenfügen* können Sie solch ein Bild aus Kanälen wieder zu einem »normalen« Bild zusammenfügen und mit diesem am RGB-Gesamtkanal weiterarbeiten.

Allgemein lässt sich zu den einzelnen Farbkanälen anmerken:

- Der Rotkanal bietet die besten Kontraste.
- Der Grünkanal zeigt die größte Schärfe.
- Der Blaukanal zeigt die Bildqualität am deutlichsten.

Das Dialogfenster Kanäle

Das Dialogfenster *Kanäle* finden Sie im Dock *Ebenen, Kanäle und Pfade* z. B. über den Werkzeugkasten im Menü *Datei – Dialoge – Dock hinzufügen* oder als einzelnes Fenster im Bildfenster unter dem Menü *Dialoge*.

Von Aussehen und Handhabung her gleicht das Dialogfenster *Kanäle* dem Ebenen-Dialog. Allerdings ist der Dialog *Kanäle* zweigeteilt. In der oberen Hälfte sehen Sie immer die Farbkanäle Rot, Grün, Blau. Dazu kommt ein Alphakanal, wenn das Bild über Transparenzeigenschaften verfügt. Bei Bildern mit indizierten Farben werden die drei Hauptkanäle durch einen Kanal *Indexed* ersetzt, der Alphakanal entfällt in der Regel. Die hier genannten Kanäle lassen sich nicht umbenennen.

Einzelne Kanäle lassen sich sichtbar oder unsichtbar schalten über das Augensymbol. Dementsprechend ändern sich die sichtbaren Farben des Bildes.

Kanäle können durch Anklicken im Kanäle-Dialog aktiv (blau) oder inaktiv (weiß) geschaltet werden. Veränderungen bzw. Bearbeitungen am Bild wirken nur auf die aktiven Kanäle. Setzen Sie einen Kanal inaktiv, ist er also von den danach folgenden Veränderungen ausgenommen.

Anders als im Ebenen-Dialog, in dem immer nur eine Ebene aktiv sein kann, können hier mehrere Kanäle aktiv gesetzt werden. Bei voller RGBansicht des Bildes müssen sogar alle Farbkanäle aktiv sein.

Allerdings kann ein Bild mehr Kanäle als nur die drei Farbkanäle haben. Diese werden in der unteren Hälfte des Dialogs *Kanäle* dargestellt. Sie selbst können diese Kanäle im Bild anlegen: Zum Beispiel können Sie über das Menü *Auswahl – In Kanal speichern* einen Kanal aus einer Auswahl erstellen. Dieser wird dann als Kanal (Schwarz-Weiß-Bild) dauerhaft im Dialog *Kanäle* abgelegt und mit dem Bild gespeichert (nur im XCF-Format!), so dass er wieder aufgerufen werden kann, z. B. um erneut eine Auswahl daraus zu erzeugen.

Abb. 4.6, 4.7, 4.8: Die einzelnen Farbkanäle (eines SW-Bildes im RGB-Modus) und die zugehörige Darstellung im Bildfenster. Diese bedeutet keine Einfärbung des Bildes.

Die Kanäle der drei Grundfarben können nicht umbenannt werden. Duplizierte Kanäle oder als Kanäle gespeicherte Auswahlen können jedoch einen eigenen Namen erhalten. Ebenso wenig können die drei Hauptkanäle in ihrer Lage im Dialogfenster verändert werden, zusätzliche Kanäle untereinander aber schon.

Zusätzliche Kanäle können auch über das aus dem Ebenen-Dialog bekannte Kettensymbol verknüpft werden. Änderungen wirken dann gleichzeitig auf alle verknüpften Kanäle.

Das Dialogfenster *Kanäle* verfügt auch über ein eigenes Kontextmenü, zu erreichen über den rechten Mausklick auf einen Kanal. Damit können unter anderem Kanäle dupliziert werden, oder es kann schnell eine Auswahl aus einem Kanal erzeugt werden.

Solange im Bild nur die drei Standardkanäle verfügbar sind, bleiben hier einige Funktionen gegraut, sind nicht verfügbar. Das Gleiche gilt für die Schaltflächen unten im Fenster, welche die wichtigsten Menübefehle aus dem Kontextmenü nochmals anbieten.

Abb. 4.9: Bei einem Bild (auch bei einem Schwarz-Weiß-Bild) im RGB-Modus sind zunächst alle drei Farbkanäle aktiv gesetzt. Hier auch zu sehen: das Kontextmenü (rechter Mausklick).

Haare freistellen mit Hilfe der Kanäle – die Arbeitsschritte

Prinzipiell machen wir in diesem Beispiel Folgendes: Wir erzeugen über die Funktion *Bild – Modus – Zerlegen* eine Maskenebene aus einem Kanal – z. B. aus dem Kanal, der die besten Kontrastwerte aufweist. Die Maskenebene (der Kanal) kann mit Malwerkzeugen retuschiert und in ein anderes Bild exportiert werden. Mit Hilfe dieser Ebene wiederum können wir Auswahlen herstellen, mit denen das eigentliche Bild bearbeitet wird. Besonderes Augenmerk liegt dabei auf der Steigerung feiner Kontraste.

- Öffnen Sie das Bild *jungefrau-farbe.png* im Ordner *Bildvorgaben* auf CD.
- Damit das Bild Transparenzeigenschaften erhält, fügen Sie über das Kontextmenü im Ebenen-Dialog einen *Alphakanal* hinzu.
- Benennen Sie die Ebene *Portrait.*
- Speichern Sie das Bild unter neuem Namen, z. B. als *portrait.xcf*, im XCF-Format in Ihrem Übungsordner.
- Um die Farbkanäle als Ebenen zur Bearbeitung zur Verfügung zu haben, wählen Sie im Menü *Bild – Modus – Zerlegen*. Bestätigen Sie mit *OK*. Es wird eine Kopie *portrait-RGB.xcf* erzeugt mit den Kanälen Rot, Grün, Blau als Bildebenen.

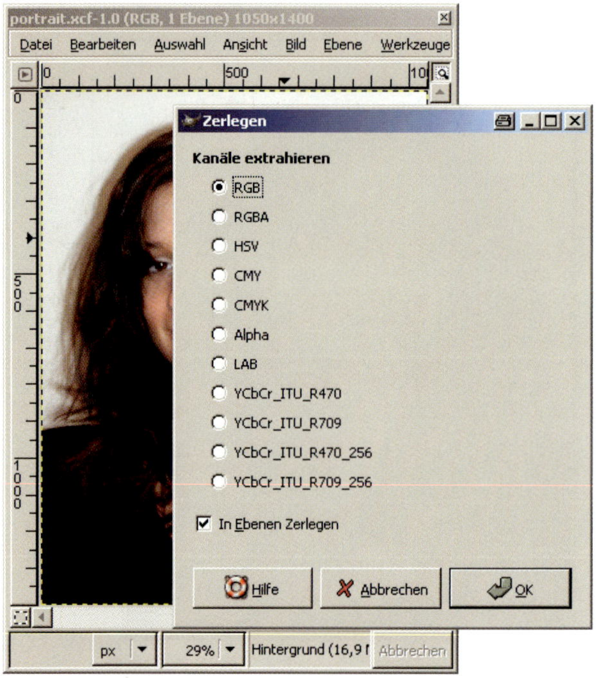

Abb. 4.10: Das Fenster des Menüs Bild – Modus – Zerlegen. Hier können Sie wählen, in welchem Farbmodell die Kanäle als Ebenen wiedergegeben werden sollen. Wählen Sie hier RGB bzw. RGBA (RGB mit Alphakanal), und haken Sie das Kästchen unten bei In Ebenen zerlegen an. Ohne diese Auswahl werden die einzelnen Farbkanäle jeweils in einem eigenen Bildfenster wiedergegeben.

Hinweis: Dieses Fenster bietet über die *Auswahl CMYK* auch die Möglichkeit, die Farbkanäle als Farbauszug für die Druckvorstufe (CMYK – Vierfarbdruck) zu separieren.

- Im neuen Bild *portrait-RGB.xcf* duplizieren Sie (über das Kontextmenü) im Ebenen-Dialog die Ebene *Rot.*
- Setzen Sie nur die neue Ebene *Rot-Kopie* aktiv und sichtbar. Sie bietet die besten Kontrastwerte.
- Steigern Sie auf dieser Ebene den Kontrast über die Tonwertkorrektur (Menü *Ebene – Farben – Werte*).

Abb. 4.11: Original portrait.xcf und automatisch erzeugte Kopie portrait-RGB.xcf mit den Kanälen als Bildebenen

- Mit *Auswahl – Nach Farbe* bzw. mit dem entsprechenden Werkzeug erstellen Sie im Bildfenster eine Auswahl. Klicken Sie dabei auf einen grauen Bildbereich – somit werden alle Grau- und Weißtöne im Bild ausgewählt, entsprechend dem Hintergrund, der gelöscht werden soll. Geben Sie dabei dem Werkzeug einen *Schwellwert* von ca. 100 (Einstellung *Schwelle* in den Werkzeugeinstellungen). Ansonsten können Sie über verschiedene Einstellungen des Schwellwertes ausprobieren, bei welchem Wert die Auswahl das beste Ergebnis liefert. Dabei müssen Sie ggf. die entstandene Auswahl jedes Mal wieder löschen und neu ansetzen, bis Sie den Wert für das bestmögliche Ergebnis gefunden haben. Sie können auch die Werkzeugeinstellung *Zur Auswahl hinzufügen* mit einem kleineren Schwellwert einsetzen.
- Zunächst sind alle weißen und grauen Bereiche im Bild ausgewählt. Da die Auswahl aber nur die Kontur der Haare erfassen soll, müssen Sie mit dem Werkzeug *Bereich frei Hand wählen (Lasso)* die ausgewählten Bereiche des Gesichts mit den entsprechenden Werkzeugeinstellungen von der Auswahl abziehen.

Abb. 4.12: Mit Hilfe der Tonwertkorrektur wird der Hell-Dunkel-Kontrast der Bildebene weiter gesteigert.

- Wechseln Sie im Bildfenster in den Maskierungsmodus *Schnelle Maske* (über das Menü *Auswahl* oder über die kleine Schaltfläche links unten am Bildfenster).
- Retuschieren Sie die Maske soweit erforderlich mit den Mal- und Radierwerkzeugen.

Hinweis: Da das Bild ein Graustufenbild ist, erscheint auch die Maske grau.

- Wechseln Sie nach Beendigung der Retusche zurück in den Auswahlmodus (Menü *Auswahl – Schnelle Maske aktivieren/ deaktivieren*).
- Geben Sie der Auswahl eine weiche Auswahlkante von ca. 8 px über Menü *Auswahl – Ausblenden.*
- Löschen Sie auf der Ebene *Rot-Kopie* den Bildhintergrund (Menü *Bearbeiten – Löschen*). Damit erhalten Sie die eigentliche Maske.
- Öffnen bzw. holen Sie das Bild *portrait.xcf.*
- Exportieren Sie die Ebene *Rot-Kopie* aus dem Ebenen-Dialog von *portrait-RGB.xcf* per Drag & Drop (Anklicken und mit gedrückter linker Maustaste ziehen) auf die Bildfläche von *portrait.xcf.*
- Nun finden Sie die Ebene *Rot-Kopie* im Ebenen-Dialog des Bildes *portrait.xcf.* Setzen Sie die Ebene ggf. aktiv. Wählen Sie im Kontextmenü der Ebene *Auswahl aus Alphakanal.*
- Invertieren Sie die Auswahl.
- Schalten Sie die Ebene *Rot-Kopie* über das Augensymbol unsichtbar.
- Setzen Sie die Ebene *Portrait* aktiv.

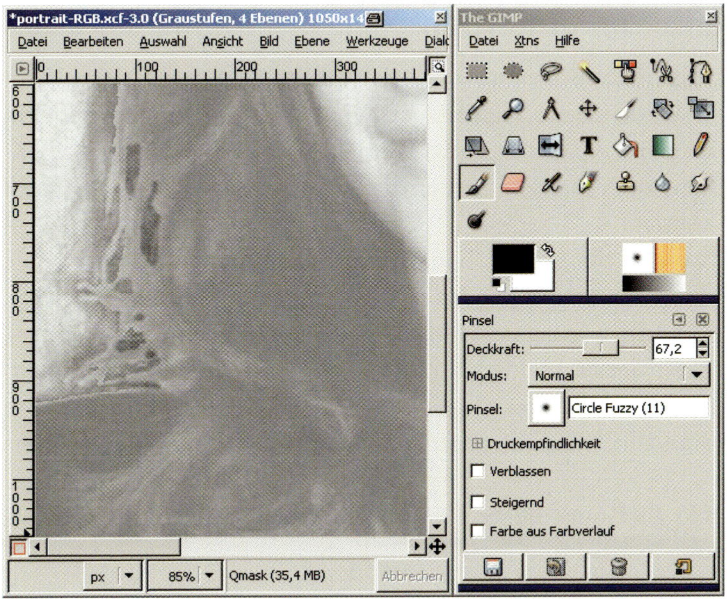

Abb. 4.13: In Graustufenbildern (Menü Bild – Modus – Graustufen) erscheint die Schnelle Maske als hellgraue transparente Schicht, lässt sich jedoch mit Mal- und Retusche-Werkzeugen so bearbeiten wie im RGB-Modus.

- Löschen Sie den Hintergrund auf der Ebene *Portrait* über das Menü *Bearbeiten – Löschen*.
- Löschen Sie die Auswahl (Menü *Auswahl – Aufheben*).
- Legen Sie eine neue Ebene *Hintergrund* an.
- Füllen Sie diese mit einer Farbe oder einem Verlauf Ihrer Wahl.
- Speichern Sie Ihr Bild.

4.4 Graustufenbilder einfärben

Schwarz-Weiß-Fotos, die im RGB-Modus vorliegen, können nachträglich eingefärbt werden. Dafür stehen verschiedene Funktionen bereit, die es ermöglichen, dem Bild einen Farbton zu geben, z. B. die Sepia-Tönung alter Fotografien. Über andere Funktionen können auch mehrere Farben zugewiesen oder Bildbereiche nach Helligkeit eingefärbt werden.

Wahrscheinlich werden Sie hierbei häufig mit gescannten Bildern arbeiten. Wenn Sie das Bild nicht im Graustufenmodus scannen, sondern mit 24 Bit Farbtiefe, wird es einen leichten Farbstich haben, entsprechend dem Farbraum Ihres Scanners. Dann, aber auch wenn Sie ein Farbbild als Graustufenbild weiter bearbeiten möchten, können Sie über das Menü *Ebene – Farben – Sättigung entfernen* das Bild in reine Graustufen umwandeln, ohne es vorher in den Graustufenmodus zu konvertieren.

Sollten Sie das Bild als Graustufenbild gescannt haben (Farbtiefe 8 Bit), müssen Sie es für die weitere Bearbeitung in den RGB-Farbraum konvertieren über das Menü *Bild – Modus – RGB.*

Hinweis: Die im Weiteren beschriebenen Funktionen arbeiten nur im RGB-Modus.

Für alle folgenden Beispiele wird das Bild *garten.png* aus dem Verzeichnis *Bildvorgaben* auf der CD verwendet.

4.4.1 Ein Bild kolorieren mit der Funktion Einfärben

Mit dieser Funktion können Sie einem Schwarz-Weiß-Foto eine Färbung wie bei alten Fotografien geben: Sepia-Braun, Kobaltblau oder Chrome-Gelb. Dabei werden alle Bildbereiche eingefärbt, ihrem Helligkeitsgrad entsprechend. Sie finden die Funktion im geöffneten Bildfenster unter *Ebene – Farben – Einfärben.*

Die Handhabung ist denkbar einfach:

- Mit dem Schieberegler *Farbton* wählen Sie die gewünschte Färbung.
- Mit dem Schieberegler *Sättigung* können Sie die Farbsättigung der Färbung nach rechts hin steigern oder nach links reduzieren (weniger Farbe, mehr Grauanteil).
- Mit dem Regler *Helligkeit* können Sie das Bild lichter oder dunkler färben.

Das Kästchen *Vorschau* (im Bildfenster) ist im Fenster *Einfärben* vorgewählt.

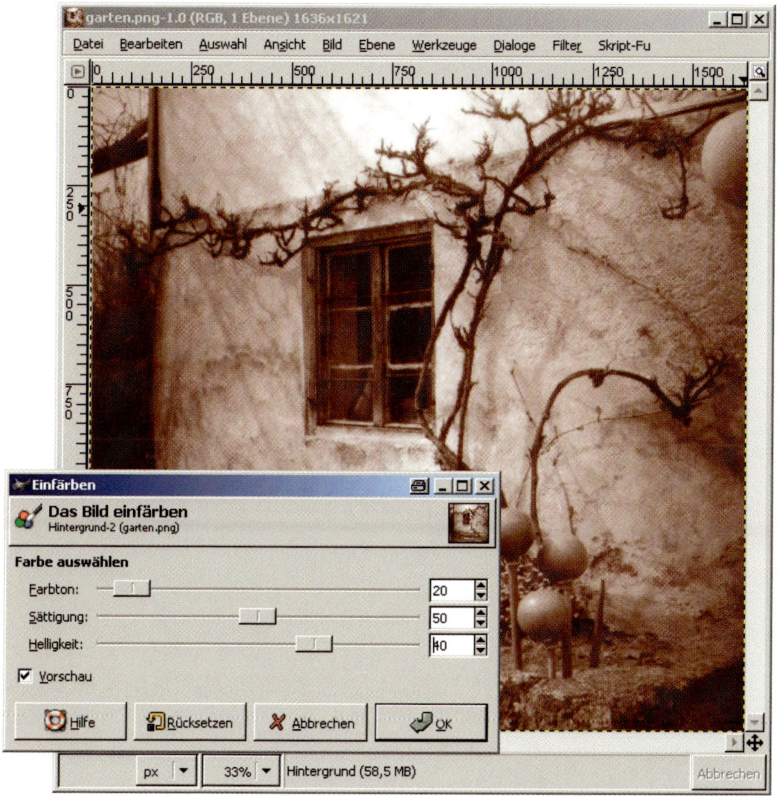

Abb. 4.14: Einstellmöglichkeiten der Funktion Einfärben mit Vorschau im Bildfenster

4.4.2 Einem Bild eine beliebige Färbung geben mit der Funktion Werte (Tonwertkorrektur)

Die Funktion *Werte (Tonwertkorrektur)* haben Sie bereits zur Steigerung des Kontrasts und der Farbwerte kennengelernt. Sie haben auch gesehen, dass Sie hier einzelne Farbkanäle separat bearbeiten können (Kapitel 2.4.8, 2.5.3).

Diese Funktion bietet bei Schwarz-Weiß-Fotos die Möglichkeit, jeden beliebigen Farbton zu mischen, indem Sie entweder nur einen Farbkanal bearbeiten, z. B. Blau, oder nacheinander zwei oder alle drei Rot-Grün-Blau.

Sie finden die Funktion im Menü *Ebene – Farben – Werte.*

Zunächst wählen Sie im Auswahlmenü unter *Kanal* (links oben) einen Farbkanal und damit Farbbereich zur Bearbeitung – im Beispiel ist es der Kanal *Blau.*

Dann wählen Sie über den Regler *Mitten* (mittleres Dreieck am Graustufenverlauf direkt unter der Histogrammkurve) die gewünschte Farbe. Möchten Sie das Bild in einer Mischfarbe einfärben, wählen Sie nun einen zweiten Farbkanal und wiederholen den Vorgang. Auch diese Funktion färbt alle Bildbereiche entsprechend ihrer Helligkeit gleichmäßig.

Abb. 4.15: Fenster der Funktion Werte

Möchten Sie mehrere Bilder mit den gleichen Einstellungen einfärben, können Sie hier die eingestellten Werte über die Schaltfläche *Speichern* in einem beliebigen Verzeichnis speichern und in anderen Bildern über die Schaltfläche *Öffnen* wieder aufrufen und laden.

4.4.3 Einem Bild eine oder mehrere Farben geben mit der Funktion Kurven (Gradationskurven)

Die Funktion *Kurven (Gradationskurven)* wurde auch bereits bei der Bearbeitung von Farbbildern als Werkzeug zur Bearbeitung von Helligkeit, Kontrast und Farbwerten vorgestellt (siehe Kapitel 2.4.9).

Sie finden die Funktion unter *Ebene – Farben – Kurven.*

Auch hier müssen Sie zum Einfärben von Schwarz-Weiß-Fotos über die Schaltfläche *Kanal* zunächst einen Farbbereich vorwählen. Anders als mit der Funktion *Werte* ist es mit dieser Funktion möglich, ein Bild mit mehreren Farben einzufärben, je nachdem, wie viele Punkte Sie auf der Farbkurve anlegen, und je nachdem, wie Sie diese auf der Histogrammkurve verschieben.

Da Sie nacheinander die Einstellungen für jeden Farbkanal wiederholen können, sind Färbungen mit ein, zwei, drei oder mehr Farben möglich, bis hin zur Bildgestaltung ähnlich der Solarisation eines Farbbildes.

Auch diese Funktion bietet die Möglichkeit, Einstellungen zu speichern und wieder aufzurufen, um sie nacheinander auf mehrere Bilder anzuwenden.

Abb. 4.16: Einstellungen der Farbkurve zum Kanal Blau

Hier wurden vier Punkte auf der Kurve gesetzt und dann verschoben, wodurch sich eine mehrfarbige Einfärbung des Bildes ergibt. Diesen Vorgang können Sie für jeden Farbkanal wiederholen. Ob sich dabei Mischfarben oder neue Farbtöne im Bild ergeben, hängt von der Form der Kurven ab.

4.4.4 Ein Bild kolorieren mit dem Filter Farben – Einfärben

Auch unter den Filtern steht ein Färbewerkzeug zur Verfügung. Sie finden es im Menü *Filter – Farben – Einfärben.*

Im sich öffnenden Fenster *Einfärben* können Sie zunächst aus einer vorgegebenen Farbpalette eine Farbe wählen. Sie haben auch die Möglichkeit, über die Schaltfläche *Benutzerdefinierte Farbe* eine eigene Farbe zu wählen. Es öffnet sich der bekannte Farbwähler, in dem Sie eine beliebige Farbe wählen können. Bestätigen Sie im Farbwähler und im Fenster *Einfärben* nochmals mit *OK* – die gewählte Farbe wird dem Bild zugewiesen.

Das Bild wird dabei gleichmäßig mit dieser Farbe eingefärbt, allerdings stärker mit der Anmutung einer Farbüberlagerung als z. B. mit der Funktion *Ebene – Farben – Einfärben.* Zusätzliche Einstellmöglichkeiten wie Sättigung oder Helligkeit stehen hier nicht zur Verfügung.

Eine Korrektur der Helligkeit ist nur nachträglich über die Funktion *Ebene – Farben – Helligkeit-Kontrast* möglich, eine Änderung von Helligkeit und Sättigung über *Ebene – Farben – Farbton-Sättigung.*

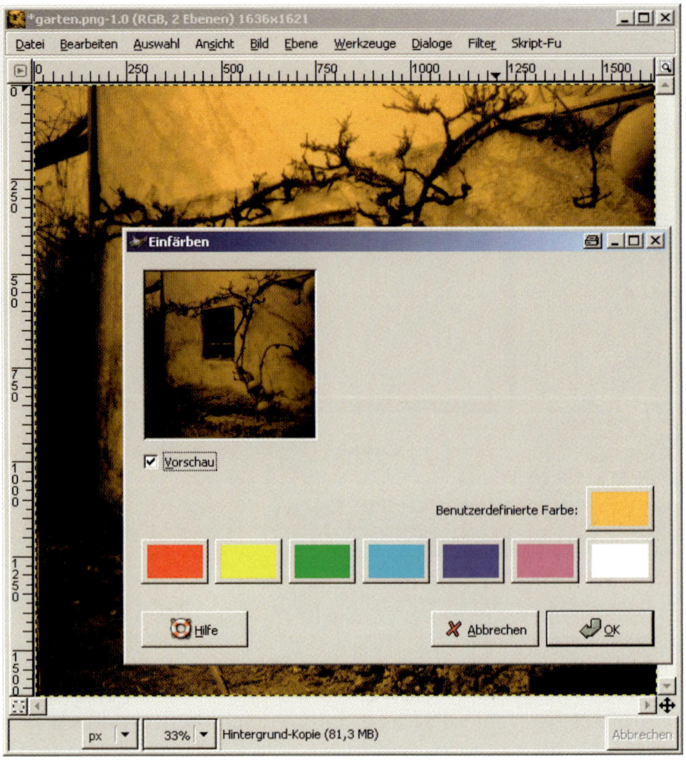

Abb. 4.17: Fenster der Funktion Filter – Farben – Einfärben

4.4.5 Bildbereiche nach Helligkeit einfärben mit Transparenzen und dem Filter Farben – Einfärben

Mit der im vorigen Kapitel beschriebenen Funktion *Filter – Farben – Einfärben* lassen sich auch Bildbereiche nach Helligkeit einfärben und mit der ursprünglichen Schwarz-Weiß-Aufnahme überlagern. Dazu werden Transparenzen zu Hilfe genommen.

Das Ergebnis sind Bilder, in denen sowohl Graustufen, Schwarz und Weiß vorkommen als auch gefärbte Bereiche.

Hier die Bearbeitungsschritte:

- Duplizieren Sie die Hintergrundebene Ihres Schwarz-Weiß-Fotos im Ebenen-Dialog. Diese Ebene muss zur weiteren Bearbeitung aktiv sein.
- Mit *Filter – Farben – Farbe zu Transparenz* wählen Sie *Von: [Weiß] zu Transparenz* und bestätigen mit *OK*. Die weißen bzw. hellen Bildbereiche werden danach transparent gesetzt.
- Danach kehren Sie die verbliebenen dunklen Farben auf dieser Ebene um mit *Ebene – Farben – Invertieren*. Helle Bildbereiche werden vom Filter im nächsten Bearbeitungsschritt wesentlich intensiver eingefärbt als dunkle, während transparente Bildbereiche transparent bleiben.

- Danach färben Sie die hellen Bildbereiche der Ebene mit *Filter – Farben – Einfärben* in einer Farbe Ihrer Wahl.
- Zuletzt wenden Sie auf die aktive Ebene im Ebenen-Dialog den Modus *Abwedeln* an. Dies führt zu einer natürlich wirkenden Überlagerung mit der originalen Hintergrundebene.

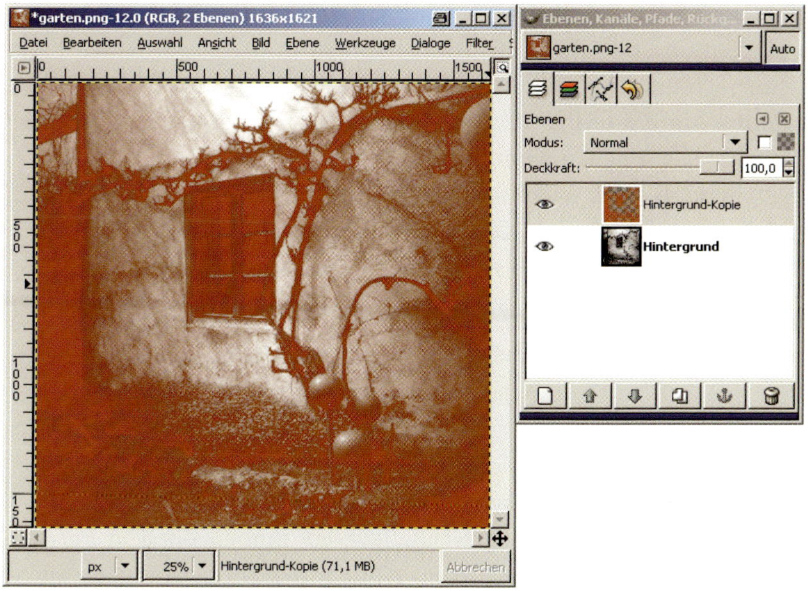

Abb. 4.18: Die färbende Wirkung der überlagernden Ebene ist im Mischmodus Normal opak deckend.

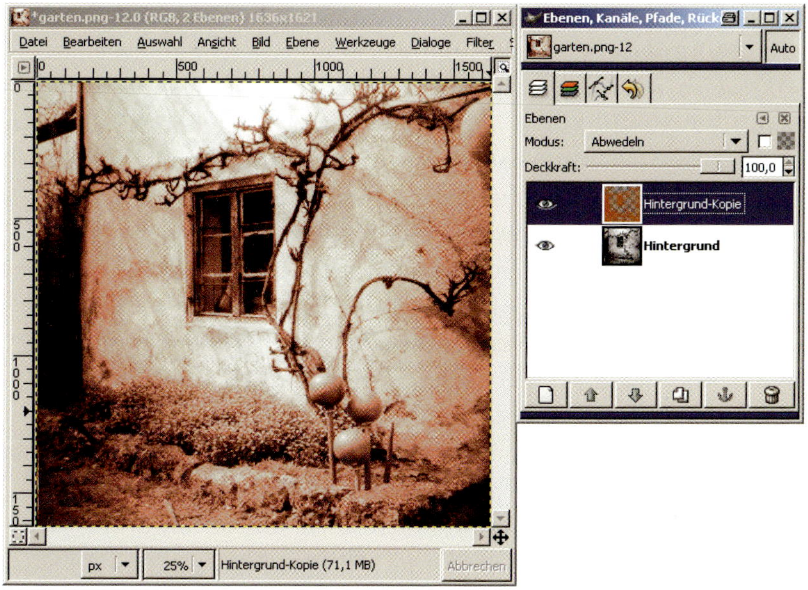

Abb. 4.19: Mit dem entsprechenden Mischmodus der überlagernden Ebene entsteht erst der eigentliche, partielle Färbeeffekt (in diesem Fall mit Modus Abwedeln).

4.5 »Handkolorierte« Collagen aus Schwarz-Weiß-Fotos

Mit den in den vorhergehenden Kapiteln beschriebenen Techniken lassen sich nicht nur ganze Bilder einfärben, sondern auch freigestellte Objekte auf separaten Ebenen. Die prinzipielle Vorgehensweise ist dabei die, ein schwarz-weißes Bild z. B. einzuscannen, dann die Hintergrundebene (mehrfach) zu duplizieren, jeweils den Bereich, der eine andere Farbe erhalten soll, auszuwählen, den übrigen Bildinhalt der Ebene zu löschen und den verbleibenden Bildinhalt in der gewünschten Farbe einzufärben. Zum Schluss müssen die Ebenen nur in der richtigen Reihenfolge übereinander liegen, um das fertige Bild anzuzeigen. Somit lassen sich auch Bilder wie unser *portrait.xcf* nachträglich mehrfarbig kolorieren.

Die Arbeitsschritte für das nachfolgende Beispiel wiederholen sich mehrfach, außerdem wurden sie in den vorigen Kapiteln ausführlich beschrieben. Deshalb im Folgenden nur eine stichpunktartige Listung der erforderlichen Arbeiten.

- Öffnen Sie Ihr Bild *portrait.xcf.* Alle weiteren Arbeiten beziehen sich auf Kopien der Ebene *Portrait* mit den freigestellten Haaren. Speichern Sie Ihr Bild unter neuem Namen, z. B. *portrait-coloured.xcf*, im Übungsordner.
- Benennen Sie die Ebene *Portrait* um in *Portrait-farbig*. Diese Ebene können Sie später zum Vergleich heranziehen.
- Die Ebene *Rot-Kopie* benennen Sie um in *Portrait.*
- Ebene *Portrait-Haare:* Ebene *Portrait* duplizieren, umbenennen in *Portrait-Haare*, Menü *Ebene – Farben – Werte:* Haare über Mitteltöne aufhellen, Menü *Ebene – Farben – Kurven:* dunkelbraune Färbung der Ebene über Kanäle *Rot* und *Grün*, Menü *Ebene – Farben – Helligkeit-Kontrast:* Kontrast/Helligkeit nachkorrigieren.
- Ebene *Portait-Kleidung*: Ebene *Portrait-Haare* duplizieren, umbenennen in *Portrait-Kleidung*, im Ebenen-Dialog über Ebene *Portrait-Haare* positionieren, Menü *Ebenen – Farben – Werte*: die Kleidung über den Schieberegler für die Mitteltöne aufhellen, sichtbaren Bereich der Kleidung auswählen mit Werkzeug *Bereiche nach Farbe wählen,* Auswahl mit Werkzeug *Bereich frei Hand wählen* korrigieren (**Hinweis**: über der linken Schulter ist ein Stück einer Stuhllehne zu sehen, deren sichtbarer Teil von oben bis auf die Höhe der ersten Locken auf der Schulter reicht). Menü *Auswahl – Ausblenden*: 15 px, Menü *Auswahl – Invertieren* (um alles bis auf die Kleidung zu löschen), Menü *Bearbeiten – Löschen,* Menü *Auswahl – Aufheben,* Menü *Ebene – Farben – Werte*: die Kleidung dunkelblau färben mit Hilfe des Kanal Blau und der Einstellung der Mitteltöne dort, Menü *Ebene – Farben – Helligkeit-Kontrast*: Kontrast/Helligkeit nachkorrigieren.
- Ebene *Portrait-Gesicht:* Ebene *Portrait* duplizieren, umbenennen in *Portrait-Gesicht*, im Ebenen-Dialog über Ebene *Portrait-Kleidung* positionieren, Gesicht auswählen mit Werkzeug *Bereiche nach Farbe wählen*, zu viel gewählte Bereiche mit Werkzeug *Bereich frei Hand wählen (Lasso)* von der Auswahl

abziehen, Menü *Auswahl – Ausblenden*: 20 px, Menü *Auswahl – Invertieren*, Menü *Bearbeiten – Löschen*, Menü *Auswahl – Aufheben*, Menü *Ebene – Farben – Werte*: Gesichtsfarbe über Kanäle *Rot* und *Grün*, Mitteltöne, Menü *Ebene – Farben – Helligkeit-Kontrast*: Kontrast/Helligkeit nachkorrigieren/reduzieren.

- Ebene *Portrait-Mund:* Ebene *Portrait* duplizieren, umbenennen in *Portrait-Mund*, im Ebenen-Dialog über Ebene *Portrait-Gesicht* positionieren, Mund auswählen mit Werkzeug *Bereich frei Hand wählen*, Menü *Auswahl – Ausblenden*: 15 px, Menü *Auswahl – Invertieren*, Menü *Bearbeiten – Löschen,* Menü *Auswahl – Invertieren*, Menü *Ebene – Farben – Werte*: Farbe des Mundes über Kanal *Rot*, Mitteltöne, Menü *Ebene – Farben – Helligkeit-Kontrast*: Kontrast/Helligkeit Mund nachkorrigieren, Menü *Auswahl – Aufheben.*
- Zurück auf Ebene *Portrait-Gesicht:* Weiß der Augen und die Pupillen auswählen mit Werkzeug *Bereich frei Hand wählen*, Menü *Auswahl – Ausblenden*: 15 px, Menü *Ebene – Farben – Sättigung entfernen*, Menü *Auswahl – Aufheben*, Bereich der Pupillen mit Werkzeug *Elliptischen Bereich wählen*, zu viel gewählte Bereiche mit Werkzeug *Bereich frei Hand wählen (Lasso)* von der Auswahl abziehen, Menü *Auswahl – Ausblenden*: 10 px, Menü *Ebene – Farben – Einfärben*: Farbe der Pupillen wählen, Menü *Auswahl – Aufheben.*
- Speichern Sie Ihr Bild.

Abb. 4.20: Das handkollorierte Portrait mit den zugehörigen sichtbaren Ebenen

5 Ausblick auf GIMP 2.4

Die Version 2.0 des GIMP erschien im Januar 2004, die Version 2.2 im Dezember desselben Jahres. Im Mai 2007 aktuell ist die stabile Version 2.2.14. Doch der GIMP, ein Projekt freier, nicht kommerzieller Programmierer, wird ständig weiter entwickelt.

Derzeit wird an der kommenden stabilen Version 2.4 gearbeitet. Zwar ist noch nicht abzusehen, wann diese erscheinen wird, doch ist schon bekannt, welche Ziele sich die Entwickler gesteckt haben und welche Funktionen und Werkzeuge neu in das Programm aufgenommen werden. Die Entwicklerversionen unter der Versionsnummer 2.3.X sind frei zugänglich. Anhand dieser Development Releases können interessierte Anwender bereits heute einen Überblick über die neuen Programmeigenschaften erhalten und die neuen Werkzeuge ausprobieren. Allerdings wird davor gewarnt, dies ohne dringendes Interesse zu tun. Die stabile Version des GIMP und die Entwicklerversionen konkurrieren auf demselben Rechner miteinander. Wahrscheinlich ist, dass eine von beiden Versionen nicht funktionieren wird. Zum Abschluss dieser Vorschaukapitel werde ich noch auf die Download-Quellen der Entwicklerversion 2.3 zu sprechen kommen und dabei auch darstellen, was Sie bei einer eventuellen Installation beachten sollten.

Im Folgenden erhalten Sie einen Überblick über die wesentlichen Neuerungen des Programms und eine jeweils kurze Vorstellung und Einführung in die Handhabung der neuen Werkzeuge, wie sie in der kommenden Version 2.4 zur Verfügung stehen werden.

5.1 Was neu ist in GIMP 2.4?

Im Folgenden geht es um die wichtigsten Neuerungen in GIMP 2.4, die geänderte Programmoberfläche sowie neue Werkzeuge und Filter.

5.1.1 Die geänderte Programmoberfläche

Im Werkzeugkasten des GIMP in der Version 2.3 bzw. 2.4 fallen als Erstes die geänderten Grafiken der Werkzeugsymbole auf. Der geänderte Tango-Stil aus Linux kommt hier zum Einsatz, die Icons werden farbiger, detailreicher und auch leichter intuitiv erfassbar. Die Neuerungen bei den Werkzeuge im Werkzeugkasten werden in eigenen Kapiteln vorgestellt.

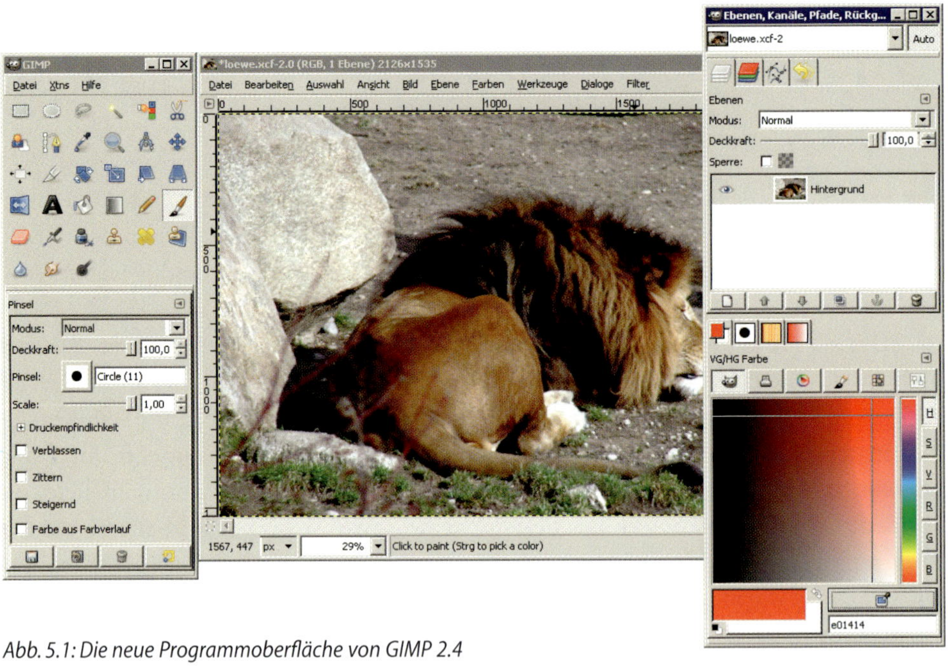

Abb. 5.1: Die neue Programmoberfläche von GIMP 2.4

Neu ist auch, dass der Farbwähler und die Pinsel-, Muster- und Verlaufsauswahl im Werkzeugkasten fehlen. Diese werden nun als eigenständige Dialoge (Fenster) bzw. als Dock angeboten, die über das Menü *Dialoge* aufgerufen werden können. In Abbildung 5.1 zu sehen als Dock unter dem Dock *Ebenen, Kanäle, Pfade, Rückgängig*. Entsprechend lässt sich z. B. der Farbwähler nun über das Menü *Datei – Dialoge* im Werkzeugkasten aufrufen oder, schneller, über das entsprechende Menü *Dialoge* im Bildfenster.

Was nicht sofort auffällt: Im Fenster des Menüs *Datei – Einstellungen* des Werkzeugkastens steht nun eine einfache *Farbverwaltung* zur Verfügung. So können in Bildern RGB- oder CMYK-Farbprofile verwendet und auch zugewiesen werden, was für den Einsatz von Bildern in der Druckvorstufe von Bedeutung ist.

Am Bildfenster hat sich vom Aussehen her kaum etwas geändert. Einzig der Eintrag *Skript-Fu* fehlt im Menü. Die entsprechenden Skript-Fus sind nun im Menü *Filter* zu finden. Das Menü *Farben* ist hinzugekommen. Es enthält alle Menüpunkte wie *Werte* (Tonwertkorrektur) und *Farbton-Sättigung*, die bislang unter den Menüpunkten *Ebene* und *Werkzeuge* zu finden waren. Unter der Oberfläche, in den Menüs selbst, hat sich einiges getan. Hier wurden viele Menüpunkte überarbeitet, andere zusammengelegt und einiges Neues hinzugefügt. So steht nun im Menü *Filter – Verbessern – Red Eye Removal* ein einfach zu handhabendes Werkzeug zum Entfernen des Rote-Augen-Effekts zur Verfügung. Auch dieses Werkzeug wird im Folgenden kurz vorgestellt.

Bei den Werkzeugen, die mit Pinseln arbeiten, gibt es nun die Möglichkeit, die Pinselgröße, den Pinseldurchmesser mit dem Schieberegler *Scale* in den Werkzeugeinstellungen zu skalieren. Beginnend mit dem Zeichenstift sind das alle Werkzeuge im Werkzeugkasten, mit Ausnahme des Wischfingers. Bislang, in der Entwicklerversion 2.3, besteht allerdings nur die Möglichkeit, den Pinsel zu verkleinern.

5.1.2 Neuerungen bei Auswahl-Werkzeugen, dem Freistellenwerkzeug und dem Textwerkzeug

GIMP 2.4 bietet auch wichtige Neuerungen bei bereits vorhandenen Werkzeugen. So besteht nun bei den Auswahl-Werkzeugen *Rechteckigen Bereich wählen* und *Elliptischen Bereich wählen* die Möglichkeit, die Auswahl nachträglich zu skalieren bzw. in der Größe und auch Form anzupassen. Vergleichbares gilt für das Freistellen-Werkzeug (*Bildgröße ändern/Bild zuschneiden*). Auch dieses lässt sich nun über die Seiten und über die Diagonalen an den freizustellenden bzw. auszuschneidenden Bereich frei anpassen.

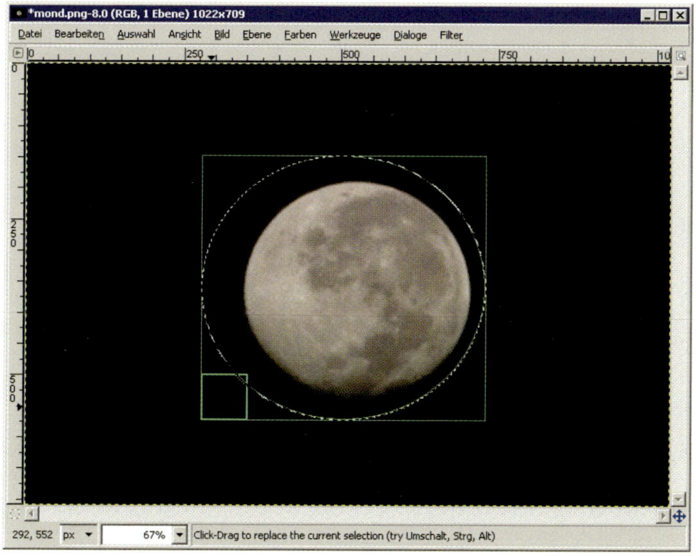

Abb. 5.2: Der neue Transformationsrahmen bei den Werkzeugen Rechteckigen Bereich wählen und Elliptischen Bereich wählen, entsprechend beim Werkzeug Bildgröße ändern/Bild zuschneiden.

Wenn Sie eine Auswahl aufziehen, erscheint nun mit der Auswahl ein rechteckiger Rahmen. Die Seiten und die Ecken des Rahmens können Sie mit dem Mauszeiger anfassen, indem Sie darauf zeigen und den Rahmen dann mit gedrückter linker Maustaste ziehen und verschieben. Auch wenn Sie zwischenzeitlich andere Aktionen am Bild ausgeführt oder andere Werkzeuge benutzt haben: Solange die Auswahl besteht, können Sie durch linken Mausklick in die Auswahl den Rahmen wieder sichtbar machen und die Auswahl erneut transformieren. Voraussetzung dafür ist, dass Sie erneut das entsprechende Auswahl-Werkzeug im Werkzeugkasten gewählt haben.

Bleibt noch anzumerken, dass bei den drei genannten Werkzeugen auch die Werkzeugeinstellungen ergänzt wurden. So besteht nun die Möglichkeit, eine Auswahl (bzw. das Freistellenwerkzeug) von einem Mittelpunkt aus aufzuziehen. Außerdem können bei Auswahlen und dem Freistellenwerkzeug feste Pixelmaße als Größe für die aufzuziehende Auswahl oder Form angegeben werden, bzw. es lässt sich ein Seitenverhältnis für die zu erzeugende Form festlegen.

Auch beim Textwerkzeug sind Neuerungen vorgesehen. So bietet der Texteditor in Zukunft eine Vorschau des Textes in der Ansicht der gewählten Schriftart. Als Werkzeugeinstellung des Textwerkzeugs kommt die Möglichkeit hinzu, Text an einem Pfad auszurichten.

Abb. 5.3: Mit der Werkzeugeinstellung Text an Pfad im Textwerkzeug wird ein eingefügter Text auf einen vorher angelegten Pfad gelegt.

Text auf einem Pfad anlegen

Erstellen Sie im Bild zunächst den Pfad, an dem später der Text ausgerichtet werden soll. Danach schreiben Sie mit dem Textwerkzeug den Text und formatieren ihn wie gewünscht. Eine entsprechende Textebene wird ins Bild eingefügt. Danach wählen Sie in den Werkzeugeinstellungen des Textwerkzeugs die Schaltfläche *Text an Pfad*. Der Text wird nun selbst als Pfad auf den vorbereiteten Pfad gelegt.

Sollte der Text nicht vollständig auf dem vorbereiteten Pfad Platz finden, machen Sie die letzten Arbeitsschritte rückgängig. Um den Text auf den Pfad einzupassen, können Sie sowohl die Schriftgröße des Textes ändern als auch die Größe des Pfades mit dem Pfad-Werkzeug anpassen. Danach weisen Sie den Text nochmals dem Pfad zu.

Den gekrümmten Text finden Sie nun als Pfad im Dialog *Pfade*. Damit steht Ihnen der gekrümmte Text als Vektorform zur Verfügung, die Sie nun füllen bzw. deren Kontur Sie nachziehen können. Legen Sie für die Füllung bzw. Kontur zunächst eine neue Ebene im Ebenen-Dialog an. Über das Kontextmenü im Dialog *Pfade* erstellen Sie eine Auswahl aus dem Textpfad. Setzen Sie die neue Ebene aktiv. Anschließend können Sie die Auswahl füllen. Oder Sie wählen im Kontextmenü des Pfades den Eintrag *Pfad nachziehen*. Die zuvor erstellte Textebene können Sie über das Augensymbol im Ebenen-Dialog ausblenden oder gleich ganz löschen, wenn Sie mit dem daraus erstellten gekrümmten Text zufrieden sind.

Kommen wir nun zu Werkzeugen und Menüpunkten, die in GIMP 2.4 ganz neu sein werden.

5.1.3 Das Vordergrundauswahl-Werkzeug

 Das Vordergrundauswahl-Werkzeug wählt automatisch Vordergrund-Objekte im Bild, die zuvor nur grob mit dem Vordergrundpinsel markiert werden müssen. Es beruht auf **SIOX** (Simple Interactive Object Extraction), einem GIMP-Plug-in, das an der Freien Universität Berlin entwickelt wurde.

Kurz gesagt ist es ein Werkzeug, welches das Extrahieren, Freistellen von Bildobjekten wesentlich vereinfachen soll. Bisher haben Sie Methoden kennengelernt, wie Sie sich mit verschiedenen Auswahl-Werkzeugen langsam an eine Form herantasten oder wie Sie eine Auswahl mit Hilfe einer Maske in einem Bild selbst malen. Das Vordergrundauswahl-Werkzeug soll es dem Benutzer ermöglichen, Personen, Tiere, Pflanzen oder andere Bildobjekte im Vordergrund mit wenig Aufwand halbautomatisch schnell pixelgenau freizustellen. Das prinzipielle Vorgehen sieht dabei so aus, dass der auszuwählende Bildgegenstand grob mit einer Lasso-Auswahl umfahren wird. Danach muss das freizustellende Objekt noch mit einem Vordergrundpinsel ausgemalt werden. Das Werkzeug berechnet dann, welche Farben zum Vordergrund und welche zum Hintergrund gehören, und erstellt eine Auswahl um das Objekt. Das Ergebnis kann anschließend durch Hinzufügen weiterer Pinselmarkierungen des Vordergrundes bzw. Hintergrundes verfeinert werden. Testen wir die Technik einmal an unserem Ausgangsbild des Löwen.

Die Arbeitsschritte

Öffnen Sie das Bild *loewe.png* im Ordner *Bildvorgaben* auf der CD. Speichern Sie es sofort als *loewe.xcf* in Ihrem Übungsordner.

Bereiten Sie das Bild vor:

- Wenden Sie die automatische Tonwertkorrektur aus dem Menü *Farben – Werte* an. Damit wird der den Löwen im Bild umgebende Hintergrund farblich etwas abgesetzt.
- Steigern Sie den Farbkontrast, die Sättigung mit Hilfe des Menüs *Farben – Farbton/Sättigung*.
- Wählen Sie das Werkzeug *Foreground Selection Tool* (*Vordergrundauswahl-Werkzeug*).
- Zunächst erscheint der Mauszeiger mit dem Symbol des Werkzeugs *Auswahl frei Hand wählen* (*Freihand-Lasso*). Mit gedrückter linker Maustaste umfahren Sie den Löwen einmal ganz damit. Diese Auswahl darf grob sein, achten Sie dabei unbedingt auf Abstand der Auswahl zum Löwen.
- Danach wechselt das Aussehen des Mauszeigers zu dem eines Pinsels. Dessen Größe können Sie in den Werkzeugeinstellungen anpassen (Schieberegler *Kleiner Pinsel – Großer Pinsel*). Überstreichen Sie nun mit gedrückter linker Maustaste grob das Bildobjekt im Vordergrund, also unseren Löwen. Das Objekt wird ein erstes Mal freigestellt.

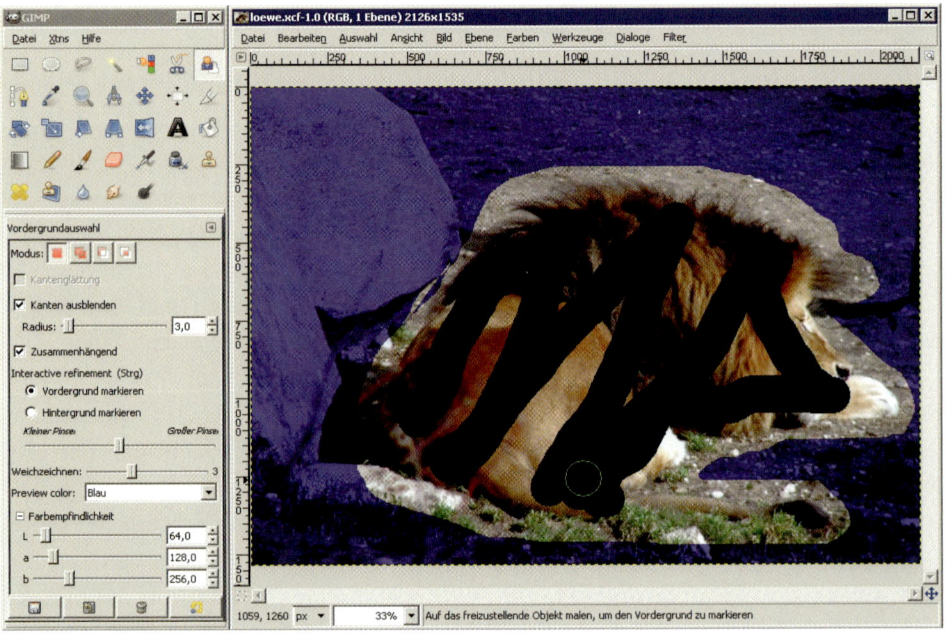

Abb. 5.4: Das freizustellende Objekt ist grob ausgewählt und wird mit dem Pinsel als Vordergrund markiert.

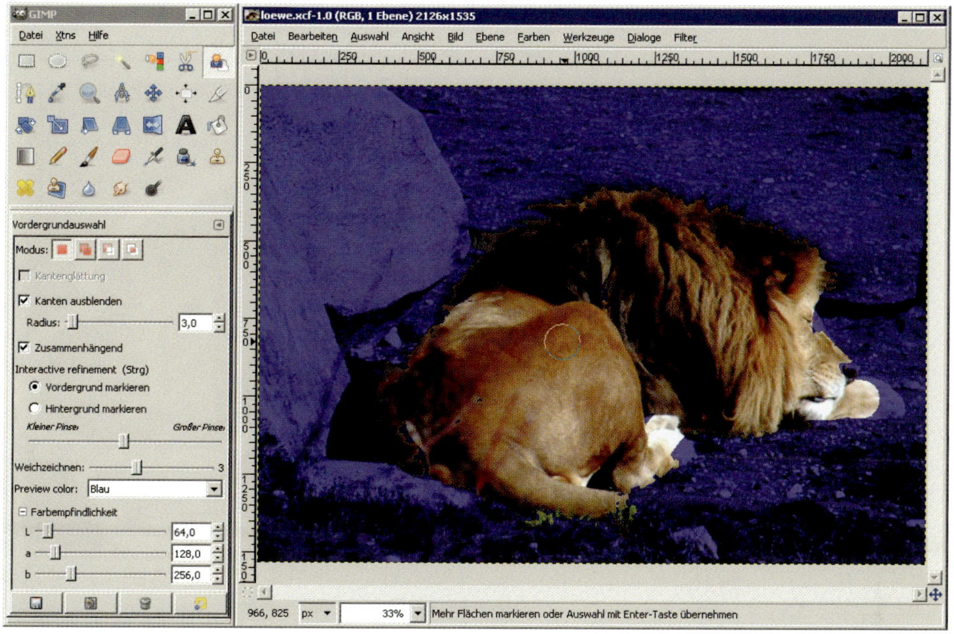

Abb. 5.5: Die erste Maske. Noch sind Bereiche des Löwen maskiert bzw. Hintergrundbereiche in der Auswahl enthalten.

Sie können den Vorgang nun mit einem kleineren Pinsel wiederholen, falls noch nicht alle Bereiche des freizustellenden Objektes markiert wurden. Sie können in den Werkzeugeinstellungen auch auswählen, Bereiche des Hintergrundes zu markieren, falls hier noch nicht alles maskiert ist.

Sollte das Werkzeug zunächst unbefriedigende Ergebnisse zeigen, können Sie die Werte bei Farbempfindlichkeit verändern. Um der zu erstellenden Auswahl eine weiche Auswahlkante zu geben, können Sie einen Wert dafür in den Werkzeugeinstellungen angeben (*Kanten ausblenden: Radius*). Die Werkzeugeinstellung *Weichzeichnen* soll helfen, Löcher in der Auswahl zu schließen. Auch diese Einstellung wirkt auf die Kantengenauigkeit.

Abb. 5.6: Noch nicht erfasste Bereiche des Hintergrundes werden mit dem Pinsel des Werkzeugs übermalt. Dabei ist die Werkzeugeinstellung Hintergrund markieren ausgewählt.

Abb. 5.7: Die fertige Maske des Werkzeugs für die Auswahl des Löwen

Betrachten Sie Ihr jetziges Ergebnis, und vergleichen Sie es mit der gemalten Auswahlmaske des Löwen aus Kapitel 3.13.3. Mit Hilfe des Werkzeugs *Vordergrundauswahl* haben Sie die Aufgabe leichter gelöst, allerdings wahrscheinlich, wie der Autor auch, nicht ganz so präzise wie mit einer gemalten Maske. Immerhin haben wir dem Werkzeug hier auch eine schwierige Aufgabe gestellt: Vordergrund- und Hintergrundfarben sind sehr ähnlich, und die fransigen Übergänge der Mähne und des Grases am Schwanz des Löwen bieten immer Probleme beim Freistellen eines Objektes.

Leider fehlt dem Vordergrundauswahl-Werkzeug in der vorliegenden Entwicklerversion noch ein Befehl bzw. eine Schaltfläche, um schließlich tatsächlich eine Auswahl entsprechend der angelegten Maske zu erstellen. Dies wird in der fertigen, stabilen Version sicherlich behoben sein.

Das Vordergrundauswahl-Werkzeug SIOX gibt es inzwischen auch als Plug-in zur aktuellen Version 2.2 des GIMP. Sie finden das Plug-in und Hinweise dazu (auf Englisch) im Internet unter:

http://registry.gimp.org/plugin?id=6547
http://www.siox.org/

5.1.4 Das Ausrichten-Werkzeug

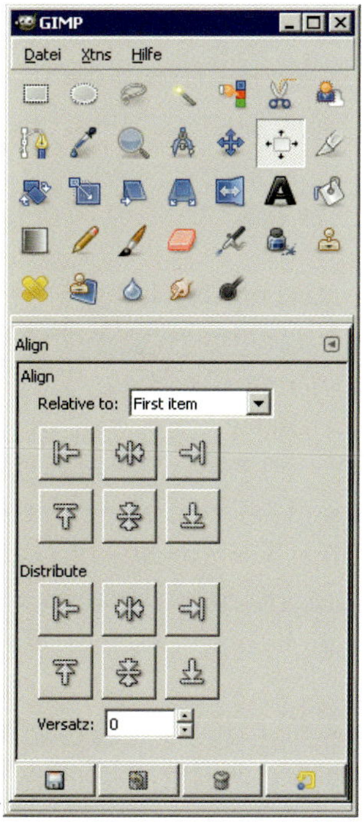

Abb. 5.8: Das Ausrichten-Werkzeug mit seinen Werkzeugeinstellungen.

Bislang gibt es im GIMP bereits Hilfen beim Ausrichten von Objekten, die Sie mit dem Verschieben-Werkzeug (*Ebenen und Auswahlen verschieben*) positionieren können. So können Sie im Menü *Ansicht* den Menüpunkt *Magnetische Hilfslinien* oder *Magnetisches Gitter* wählen. Bildobjekte docken dann beim Verschieben wie magnetisch angezogen an diesen Hilfslinien an.

 Mit dem neuen **Ausrichten-Werkzeug (Alignment-Tool)** können Sie Ebenen und Bildobjekte (auch Kanäle oder Pfade) im Bild halbautomatisch positionieren und z. B. zentriert ausrichten. Dabei können Sie auch einen Versatz (Abstand) eines Bildobjektes zu einem anderen pixelgenau einrichten, horizontal wie auch vertikal.

So können Sie in den Werkzeugeinstellungen des Ausrichten-Werkzeugs unter zwei Möglichkeiten wählen: Sie können Bildobjekte ausrichten (*Align*) oder verteilen (*Distribute*).

Beim Ausrichten (*Align*) gehen Sie folgendermaßen vor: Sie setzen die Ebene, das Objekt im Ebenendock aktiv, das Sie ausrichten möchten.

In den Werkzeugeinstellungen legen Sie im Auswahlmenü *Relative to* fest, in Bezug zu welchem anderen Bildobjekt oder Element z. B. die gewählte Ebene ausgerichtet werden soll. Sie können ein Bildobjekt in Bezug zur ganzen Bildfläche oder auch in Bezug zu einer Auswahl im Bild ausrichten.

Dann wählen Sie über die Schaltflächen in den Werkzeugeinstellungen, in welcher Ecke, an welcher Bildkante das gewünschte Objekt positioniert oder ob es horizontal und vertikal zentriert werden soll. Dabei können Sie dem Objekt auch einen Randabstand mitgeben und so z. B. bestimmen, um wie viele Pixel vom Bildrand das Bildobjekt angeordnet werden soll (*Versatz*).

In der vorliegenden Entwicklerversion 2.3.14 ist das Werkzeug bereits enthalten, aber noch nicht funktionsfähig.

5.1.5 Der Reparatur-Pinsel (Healing Tool)

 Neben dem *Kopierstempel* ist in GIMP 2.4 ein weiteres Werkzeug vorgesehen, um Bildfehler wie Flecken zu korrigieren: der *Reparatur-Pinsel* (*Healing Tool*).

Die Arbeitsweise des Werkzeugs und sein Einsatz gleichen dem *Kopierstempel* (*Clone Tool*), doch es hat eine weitere Eigenschaft: Eingefügte Bildinformationen werden an die Helligkeit und Farbe der Umgebung angepasst. Also das ideale Werkzeug, um z. B. Hautunreinheiten und Flecken in Portraitfotografien schnell zu korrigieren oder auch um Fältchen verschwinden zu lassen.

Nehmen Sie sich einmal das Bild *hautunreinheiten.png* vor, das Sie auf der CD im Ordner *Bildvorgaben* finden. Das Bild ist das Ergebnis einer Überschärfung und zeigt nun Flecken auf der Haut.

Um zu beginnen, vergrößern Sie die Ansicht des Gesichtes mit dem *Zoom-Werkzeug* (*Lupe*).

Wählen Sie das Werkzeug *Reparatur-Pinsel.* In den Werkzeugeinstellungen bestimmen Sie als *Ausrichtung Keine* oder *Fest.* Die übrigen Ausrichtungseigenschafte n *Ausgerichtet* und *Registriert* haben Sie bereits beim Kopierstempel kennengelernt. Wählen Sie in den Werkzeugeinstellungen einen Pinsel geeigneter Größe mit weichem Rand.

Setzen Sie das Bildfenster wieder aktiv, indem Sie darauf klicken. Nun zeigen Sie im vergrößerten Bildausschnitt auf eine Stelle, die ohne Beeinträchtigung ist. Wie beim Kopierstempel halten Sie nun die Strg-Taste gedrückt und machen einen linken Mausklick auf der Stelle, die Sie aufnehmen möchten. Danach lassen Sie die Strg-Taste wieder los.

Sie zeigen nun auf die Bildstellen, die Flecken aufweisen, und klicken. Mit jedem Mausklick wird die zuvor ausgewählte Bildinformation an der neuen Stelle abgelegt und automatisch an die Hintergrundeigenschaften der Umgebung – Helligkeit, Farbe – angepasst. Sie müssen das Werkzeug also nicht mehr so häufig umsetzen, neu aufnehmen und genau darauf achten, ob die Helligkeit und Farbe der aufgenommenen Stelle auch für die Reparatur an der gewünschten Stelle geeignet ist. Die Retuschearbeiten werden dadurch wesentlich vereinfacht und beschleunigt.

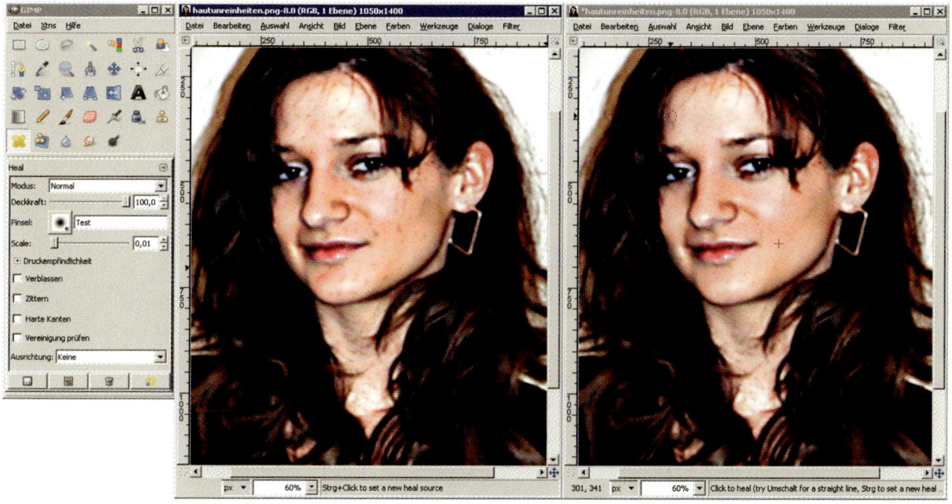

Abb. 5.9 Das Bild zum Vergleich vorher und nach dem Einsatz des Reparatur-Pinsels

5.1.6 Das Werkzeug Perspektivisch klonen

 Um ein neues Bildelement mit der richtigen Perspektive in ein Bild einzufügen, standen bislang nur die Transformationswerkzeuge, z. B. *Perspektivisch verzerren* (*Die Perspektive der Ebene oder Auswahl verändern*), zur Verfügung. GIMP 2.4 bietet ein Werkzeug, um Bildobjekte mittels eines Kopierstempels auszukopieren und mit der richtigen Perspektive im Zielbild einzufügen. Dies geschieht mit Hilfe eines gewählten Pinsels, ähnlich wie beim Kopierstempel.

Haupteinsatzzweck ist die Möglichkeit, Problemzonen in digitalen Fotografien mit Bildinhalten aus anderen Bildbereichen oder anderen Bildern zu übermalen.

Bildinformation aus demselben Bild auskopieren und perspektivisch korrekt einfügen

Vorweg sei angemerkt, dass dieses Werkzeug sorgfältiges Arbeiten und einige Einarbeitungszeit erfordert. Zunächst muss die Perspektive des Bildes so genau wie möglich mit dem Werkzeug im Bild angelegt werden. Dann sollten Sie auch bei der Wahl des Ausgangs- und Zielpunktes für den Klonstempel genau arbeiten. Anfangs werden Sie mehrere Versuche unternehmen müssen, bis Ihre Arbeit den gewünschten Erfolg zeigt.

Die Arbeitsschritte

Öffnen Sie das Bild *perspektivklonen.png* aus dem Ordner *Bildvorgaben* auf der CD. Wir wollen das Plakat auf der Fassade mit Hilfe des Werkzeugs verschwinden lassen.

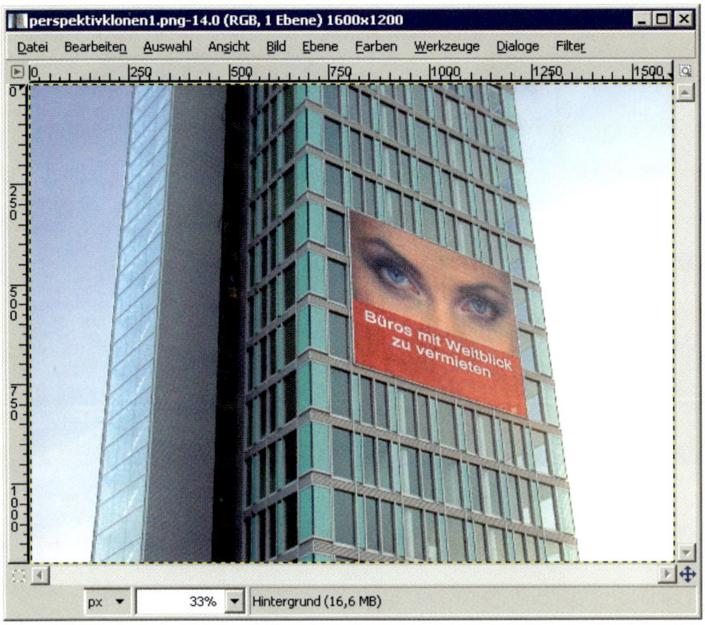

Abb. 5.10: Das Ausgangsbild zum perspektivischen Klonen mit dem Plakat auf der Fassade.

Als Erstes müssen Sie die Perspektive im Bild festlegen, an welche die eingefügten Bildinformationen angepasst werden sollen.

Wählen Sie im Werkzeugkasten das Perspektivisch-klonen-Werkzeug. In den Werkzeugeinstellungen ist als Modus zunächst *Modify Perspective Plane* (etwa: *Perspektive der Fläche ändern*) ausgewählt. Mit dieser Einstellung klicken Sie mit linkem Mausklick ins Bild. An den Bildecken erscheinen Anfasspunkte, die Sie mit gedrückter linker Maustaste verschieben können. Perspektivisch fluchtende Gebäudekanten und Dachtraufen, im Fall unseres Beispielbildes das Raster der Fassade auf der zu bearbeitenden Gebäudevorderseite, helfen z. B. dabei, die Perspektive richtig festzulegen. Beachten Sie, dass das Beispielbild sowohl senkrecht als auch nach rechts waagerecht Fluchtpunkte aufweist. Legen Sie die Eckpunkte möglichst exakt fest. Im nachstehenden Bild sind die am Fassadenraster ausgerichteten Eckpunkte der Perspektivauswahl rot hervorgehoben.

Nachdem die Perspektive der Fläche festgelegt wurde, wechseln Sie in den Werkzeugeinstellungen in den Modus *Perspective Clone* (etwa: *perspektivisch kopieren*). Bei Pinsel sollten Sie eine geeignete Pinselgröße wählen, *Quelle* ist *Bildquelle*, und bei *Ausrichtung* wählen Sie *Ausgerichtet*.

Falls Sie Bildinformationen aus einem zweiten, anderen Bild einfügen möchten, müssen Sie das dem Programm mitteilen. Sie tun dies, indem Sie die Strg-Taste gedrückt halten und in das geöffnete andere Bild klicken. Allerdings sind bei Versuchen, aus einem zweiten Bild zu klonen, Probleme bei der richtigen Umsetzung der Perspektive aufgetreten. Hier bietet sich die Alternative an, die gewünschten

Bildinhalte mit Hilfe einer Auswahl zu kopieren, im Zielbild als neue Ebene einzufügen und dann mit dem Werkzeug *Perspektivisch verzerren* anzupassen.

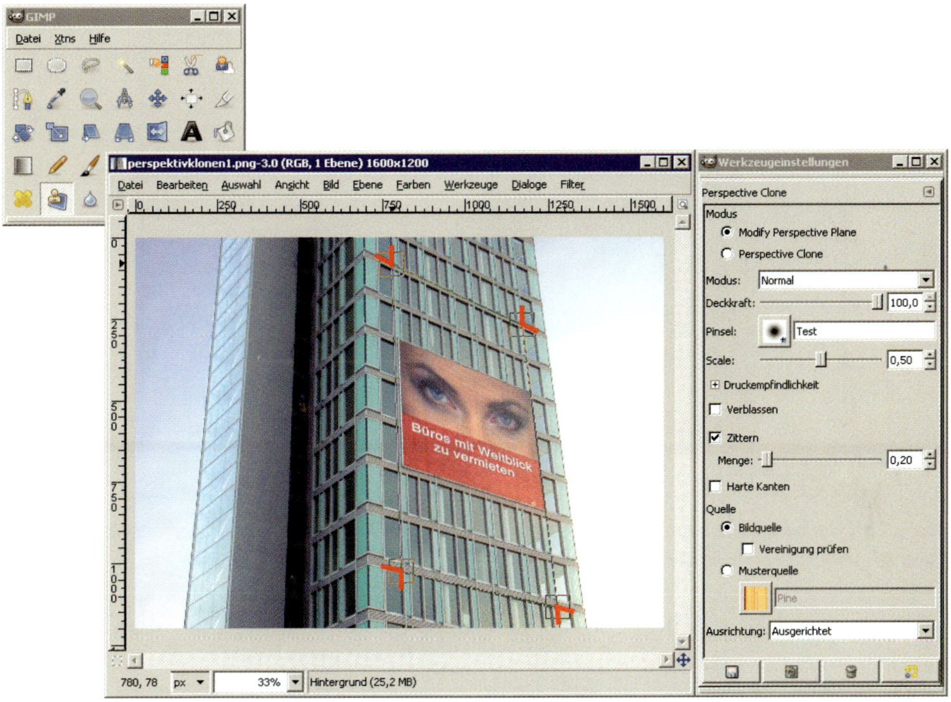

Abb. 5.11: Die perspektivische Fläche wird angelegt, an welche die eingefügten Bildinformationen angepasst werden. Die Eckpunkte wurden zur Verdeutlichung rot hervorgehoben.

Wir verwenden in unserem Beispiel Informationen aus demselben Bild. Klicken Sie zunächst mit der Maus auf die Titelleiste des Bildfensters, um dieses wieder aktiv zu setzen. Nun müssen Sie mit dem Werkzeug Bildinformationen aufnehmen. Es gleicht jetzt dem Kopierstempel auch in der Handhabung. Dabei gilt es, exakt einen Eckpunkt des Fassadenrasters aufzunehmen und auf einen anderen abzubilden.

Zeigen Sie in unserem Fall also auf einen der Eckpunkte der perspektivischen Fläche. Dies sollte ein Kreuzungspunkt des Fassadenrasters sein. Der Mauszeiger zeigt einen Kreis mit einem weißen Pfeil, der auf dessen Mittelpunkt weist. Damit können Sie leichter präzise einen Aufnahmepunkt wählen. Wie beim Kopierstempel machen Sie nun mit gedrückter Strg-Taste einen linken Mausklick. Danach lassen Sie die *Strg-Taste* wieder los. Der Punkt ist nun aufgenommen. Suchen Sie im Bild einen entsprechenden Punkt des Fassadenrasters dort, wo Sie Bildinformationen einfügen möchten. Klicken Sie, und halten Sie die linke Maustaste gedrückt. Nun streichen Sie mit gedrückter linker Maustaste im Bild über die Flächen, auf denen Sie Bildinformationen einfügen möchten. Der Pinsel malt diese jetzt ins Bild.

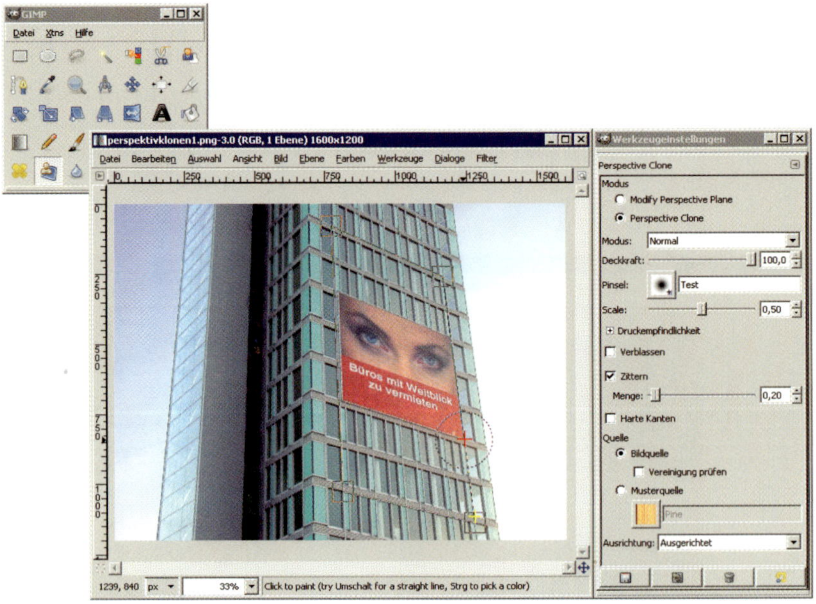

Abb. 5.12: Bildinformationen aufnehmen und gezielt ablegen. Der Aufnahmepunkt im Bild ist gelb, der erste Punkt zum Ablegen ist rot hervorgehoben.

Im Beispielbild lässt sich zunächst nur etwa die untere Hälfte des Bildes übermalen. Dann zeigen sich Abweichungen von der Perspektive. Also muss der Vorgang wiederholt werden, wobei nun Bildinformationen von oberhalb des Plakates aufgenommen werden.

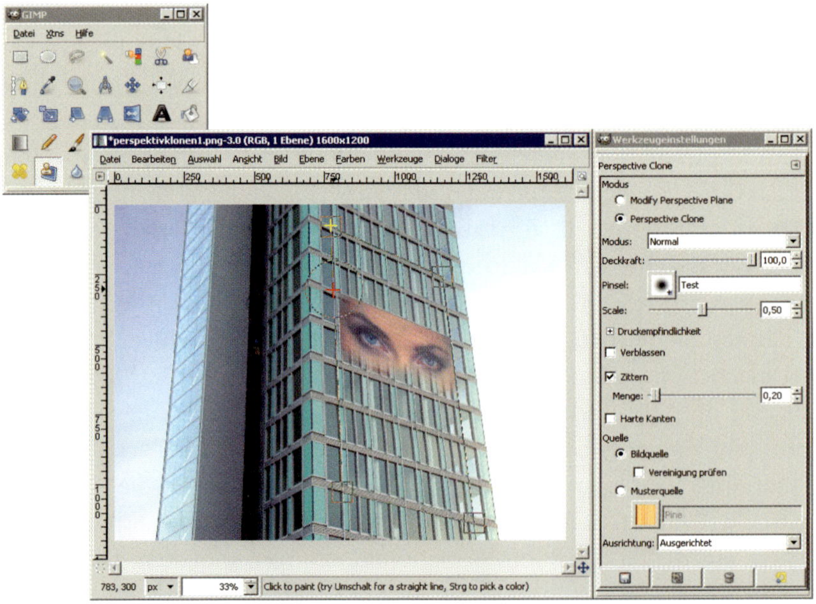

Abb. 5.13: Bildinformationen aufnehmen und gezielt ablegen, diesmal von oberhalb des Plakates. Wieder ist der Aufnahmepunkt im Bild gelb, der erste Punkt zum Ablegen rot hervorgehoben.

Abb. 5.14: Das fertige Bild

Dies sind die Werkzeuge, die mit GIMP 2.4 neu zur Verfügung stehen. Weitere Neuerungen finden sich bei den Filtern. Im Folgenden stelle ich zwei davon vor: einen automatischen Filter, um rote Augen im Bild zu entfernen, sowie einen Filter, um Vignettierungen und Linsenverzerrungen auszugleichen.

5.1.7 Rote Augen automatisch entfernen

In Kapitel 3.2 habe ich gezeigt, wie sich rot geblitzte Augen mit den Mitteln des GIMP Version 2.0 bzw. 2.2 entfernen lassen. Version 2.4 wird dafür einen einfach zu handhabenden Filter mitbringen. In der Entwicklerversion 2.3.14 finden Sie diesen im Menü *Filter – Verbessern* unter *Red Eye Removal* (etwa: *Rote Augen entfernen*).

Die Anwendung dieses Filters ist wirklich sehr einfach – und effizient. Nach dem Aufruf aus dem Menü zeigt das Vorschaufenster des Filters sofort eine Ansicht, in der die roten Pupillen bereits geschwärzt sind. Sie können die Schwärzung noch steigern, indem Sie den Schieberegler bei *Schwellwert* nach rechts schieben. Das war es schon. Bestätigen Sie mit Klick auf *OK*. Das Ergebnis kann überzeugen.

Sollte das Programm einmal Probleme haben, den geröteten Bereich eindeutig zu identifizieren, können Sie als Anwender nachhelfen, indem Sie eine Auswahl mit einem entsprechenden Werkzeug um die Pupillen zeichnen. Im Fall unseres Beispielbildes musste der Bildbereich mit einer Auswahl auf die Pupille begrenzt werden, da sonst auch rötliche Hauttönungen im übrigen Bildbereich mit verändert worden wären.

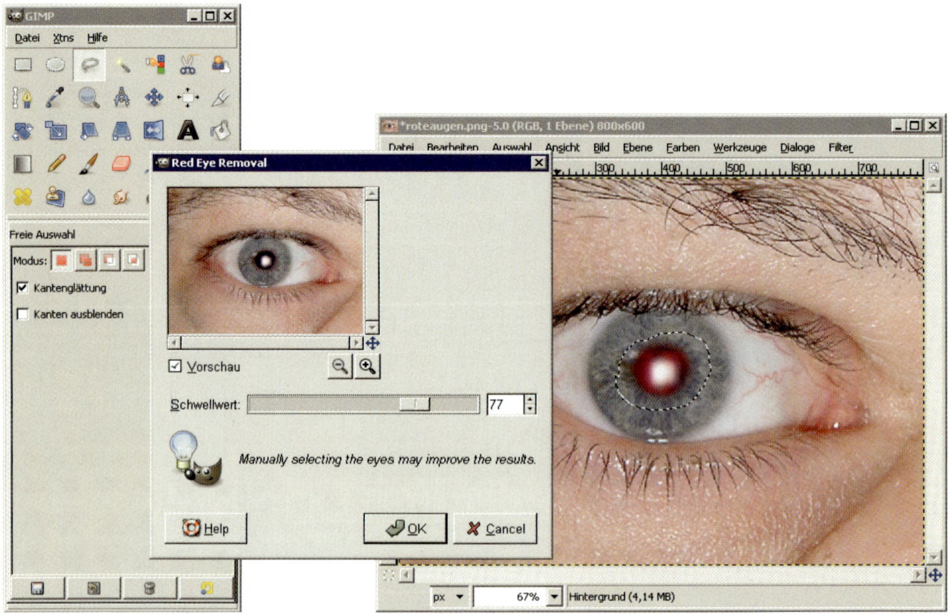

Abb. 5.15: Das Fenster des Filters im Menü Filter – Verbessern – Red Eye Removal. Zur Unterstützung des Programms wurde die gerötete Pupille mit einer Freihandauswahl markiert. Der Schwellwert für die Schwärzung (Standardeinstellung: 50) wurde erhöht.

5.1.8 Linsenverzerrungen im Bild reduzieren oder hinzufügen – Vignettierung reduzieren (abgedunkelte Bildecken entfernen)

GIMP 2.4 wird auch einen Filter enthalten, der es ermöglichen wird, Bildverzerrungen durch das Objektiv zu reduzieren oder, falls Sie das wünschen, einem Bild das Aussehen einer Aufnahme mit einem Fisheye-Objektiv (extrem weitwinkliges Objektiv) zu geben. Ebenso bietet der Filter eine Möglichkeit, durch das Objektiv abgedunkelte Ecken eines Bildes zu beseitigen, ein Effekt, der auch als Vignettierung bekannt ist.

Dieser Filter *Linsenverzerrung* (*Lens Distortion*) ist in GIMP 2.4 im Menü *Filter – Verzerren* zu finden.

Wenn Sie den Filter aufrufen, finden Sie im sich öffnenden Fenster sechs Schieberegler:

Main und *Edge* sind nicht genau zu differenzieren: Beide wölben das Bild konvex bzw. konkav, je nach Einstellung. *Zoom* vergrößert oder verkleinert den im Bildfenster dargestellten Inhalt tatsächlich, skaliert das Bild also. Das ist z. B. dann sinnvoll, wenn das Bild beim konvexen Wölben (Fisheye) kleiner wird. *Brighten* ist für die Aufhellung (oder Abdunkelung) der Ecken bei vignettierten Bildern zuständig.

X shift dreht und verzerrt ein Bild um die senkrechte Achse, abhängig von den Einstellungen bei *Main* und *Edge*, *Y shift* tut Gleiches um die waagerechte Kippachse.

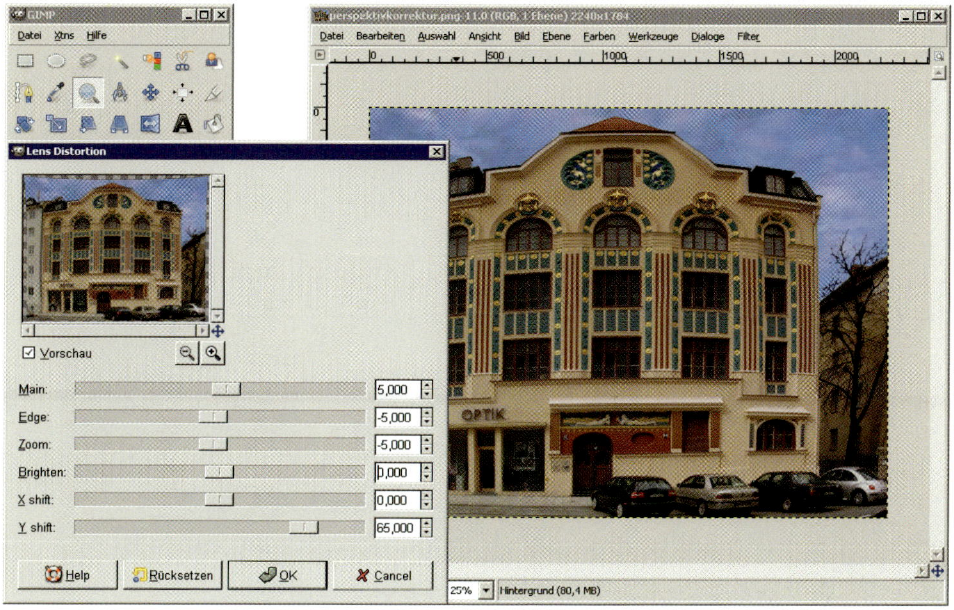

Abb. 5.16: Das Vorschaufenster des Filters Lens Distortion mit den Einstellungen

Im Folgenden sehen Sie die Ergebnisse von Versuchen mit dem Bild *stuerzende-linien.png* aus dem Verzeichnis *Bildvorgaben* auf der CD. Einmal war es Ziel, eine Korrektur der Linsenverzerrung im Bild herbeizuführen. Dabei habe ich mit dem Filter experimentiert und ihn mehrfach eingesetzt, abwechselnd mit dem Werkzeug *Perspektivisch verzerren* (*Perspektive der Ebene oder Auswahl ändern*). Im nächsten Fall ging es darum, eine Darstellung wie durch ein Fisheye-Objektiv zu erzeugen. Solch eine Verzerrung ist z. B. erforderlich, wenn Bildinhalte als Spiegelung auf gewölbten, kugeligen Flächen erscheinen sollen. Auch hierbei wurde der Filter mehrfach hintereinander eingesetzt, jeweils mit dem Maximalwert für *Edge*.

Abb. 5.17: Das Ausgangsbild zum Vergleich

Abb. 5.18: Das Ergebnis des Versuches, die Wölbung (Objektivverzerrung) des Bildes zu reduzieren

Abb. 5.19: Fisheye-Verzerrung des Bildes

Die hier aufgeführten Neuerungen sind nicht alle Änderungen, die mit der stabilen Version 2.4 zu erwarten sind, sondern sozusagen nur die Highlights. Viele weitere Detailänderungen, Weiterentwicklungen und Erleichterungen bei der Handhabung des Programms stehen auf dem Plan für GIMP 2.4. Wer sich vorab informieren möchte, findet weitere Informationen im Internet unter:

http://gimp.org/release-notes/gimp-2.3.html bzw. http://developer.gimp.org/NEWS.

Auch diese Seite bietet Informationen über weitere Neuerungen in GIMP 2.4:

http://www.gimpusers.de/tutorials/gimp-2_4.html.

Weiterhin auf der Wunschliste verbleiben die Möglichkeiten, Bilder direkt im CMYK-Farbmodell zu bearbeiten und Bilder mit einer größeren Farbtiefe als 8 Bit je Farbkanal direkt im GIMP zu bearbeiten. Dies wird auch in GIMP 2.4 noch nicht möglich sein.

Wenn Sie nun neugierig geworden sind und nicht mehr abwarten möchten, bis endlich GIMP 2.4 erscheint: Für versierte Anwender besteht die Möglichkeit, die Entwicklerversion GIMP 2.3 für Linux und für Windows herunterzuladen und zu installieren. Aber seien Sie gewarnt: Hier bestehen nicht unerhebliche Risiken, und es ist auch nicht ganz einfach, diese Version zum Laufen zu bringen.

5.2 GIMP 2.3 – die aktuelle Entwicklerversion

Der GIMP ist Open-Source-Software. Freie Entwickler auf der ganzen Welt arbeiten daran. Um sich auszutauschen, um einen einheitlichen Arbeitsstand zu gewährleisten, werden von Zeit zu Zeit im Internet so genannte Entwicklerversionen bzw. Development Snapshots des GIMP bereitgestellt. Für GIMP 2.4 heißen diese Entwicklerversionen 2.3.X. Die Version 2.2.X ist dagegen die aktuelle stabile, für die Öffentlichkeit bereitgestellte und empfohlene Programmversion.

5.2.1 Download und Installation von GIMP 2.3

Für Linux steht GIMP 2.3 nur als Sourcecode zum Download bereit. Die Anwendung muss selbst kompiliert werden, RPMs oder andere Installationspakete stehen nicht zur Verfügung. Die erforderlichen Dateien können von den Internetquellen heruntergeladen werden, die auf dieser Internetseite von Gimp.org genannt werden: http://gimp.org/release-notes/gimp-2.3.html. Dort finden Sie auch Hinweise, was bei der Installation besonders zu beachten ist.

Für Windows sind nur sporadisch Entwicklerversionen zum Download verfügbar. Die aktuelle Entwicklerversion finden Sie im Internet auf den Seiten von sourceforge.net: http://sourceforge.net/project/showfiles.php?group_id=121075.

Die Datei steht nur komprimiert als ZIP-Archiv bereit, so dass sie nach dem Download erst mit einem entsprechenden Programm ausgepackt werden muss. Ausgepackt handelt es sich um eine Installationsdatei, welche das GTK bereits enthält. Diese muss also in diesem Fall nicht gesondert heruntergeladen und vorab installiert werden. Die Programmhilfe allerdings muss separat heruntergeladen und installiert werden.

Bei der Installation sollten Sie beachten: Wenn Sie GIMP 2.0 oder 2.2 bereits installiert haben und weiter nutzen möchten, müssen Sie bei der Installation der Entwicklerversion die Pfadangabe abändern, wohin das Programm auf Ihrem Rechner installiert wird. Im entsprechenden Fenster der Installation sollten Sie also statt der Vorgabe *C:\Program Files\GIMP-2.0* z. B. *C:\Program Files\GIMP-2.3* angeben. Die weitere Installation läuft wie gewohnt ab.

Ohne weitere Maßnahmen ist es beim ersten Programmaufruf wahrscheinlich, dass der GIMP laufend Fehlermeldungen ausgibt, dass bestimmte Programmdateien, dll-Bibliotheken, nicht gefunden wurden und deshalb Funktionen des Programms nicht initialisiert werden können. Abhilfe konnte auf meinem Rechner unter Windows XP Servicepack 2 dadurch geschaffen werden, dass alle dll-Dateien aus dem Verzeichnis *C:\Programme\Gimp-2.3\bin* nach *C:\Windows* kopiert wurden.

Danach funktionierte GIMP 2.3 einwandfrei. Die Version 2.2 blieb funktionsfähig.

Die hier genannten Probleme zeigen, dass es u. U. kein leichtes Spiel ist, die Entwicklerversionen funktionsfähig einzusetzen. Die Entwickler weisen darauf hin, dass es fraglich ist, ob es überhaupt gelingt. Möglicherweise ist auch nur eine Version lauffähig. Die Änderungen am Betriebssystem können die Funktionsfähigkeit des gesamten Rechners beeinträchtigen. Wenn Sie die Entwicklerversion einsetzen möchten, dann sollten Sie vorher unbedingt eine Sicherung der Festplatte mit den installierten Programmen und dem Betriebssystem durchführen. Der Autor – wie die Entwickler des GIMP selbst auch – lehnt jede Verantwortung ab, sollte es bei der Installation einer Entwicklerversion des GIMP zu Schäden an Ihrem Rechner bzw. an den installierten Programmen kommen, auch wenn Sie die Hinweise hier befolgt haben.

5.3 Zum Abschluss – der Filter IWarp

Nach so viel wirklich Ernstem nun zum Abschluss etwas zu Ihrer Erheiterung und zur Belohnung, weil Sie es bis hierher geschafft haben: der Filter *IWarp*, den Sie auch bereits im GIMP 2.2 finden. Sie rufen ihn im Bildfenster auf über das Menü *Filter – Verzerren – IWarp*. Sie können damit interaktiv Bilder deformieren. Der Vorgang der Deformation lässt sich im Filter als Animationsvorlage anlegen. Dafür sollten Sie das fertige Bild dann mit den erstellten Einzelebenen im Dateiformat XCF abspeichern. Ist das GIMP-Animationspaket installiert, können Sie damit ein kleines Video erstellen. Allerdings scheiterte beim Autor bislang die Wiedergabe unter Windows Vista aufgrund von Codec-Problemen. Die Handhabung des Filters ist denkbar einfach. Im geöffneten Fenster des Filters wählen Sie die gewünschten Deformationseigenschaften und Einstellungen. Im Vorschaubild des Fensters können Sie diese dann interaktiv mit dem Mauszeiger bei gedrückter linker Maustaste im Vorschaubild einsetzen. Viel Vergnügen!

Abb. 5.20: I – warped!

6 Anhang

6.1 So weit, so gut – wie es für Sie weitergehen kann: Tipps und Hinweise

Erst einmal: Gratulation, dass Sie es so weit geschafft und mitgemacht haben. Sie haben sich die grundlegenden Techniken und Möglichkeiten erarbeitet, wie Sie digitale Fotografien und Bilder nachbearbeiten und überarbeiten können. Sie haben kennengelernt, welche wesentlichen Werkzeuge und Mittel Ihnen für das Collagieren von Bildelementen zur Verfügung stehen. Sie haben eine Vorstellung davon, wie Sie eigene Bildelemente und Schrift herstellen und in ein Bild einfügen können.

Hier ist noch lange nicht Schluss. Wenn Sie weiter und tiefer in die digitale Bildbearbeitung einsteigen möchten, empfiehlt es sich, ein Referenzbuch zum GIMP zu kaufen, in dem alle Funktionen und Filter ausführlich beschrieben sind. Besonders zu empfehlen ist hier das Buch »GIMP 2« von Jürgen Osterberg aus dem dpunkt.verlag. Eine Liste weiterer Bücher, zum Teil auch auf Englisch, manche als elektronische Bücher auch kostenlos, finden Sie im Anhang dieses Arbeitshandbuches. Allerdings beziehen sich viele dieser Bücher bislang noch auf die ältere Version 1.2.X des GIMP.

Im Internet finden Sie Seiten mit Tipps und Kniffen zur digitalen Bildbearbeitung. Für den GIMP finden Sie diese zum Beispiel in englischer Sprache unter http://www.gimp.org/tutorials und http://www.gimptalk.com/. Eine deutschsprachige Seite zum GIMP, die Tutorials und Tipps zu einzelnen Aufgaben bietet, ist http://www.gimps.de. Eine Google-Suche bringt inzwischen zahlreiche weitere Ergebnisse. Aber auch für Konkurrenzprodukte finden Sie Webseiten mit Tutorials und How-tos. Suchen Sie in einer Suchmaschine nach »photoshop« oder »photoshop tutorials«. Sie werden zahlreiche Seiten, auch auf Deutsch, mit Beispielen und Anleitungen finden, die Sie sinngemäß auf das Arbeiten mit dem GIMP übertragen können.

Wenn Sie interessiert, was der Autor mit digitaler Bildbearbeitung anfängt, und wenn Sie sich Anregungen dazu holen möchten, sehen Sie sich doch einmal auf seiner fotografischen Internetseite um unter http://www.lichtschreiber.de.

6.2 Danke!

Dies ist die zweite, erweiterte Auflage meines Buches. Mein Dank für die anhaltende konstruktive Zusammenarbeit geht zunächst an die Verantwortlichen im dpunkt.verlag, Herrn Barabas, Herrn Rossbach und Herrn Schönfeldt. Ihnen ist es zu verdanken, dass mein Buch inzwischen auch in Englisch verfügbar ist. Dank an dieser Stelle nochmals auch an Herrn Osterberg. Sein Buch zum GIMP ist nach wie vor eine hervorragende Quelle zum Thema, die vieles aufzeigt und erklärt, was im hier vorliegenden Arbeitshandbuch keinen Platz fand.

Herzlichen Dank an dieser Stelle wieder an meine Lektorin Frau Lauer, die erneut mit Rat und konstruktiver Kritik dazu beitrug, dieses Buch zu einer noch runderen Sache zu machen.

Dank aber auch und vor allem den vielen, die den GIMP unter der GPL-Lizenz als kostenlose Software entwickeln und bereitstellen. Ihnen gelang ein Programm, das Spaß bei der Arbeit macht, sicher funktioniert und vieles bereitstellt, was man bei anderen Bildbearbeitungsprogrammen erst einmal suchen muss. Mit dem GIMP lässt sich professionell arbeiten.

6.3 Weitere Lektüre zum GIMP: Bücherliste

- **GIMP 2 – Anspruchsvolle Grafikbearbeitung unter Linux und Windows** *(2. Auflage, Deutsch)* **Autor:** Jürgen Osterberg **Format:** Broschiert, 520 Seiten **ISBN:** 978-3-89864-295-8 **Verlag/Erschienen:** dpunkt.verlag GmbH, 2005
- **GIMP – Das offizielle Benutzerhandbuch** *(2. Auflage, Deutsch)* **Autoren:** Olof S. Kylander, Karin Kylander **Format:** Gebundene Ausgabe, 688 Seiten **ISBN:** 978-3-8266-0615-1 **Verlag/Erschienen:** mitp, 2001, 2. Aufl. **Website:** http://manual.gimp.org (hier als PDF zum Download, Englisch)
- **GIMP Praxisführer. Bildbearbeitung und -gestaltung unter Linux** *(Deutsch)* **Autor:** Tobias Hauser **Format:** Gebundene Ausgabe, 450 Seiten **ISBN:** 978-3-934678-80-4 **Verlag/Erschienen:** SuSE Press, 2002
- **GIMP 2. Fotos korrigieren und retuschieren** *(Deutsch)* **Autor:** Karheinz Günster **Format:** Taschenbuch, 270 Seiten **Verlag/Erschienen:** C&L 2005 **ISBN:** 978-3936546248
- **Beginning GIMP: From Novice to Professional** *(Englisch)* **Autorin:** Akkana Peck **Format:** Broschiert, 552 Seiten **ISBN:** 978-1590595879 **Verlag/ Erschienen:** Apress, 2006
- **Grokking the GIMP** *(Englisch)* **Autor:** Carey Bunks **Format:** Paperback, 352 Seiten **ISBN:** 0-735-70924-6 **Verlag/Erschienen:** Pearson Education, 2000 **Website:** http://gimp-savvy.com/BOOK/index.html (hier als PDF zum Download)
- **Essential GIMP for Web Professionals** *(Englisch)* **Autor:** Michael J. Hammel **Format:** Paperback, 376 Seiten **ISBN:** 0-130-19114-0 **Verlag/Erschienen:** Pearson Education, 2001 **Website:** http://www.phptr.com/essential/gimp
- **Guerilla Guide to Great Graphics with The GIMP** *(Englisch)* **Author:** David D. Busch **Format:** Paperback, 370 Seiten **ISBN:** 0-7615-2407-X **Verlag/ Erschienen:** Premier Press (Prima Tech), 2000

Weitere Bücher auf der Website des GIMP-Projektes:

http://www.gimp.org/books/

6.4 Inhalt der CD

Auf der CD finden Sie nochmals das Buch als PDF-Datei *(Goelker_GIMP_ebook.pdf)* zum Arbeiten am PC und zum schnellen Durchsuchen. Zudem enthält sie alle Bildvorlagen, die im Buch verwendet werden, für die Bearbeitung der Übungen im Verzeichnis *Bildvorgaben*. Sie finden auch die fertig bearbeiteten Bilder zum Vergleich im Verzeichnis *Beispielbilder*.

Auf der CD finden Sie Installationsdateien des GIMP für die drei Betriebssysteme Windows, Linux und Mac OS. Zum Download neuerer Versionen der Programme oder Installationsdateien verwenden Sie bitte die im Buch genannten Internetadressen, die Sie über die Linkliste auf der CD auch direkt aufrufen können.

Für die Installation unter Windows sind auf der CD alle Dateien vorhanden, um den GIMP in der Version 2.2.14 mit den verfügbaren Hilfsprogrammen zu installieren, einschließlich verschiedener Plug-ins.

Für Linux finden Sie den GIMP-Sourcecode zu Version 2.2.14.

Für Mac OS X finden Sie die Installationsdatei zur Version 2.2.11 des GIMP.

Beim GIMP handelt es sich um Open-Source-Software, die frei verteilt werden darf. Dafür muss aber die Entwicklungssoftware, der Sourcecode, mit verteilt werden. Sie müssen und sollten diesen aber nicht installieren, es sei denn, Sie arbeiten unter Linux oder möchten das Programm wirklich selbst weiter entwickeln und neu programmieren. Für den Einsatz des GIMP auf Ihrem Computer ist der Sourcecode sonst nicht erforderlich.

Open-Source-Software unter der GPL-Linzenz wird unter Ausschluss von Gewährleistung verteilt. Bitte verstehen Sie, dass auch seitens des Autors oder des Verlages keine Gewährleistung oder Garantie für die mitgelieferte Software und deren einwandfreie Funktion auf Ihrem System übernommen wird.

Darüber hinaus ist noch das Freeware-Programm IrfanViewer zur Verwendung unter Windows beigefügt, ein für den nicht-kommerziellen Einsatz kostenloser Bildbetrachter, der mehr kann als nur Bilder anzeigen (*iview400g_setup.exe und irfanview_plugins_400_setup.exe* im Verzeichnis *Irfanview*).

Einige der auf CD bzw. über das Internet bereitgestellten Dateien sind komprimierte ZIP-Archive. Zum Auspacken (Entkomprimieren) der Dateien benötigen Sie ein Packprogramm wie das Shareware-Programm **Winzip** (http://www.winzip.de) für Windows oder **Stuffit** für Mac OS, Linux oder auch Windows (http://www.stuffit.com/). Auf der CD finden Sie das Freeware-Programm **7zip**, das Sie ebenfalls zum Entpacken der Dateien verwenden können. Informationen und Downloads finden Sie im Internet unter http://www.7-zip.org/de/.

Zum Betrachten der CD-Version des Buches als PDF-Datei benötigen Sie einen PDF-Viewer wie den **Adobe Acrobat Reader** (http://www.adobe.de/products/acrobat/readstep2.html) für alle 3 Betriebssysteme oder den **GhostScriptViewer** (http://www.cs.wisc.edu/~ghost/gsview/get48.htm) für Linux oder auch Windows und Mac OS.

Auf der beigefügten CD finden Sie im Einzelnen folgende Verzeichnisse und Dateien:

- **Bildvorgaben**
  Dieses Verzeichnis und das Unterverzeichnis Gardapanorama enthält alle Bilder, die im Buch als Bildvorgaben und Beispiele eingesetzt werden. Bilder © Klaus Gölker bis auf *miami.tif* © Justus Seidl und *mond.png* © NASA (freigegebene Pressefotos).
- **Beispielbilder**
  Hier finden Sie die bearbeiteten Bilder aus den Workshops des Buches, zum größten Teil mit Ebenen.
- **Programme**
  In den entsprechenden Unterverzeichnissen liegen alle Programme zur Installation des GIMP unter Windows, Linux und Mac OS X sowie verschiedene Plug-ins und zusätzliche Hilfsprogramme, u. a. die Vollversion von IrfanView (für Windows).
- **E-Book-Version des Buches** (in Bildschirmauflösung) zum schnellen Suchen und Nachschlagen (*Goelker_GIMP_ebook.pdf*)
- **Linkliste** der im Buch aufgeführten Web-Adressen zum direkten Anklicken (Linkliste.html)

6.5 Dateiformate des GIMP (ohne zusätzliche Plug-ins)

Dateiart	Endung	Öffnen	Speichern
Alias|Wavefront Pix-Bild	*.pix, *.matte, *.mask, *.alpha	J	J
Autodesk FLIC Animation	*.fli, *.flc	J	J
BMP – Bitmap	*.bmp	J	J
Bzip-Archiv	*.xcf.bz2, *.bz2, *.xcfbz2	J	J
»C« Sourcecode	*.c	N	J
»C» Header File	*.h	N	J
DICOM-Bild	*.dcm, *.dicom	J	J
Embedded PostScript	*.eps	J	J
FITS – Flexible Image Transport System	*.fit, *.fits	J	J
G3-Fax-Bild	*.g3	J	N
GIcon	*.ico	J	J
GIF – Graphics Interchange Format	*.gif	J	J
GIMP-Muster	*.pat	J	J

GIMP-Pinsel	*.gbr, *.gpb	J	J
GIMP-Pinsel (animiert)	*gih	J	J
GIMP XCF-Bild	*.xcf	J ebenenfähig	J ebenenfähig
Gzip-Archiv	*.xcf.gz, *.gz, *.xcfgz	J	J
JPEG – Joint Photographics Expert Group	*.jpeg, *.jpg, *.jpe	J	J
KISS CEL	*.cel	J	J
Microsoft Windows-Symbol	*.ico	J	J
Microsoft Windows-MetaFile	*.wmf, *.apm	J	N
PSP – Paint Shop Pro	*.psp, *.tub	J	N
PDF – Portable Document Format	*.pdf	J	N
PGM-Bid	*.pgm	N	J
PNG – Portable Network Graphics	*.png	J	J
PNM – Portable AnJmap	*.pnm, *.ppm, *.pgm, *.pbm	J	J nur *.ppm
PSD – Photoshop Document	*.psd	J ebenenfähig	J ebenenfähig
PS – PostScript	*.ps	J	J
SGI – Silicon Graphics IRIS	*.sgi, *.rgb, * bw, *.icon	J	J
Sunras – Sun Rasterfile	*.im1, *.im8, *.im24, *.im32, *.rs, *.ras	J	J
SVG – Scalable Vector Graphics	*.svg	J	N
TGA – Targa Bitmap	*.tga	J	J
TIFF – Tagged Image File Format	*.tif, *.tiff	J	J
XBM – X Bitmap	*.xbm, *.icon, *.bitmap	J	J
XPM – X Pixmap	*.xpm	J	J
XWD – X Window Dump	*.xwd	J	J
Zsoft PCX-Bild	*.pcx, *.pcc	J	J

Die zusätzlichen **RAW-Kameraformate**, die der GIMP ab Version 2.2.14 direkt unterstützt: arw, bay, bmq, cr2, crw, cs1, dc2, dcr, dng, erf, fff, hdr, jpg, k25, kc2, kdc, mdc, mos, mrw, nef, orf, pef, pxn, raf, raw, rdc, sr2, srf, sti, tif, ufraw, x3f

Der GIMP-Index

W

X

Z